王后雄教师教育系列教材

新理念
化学教学诊断学

王后雄 王世存 编 著

北京大学出版社
PEKING UNIVERSITY PRESS

图书在版编目(CIP)数据

新理念化学教学诊断学/王后雄,王世存编著. —北京:北京大学出版社,2014.11
(王后雄教师教育系列教材)
ISBN 978-7-301-24253-7

Ⅰ. ①新… Ⅱ. ①王… ②王… Ⅲ. ①中学化学课—教学研究—师资培训—教材 Ⅳ. ①G633.82

中国版本图书馆 CIP 数据核字(2014)第 097814 号

书　　　　名:	新理念化学教学诊断学
著作责任者:	王后雄　王世存　编著
责 任 编 辑:	于　娜
标 准 书 号:	ISBN 978-7-301-24253-7/G·3817
出 版 发 行:	北京大学出版社
地　　　　址:	北京市海淀区成府路 205 号　100871
网　　　　址:	http://www.pup.cn　　新浪官方微博:@北京大学出版社
电 子 信 箱:	zyl@pup.pku.edu.cn
电　　　　话:	邮购部 62752015　发行部 62750672　编辑部 62767857　出版部 62754962
印　 刷　 者:	北京富生印刷厂
经　 销　 者:	新华书店
	787 毫米×1092 毫米　16 开本　22.25 印张　500 千字
	2014 年 11 月第 1 版　2014 年 11 月第 1 次印刷
定　　　　价:	48.00 元

未经许可,不得以任何方式复制或抄袭本书之部分或全部内容。
版权所有,侵权必究
举报电话: 010-62752024　电子信箱: fd@pup.pku.edu.cn

内容简介

本书是为了适应基础教育改革和培养卓越中学化学教师而编写的师范专业职前、职后教师教育课程教材。

化学教学诊断学是研究教育诊断理论及其在化学教学中应用的一门学科。全书共分为七章,包括化学教学诊断学概述、化学课程教材诊断、化学教学设计诊断、化学课堂教学诊断、化学课程学习诊断、化学考试诊断例析、化学教学诊断研究等内容。本书力图通过系统地介绍教学诊断研究方法和丰富的教学诊断案例,为培养具有先进教学理念、优良教学诊断素养和较强教学反思能力的化学教师构建合理的知识结构和能力结构,为师范生和化学教师实现教师专业化发展奠定坚实的基础。

本书可作为高等师范院校化学教师教育专业本科生和研究生教材,也可用作中学在职教师和教学研究人员的继续教育教材或参考书。

作者简介

王后雄,男,1962年生,现任华中师范大学教师教育学院副院长,化学教育研究所所长,教授,博士生导师,兼任华中师范大学考试研究院院长,湖北长江传媒教育资源总策划。主要从事化学课程与教学论、化学教学诊断学、奥林匹克化学竞赛、化学学习心理与学法指导、教育考试理论与方法等课程教学和研究。近年来主持国家及省部级科研项目十多项,著有《新理念化学教学论》《新理念化学教学技能训练》《化学教育测量与评价》《中学化学实验教学研究》《新理念化学教学诊断学》《中学化学课程标准与教材分析》《化学方法论》《奥林匹克化学竞赛研究》《高中化学新课程教学案例研究》《初中升学考试标准及实施大纲》等专著及教材三十多部。先后在 *Chinese Education and Society*、*Frontiers of Education in China*、《教育研究》《课程·教材·教法》《中国教育学刊》《教育发展研究》《华东师范大学学报(教育科学版)》《高等教育研究》《全球教育展望》《教师教育研究》《化学教育》等 SSCI、CSSCI 及核心期刊发表教育教学论文三百余篇,其中六十多篇被《新华文摘》和人民大学复印资料全文转载。先后获"全国劳动模范""人民教师奖章""全国教改'十佳'教师""全国十大杰出中青年教师提名奖""湖北省优秀教师""湖北省教育科研学术带头人""全国优秀教育硕士指导教师"等称号,是享受国务院政府特殊津贴的教育专家。

王世存,华中师范大学化学学院副教授,教育学博士,主要从事化学课程与教学论的教学和研究工作。主持和参与国家及省部级科研项目八项,参与编写《化学课程与教学论》《中学化学课程标准与教材分析》等多部教材,在《课程·教材·教法》《中国教育学刊》《教师教育研究》《化学教育》等 CSSCI 及核心期刊发表学术论文三十余篇,其中多篇被人民大学复印资料全文转载,先后多次获省级优秀科研成果奖项。

前　言

化学教学诊断是一个新的研究领域,化学教学诊断学是一门培养教师具有诊断素养和反思能力的教育学科。2003 年,"化学教学诊断研究"获得湖北省教育科学规划课题立项。2004 年在华中师范大学新一轮培养方案中,"化学教学诊断学"正式列入化学教育专业本科生选修和硕士研究生必修课程方案。在课程设计中,从以管理诊断为主转向以教师自我诊断为主,探索化学教学诊断的理论和方法,采用具体案例阐述化学教学诊断的程序与方法,以学生已有的知识为铺垫,以中学化学新课程教学实际问题为切入点,通过鲜活的案例激发了学生对教学诊断的浓厚兴趣和探究欲望。课程实施后,学生教学诊断能力和教学研究能力显著增强,成为我校深受学生欢迎的原创性特色课程。在全国十多个省市的"国培计划"及"教学骨干研修班"的培训中,我们作为"国培计划"专家成员先后举办了三十多场"化学教学诊断的理论与方法"学术讲座,在整个思路和体例上、案例的典型性上和教学诊断的实效性上都有了进一步的提升,系列讲座受到培训学员的高度好评,大家一致认为,化学教学的理论和实践需要化学教学诊断,没有教学诊断就无真正意义的教学反思。教学和培训实践表明,化学教学诊断一定会促进教学理论与实践的创新和发展,对教学管理者和教师专业化成长具有其独特的作用。

化学教学诊断学是研究教育诊断理论及其在化学教学中应用的一门学科。具体来讲,化学教学诊断学是运用教育诊断的方法判断化学教与学质量效率偏常状态、成因及其矫正的一门教育学科。教学诊断是教师对教育教学实践的再认识、再思考,并以此来总结经验教训,找准解决教学成效低下的症结,进一步提升教育教学水平。强有力的、恰当实施的诊断能给教师、学生提供有关教与学的表现及其目标实现程度的重要信息。因而,化学教学诊断总是与"评价""反馈""干预""监督""监测""矫正""反思"联系在一起的。《中学教师专业标准(试行)》指出:"把学科知识、教育理论与教育实践相结合,突出教书育人的实践能力;坚持实践、反思、再实践、再反思,不断提高专业能力。"实施化学教学诊断是化学教师提高教学反思能力的最有效的途径。在教师专业发展的不同阶段,许多国家对教师诊断素养提出了基本要求,从英国、澳大利亚、美国、新西兰等国的教师专业标准来看,对专家型教师、新手型教师诊断素养提出不同的要求。英国强调专家型教师能够理解一系列评价方法和策略,能选择最合适和有效的工具来使学生达成学习目标,能主动运用评价数据和评价结果,改进自身的教学,以适应学生的学习。澳大利亚提出专家型教师能够开发并运用一系列综合的评价策略来诊断学习需要,与课程要求保持一致;选择一系列有效的策略提供有针对性的反馈,运用来自内部和外部的学生评价数据评估学习和教学,确定干预事件、调整教学实践。美国对专家型教师的要求指出,运用持续不断的评价来监督和指导学生的学习,密切监测学生的进步;理解并运用常见的评价技术来阐释测验结果,进行教学和诊断学生的表现。新西兰提出专家型教师能够分析评价信息,以识别学生的进步和持续不断的学习需要;运用评价信息,做出定期和持续的反馈,从而指导和支持学生进一步的学习;分析评价信息来反思和评估教学的有效性。纵观上述国家教师专业标准对诊断领域的描述,都有一个共同特点,从新手教师到专家型教师诊断素养的发展,这个过程必须有教师教育提供全程支持,建立职前、入职和在职一体的连续性教师教育,将教学诊断置于整个教育系统来考虑,从而使教学诊断与整个课程、学校管理诊断和责任制结合起来。教学诊断学成为国际教育研究的热点,其研究成果孕育着新兴学科的建立并推动教育科学的发展。

学习本课程应注重以下几点:一是实现一体化的教师教育。研究表明,入职教育和职后教育对教师诊断素养的发展起到了相当大的促进作用。目前教师教育课程在学习如何教的同时都没有学习如何诊断的知识,因此,首先应加强职前教育中关于诊断的课程内容,设计并落实与教师标准保持一致的诊断课程。此外,还应在教育见习、实习等实践环节中,将诊断作为实训和考核的重要内容。二是坚持协同合作的学习方式。在职教师应更加注重与教师的诊断实践相结合,采用工作坊等多样化的学习方式,关注与同事的互助来实现诊断对学生学习的积极作用,通过同事互助改进其诊断方案,协同解决诊断实践中的问题,在反馈和报告信息上,能与同事一起收集有关教与学的各种诊断信息,利用这些信息来审视自己的教学实践,不断改进教学策略,以促进学生的学习。三是开展教学研究与诊断实践。倡导以诊断为主题的教学研究,通过课堂观察、教学反思,采用协同解决问题的模式,促进新手教师与有经验教师之间的互相交流;教师在自身课堂实践中应致力于"课例研究"和实现"教学与诊断一体化",重视诊断在课堂实践中的作用,专家参与指导教学实践中的诊断,提供针对性问题,促进教师诊断素养的发展。

本书力图适应化学课程改革的要求,在内容和体系上有所创新,注重理论与诊断案例的结合,努力反映课程改革的时代特色;注重吸收现代教学理论研究成果和教育诊断、教育测量与评价、教育心理学等方面所取得的成果,为培养具有先进教学理念、优良诊断素养、"学会反思、学会合作"的化学教师构建合理的知识结构和能力结构。

本书的出版得到北京大学出版社、华中师范大学教务处、华中师范大学化学学院的大力支持,于娜老师为本书的编校付出了辛勤劳动,特此致谢。编写中,我们参考引用了大量文献资料,在此对文献作者表示诚挚的谢意。

由于化学教学诊断学是一个崭新的研究领域,限于编者的研究水平,肯定存在不妥之处,敬请使用本书的教师、学生和专家批评指正。

编 者
2014 年 8 月于华中师范大学

目 录

第一章 化学教学诊断学概述 (1)
第一节 化学教学诊断学学科简介 (1)
第二节 化学教学诊断的原则与标准 (4)
第三节 化学教学诊断学的研究问题和方法 (9)

第二章 化学课程教材诊断 (13)
第一节 化学课程教材诊断工具 (13)
第二节 化学课程教材设计诊断 (15)
第三节 化学课程教材难度诊断 (19)
第四节 化学课程教材内容诊断 (22)

第三章 化学教学设计诊断 (28)
第一节 化学教学目标设计诊断 (28)
第二节 学生学习起点状态诊断 (34)
第三节 化学教学难点诊断 (38)
第四节 化学教学情境设计诊断 (43)
第五节 化学教学过程设计诊断 (46)
第六节 化学学案设计诊断 (51)
第七节 化学教师教学决策诊断 (54)

第四章 化学课堂教学诊断 (60)
第一节 化学课堂教学诊断概述 (60)
第二节 化学课堂教学诊断标准 (69)
第三节 化学课堂教学态度诊断 (81)
第四节 化学课堂教学行为诊断 (89)
第五节 化学课堂提问行为诊断 (111)
第六节 化学课堂教学情境诊断 (121)
第七节 化学课堂教学方法诊断 (133)
第八节 化学教学有效性诊断 (146)

第五章　化学课程学习诊断……………………………………………(158)
第一节　化学课程学习诊断工具………………………………………(158)
第二节　化学课程学习水平诊断………………………………………(175)
第三节　化学课程学习态度诊断………………………………………(180)
第四节　化学课程学习心理诊断………………………………………(188)
第五节　化学课程学习思维诊断………………………………………(198)
第六节　化学课程学习困难诊断………………………………………(209)
第七节　化学提问意识及水平诊断……………………………………(220)
第八节　化学课程概念学习诊断………………………………………(225)
第九节　化学课程符号学习诊断………………………………………(241)
第十节　化学计算学习水平诊断………………………………………(250)

第六章　化学考试诊断例析……………………………………………(264)
第一节　化学诊断式考试的设计………………………………………(264)
第二节　化学解题失误诊断模式………………………………………(282)
第三节　化学解题审题性诊断…………………………………………(291)
第四节　化学解题知识性诊断…………………………………………(295)
第五节　化学解题思维性诊断…………………………………………(301)
第六节　化学解题心理性诊断…………………………………………(311)

第七章　化学教学诊断研究……………………………………………(320)
第一节　化学教学诊断研究的过程及内容……………………………(320)
第二节　化学教学诊断研究的基本方法………………………………(326)

参考文献……………………………………………………………………(347)

第一章 化学教学诊断学概述

化学教学诊断学是一门什么样的学科？它具体研究哪些问题？有哪些研究方法？我们从中能学到什么？……让我们带着许多的问题走进化学教学诊断学的殿堂。

第一节 化学教学诊断学学科简介

核心概念

◆学科含义 ◆研究对象 ◆学科特点 ◆教育诊断 ◆化学教学诊断学

任何一门学科，应该首先明确其研究对象。只有明确了它的研究对象及相关问题，我们才能更深入地学习、掌握学科的相关知识和技能，以便将来更好地在实践中应用。

一、化学教学诊断学的学科含义

化学教学诊断学的学科含义，就是回答化学教学诊断学是一门什么样的学科。我们知道，"教学"是属于教育学的范畴，"诊断"则是源于医学术语，而"化学"则属于自然科学，三者合在一起是怎样的学科呢？

在学科教学论课程中，"化学教学"是研究化学教学理论及其应用的一门教育学科，对它的表述既体现出对化学教学的理论概括，又体现出在理论指导下积极有效地解决化学教学实践中的具体问题。诊断（diagnosis）一词来源于医学界，其本意是指：诊视而判断病情及其发展情况，其在医学中具有两种含义：一是指"医生诊断后所作的结论"；二是指"医生根据对病情的了解和各种医学检查的结果对病情进行综合分析，判断病人所患为何病及所患疾病的原因、部位和损害程度等的步骤和方法"。综合起来讲，诊断既包括对疾病所作的判断，同时也包括获得这种判断的步骤和方法。

"诊断"一词在教育现象中被广泛引进开始于20世纪的法国。1905年，法国学者比纳在《心理学年报》上发表的论文《诊断异常儿童智力的新方法》中首次把"诊断"一词应用于教育问题。其后，美国学者布卢姆提出了"诊断性评价"的概念并论述了"形成性评价"的诊断意义；苏联学者巴班斯基提出了"教育会诊"的概念；1957年，卡尔梅科娃出版了《学生智力发展诊断问题》一书，对学生接受能力诊断进行了专门研究。20世纪，我国学者也开展了有关教育诊断的研究，发表了一些有价值的研究成果。1998年，河南教育学院毕天璋教授及其同仁出版了《教育诊断学》一书；2006年，陕西师范大学出版社出版了李如齐教授的《教育诊断学概论》一书，初步构建了我国教育诊断学的学科体系，在国内教育界引起了比较强烈的反响。确定教育诊断的研究对象，就必须从界定教育诊断的范畴入手。既然教育诊断是从医学诊断所引入,我们就必须遵循约定俗成的两条引进原则。第一,必须不违背诊断的原意;第二,必须具有教育行业的特色。根据这两条原则,教育诊断的范畴应当具有以下特点:首先,教育诊断应当包括对教育现象判断的结论、步骤和方法。其次,教育诊断并非对一切教育现象的判断,而应当像医学诊断那样对某种特殊教育现象的判断。再次,教育诊断结论中还应包括所应采取的教育对策。这三点不但符合上述引进的原则,也符合比纳、布卢姆、巴班斯基等人对诊断的理解。许多学者也正是从这种认识出发,把教育的"病理现象"作为诊断的对象。例如,日本筑波大学教育学研究会主编的《现代教育学基础》说:"教育诊断是诊断学习不良这一症状的原因的,所以它的出发点是治疗和矫正。"[①]我国有的学者认为,教育诊断是"查明学生在学习过程中学业成绩呈现的偏态的情况,分析其偏态产生的诱因,并提出消除偏态的方法"[②]。河南教育学院毕天璋认为:教育诊断是对教育中的偏常现象进行判断并制定教育对策的理论、程序和方法。[③] 综上所述,教育诊断学的研究对象就是教育中的偏常现象,教育诊断学就是研究对这种偏常现象进行判断和寻求教育对策的理论、程序和方法的学科。

用一个公式描述"诊断"的内涵:

诊断＝测量(量的记述)或非测量(质的记述)＋发现问题＋反馈矫正

有效的诊断活动实际是一个"基于证据的推理过程",亦即是一个有目的地收集关于教与学问题的信息,并对这些信息进行整理和分析,从而得出结论并进行反馈与矫正以促进学习和教学的过程。

通过上面的分析,可以把"化学教学诊断学"理解为研究教育诊断理论及其在化学教学中应用的一门学科。因而,化学教学诊断学是运用教育诊断的方法判断化学教与学质量效率偏常("病理现象")状态、成因及其矫正的一门教育学科。理解这一表述,应把握以下几点:从学科分类讲,化学教学诊断学属于教育学科;从学科特点讲,化学教学诊断学是一门交叉学科;从学科内容讲,化学教学诊断学强调教育教学理论与教学实践并重。

二、化学教学诊断学的研究对象

化学教学诊断学的研究对象,概括说来就是中学化学教与学"病理现象"的测查、成因分析、治疗和矫正的理论和实践。从中学化学教学的层面分析,主要包括:(1)化学课程及教材的诊断;(2)化学教学设计的诊断;(3)化学教学设计实施的诊断;(4)化学课程学习的诊断;(5)化学教育测量与评价的诊断等。

中学化学教学诊断学的研究对象,从理论和实践两个层面涉及以下几个方面的问题:一是"为什么诊断"的问题,这就是化学教学诊断学的目的和任务,即化学教学诊断学的学科价值。二是"如何诊断"的问题,这就是化学教学诊断学对教学偏常现象判断的步骤和方法,即化学教学诊断学的研究方法。三是"诊断什么"的问题,这就是中学化学教学内容、教学方式、教学效果,即化学教学诊断学的研究对象。四是"诊断怎样"的问题,这就是中学化学教与学的测量与评价,即化

---

① 日本筑波大学教育学研究会.现代教育学基础[M].钟启泉,译.上海:上海教育出版社,1986:76.
② 汪刘生.试论教学心理诊断[J].中国教育学刊,1992(3).
③ 毕天璋.论教育诊断学的研究对象和学科体系[J].河南教育学院学报:哲学社会科学版,2002(1):5.

学教学诊断学的运用成效。

从系统论的观点来看,化学教学诊断学就是研究构成中学化学教学偏常现象的诸要素——教师、学生、教学内容、教学手段的各自作用、相互联系及其统一,并对偏常现象进行判断、分析和寻找教学对策的学科。从功能来看,主要包括:(1)判断化学教与学偏常状况;(2)探明教学效率低下原因;(3)确定学生学习困难原因;(4)设计消除学习障碍的方法;(5)改善、矫正教与学的方法和手段;(6)促进有效教学和高效学习。

三、化学教学诊断学的学科特点

从化学教学诊断学的学科含义我们已经知道,它是一门交叉学科。除此之外,它还具有很强的综合性、实践性和应用性。

化学学科任何一章一节一课时的教学都有具体的目标,在教学和训练过程中,要随时通过反馈信息诊断现状与目标的差距,从而解决难点、调整教学进度、改进教学方法,做到因材施教。对学生来说,反馈信息可使学生强化正确,改正错误,找出差距。

根据反馈原理我们可以给学习下一个较为科学的定义:学习者吸收信息并输出信息,通过反馈和评价知道正确与否的整个过程,称为学习,如图1-1所示。

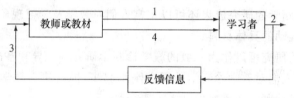

1—吸收信息;2—输出信息;3—反馈信息;4—评价信息

图1-1 学习者学习过程图示①

这个定义表明只有吸收信息、输出信息,没有反馈信息和评价信息不是一个完整的学习过程,作为一个完整的学习过程,上述四者缺一不可。反馈信息与评价信息主要是通过教师教学诊断反馈来实现的。有经验的教师,常能运用诊断学来评价教与学的状况,发现前一阶段存在的问题,或预先知道学生在什么地方容易出错,或能根据前一阶段学生的学习诊断预测后一阶段学生学习可能出现的问题,从而有针对性地给予前馈信息,修正已给前馈信息中的问题,这对于提高教学效率和质量是大有好处的。

化学教学诊断过程中,需要及时做出双向反馈,使学生明确自己学习的状况,扬善救失,积极寻求自我"解救"的途径,趋于学习的最佳状况。同时,又能使教师分析原因,有指向地进行强化和补偿,以便有效地发挥诊断的调节和保障功能,促使学生在知识、技能、方法、态度及思维水平方面得到全面发展。教育理论对学科教学的指导作用,必须将一般的教学原理学科化,教育理论只有通过具体的学科教学,才能将学科教学的特殊性抽象概括为一般的教学普遍性。而对教学"偏常现象"和学困生"学习障碍"的关注则是抓住了教育教学研究的突破口。"化学教学诊断学"正是连接教育理论、教育诊断学与学科教学实践的桥梁或纽带,四者之间是相互促进、动态发展的关系(图1-2)。

---

① 查有梁.控制论、信息论、系统论与教育科学[M].成都:四川省社会科学院出版社,1986:109.

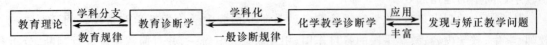

图 1-2 化学教学诊断学与教育理论、教育诊断学和学科教学的关系

化学教学诊断学是一门新兴的交叉学科。建立化学教学诊断学要运用教育心理学、学科教学论、教育测量与评价、教育诊断学、"差生"心理与教育、"三论"(控制论、信息论、系统论)等多学科多理论知识。这既说明建立化学教学诊断学的困难所在,同时也孕育着新兴学科的建立推动教育科学的发展。

教学调查表明,目前中学化学教学中存在着一定程度的教学效果不理想,教学效率低,学生学习障碍重重,考试成绩不佳等问题,而师生又苦于找不到问题的症结及解决问题的良方。传统的化学教学论只重视"正面"的教学引导,缺乏"偏常"材料的证据,忽视了对教与学成效不佳的教育学、心理学、教学论、学习论等因素的系统分析,缺乏具体的实践性案例的指导,无法面对来自教学第一线实践的挑战。传统教学论和学习论的弊端,引起人们对研究"诊断学"的重视。诊断包括"评价""监测""诊疗""反馈""干预""矫正""解救"等功能。化学教学诊断学的建立和发展,可以为化学教学论和化学学习论提供可靠的科学基础,为化学教学论、学习论实践的发展创造条件。此外,化学教学诊断学的研究成果还可以丰富人们对教学及学习现象的认识,为构建一般的教学和学习科学提供生动的具体材料。

化学教学诊断学的研究可以作为一般的教学诊断学研究的先导和基础,为形成、丰富和发展诊断学作贡献。目前,人们对教学诊断学的研究刚刚起步,提出建立教学诊断学的任务,更加说明建立和研究化学教学诊断学的重要性。

第二节 化学教学诊断的原则与标准

核心概念

◆诊断原则 ◆诊断标准 ◆效果标准 ◆时间标准 ◆行为标准

化学教学是一项系统工程,与"人体"一样是元素、功能众多的系统结构。化学教学出现"问题"可能是元素"生病",也可能是结构、层次、联系"生病",由于其变量太多、因素太多,不同诊断者"诊断"主观意识也存在差异,因此,化学教学诊断必然要依据一定的原则和诊断标准才可能实现科学诊断。

一、化学教学诊断的基本原则

化学教学诊断是一项科学性很强的实践活动工作,它依赖于方法论的正确指导,必须有一定的规范去衡量工作的优劣,因而,在开展化学教学诊断时,必须遵循一定的诊断原则。

(一) 目的性原则

目的是诊断的起点,也是诊断的归宿,并贯穿于诊断的全过程。没有目的的诊断,是盲目的诊断,诊断不可能有良好的开端,也不可能顺利进行,更不可能取得良好的效益。化学教学诊断都趋向于追求高效的教学,提高学生学习质量。诊断绝不仅仅是找问题,也包括发现优势。而且,找问题和找优势都不是诊断的目的,诊断的目的是促进教师的发展和最终促进学生的发展。有很多人,在很多场合将"问题"作为缺点或错误,正是这种日常的非科学的"问题"定义,混淆了问题、缺点和错误的概念。美国管理学博士斯蒂芬·P.罗宾斯(Stephen P. Robbins)指出,"问题"是指真实的过去或现在与潜在或期望的目标之间存在的差异(而且关心这种差别并想改变它)。这一定义的主词是"差异""关心"和"改变"。化学教学诊断的核心就是发现教学偏常"差异",提高化学教与学效率。

(二) 整体性原则

系统方法首先考虑事物的总规律、总效应,然后再考虑各子系统的相互关系。即将所研究的事物、现象和过程视为一整体,将其置于系统的形式中考察,根据整体目标要求,逐级"解体"系统,进而由各级子系统(或称要素)的结构功能,综合获得对整体对象的认识。化学教学诊断涉及参量多、因素杂,在进行诊断时就要采取系统方法。如果不从多角度、多方面、多层次去深入了解教与学,是很难找到病灶所在、病因所在。整体性首先要求对影响系统总体目标 X 的各级要素 $x_1, x_2, \cdots, x_n$ 作全面、细致的考察,最终构成较为完备的要素集 $X = \{x_1, x_2, \cdots, x_n\}$。对化学教学系统而言,情况更为复杂,不仅有教师、学生、课标、目标、教材、内容、教法、学法等多级子系统,而且不少与"人"直接相关,使得教学诊断变得十分复杂。此时,只有在全面考察的基础上,对所列因素进行反复比较,找出最能体现教学诊断真实特性的一系列不容忽视的重要因素,方能保证诊断的科学性和可操作性。其次,在建立诊断指标体系、设计诊断方案和诊断实施过程中,必须广泛征求各方人士的意见,吸取各类信息,使教学诊断结果符合客观实际。

坚持整体性原则,一是要把化学教学放在特定的历史条件下、特定的学校环境中从外部进行整体的观察;二是要深入班级内部去了解多方面的情况,从整体上把握各方面情况的联系;三是校长与其他管理者,与"智囊团"要相互信任、密切合作,形成一个具有统一意志、统一行动的诊断集体。

(三) 客观性原则

保证诊断结果最大限度地接近被诊断教学系统的实际运行情况和综合效果,指出肯定或有待改进的具体内容,是实施化学教学诊断的主要目的,因而在整个诊断过程中都应自始至终地贯彻客观性原则。尊重客观事实,不应在可能损害客观公正的条件下进行诊断,切忌以个人的主观倾向或少数人的意见作为定性的结论。诊断的标准和权重一旦确立,则不得随意更改,无论采用什么方法处理被诊断系统的信息,都应制定容易把握的诊断标准和切实可行的操作步骤。运用模糊化学教学诊断模型时,一般采用多级估量的问题形式定性评判,其中很好、好、较好、一般、较差、差、很差各级的评定并非完全"模糊"行事,也是有一定标准的,否则诊断难以达到相对的准确性,在诊断实践中必须结合诊断对象的实际谨慎选用。

(四) 科学性原则

化学教学诊断是一门科学,必须坚持科学性原则。进行化学教学诊断,必须依据客观事物的发展规律,依据化学教学的规律,依据化学教学诊断的规律。科学性原则主要体现在以下几方面。

第一,坚持计划的科学性。一方面,计划的制订过程要规范,一定要在有了进行化学教学诊断的客观需要时才考虑计划问题;一定要按照计划制订的科学程序去制订计划,避免随意性。另一方面,计划的内容要全面,必备的要件一个也不能少;计划的语言要准确,合理合法。

第二，坚持过程的科学性。参加诊断工作的所有人员都应有科学的态度，在实际工作中要有科学精神，要实事求是地反映问题、分析问题，要敢于坚持真理，说实话，办实事；诊断所采用的方法应该是科学的，在搜集数据和整理分析的过程中，每一个环节都应认真对待，决不能因为怕麻烦、图省事而轻易放过一个数据；诊断中所使用的每一个量表、每一套测评试卷、每一份调查问卷都应是认真推敲过的、能够对真实情况作出正确的判断。

第三，坚持结论的科学性。每一项诊断结束都必须做出诊断报告，诊断报告对化学教学一个方面或几个方面或全面情况的分析判断应该是十分准确的，针对问题或优势而提出的改进建议应该具有前瞻性和可操作性，从而实现教学诊断的最大效益。

（五）可操作性原则

可操作性是化学教学诊断过程得以顺利实现的必要条件，其含义是多方面的，总的要求是诊断的内容设计与组织程序必须切实可行。具体表现在：诊断内容必须符合化学教学实践，过分抽象的指标难以测量，应予分解。不同层次的诊断在内容和方法上有所区别，如课时教学系统侧重考查教师课时内容的具体落实和学生认知目标的基本形成情况，对教师教学技能的定性诊断和课堂教学效率（教学时间、教学任务、形成性测验等）的定量诊断是必不可少的，且有即时性。学期教学系统的诊断历时较长，许多指标难以准确量化，常采用统计检验、综合分析、模糊评测等多种方法。诊断的组织程序力求简单有序，一般由各子系统的专项诊断逐级过渡到系统的综合诊断。通过对系统综合诊断结果的比较分析，不难从总目标开始"回溯"到各子系统，根据专项诊断提供的数据及其他信息，判断出影响系统质量的某些局部因素，并由此制定针对性的优化决策。

化学教学诊断是一项系统工程，除上面详细讨论的五条原则外，还有许多具体的要求，如实践指导原则、标准一致原则、定性与定量结合原则、静态评测与动态评测结合原则等等，限于篇幅，不再进一步讨论。

二、化学教学诊断的基本标准

如何衡量被诊断教学系统的行为和效果的优劣涉及诊断的基本标准。根据巴班斯基的最优化教学理论，效果和时间双重标准是必不可少的。[①] 基于综合诊断对教学过程的实际考察，我们提出教学行为标准，以此形成化学教学系统诊断的三项基本标准。

（1）教学效果标准。教学效果标准包含多方面的内容，主要有：化学知识掌握的数量和质量标准，化学技能的熟练操作和准确运用标准，以及以思维能力为核心的能力发展标准，等等。

（2）教学时间标准。为完成一定的教学任务，取得一定的教学效果，师生必须追求尽可能少的必要时间和耗费最少的必要精力。这里提到的时间和精力，必须考虑教师的课外辅导、准备教学材料和学生的课外作业量等等。

（3）教学行为标准。为完成化学教学任务，师生双方应具备的素质、技能和方法，包括表达、书写、实验等基本素质，理解教材、选择教法等基本技能，学生的认知行为和学习方法，等等。

围绕上述三个标准具体展开，即可形成化学教学诊断的指标体系，指标的内容必须体现化学教学系统的主要特征。指标既然是化学教学诊断目标的具体化、行为化和操作化，无疑必须反映出教学系统的有关特征，如化学教学目标的特征、化学教学内容的特征、化学教师素质的特征、化学教学方法的特征、化学问题思维的特征、化学学习方法的特征等等。

---

① 王秉腾,等.优化教学的理论与实践[M].北京:北京师范大学出版社,1992:19-23.

案例研讨 1-1

王祖浩等在广泛调查和统计基础上建立了与教学系统相对应的化学教学质量诊断指标体系(见图 1-3)。其中数据为某层次指标的权重。

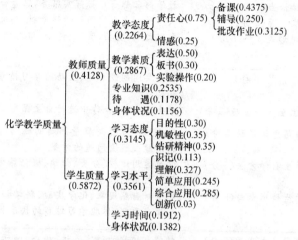

图 1-3 化学教学质量诊断指标体系[①]

确定化学教学诊断的标准时,首先必须明确诊断的目的及对象,然后依据一定的方法来确定各项诊断指标的权重。以教师自评的量化诊断方案为例,量化诊断方案由"诊断项目""一级指标""二级指标"这三层由高到低的指标体系构成。用系统分析的方法将化学课堂教学活动分解为六个诊断要素,考虑到一线教师接受和使用的方便,采用大家熟悉的术语作为诊断项目的名称。一级指标是推断指标,是通过对课堂中外显现象的观察推断出教师的课堂教学状态;二级指标是观察指标,是为推断指标的确定服务的,是课堂中可观察到的教师或学生的外显现象。

 案例研讨 1-2

经过学科教学论专家、参与新课标实验的教学研究人员和一线化学教师的广泛研讨,分别对各项指标进行加权,形成诊断量表(表 1-1)。

表 1-1 教师自评的量化诊断[②]

诊断项目	评价指标		得分
	一级指标	二级指标	
教学目标 (12分)	1. 全面性(4分)	目标包含知识与技能、过程与方法、情感态度与价值观等三个维度	
	2. 可行性(4分)	目标准确、具体,适合学生的发展水平	
	3. 导引性(4分)	教师适时、适式展示目标,学生在学习过程中受目标导引	

---

① 王祖浩,刘知新. 系统方法在化学教学研究中的应用[J]. 北京师范大学学报:自然科学版,1987(2)(增刊).
② 娄延果,郑长龙. 新课程理念下教师化学课堂教学效果评价方案的构建[J]. 化学教育,2004(6).

(续表)

诊断项目	评价指标		得分
	一级指标	二级指标	
教学内容 (24分)	4. 课程资源开发充分(6分)	教师利用了教科书、社会、生活、校园周围、师生经验等各种素材	
	5. 内容选择恰当(6分)	教学内容都为目标落实服务,容量合理	
	6. 内容组织有序(6分)	教师按一定主线组织所选素材,层次逻辑关系清楚	
	7. 内容呈现形式多样(6分)	采用文本、实物、实验、讨论、信息技术等多种形式呈现教学内容	
教学方式 (26分)	8. 创设学习情景(6分)	师生共同创设真实、生动的学习情景,激活已有经验和情感	
	9. 组织学生全方位参与(5分)	学生在实验、合作中进行自主探究	
	10. 教师问题意识强烈(5分)	学生的学习受高质量问题的驱动,能提出有价值的新问题或解决问题的方案	
	11. 培养学生科学方法(5分)	学生运用比较、分类、归纳、概括等方法得出结论,能得到教师的恰当指导	
	12. 激发学生情感参与(5分)	学生对自然现象、化学实验、科学知识有强烈的兴趣和探究愿望,体验学习过程的快乐和成功的喜悦	
教师行为 (15分)	13. 教师教学基本素质(5分)	教师有较好的语言表达、板书、演示、实验技能、体态语等素质	
	14. 积极的激励与期待(5分)	学生的表现能及时得到强化,意见被尊重,得到积极的教师期待	
	15. 恰当的课堂管理(5分)	课堂时间利用率高,学生的问题行为得到恰当处理	
学习评价 (10分)	16. 评价形式多样(5分)	学生学习活动评价采用自我评价、活动表现评价、命题评价等多种形式	
	17. 评价内容全面(5分)	既评价知识的获得,又评价参与状态	
教学效果 (13分)	18. 目标达成良好(4分)	教学设计中的学习目标都能完成和实现	
	19. 目标调整价值高(4分)	目标调整的时机恰当,对课程总目标的落实价值高与前、后课配合,使全体学生的科学素养在原有的基础上有所发展	
	20. 促进学生全面发展(5分)		
凸显特点	21. 新课程理念凸显		

注:"教学效果"诊断中,若教师在课堂上没有临时调整教学目标,请将第19条的4分分解到该项目中的另两个方面,即将第18条"目标达成良好"变为6分,第20条"促进学生全面发展"变为7分。

凸显特点一项,不在总分之内,由评价者判断教学活动在哪些方面(可以是前20条之内,也可之外的)特别突出了新课程理念,参照前20条给分,有几点给几点,但必须注明特点内容。

现行化学教学诊断还存在着诊断主体单一的实际情况,基本上没有形成学生、教师、诊断者等多主体共同参与、交互作用的诊断模式。这种主体单一、背对背的课堂教学诊断,不利于调动被诊断主体的共同参与,更不能起到激励作用,是应该改进的。

第三节 化学教学诊断学的研究问题和方法

核心概念

◆诊断系统　◆研究问题　◆研究方法　◆学习方法

化学教学诊断学是研究化学课程和教学"偏常"行为的原因及矫正策略的一门学科。它的研究对象是化学教学系统,即研究化学教学的诸因素——教师、学生、教学内容、教学手段、学习方式是怎样作用并影响化学教与学效率和效果的,为此,既要研究化学教学活动的客体——中学化学课程及其设计,又要研究化学教学的主体活动——师生对自己的客体对象的作用过程,这一系列的内容都是化学教学诊断主要研究的问题。

一、化学教学诊断学的研究问题

化学教学诊断的主要目的是发现教与学存在的问题、探明问题的成因、实施有效的矫正措施、实现化学教学的优化。然而,影响教学质量的因素包括施教过程和学习过程,它通过师生之间互为主客的双向反馈主客体关系,结为整体,具有互动性、连锁性、反馈性。教师自身的主客体关系则体现在教师的自我监控和自我反思的教师成长过程之中,正如《学记》所说的:"学然后知不足,教然后知困。知不足然后能自反也;知困然后能自强也。故曰:教学相长也。"即教师的自我监控和自我反思也促成"新我"与"旧我"之间的主客体关系。由此可见,教学过程中教师的主体状态和学生的主体状态以及两者之间的相互作用,决定着教学过程。[①] 用一般教学模式表示,教学过程的效率是教师主体状态和学生的主体状态的函数,即公式 1-1:

$$H = f(T_a、b、c \cdot S_m、n、o) \qquad (公式\ 1\text{-}1)$$

(H 为教学效率,T 为教师主体状态,S 为学生主体状态)

公式 1-1 所反映教学过程这种主客体关系的整体性特征,以及其中活跃着复杂的辩证转化运动的观点,构成了"化学教学诊断核心要素"的基本思想,并以此作为化学教学诊断体系的理论基础。

化学教学诊断学的这些研究内容既涉及基础研究,又涉及应用研究和发展研究,但是它们都着眼于运用诊断学研究方法来解决化学教学工作中的理论和实际问题,以实现化学教学的优化和教学效果的提升。

二、化学教学诊断学的研究方法

在化学教学诊断学中,采用的研究方法有:观察法、访谈法、问卷法、出声思维法、作品分析法、实验法、诊断性测验、统计分析法等(具体见本书第七章第二节)。诊断的目的及内容决定了研究方法的选择,例如诊断中学化学教材优劣,以运用调查问卷、专家访谈和作品分析法最为适宜,当然,也可用实验(实证)法;如果诊断学生的学习行为和智能发展水平,宜采用实

---

① 阎立泽,等.化学教学论[M].北京:科学出版社,2004:14-16.

验方法、调查方法和诊断性测验;若是诊断教师的课堂教学行为,则宜采用观察法、访谈法等。化学教学诊断一般采用多要素的系统研究方法,以为认识"偏常"教学行为的结构、功能、原因提供依据。

从化学教学诊断系统分析,系统的要素是具有一定层次和结构的。若从侧重于过程程序的角度看化学教学诊断系统,则要素为目的、内容、形式和方法、控制和调节、诊断结果。一个完整的化学教学诊断方案,应该主要包括以下几个程序:即确定诊断目标、选择诊断方法、编制和使用诊断工具、获得诊断结论和开展诊断反馈,具体如图1-4所示。

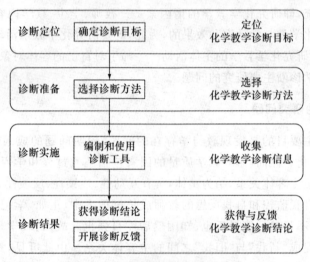

图1-4 化学教学诊断的研究方案

(1) 确定化学教学诊断目标。在开展化学教学诊断前,首先必须明确诊断的目的。例如,如果从操作层面考虑化学问题解决能力的诊断问题,我们需要将其目标定位于诊断学生在解决化学问题的过程中表现出来的知识掌握状况和技能运用水平,从而发现其问题解决能力的优势与不足,这样才能保证其他后续诊断流程紧密围绕"认知诊断"和"促进学习"等目的展开。

(2) 选择化学教学诊断方法。考虑到我国现实情况和实际可操作性,采用"纸笔测验+访谈"是一种简单可行的测查方法。具体来说,第一阶段,采用化学教师最熟悉的纸笔测验方式,结合精心设计的诊断性化学问题,对全体学生进行诊断测试;第二阶段,对于个别学生,特别是化学问题解决能力水平较低的学生,采用半结构性访谈来深入了解其知识结构、技能情况和能力水平。

(3) 编制与使用化学教学诊断工具。主要包括化学诊断性测验的设计和访谈问题的设计。为了使诊断工具具备诊断的功能,必须将认知分析渗透在工具设计的过程之中,不断对工具进行改进和完善。

案例研讨 1-3

化学问题解决访谈问题的设计

(1) 你以前见过(或做过)这道题目吗?
(2) 与你以前做过的题相比,你觉得这道题目有什么相同和不同的地方?
(3) 读题没有障碍吧,能读懂题目(文字、图表)吗?
(4) 答对这道题,最关键的一步是什么?
(5) 你对自己的答案有信心吗?(有,或没有——追问:为什么?)
(6) 你觉得这道题目难不难?
(7) 你对这道题目涉及的问题感兴趣吗?(为什么?)
(8) 你写完答案后,有没有检查自己写的对不对?

以上问题(1)、(2)的意图是了解学生是否曾经解决过类似的问题,以了解其解决当前问题是真正调用了高层次思维能力,还是在一定程度上依靠回忆和再现;

问题(3)的意图是了解学生是否能够顺利从题目中获取地理信息;

问题(4)的意图是了解学生能否抓住解决问题的关键要素;

问题(5)、(6)、(7)的意图是了解学生对化学问题解决过程的总体感受;

问题(8)的意图是了解学生是否对自己的问题解决过程进行了回顾和反思。

(4) 获得化学教学诊断结论。一般来说,诊断结论需要在测验及访谈完成以后综合分析得出,包括评分和认知诊断。评分方法可以划分为整体评分法(Holistic scoring)和分项评分法(A-nalysis scoring)两类。[①] 所谓整体评分法,是指从总体上进行评分,即给出总体印象和分数;而分项评分法,是指从多个维度分别进行评判和给分。在此基础上,结合访谈获得的信息,对化学教与学的状况进行精细刻画。

(5) 反馈化学教学诊断结论。化学教学诊断的结果反馈,并非是诊断者仅仅对教师或学生做出表扬和批评的反应,而是要将化学教与学精确的信息反馈给师生,告知其存在的优势和不足,并明确努力方向。诊断反馈是对诊断结论的"运用",这是化学教学诊断中的重要环节。

向所有学生和教师提供有意义的和有用的反馈,是凸显诊断活动教育性特征的基本途径之一。一个有用的反馈机制必须具备如下特征:① 提供清晰、直接并有意义的资料和意见,从而使得学生和教师能够不断做出准确的自我调整;② 提供及时而连续的反馈,不断提醒学生和教师将目前的学业表现与结业标准相对照,并在教师的引导下主动弥合二者之间的差距。[②]

在中学化学教学诊断活动中,为了达到以上效果,必须分别从群体和个体两个层面来对学生和教师在诊断活动中的表现进行精细反馈。无论是群体层面的反馈,还是个体层面的反馈,教师都应该采用讨论的形式,以"协商"姿态与学生共同建构化学教学诊断的过程和结论,才能实现

---

① 〔美〕詹姆斯·波帕姆.教师课堂教学评价指南[M].第3版.王本陆,赵婧,等译.重庆:重庆大学出版社,2010:159-166.
② 〔美〕Grant Wiggins.教育性评价[M].国家基础教育课程改革"促进教师发展与学生成长的评价研究"项目组,译.北京:中国轻工业出版社,2005:12-13.

诊断对其个人学习和发展的意义。如果采取"教师→学生"的单向灌输,把评价反馈变成展现"教师霸权"的活动,这种反馈形式很难获得学生的真正认可并促进其主动学习。

三、化学教学诊断学的学习方法

化学教学诊断学是培养高素质中学化学教师的重要新兴、交叉课程之一,作为中学化学教师及高校本科生、研究生务必充分重视,从以下四方面把握该课程的学习。

(1) 正确认识化学教学诊断学课程的重要意义。端正学习态度,增强学习的主动性,真正学好它需要投入较多的时间和精力。首先,与此课程相关的教学理论、课程理论、学习理论都是成果众多的研究领域,多家之说各有所长,深入学习方能有所收获。其次,化学教学诊断学是化学与教育科学交叉的一门边缘学科,其研究方法和学习模式具有一些社会科学学科的特点,而化学专业方向师生的思维方式应由自然科学进而关注并思考学科教学诊断学。第三,化学教学诊断研究中基础理论和应用实践发展迅速,新课程研究非常活跃,许多新观点、新成果不断涌现和更新。因此,在学习化学教学诊断学的同时,主动去图书馆、资料室查阅有关期刊专著等文献资料,主动参与中学见习、听课、研讨、调查等教学实践,才能更好地提高化学教学能力和理论水平。

(2) 学习并了解相关领域的专业基础知识。化学教学诊断学是一门综合性很强的学科,在学习和研究时,除了学习本课程的教材内容,还必须紧密联系与本课程有关的化学学科发展、教育学、心理学、教育评价学、教育诊断学等,多阅读有关化学教学方面的文献资料,以便在掌握这些知识的同时,熟悉开展化学教育科研诊断的方法。

(3) 学习化学教学诊断方法要注重联系实际。化学教学诊断学既研究化学教学诊断原理,又研究化学教学诊断实践。在学习时务必采用理论联系实际的方法,在教学实践中发现需要诊断的课题。诊断方法和中学化学教学实际紧密结合起来,课程中所介绍的基本原理和方法也要结合具体的教育教学个案分析才能深刻领会和掌握。理论指导下的诊断训练是提高诊断能力的必然途径。

(4) 培养从事化学教学诊断研究的兴趣和能力。要经常注意国内外中学化学教学动态和化学教育的发展趋势,积累化学教学诊断资料,吸收一切有益的先进经验,并在诊断实践活动中加以运用和发展。通过有关中学化学教材和教法的诊断,在讨论、资料查阅、论文写作、调查研究过程中掌握化学教育诊断的方法。这样,就不仅可以成为一个熟练的化学教师,而且可能成为专家型的化学教师。

本章思考题

1. 什么是化学教学诊断学?化学教学诊断的目的是什么,有什么意义?
2. 化学教学诊断主要有什么原则?你怎样理解这些原则?
3. 化学教学诊断学研究的问题主要有哪些?如何在教学实践中发现这些问题并提出诊断课题?
4. 结合实际谈谈你该怎样学习化学教学诊断学这一门新兴的课程。

第二章　化学课程教材诊断

教材是课程标准实施的重要保证。化学教材是化学教学的原点，化学教材的编写体系、内容编制、呈现方式、版式设计等水平的高低直接影响教与学质量，因此，对化学教材的诊断是化学教学诊断的起点，是化学教学诊断的一个重要方面。

第一节　化学课程教材诊断工具

核心概念

◆化学教材　◆设计模型　◆诊断指标　◆教材诊断

随着我国基础教育课程改革的不断深入，化学课程多元化、中学化学教材多样化的趋势与日俱增。如何客观地、有效地和可靠地诊断中学化学教材的优劣？如何诊断化学教材的深度、广度和难度？如何精选出一本好教材？这就要涉及中学化学教材诊断工具的制定。

一、中学化学教材设计模型

格林(Glynn,1986)等在《教学材料之设计:特别问题之概论》中提出了有关教材的设计模型。[①]　对于中学化学教材设计中的设计目标和内容编写，也可用一个如图 2-1 所示模型来说明需要考虑的要素及其相互之间的关系。

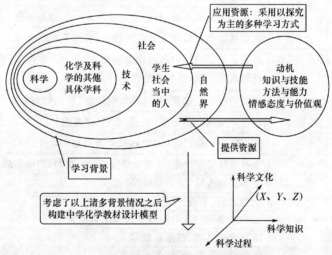

图 2-1　中学化学教材设计三维模型图

---

① Glynn, S. M., Andre, T. & Britton, Bruce, K. The design of instructional text: Introduction to the special issue[J]. Educational Psychologist, 1986(4):245-251.

二、中学化学教材诊断指标

中学化学教材诊断是化学课程改革、课程体系构建的重要环节之一。教材诊断具有审定、选择、改善的功能。如表2-1所示,我们从内容选择、内容组织、内容呈现3个一级维度、13个二级维度设计了基于专家(教师)的教材诊断标准体系。其中相对权重是在专家调查统计基础上确定的。

表 2-1 中学化学教材诊断标准体系

一级指标	二级指标	相对权重	评价标准
内容选择	一致性	0.050	知识点从数量上覆盖课程标准中的内容标准
			核心知识点的认知层次与课程标准要求一致
	发展性	0.029	教材提供了视野较广的内容(如化学史等)
			教材提供了不同层次的练习题,练习类型多样化
	准确性	0.088	教材内容科学无误(不违背事实和真理,材料和数据真实可靠)
	时代性	0.020	介绍了化学科学与技术领域的最新进展(如先进的实验仪器、前瞻性的阅读材料等)
	生活性	0.025	学习情景联系生活实际,关注现实的社会问题
			引导学生运用所学知识解决社会实际问题
	典型性	0.023	教材选取的知识是必需的、关键的,能凸显化学学科的特点和精髓
	思想性	0.033	注重培养学生观察、测量、记录、实验、探究、模型等科学方法
			发展学生合作、思考、质疑、创新和实践的科学精神
			培养学生求真、务实、严谨的科学态度
			有利于学生形成珍惜资源、爱护环境的良好品质
	安全性	0.020	提醒学生可能会遇到的危险情况(如使用有毒或有腐蚀性的物质等)
			对可能发生的事故,有必要的提示和一般处理措施
	均衡性	0.017	兼顾城市和农村学生的生活经验,考虑不同地区学生的生活背景
内容组织	顺序性	0.216	符合化学学科知识的内在逻辑顺序(存在、性质、用途、制备),化学概念体现直观性、关联性和发展性的特点
			符合学生的认知顺序(从感知到理解、从已知到未知)
			符合学生的心理顺序(注意、动机、思考等)
	系统性	0.141	知识体系结构严谨(同类知识全面而集中地介绍)
			多种栏目贯穿始终(思考与交流、实验、资料、归纳总结、练习构成学习线索)
内容呈现	规范性	0.260	文字表述准确、通俗易懂、简练
			化学名词、术语、符号、单位科学、统一
			图表清晰、直观,与教科书内容结合紧密
	美观性	0.078	图文比例适当、错落有致
			版面设计活泼新颖、色彩明亮

在运用上述诊断工具进行中学化学教材诊断时，可以基于学生视角开展诊断，也可以基于教师视角开展诊断，还可以基于教材文本视角开展诊断。要树立正确的教材诊断观，采用"参与观察—深描—阐释"的路径全面诊断教材，从而形成对教材的整体认识。教师、学生与教材应形成一个系统，相互影响、相互丰富、相互补充，努力促进教师、学生与教材的直接对话，发展和丰富其教学内容，使师生真正成为教学活动的主人。

案例研讨 2-1

试以人教版、沪教版初中化学教材"酸和碱"内容为例，利用表2-1作诊断工具，系统地诊断两种版本教材的优劣及其原因。

第二节 化学课程教材设计诊断

核心概念

◆编写模式　◆设计取向　◆优化设计　◆诊断标准

目前我国新课程化学教材采用多种课程设计取向，发挥多种课程设计取向的优势，设置多种水平层次，提供多样选择性，满足不同学生的发展需要，适应不同地区和学校的条件。开展对化学教材设计的诊断对于促进教材修订完善、精选教材版本具有重要价值。

一、化学课程教材编写模式诊断

我国新推出的中学化学课程教材以促进学生发展、提高每个学生的科学素养为主旨，将落实知识与技能、过程与方法、情感态度与价值观三个方面的课程目标。在选择和组织各个主体内容时，确立了三条基本的内容线索：① 化学学科的基本知识线索；② 科学探究和化学学科的思想观念、研究方法和学习策略；③ 反映化学与社会、环境、个人生活实际以及其他科学和技术的广泛联系、相互作用和影响，具有STS教育价值的内容主题和学习素材。新课程教科书在编写思路、情景素材、活动方式上汲取了发达国家及我国香港等化学教科书的长处，又自成体系，教科书设计采用多元取向，融合的特点比较明显。

案例研讨 2-2

以现行我国初中、高中化学教材的主流版本为例，说明各自的编写模式及如何体现新课程理念的。

新课程化学教材的体系结构采用了学科中心与社会中心相融合的方式，吸收了学科中心和社会中心体系结构各自的优点,综合考虑化学知识的逻辑性、社会需要和学生发展的需要,构建了独特的体系结构。在教科书中化学知识的逻辑性、系统性相对弱化,联系社会的知识和知识的应用相对加强。下文以鲁科版初中化学教材为例对教材编写模式进行分析。

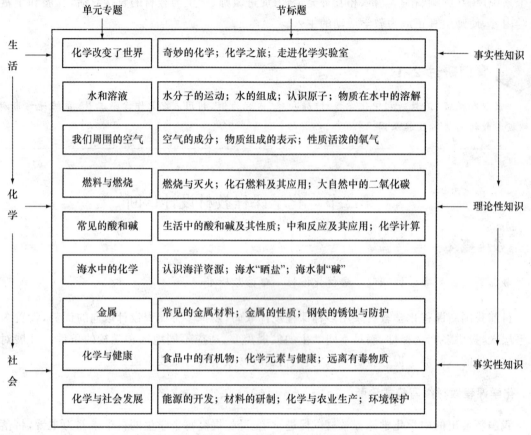

图 2-2　鲁科版义务教育化学教材体系的构建图[①]

如图 2-2 所示,不论是 9 个单元主题还是每个单元内具体每节的编排顺序,鲁科版义务教育化学教科书都充分体现了"从生活走进化学,从化学走向社会"的思路以及"理论性知识与事实性知识穿插编排"的特点。

以鲁科版高中化学教材的编写模式为例,8 本教材充分利用新高中课程方案和高中化学课程结构、课程标准搭建起的课程模块的新框架,采用多种课程设计取向,发挥多种课程设计取向的优势,设置多种水平层次,提供多样选择性,满足不同学生的发展需要,适应不同地区和学校的教学条件(表 2-2 所示)。

[①] 毕华林,卢巍.义务教育化学课程标准实验教科书分析[J].化学教育,2004(6):20.

表 2-2　鲁科版高中化学教科书设计取向[①]

模块	教材编写模式	章节框架的功能(风格)
必修《化学 1》《化学 2》	采用学科中心、认知过程中心、社会生活问题中心相融合的多元取向	目的是为了更好地适应全体高中生科学素养得到全面的提高,体现出在义务教育化学课程基础之上的高一阶段的化学课程的特点,同时为后续的多样化的高中化学选修课程建立发展"通道"
《化学与生活》《化学与技术》	凸显社会生活问题中心、技术问题中心的取向	目的是使学生直面个人生活、工农业生产、技术进步和社会发展中的重要问题,学习化学并应用化学。为学生构建起更加灵活、实用的化学科学素养,提高学生分析和解决实际问题的探究能力,培养创新精神和实践能力
《物质结构与性质》、《化学反应原理》、《有机化学基础》	采用学科中心为主的课程设计取向	目的是更加突出化学学科的核心观念、基本概念、基本原理和基本思想方法,并以此作为教材体系结构的主要线索,其他课程设计取向作为辅助线索。这 3 个选修模块集中体现化学学科素养的课程内容,特别针对理科倾向比较强烈和对化学相关专业感兴趣的学生
《实验化学》	采用过程方法中心和实验活动中心为主的融合取向	目的是向学生展示化学是一门以实验为基础的学科,具有丰富内涵和独特魅力,激发学生的学习兴趣,体会实验对于认识和解决问题、进行科学探究和化学研究的重要意义,发展学生的创新精神和实践能力,为他们将来学习化学、从事化学科学研究奠定良好基础

人教版和苏教版高中化学教科书也都呈现各自不同的融合多种课程设计取向,赋予每个模块教科书鲜明的风格、独特的功能,在教科书中设置了多种水平层次,为不同水平和不同需要的学校和学生提供了多样的选择性。

二、化学课程教材设计诊断标准

每一种版本的化学教材的设计既有其优点,又有其缺陷,因而,如何从教材编写多个维度对其设计进行优化,这也是化学教学诊断的重要内容。如何对中学化学教材的设计开展诊断,主要可从图 2-3 所示的 5 个方面进行诊断,图 2-3 为初中化学教材设计诊断标准体系。

案例研讨 2-3

如何利用图 2-3 诊断标准对我国现有初中化学教材开展诊断,可以以某一单元(章)为例比较不同版本教材的优劣。

[①] 王磊,陈光巨.高观点、大视野、多角度——山东科技版普通高中课程标准实验教科书《化学》总体特点介绍[J].化学教育(增刊),2005:48-52.

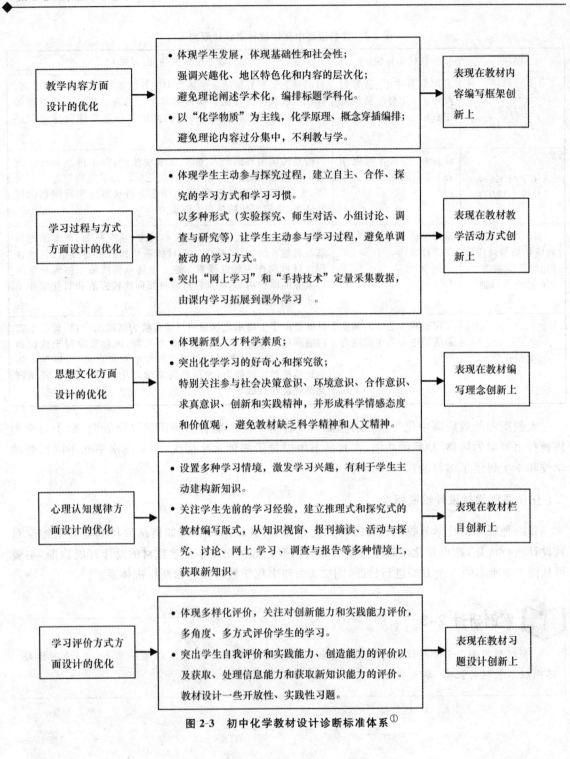

图 2-3　初中化学教材设计诊断标准体系[①]

---

① 钱扬义,王祖浩.国内外初中化学教材编写的比较研究[J].化学教育,2003(3):9-10.

第三节 化学课程教材难度诊断

核心概念

◆课程标准 ◆课程深度 ◆课程广度 ◆教材难度

化学教学方式的好坏不是无条件的,只有适合于教材难度的教学方式才是最好的。由于教材难度的相对性,不同学生对同一教材的难度也会有不同的感知。因此,教师只有按学生对教材难度的不同感知而采用不同的教学方法,才会有好的教学效果,这就是传统因材施教的含义。我国现行的班级授课制教学是在假设所有学生对教材的难度感知都相同,且难度的内容都相同的情况下进行教学的,是千人一面的共性教育,因材施教只是一种口号和回归的目标。因此,现行的班级授课加灌输的教学方式相对因教材施教来说是一种低效的共性教学,只有因材施教(教材和学生)才是高效的个性教学方式。研究教材难度的诊断是选择教学方式的依据之一。

一、化学课程标准的深广度分析

钻研化学课程标准、领会其实质,是进行化学教材诊断的首要步骤,因为化学教材是根据化学课程标准编写的,是化学课程标准的具体化,是教和学的主要依据。因此,只有站在化学课程标准的高度去分析化学教材,研究教法,才能真正领会教材的编写意图,对教材的内容和编写特点以及教材内容的处理方式有深入的认识,并将其变成自己的教学思路。

以高中化学课程标准选修 4《化学反应原理》主题 3"溶液中的离子平衡"为例,学习"溶液中的离子平衡"主题的基础是义务教育阶段化学(或科学)、高中阶段必修课程化学 1、化学 2 模块中相关的元素化合物知识,以及本模块中主题 2 中化学平衡方面的理论知识。解决溶液中的离子平衡问题是化学平衡原理的重要应用之一,也是本主题的主要内容。本主题重点研究电离平衡和沉淀溶解平衡,重点介绍了在生产、科研等领域有着重要应用的溶液 pH。通过深入钻研课程标准,能够初步把握教材及教学的深广度(表 2-3)。

表 2-3 《化学反应原理》主题 3"溶液中的离子平衡"的深度、广度分析

课程标准的内容标准	深度和广度分析
1. 能描述弱电解质在水溶液中的电离平衡,了解酸碱电离理论	• 知道弱电解质溶液中存在电离平衡,知道电离度、电离平衡常数的含义,不要求掌握电离度和电离平衡常数之间的定量关系 • 了解影响电离平衡、电离度以及电离平衡常数的因素
2. 知道水的离子积常数,能进行溶液 pH 的简单计算	• 知道水能够微弱电离,能运用水的离子积常数计算稀的水溶液中 $c(H^+)$ 和 $c(OH^-)$ • 知道水溶液的酸碱性与 $c(H^+)$ 和 $c(OH^-)$ 相对大小之间的关系 • 知道 pH 的定义,能计算稀的强酸、强碱溶液的 pH • 了解酸碱中和滴定的原理,学会利用中和滴定法测定强酸或强碱溶液的浓度
3. 认识盐类水解的原理,归纳影响盐类水解的主要因素,能举例说明盐类水解在生产、生活中的应用	• 认识盐类水解的化学原理,能结合实例分析温度、浓度、外加酸或碱对盐类水解平衡的影响 • 能举例说明盐类水解在生产、生活中的应用
4. 能描述沉淀溶解平衡,知道沉淀转化的本质	• 知道难溶电解质在水中存在沉淀溶解平衡,了解溶度积的含义,了解分析沉淀生成、溶解与转化的方法

从知识传授角度来讲,教学的本质是在教师的指导下,学生把未知知识转化为已知知识的过程。化学教材的难度系数是指某一化学课程教学单元(如一节课)教材中新知识(未知的量)占该单元知识总量的百分数。某一教学单元中未知知识的比率越大则该单元的教材难度系数就越高,反之则越低。[①]

化学教材难度系数具有以下特点:教材的难度系数在 0~1 之间;教材难度系数越高学生学习的难度越大,反之越小;教材难度系数有相对性。对于不同的学生,由于其年龄、知识结构、学习水平等的不同即使是同一教材的难度系数也会有所不同,或者难度系数相同而不同的学生未知知识内容也可能不同。

在具体化学教学中,教师采取哪种教学方式更合理取决于化学教材的难度系数,不存在哪种教学方式最好。根据教材的不同难度采取适当的教学方式,也就是因材(教材)施教才是最好。教材难度系数和教学方法的对应关系是:

(1) 当化学教材难度系数在 0~0.3 之间时。由于教材的难度系数较小,学生能够通过已知的知识去攻克新知识,学生完全可以以自学的方式完成教学任务。如果教师讲课过多就会造成旧知识的大量重复而浪费时间从而造成效率降低,所以教材难度系数小于 0.3 时应采取以自学为主的教学方式。学生自学很快会把旧知识滤过,增加学习的针对性,把学习精力直接作用于新知识从而提高化学学习效率。

(2) 当化学教材难度系数在 0.3~0.7 之间时。教学应采取启发式,即自学加点拨(辅导)相结合的方式进行。让学生自学教材,当遇有学生不能解决的问题时教师进行必要的辅导。

(3) 当化学教材难度系数在 0.7~1 之间时。由于教材难度系数很大,许多新知识处在学生"思而不得,启而不发"的状态,因此自学和启发式教学是低效的。最高效的方式就是讲述式教学,它使学生高效率的掌握新知识。

二、中学化学教材静态难度诊断

教材内容的难度体现了课程的静态难度。利用课程难度的定量模型,以化学课程标准为参照,可以对不同版本的教材的某一内容的课程静态难度进行定量比较分析,以此结合当地学校和学生实际,从整体上选用难度适当的教材。

有学者指出,课程静态难度的定理模型公式为[②]:

$$N = \alpha \frac{S}{T} + (1-\alpha) \frac{G}{T} \qquad (公式2\text{-}1)$$

式中,N 表示课程难度,S 表示课程深度,G 表示课程广度,T 表示课程时间,S/T 表示可比深度,G/T 表示可比广度,α 满足 $0<\alpha<1$,被称为加权系数。

课程难度(N)即课程的静态难度,是指课程的内容难度。课程标准和教科书编制完成,课程的内容难度也便成为客观存在。

课程深度(S)是课程目标对课程内容的要求程度及课程内容所需要的思维深度。课程难度与课程深度成正比,可以对结果性目标或体验性目标的不同学习水平赋值后求总和进行量化。

[①] 马占营.教材难度系数与教学的关系浅探[J].教育实践与研究,2009(3):13-14.
[②] 史宁中,等.课程难度模型:我国义务教育几何课程难度的对比[J].东北师范大学学报:哲学社会科学版,2005(6):151-155.

课程广度(G)是指课程内容所涉及的范围和领域的广泛程度。课程难度与课程广度成正比,可以通过分析《课标》中内容标准和各版本教科书配套的教师教学用书中教学目标的主要内容进行量化。

课程时间(T)是指课程内容的完成所需要的时间,课程难度与课程时间成反比,可以用我们通常所说的"课时"多少进行量化。

单位时间的课程深度 S/T 和单位时间的课程广度 G/T 是刻画课程难度很重要的量,分别称之为"可比深度"和"可比广度"。显然,课程的"可比深度"和"可比广度"都大,则这门课程就难。

α 反映了可比深度、可比广度对课程难度影响的侧重程度。一般计算时 $\alpha=0.5$。

以高中《化学2》"化学能与电能"内容作为研究对象,研究结果如表2-4所示①。

表2-4 《化学2》"化学能与电能"课程难度比较

	课程深度 S	课程广度 G	课程时间 T	可比深度 S/T	可比广度 G/T	课程难度 N
课程标准	1.20	10	1	1.20	10	5.60
人教版	1.08	12	1	1.08	12	6.54
苏教版	1.14	14	1	1.14	14	7.57
鲁科版	1.10	10	1	1.10	10	5.55

从表2-5计算可知,在可比深度方面,苏教版＞鲁科版＞人教版,苏教版与课程标准的吻合度最高。在可比广度方面,鲁科版与课程标准最吻合,苏教版可比广度最大,其原因是苏教版知识点较多而课程时间相对较少。就课程难度而言,苏教版难度最大,鲁科版难度最小。化学教师可依据对不同版本教材难度的判断,以教学目标为导向,以所教班级学生实际情况为基础,以所使用的某版本教材中某部分内容为载体,以其他版本教材为参考,对此部分内容进行替换、删减或增加。当然,必须控制好对此部分内容处理后的课程难度。

值得注意的是,教师在运用课程难度的定量模型进行分析时要进行整体思考:一是六方面关系密切,课程广度、课程深度和课程时间直接影响可比广度和可比深度,从而影响到课程难度;二是专门分析课程广度,有利于弄清楚某版本教材的编写是否全部包括了内容标准中所要求的内容要点;三是专门分析课程深度,有利于认识某版本教材的编写是否很好地落实了内容标准的层次要求。

案例研讨 2-4

学生的化学学习难度并不一定等于化学课程的静态难度,为什么?考虑到学生的起点能力和教师的教学方式也会影响学生的学习难度,试设想如何建立化学学习的动态难度?

---

① 王后雄,黄郁郁.高中化学新课程教科书课程难度的静态定量对比分析[J].教育理论与实践,2007(12).

第四节　化学课程教材内容诊断

核心概念

◆内容分析　◆逻辑顺序　◆核心概念　◆核心线索　◆呈现方式

化学教材是最重要的化学教学资源，它应力图概括人类长期积累的数量巨大的化学知识，并且以学生所能够理解和接受的方式呈现出来，为学生学习化学知识和解决化学问题提供必要的基础内容和方法。因此，对化学教材进行分析诊断，首先要对教材内容进行文本诊断，判断其是否符合相关标准。

一、化学教材内容逻辑顺序诊断

教材是个系统的、富有逻辑的课程内容呈现载体。从结构主义的角度来看，教材的某一章、某一节都可以看成是整个结构体系中的一个要素，而这一要素除了具有其自身所独有的地位和作用价值以外，它与其他要素（其他章、节）之间也存在着相互关系和相互作用，正是有了这样的前后关系，才构建起了整个富有逻辑性、富有规律性的教材内容体系，才能够通过课程内容的作用实现学生的发展。因此，对于某一章、节教材内容的分析，需要准确地把握所要分析的教材内容与前后教材内容的联系，理清在本内容之前哪些内容对本内容的展开有着重要的影响作用，而在本内容之后又有哪些内容是由该内容自然生长出来的。

例如，苏教版《化学1》专题2"氯气的生产原理"与后续《化学2》《化学反应原理》知识呈现螺旋上升、递进发展，要求教师在不同阶段教学要控制好知识与技能的"度"，不同阶段要求如表2-5所示。

表2-5　教材三个不同阶段对"电解饱和食盐水"内容的处理情况

	化学1	化学2	选修（化学反应原理）
相关内容	第37页专题2"从海水中获得的化学物质"的第一单元"氯溴碘及其化合物"	第27页专题2"化学反应与能量变化"中的第三单元"化学能与电能的转化"	第1页专题1"化学反应与能量变化"中的第二单元"化学能与电能的转化"
度的把握	要求学生通过对电解饱和食盐水实验过程中的有关现象作出分析，得出电解产物，会写电解反应的化学方程式即可，不要求学生书写有关的电极反应式。相关内容将会在《化学2》或选修模块中学习。	在《化学1》的基础上，要求学生能写出电极反应式和总反应式。对电解反应中离子在电极上的放电顺序不作要求，对几种电解反应生产过程中的技术问题不作要求。相关内容在选修模块都会有进一步的学习。	这是高中阶段学习对这一内容的最高要求。在《化学1》《化学2》的基础上，要求学生理解电解池原理，并对离子在电极上的放电顺序作出简单解释。

(续表)

	化学1	化学2	选修（化学反应原理）
编写意图	海水是十分重要的资源之一，利用海水中富含的化学物质如氯化钠等能获得活泼的非金属单质氯气等。这既是高中学生需要学习的重要内容，也是学生认识化学为人类社会发展作出重要贡献的重要内容。编者以新课程标准为依据，以遵循学生的认知规律、培养学生热爱科学的情感为前提，紧扣海水资源这一线索，教材以"观察与思考"栏目进行了电解饱和食盐水的实验，注重从工业生产实际出发，体现化学在生产和生活中应用十分广泛这一学科特点，突出了学好化学能更好地服务于社会生活这一学习目标	在《化学1》中学生已经了解了许多电解反应生产实例。因此转入电解反应学习时，教材用"你知道吗"这一栏目，让学生回忆已学的电解反应，弄清各反应的反应物和生成物。为了帮助学生更好地理解《化学1》中所学习的电解反应，教材在"观察与思考"栏目中以电解氯化铜溶液实验为例，通过观察、分析说明电解反应发生的基本过程，了解在直流电的作用下，在电解池的两极所发生的氧化还原反应和电解总反应。并在此基础上，以"资料卡"的形式给出电解熔融氯化钠和饱和氯化钠水溶液中电极反应式和电解总反应，进行对比分析	特别注意在《化学2》基础上的加深和提高。在《化学2》中将重点放在引导学生观察电解实验的现象，通过现象认识生产生活中一些有关电解的事例，并不要求认识电解池的原理。而本单元在"交流与讨论"栏目中再次出现电解饱和食盐水这一内容，其重点放在引导学生分析现象产生的原因上，要求学生理解电解池的原理，能根据有关原理进行电解池的设计，并写出有关的电极反应式

诊断教学内容与前后知识之间的逻辑关系，明确所学内容在整个教材体系中的地位和作用，以准确把握所学内容的阶段性、连续性和深浅度，对于教材分析具有重要作用。

案例研讨 2-5

有关"氧化还原反应"内容的逻辑顺序分析

以新课程标准人教版实验教科书初中、高中化学（必修）为例：

在初中的化学课程中，氧化还原是从得氧、失氧（还原反应）的角度定义氧化还原反应的。"氧化反应"的概念第一次出现在第二单元"我们周围的空气"课题2"氧气"中，"还原反应"的概念出现在第六单元"碳和碳的化合物"课题1"金刚石、石墨、C_{60}"中。

第二次对氧化还原内容进行组织，是在普通高中课程标准实验教科书（必修）《化学1》第二章"化学物质及其变化"第三节"氧化还原反应"，是从化合价的升降和电子转移角度进行分析的。第三次出现该内容是在《化学2》第二章"化学反应与能量"第二节"化学能与电能"有关原电池的内容。教学内容的螺旋式上升最明显的优点是照顾了学生的认知水平。

心理学研究表明，影响学生学习的最重要的因素是学生已有的知识基础。在诊断教学内容逻辑顺序时，要特别重视分析新学习的内容和学生已学过的内容间有什么联系，在以后的学习中又有哪些运用和发展。这样做，可以使新知识的学习建立在学生已有知识的基础之上，并在教学中留有一定的余地，使知识的学习一环扣一环，层次分明，循序渐进，逐步形成完整、系统的知识结构。

二、化学教材内容核心线索诊断

对于化学教材内容的诊断,还应包括教材知识线、问题线、活动线、情景线、认识发展线等隐性方面对教材核心线索开展分析,突出内容的关键特征和知识逻辑顺序。因此,对教材内容核心线索的诊断是化学教材内容分析诊断的一个重要维度。

以人教版《化学1》第一章第一节的第一模块"物质的量的单位"为例。化学计量作为沟通化学的研究方法——实验与化学研究对象——物质的桥梁,其重要意义在于使得化学研究更加科学,对宏观物质的称量直接与微观离子数目相对应,促进了化学科研向精准、量化的方向发展。从人教版必修1、必修2的逻辑结构中可以发现它提升了化学实验的地位,体现了新课程中化学教育提升学生的科学素养的宗旨,重视学生学习的过程与方法,注重科学探究能力的培养。"物质的量的单位"教材核心线索分析如表2-6所示。

表2-6 教材核心线索分析[①]

线索	分析途径	分析结果
知识线:确定教学内容的逻辑线索及深广度	1. 教材标题 2. 教材正文 3. 教材核心概念与公式 4. 节后、章后相关习题	知识线:物质的量及其单位→阿伏伽德罗常数→摩尔质量 深广度:定义公式的直接换算,可以更换微粒的种类
问题线:确定教学思路和驱动性问题线索	1. 章节引言 2. 教材正文蕴涵的问题	问题线:① 可称量物质与原子、离子或分子之间有什么联系? ② 能否用一定数目的粒子集合体来计量它们之间的关系? ③ 1 mol 物质的质量在数值上有什么特点?
活动线:确定教学中的主要活动的目的、内容和形式	活动性栏目,如科学探究、思考与交流、学与问等	活动线:① 如何计量肉眼看不到,难以称量的原子、离子、分子等微粒? ② 1 mol 不同的粒子在数量上有什么特点? ③ 交流研讨,1 mol 物质的质量是多少?
情景线:确定在情感态度与价值观方面的教育价值	1. 正文中联系实际生产生活的内容 2. 资料卡片 3. 教材插图	情景线:① 生产、生活科研中,人们常根据不同需要使用不同计量单位。② 国际单位制7个基本单位。③ 1 mol 物质的图片
认识发展线:确定学生在整节教材学习中认识的变化和发展的层级	1. 教材正文 2. 活动性栏目后的总结 3. 节后、章后相关习题	① 原来关注一个个微粒,现在关注 1 mol 微粒数。 ② 能从物质的质量中看到微粒的个数,利用物质的量建立宏观与微观的桥梁

三、化学教材概念呈现方式诊断

对化学教材内容的诊断,还应包含对课程标准的核心概念进行诊断,包括核心概念呈现方式、关联性、适度性、可接受性等,要把握好化学概念的深、广度,不能为追求概念的科学性和完整性而随意将概念扩展或深化,不能过分强调定义的严密性而造成学生认知难度。

---

① 故久华,王磊. 基于促进学生科学素养发展的高中化学新课程教材研究[J]. 中学化学教学参考,2009(9):3-7.

(一) 初中化学教材核心概念诊断

化学概念是课程内容的重要组成部分,是化学知识的"骨架"。抽象的化学概念往往使学生望而生畏。在进行化学概念呈现方式诊断时,可以从直观性、关联性、发展性、通俗性、易学性、趣味性等维度进行评价。

人教版、沪教版和鲁教版三种版本初中化学教材"相对原子质量"呈现方式诊断结果如表2-7所示。

表2-7 三种初中化学教材"相对原子质量"呈现方式诊断表

诊断维度	诊断内容标准	人教版	沪教版	鲁教版
(1) 直观性	从学生直接经验或借助宏观现象去导入,使学生从感知概念到形成概念		√	√
(2) 关联性	引出概念不仅为了知识表述的简约性,重要的是启迪思维,建立前后知识间的联系	√	√	√
(3) 发展性	注重概念本身是发展的,应有阶段性认识特征,在认识过程中逐步深化	√	√	√
(4) 通俗性	对初中阶段无法给出严格的科学定义或难以理解的概念,宜用泛指、列举或比喻的手段去说明	√	√	√
(5) 易学性	符合学生认知发展规律,尽可能使概念直观化、具体化、公式化或从经验中概括出有关的属性,以降低学习难度		√	
(6) 趣味性	用学生喜闻乐见的情景呈现化学概念,增加说服力、趣味性和可读性			√

对于初中生而言,相对原子质量的概念定义复杂、抽象,仅用文字说明既造成文字内容难以引人入胜,而且部分学生难以理解,通过沪教版公式图形化和鲁教版富有情趣的拟人画,使抽象概念具体化,知识呈现趣味化,降低了概念学习的难度。

(二) 高中化学教材核心概念诊断

高中化学必修课程是在义务教育基础上为全体高中生开设的课程,高中化学必修模块中化学概念的学习对于学生形成基本的化学观念,建立起对化学科学的正确认识起着至关重要的作用。高中化学课程标准中必修模块设置的概念主要有五类:(1) 与义务教育化学课程相衔接的有关物质分类的概念;(2) 化学计量、化学实验操作的有关概念;(3) 物质结构基础中的原子结构、核外电子排布初步知识、化学键、离子键、共价键、元素周期律;(4) 化学反应与能量中的化学反应速率、可逆反应、化学反应的限度、吸热反应、放热反应、原电池等;(5) 有机化学中的部分概念。

1. 高中化学教材概念编排体系的比较诊断[①]

人教版高中化学必修教材采取了学科中心和社会中心相融合的体系,综合考虑化学知识的逻辑性、社会需要和学生发展的需要构建化学课程体系结构。在化学概念的编排上,《化学1》突出化学反应、物质结构、化学反应中的能量变化相关的概念,有机化学的概念不多。

鲁科版化学必修教材,编者采取了学科中心、认知过程中心、社会生活问题中心相融合的多

---

① 万莉,等.高中化学3套必修教材中化学概念的比较[J].化学教育,2009(7):17-19.

元课程设计取向。《化学1》主要有物质分类、化学计算和化学反应分类方面的概念;《化学2》的概念编排与人教版编排有些不同,人教版将化学键部分概念放到第一章,而鲁科版将化学键部分概念放在第二章,与化学反应与能量一起进行学习。有机化学的概念较人教版多一些。

苏教版高中化学必修教材在概念的编排上,以必修1中专题1的基本概念、原理为核心统领必修课程,为整个必修化学乃至高中化学的学习奠定了基础。在化学概念的编排上采取了总体介绍,分步骤学习的方式,例如教材将氧化还原反应分为四部分介绍且分散在不同的主题里编排,使学生认识到化学概念是不断完善和发展的。苏教版化学概念编排比较详细,例如关于晶体的概念,这是前面两个版本教材没有的。

2. 高中化学教材概念呈现方式的比较诊断

对同一化学概念,不同版本的教材也有不同的呈现方式。例如,"氧化还原反应"这一核心概念,在三个不同版本的教材中,呈现方式有各自的特点(表2-8)。

表2-8 "氧化还原反应"呈现方式的比较

	人教版	鲁科版	苏教版
彩图	1	15	0
示意图	3	0	1
实验	0	3	0
引入方式	从初中得失氧角度引入	从学生分析熟悉的四个化学反应中元素化合价变化引入	直接指出"有元素化合价升降的反应为氧化还原反应"
活动栏目的设置	"思考与交流""学与问"	"交流·研讨""活动·探究""知识点击""化学与技术""资料在线""迁移·应用""身边的化学""概括·整合"	"问题解决""拓展思维"

(1) 化学概念呈现方式的共同点

三个版本高中化学实验必修教材在概念的呈现方式上有以下一些共同点。

① 设置了功能不同的栏目。在各版本教材中设置了功能不同的栏目,这些活动栏目的设置突出了化学概念探究学习、合作学习的特征。这些功能各异的栏目不仅有助于培养和提高学生的科学素养,还能有效促进学生学习方式的转变。

② 增加了图片的数量。化学教材为适合中学生心理和生理特点,增加了各种各样的图片,而且插图多以彩图的形式出现,既有助于学生对概念的理解又能提高学生的学习兴趣。

③ 加强化学知识与生产、生活的联系。在学习化学概念时,注意与社会生活、生产相联系,以培养学生的社会意识、参与意识。

(2) 化学概念呈现方式的不同点

① 人教版实验教材化学概念的呈现方式与原高中化学教科书相比较有明显的继承性,但在继承中也有创新。表现在:一是比较注重教学情境的创设;二是在介绍化学概念时,注重穿插化学史料、联系化学科技前沿,加强对学生进行情感态度与价值观的培养。

② 鲁科版实验教材在化学概念的编写上有以下特点:一是比较注重教学情境的创设,善于运用大量的彩图帮助学生理解概念和提高学生的学习兴趣,活动栏目设置较多;二是在化学概念的引入上多以"联想·质疑""交流·探讨"等以问题驱动学习的栏目,引导学生自主、探究、合作

学习,有效转变学生的学习方式。

③ 苏教版实验教材在化学概念的呈现上体现出简约风格,篇幅较少,活动栏目的设置不多,给教师创造性地使用教材提供了较大空间。

本章思考题

1. 目前在国内使用的A、B两种版本的化学教材对"化合价"概念有不同的解释:

A版本:一种元素一定数目的原子跟其他元素一定数目的原子化合时表现出来的性质,叫做这种元素的化合价。

B版本:化学家在研究大量化合物中不同元素原子数目比值关系的基础上,总结出了体现这种关系的数值——元素的化合价。

(1) 试分析哪一种概念解释更为合理?请说明理由。

(2) 试说明如何对初中"化合价"概念进行有效教学。

2. 运用课程静态难度模型诊断几种不同版本教材"离子反应"或"难溶电解质溶解平衡",并写出诊断结论。

3. 新课程教材在编写时尽可能呈现核心内容的知识线、问题线、活动线、情景线和学生认识发展线索。试以新课程教材某一节内容为例[任选"质量守恒定律""氧化还原反应""乙醇"(化学2)],回答下列有关问题:

(1) 以你选取某一节内容为例,试对新课程教材中的核心线索进行诊断分析。

(2) 试从知识结构、信息素养、学习需要、心理等方面对学生学习特点进行分析。

4. 化学课程教材诊断一般包括哪些方面?试用比较的方法诊断我国初中或高中几种不同版本的教材(以某一册或某一模块为例),并评价各自的优缺点。

第三章 化学教学设计诊断

  化学教学设计是化学教师根据化学教学目标、化学教学内容和学生的实际(包括知识基础、能力发展水平、生理和心理发展特点等),运用教学设计的理论和方法,对化学教学方案做出的一种规划。从一定意义上讲,教学设计水平的高低决定教学质量的高低,因此,对化学教学设计进行评价和诊断,对于提高化学教学质量具有重要意义。

第一节 化学教学目标设计诊断

核心概念

  ◆教学目标 ◆行为主体 ◆行为动词 ◆行为条件 ◆行为标准

  布卢姆指出,有效的学习始于准确地知道达到的目标是什么。由此可见,把握教学目标是实现有效教学的前提与关键,教学目标是教学的灵魂,它支配着教学的全过程,并规定着教与学的方向。教学目标的功能可以概括为指导学生的学习、指导教师的教学以及指导学习结果的评价,可简化为导学、导教和导评。在教学实践中,化学教师制定的教学目标大都呈现出抽象的状态。尽管以具体文字的形式表现出来,但是呈现在学习者面前却是抽象的目标,空泛而普适。概括起来看,化学教学目标编制存在以下几个方面的问题。[1][2][3]

一、教学目标陈述缺乏规范

  马杰(R. Mager)于1962年出版了《准备教学目标》一书,他认为行为目标的陈述具有四个基本要素,即行为主体、行为动词、行为条件和行为标准(表现程度)。行为主体:是教学目标的承担者即学生。行为主体可以是学生个体,也可以是学生群体。规范的行为主体的表达应该是"谁",如"每个学生要""百分之多少学生要"等。行为动词:可以观测的教学活动后学生表现出的学习行为和特征,通俗地讲就是"能做什么",这种学习行为和特征,必须注意明确、可操作、可测量,一般用外显性行为动词加以表述(情感、能力、心理等内隐目标可以用心理特征描述)。行为条件:影响完成规定学习行为所需要的条件(情境),通俗的表达为"在什么条件下"。一般指影响学生学习结果的特定的限制或范围。行为标准:指学习行为的表现程度,通俗的表达为"能做到什么程度",它主要用来评价学生学习表现或学习结果能达到的最低表现标准、程度。

---

[1] 林能顶,陈美智. 新课程化学教学目标编制存在的问题及矫正建议[J]. 化学教育,2012(7):17-20.
[2] 刘莉莉. 中学化学教学目标制订的问题诊断与矫正方法[J]. 中学化学教学参考,2011(4):13-15.
[3] 邓阳,王后雄. 从孤立到整合:化学教学三维目标的全面落实[J]. 化学教育,2013(8):16-19.

由于教师缺乏教学目标分类与学习结果分类理论的基础,通常在编制化学教学目标时,对目标陈述的四个要素缺乏科学的把握,主要表现在以下五个方面。

(一) 行为主体错位

行为主体必须是学生而不是教师。因为判断教学是否有效的依据是学生有没有获得具体的进步,而不是教师有没有完成任务。教师习惯于把教的过程或教授的内容作为教学目标,将教学目标陈述的主体当做教师或讲授的内容,而不是学生或学习结果。比如:"使学生树立……观点""培养学生动手能力""引导学生自学""让学生自己读懂课文"。

【案例1】 金属钠的性质与应用(化学1)

[知识与技能目标] 让学生了解钠及其化合物的性质。

[病因诊断] "让学生"反映了目标的实施主体不是学生而是教师,没有从学生学的角度来编制目标。

[矫正建议] (学生)认识钠及其化合物的性质。

【案例2】 燃烧与灭火(初中)

[知识与技能目标] 通过活动与探究,让学生知道燃烧的条件,引导学生归纳灭火的条件,教会学生设计对比实验的方法。

[病因诊断] "让学生""引导学生""教会学生",谁来"让学生",当然是教师;谁来"引导学生",当然还是教师;谁来"教会学生",当然又是教师。教师变成行为主体,把教师置于主体地位、中心地位,而把学生置于被动地位、边缘地位。

[矫正建议] 通过燃烧条件的探究活动,学生(主体可省略)能归纳出灭火原理和方法。

(二) 行为动词缺失

行为动词必须是可测量、可评价、可操作、具体而明确的。而有的教学目标只列出了教材的主题、原理或概念,看不出是教学目标,疑似教学重点或知识点,这样的教学目标没有明确学生学习后达到什么样的学习表现。

【案例3】 离子反应(化学1)

[课标要求] 通过实验探究,认识离子反应及其发生的条件。

[知识与技能目标] 离子反应及其发生的条件。

[病因诊断] 缺乏可以测量与观察的行为动词。

[矫正建议] 通过观察硝酸银与盐酸、氯化钠溶液反应,盐酸与碳酸钠、碳酸钾溶液反应,硫酸铜与氢氧化钠、氢氧化钾溶液反应的3组具体的实验,感受电解质在溶液中进行的反应就是离子反应,初步归纳出离子反应发生的条件。

(三) 行为动词不当

要尽量避免用"懂得""提高""体会""领悟"等含义不容易确切把握的词,缺乏质与量的规定性,很难操作和测量。

【案例4】 强、弱电解质(化学1)

[知识与技能目标] 让学生能领悟强、弱电解质的含义。

[病因诊断] 行为动词选择不恰当,采用动词"领悟"过于含糊,不能确定"领悟"要达到的学习程度和学习水平。

［矫正建议］ 通过盐酸、醋酸溶液的导电性对比实验,知道电解质有强弱之分,能区分出强、弱电解质。

【案例5】 二氧化碳制取的研究(初中)

［知识与技能目标］ 了解实验室制取 CO_2 的反应原理、制取装置、收集方法和验证方法。

［病因诊断］ "了解"表述不具体,难以评价。将"了解"改成"能说出并能用化学方程式表示"实验室制取 CO_2 的反应原理,将实验室制取 CO_2 的反应装置、收集方法和验证方法的技能目标改为"初步学会",这样比较具体,也便于评价了。

［矫正建议］ ① 能说出并能用化学方程式表示实验室制取 CO_2 的反应原理(知识)。
② 初步学会实验室制取 CO_2 的反应装置、收集方法和验证方法(技能)。

根据以上案例研究,可以看出,行为动词是学生在教学活动中表现出的学习行为和特征,具有外显性的特点,通俗地讲就是"能做什么",这种学习行为和特征,必须注意明确、可操作、可测量。

(四) 行为条件缺失

主要表现为对完成规定学习行为所需要的条件(情境)缺乏明确的表述。行为条件,通俗地讲,就是"在什么条件下",特指影响学生学习结果的特定的限制或范围。一般对条件的表述有以下五种类型。

一是关于辅助手段的使用,允许或不允许使用某种工具。包括:化学工具、仪器、图纸、说明书。比如:"是否可使用量筒或天平""允许查阅说明书"。

【案例6】 溶液的配制及分析

［课标要求］ 初步学会溶液配制的实验技能。

［知识与技能目标］ 会用容量瓶。

［矫正建议］ 学生会使用容量瓶,初步学会配制一定物质的量浓度溶液。

二是提供信息或提示。包括:资料、教科书、笔记、图表、词典等。比如:"根据下列图中化学现象,能写出……""阅读资料卡,能找出……""能根据溶解曲线图……""在从铝土矿中提取铝的流程图中……""……在多重选择中……"

【案例7】 离子反应(习题课)

［知识与技能目标］ 学会用离子方程式表示溶液中的离子反应。

［矫正建议］ 根据提供的一些常见溶液反应实例(学习条件),学生(行为主体)能学会用(行为动词)离子方程式表示不同溶液实例中的离子反应。

【案例8】 溶解度(初中)

［知识与技能目标］ 会查阅物质的溶解性或溶解度,会绘制溶解度曲线。

［病因诊断］ 缺少特定条件或范围,查阅物质的溶解性或溶解度、绘制溶解度曲线一定要给出条件,否则无法完成此项学习任务。

［矫正建议］ 会利用溶解性表或溶解度曲线,查阅有关物质的溶解性或溶解度,依据给定的数据绘制溶解度曲线。

三是时间的限制。比如:"1小时的测验中,能……""在10分钟内,能……""通过2课时的学习能记住……"

【案例 9】 常见物质的检验

[课标要求] 了解常见离子的检验方法。

[知识与技能目标] 正确使用常见离子的检验方法。

[矫正建议] 在 5 分钟内(行为条件),90%学生能够完成 4 组常见离子的检验实验,并正确使用常见离子的检验方法。

四是完成行为的情境。比如:"在课堂讨论时,能叙述……要点"。

【案例 10】 酸雨

[知识与技能目标] 知道酸雨形成的原因。

[矫正建议] 通过阅读教材中有关酸雨的材料,在课堂讨论后,能说出酸雨形成的原因。

五是人的因素。包括:独立进行、小组进行、在教师指导下进行等。

【案例 11】 乙醇的性质

[课标要求] 知道乙醇的主要性质。

[过程与方法目标] 通过实验探究,观察乙醇与钠反应的现象。

[矫正建议] 在教师的指导下,进行乙醇与钠反应实验探究,能够完整地记录乙醇与钠反应过程中发生的化学现象。

(五) 行为标准(又称学习水平)缺失

行为标准(又称学习水平)的缺失通常是指教师在编制目标时,忘记了通过一段时间的学习后学生所产生的行为变化的最低表现水准或学习水平的描述,缺少了用以评价学生化学学习表现或学习结果所达到的程度。表现程度一般通俗地表达为"能做到什么程度"。通常用百分比表达,一般从准确、速度、质量等方面来确定。比如:"……至少正确回答其中 90%的题目……""……没有错误地……"

【案例 12】 氧化还原反应

[知识与技能目标] 了解氧化还原反应的本质。

[病因诊断] 没有行为条件,也没有学习水平的描述。

[矫正建议] 通过具体分析卤素单质及其盐溶液间的置换反应中微粒结构发生变化,认识氧化还原反应的本质是反应中发生电子的转移。完成课后习题的正确率达 90%(学习水平或表现程度)。

从一个完整的化学教学目标的编制看,化学教学目标编制时容易存在以上五种不规范的方面。但是编制化学教学目标并不是一味地要求所有的化学目标呈现方式都要包括四个要素,有时为陈述简便,省略了行为主体或行为条件,前提是以不会引起误解或产生多种解释为前提。同时,化学教学目标中包含行为条件和行为标准应更有利于进行目标达成的测量与评价。

二、教学目标陈述层次错位

在实践中发现,部分教师化学教学目标陈述含糊,具体目标难辨;化学三维教学目标的逻辑不清,目标知识水平的要求定位不准。要么导致化学教学要求的超标,加重学生学习负担;要么导致化学教学内容的超量(范围),要么化学教学要求偏低,不能达到化学课程标准规定的最低要求。教学目标的层次错位,通常表现在以下几个方面,具体分析如下。

（一）三维目标混淆

教师在备课时,不重视化学三维目标的编制,不注意区分知识与技能目标、过程与方法目标、情感态度与价值观目标,尤其是容易将技能目标与方法目标相混淆。导致化学教学目标的课堂达成失去针对性,教学容易出现随意性。具体案例如下。

【案例 13】 金属钠的性质与应用

[知识与技能目标] 通过钠燃烧、钠与水反应等实验的探究,学生认识钠及其化合物的性质。

[病因诊断] "通过……探究"是过程性目标的要求,此目标的表述属于过程与方法目标的表述,混淆了三维目标的分类。

[矫正建议] 认识钠及其化合物的性质(归为知识与技能目标)。

（二）背离课程标准

教师对课程目标认识不到位,过于强调知识的难度与深度,导致随意拔高和扩展教学内容与教学目标要求,与课标的基本要求相背离。这样会增加学生学习负担,导致教学超纲、超标。

【案例 14】 化学能与电能的转化(《化学 2》)

[课标要求] 举例说明化学能与电能的转化关系及其应用。

[知识与技能目标] 了解原电池和电解池的工作原理。

[病因诊断] 在《化学 2》没有了解原电池和电解池的工作原理的目标要求,原电池和电解池的工作原理属于能力提高性的要求,课标在化学选修中有要求,此处背离了课标要求。

[矫正建议] 依据课标要求。

（三）目标层次不清

由于对课程标准的内容要求缺乏准确的定位,常会出现目标层次不清的问题。如对一些结果性目标的知识水平层次认识不清,理解不到位,确定知识水平的层次过于随意,教学要求变化过大。教师对知识要求过于随意,不同学校和班级知识目标的要求差异性过大,学生学习负担不均衡。

【案例 15】 原子核外电子的排布(《化学 2》)

[知识与技能目标] 理解原子核外电子的排布。

[病因诊断] 课标要求了解原子核外电子的排布,上述目标要求过高。

[矫正建议] 通过分析归纳 1~18 号元素原子和稀有气体元素原子核外电子排布,了解原子核外电子分层排布的基本规律。

【案例 16】 溶液的形成(初中)

[知识与技能目标] 通过对氯化钠、硝酸铵、氢氧化钠三种物质在水中溶解时温度变化的探究,感受到物质在溶解过程中常常伴随有吸热或放热现象。

[病因诊断] "通过……探究""感受"是过程性目标的要求,此目标的表述属于过程与方法目标的表述,混淆了三维目标的分类。

[矫正建议] 通过氯化钠、硝酸铵、氢氧化钠三种物质在水中溶解时温度变化的探究,认识物质在溶解过程中常常伴随有吸热或放热现象。

（四）教学目标不全

没有把教材某课时中涉及的相关三维目标全部表述完整。由于化学课时教学目标不完整,容易造成本课时的教学目标达成不全面,甚至导致某些教学目标的缺失。

【案例 17】 原子的构成

[**教学目标**] 认识原子是由原子核和核外电子构成。

[**病因诊断**] 知识目标要求不全,缺乏过程与方法目标,忽视了教材中情感态度与价值观有关内容的渗透。

[**矫正建议**]

[**知识与技能目标**] 认识原子是由原子核和核外电子构成的,知道核电荷数、质子数和核外电子数的关系。

[**过程与方法目标**] 通过对原子结构的分析、讨论,初步了解假说与模型是研究物质微观结构的重要方法。通过比较、归纳等方法,逐步提高学生的分析、推理能力。

[**情感态度与价值观目标**] 利用有关原子结构的科学史实,了解科学发展的曲折性,学习科学家严谨求实的科学态度,培养科学精神。对学生进行物质可分性的辩证唯物主义观点教育。

一个完整化学教学目标,将引领课堂教学顺利地实施。将教学目标规范化、具体化的目的是为了更有利于目标达成的测量与评价。化学课堂教学目标的编制是化学教学中的一个最基本的环节,是事关教学理念的重要问题。以新课程理念指导教学目标编制,有助于加深对"生本"理念的理解,更好地解决教与学的关系,有利于打造高效课堂。

三、教学目标理解存在误区

在制定教学目标的过程中,不少教师存在片面理解教学目标的误区:一是照搬课程标准或教学参考用书,套用基本标准而忽视班级学生的学情;二是对化学课程目标与教学目标区分不清,往往把化学课程目标的内容定为某一节课的教学目标,造成教学目标不够具体、明确。课程目标与教学目标确实存在着相似性和联系,但二者也有着十分明显的差异(见表3-1)。实际教学中普遍存在的现象是:不顾教学内容特点和学生实际水平,把原本属于课程目标的"三个维度"教条地直接挪作课时教学目标;把课程目标中"树立辩证唯物主义世界观等"当做课时教学目标等,这些都是混淆课程目标与教学目标的具体表现。①

表3-1 课程目标与教学目标的相似性与差异性

		课程目标	教学目标
相似性	概念界定	有相同的属概念"结果"或者"标准",都强调预期的学生身心发展的状态和能力水平	
	理论基础	二者所采用的理论依据主要包括:布卢姆的教育目标分类理论、加涅的学习结果分类理论等	
	研究取向	两者的研究都有多样化、具体化和可操作性的取向	
差异性	层次	属于较为抽象的层次,它与国家的课程观念及其改革相关	与教学的具体环节相关,主要对教师的教和学生的学提供依据
	实践主体	实践主体一般是国家行政部门、专家学者,具有相对的稳定性和方向性	一般只与教师相关,具有一定的灵活性
	内容	是国家针对学生的发展和某一类科的全局而提出的基本标准和要求	关注学生发展的某一方面或具体某一学科中某一阶段的教学

---

① 徐泓.例析化学课时教学目标的设计误区及其对策[J].化学教学,2010(4):25-29.

【案例18】 实验室里研究不同价态硫元素间的转化(鲁科版化学1)

[知识与技能目标] 1.掌握二氧化硫的主要性质;2.掌握硫酸的主要性质。

[过程与方法目标] 3.学会不同价态的硫元素间的转化方法,提高自主学习能力。

[情感态度与价值观目标] 4.增强环境保护意识和健康意识;5.培养辩证认识事物两面性的哲学观点。

[病因诊断] 上述案例中采用了从知识与技能、过程与方法、情感态度与价值观三个方面的"分项目设计模式",从形式上看体现了新课程"提高学生科学素养"的基本理念,但实际上是把课程目标的"三个维度"照搬到课堂教学目标中,这种人为将三个维度的目标进行割裂的做法,是对课时教学目标错误、片面的理解。新课程目标的三个维度不是三种目标,三个目标维度只是目标维度的要素,不一定是显性的目标维度,也不等同于每节课的目标维度。又如目标5"培养辩证认识事物两面性的哲学观点",显然,这样的描述缺少了与知识载体的融合,也不适宜作为化学课堂教学的一个独立目标。

[矫正建议]

[知识与技能目标] 掌握硫及化合物的主要性质,了解酸雨的形成及防治。

[过程与方法目标] 通过在实验室研究不同价态硫元素间的转化,发展研究物质性质的方法和能力。

[情感态度与价值观目标] 通过对酸雨这一环境问题的学习,感受化学与自然、社会和生活的关系,正确认识化学对社会的贡献。

在教学目标的设计中,首先应了解教育目的和课程目标的总体要求,研究教材和教学内容,建立具体的教学目标;再对目标进行分类整合,并按一定的标准(先后左右顺序或重要程度等)进行排列;最后根据学生和实际教学环境确定目标存在的价值并进行调整。

第二节 学生学习起点状态诊断

核心概念

◆起点状态 ◆起点能力 ◆起点行为 ◆概念图 ◆V形启发图

根据化学课程标准、化学教材和学生学习化学的一般规律设计出教学目标后,并非万事大吉,因为所确定的学习内容也并不一定都适合每个学生的具体情况,要求学生应该学什么并不意味着每个学生实际上都能够"可能"学到什么。由于每个学生处于不同的起点状态,所以,确定学生"学什么"仅仅从教学目标来考虑是不够的,还必须对每个学生的"学情"作深入分析,即对学生现有的知识结构、能力水平、学习动机状态等进行识别和判断,现代教学论把这一过程称为起点状态分析。对学生起点状态进行准确诊断是建立有效教学活动的基石,只有掌握了真实的学情才能更好地关注差异,让全体学生得到发展。

一、学生学习起点状态分析

分析学生的起点状态,一般可以从认知结构、认知需求、认知能力、情感态度几个方面入手。现以初中"酸和碱之间会发生反应"为例分析研究学生的起点状态,判断学生能学什么。

(1)从认知结构上分析。学生已经拥有了酸碱指示剂、常见酸碱的性质和用途以及酸碱溶液导电性的相关知识,也积累了一些生活经验(如蒸馒头时,面发酵过了除酸味的方法),为本节课的学习打下了一定的基础。尤其是学生已经知道酸溶液中都存在 H^+,碱溶液中都存在 OH^-,这为学生从离子的角度认识酸、碱之间的反应实质创造了必不可少的条件。教学中抓住这些有意义学习和迁移的认知结构变量,合理利用那些可辨别的、稳定清晰的观念,有利于学生重新构建新的认知结构。

(2)从认知需求上分析。学生已初步认识了酸和碱的有关性质,但并不清楚酸碱之间能否发生反应,对生活中一些类似现象的解释也只停留在感性层面,本课题以"问题"的形式提出,符合学生继续深入学习的需求。之前,学生接触到的许多反应一般都伴随较明显的现象,可以借助这些现象从直观上判断化学反应是否发生,而酸和碱溶液混合后可能看不到明显现象,学生无法直观判断酸碱之间到底有没有发生反应,这恰好点燃了他们探究学习的欲望之火。

(3)从认知能力上分析。学生具有一定的自主学习能力,再通过交流讨论,学习"中和反应在实际中的应用"较为容易。"溶液酸碱度的表示方法——pH"这一板块中,开始学生看到"pH"感觉有些新奇,存在一点困惑,一旦明确它只是用来表示溶液酸碱度的一种数值,至于它的真实含义等到高中再继续学习,自然暂时消除了疑惑。学生对用 pH 试纸测定常见溶液酸碱性的"活动与探究"兴趣盎然,学习上也不会有太大难度。对于有明显现象的化学反应的发生,学生是比较容易判断的,而对于没有明显现象但是能发生的化学反应而言,便会产生认知上的冲突,这就需要在原有认知结构和新认知结构之间搭建桥梁,才能为新知的形成铺平道路。这一点在前面的学习中有许多成功的案例,如"二氧化碳和一氧化碳"一课中,学生经历了使用紫色石蕊溶液探究二氧化碳与水反应生成碳酸的历程。本单元课题 1 中,学生不仅已掌握了用酸碱指示剂检验溶液酸碱性的方法,而且还探讨过二氧化碳气体与氢氧化钠溶液能发生反应的验证方案设计(源于教材又高于教材)。以上说明学生具备了通过观察间接现象来推断化学变化发生的经验,为本节课"中和反应"的探究学习提供了保障,对进一步提升科学素养起着有效的推动作用。

(4)从情感态度上分析。学生在情感态度和价值观达成上存在着深刻性和稳定性上的不同层次,他们在着手学习同一内容时也会处于不同层次的情感状态。这就要求教师在确定学生在教学中获得什么样的情感体验,达到哪一级情感层次的目标时,不要搞"一刀切",而要考虑每个学生现有的情感状态,根据每个学生的实际情况确定切实可行的情感教学内容。[①]

二、学生学习起点能力诊断

苏联教育家维果茨基认为,教学内容要根据"最近发展区"和"现实发展区"之间的一段空间

---

① 范日清.关注学生主体的初中化学教学设计优化策略[J].化学教与学,2012(5):5-8.

来设定。这一段空间,是"预期状态与实际状态的差距"或者说是教学目标与起点状态之间的差距,现代认知心理学把这种差距称为"知识空缺"。教学的实质就是引导学生通过获取一定的信息来"填补"这个"空缺"。

化学认知结构是学生头脑中拥有的化学知识结构,是学生对化学世界观念的内容和组织。化学学习困难学生头脑中认知结构的缺陷是导致化学学习困难的主要原因。认知加工水平与相关的知识储备量有密切的关系。化学学习困难学生,往往伴随着化学知识、技能储备量的不足。许多学生学习失败的重要原因是缺乏原有知识。

影响学生成绩的内部因素的公式:

$$A = f(IQ, M, K) \quad \text{(公式 3-1)}$$

式中,A—学生的成绩,IQ—智商水平,M—学习动机,K—原有知识。

教育心理学家认为:动机和智商只影响学生学习的速度而不决定学习的成败。原有知识不仅决定学习难易,而且常常决定学习的成败。所以,影响学生学习的唯一最重要因素是原有知识(奥苏贝尔语)。

(一)学生起点行为分析

学习的起点是学生学习新知识之前就已具备的,是学习新知识必需的或支持性的前提条件。有学者总结了化学认知学习的必要性和支持性的前提条件(见表 3-2)。

表 3-2 化学认知学习的必要性和支持性的前提条件[①]

学习结果类型	必要性前提条件	支持性前提条件
理论性知识	较简单的理论性知识(规则、概念、辨别)	态度、认知策略、言语信息
策略性知识	某些基本心理能力、认知发展水平	智慧技能、言语信息、态度
事实性知识	按意义组织的一组化学言语信息	言语技能、认知策略、态度

美国心理学家诺瓦克(J.D. Novak)将奥苏贝尔的认知结构组织方式具体化为概念命题层次网络图模式(简称为概念图)。为了判断学生的知识学习起点,可编制某一知识的概念图,然后据此判断学生原有的认知结构状态,使新旧知识间产生联系,促进有意义学习的发生。如图 3-1 是有关二氧化碳的性质的知识起点分析概念图。

图 3-1 学习二氧化碳性质的知识起点分析概念图

---

① 吴运来.初中化学新课程教学法[M].北京:首都师范大学出版社,2004:136.

(二)学生起点能力分析

初始能力是学生学习新知识的必要条件,它在很大程度上决定着教学的成效。学生在学习新知识之前,由于遗忘或者是有关的知识不清晰、不准确,势必会给新知识的学习带来困难。为此,教师在进行教学设计时,要准确分析学生必须具备的初始能力,并通过诊断测验、作业批改和提问等方式,确定学生的初始能力水平,以便能在学习新知识时,采取复习、讲授等相应的措施,确保学生具备接受新知识所必需的初始能力。

案例研讨 3-1

金属钠的性质与应用(苏教版)起点能力诊断

(1)学生的认知基础。①金属与学生生活实际密切相连,所以学生有一定的生活经验;②学生在初中阶段已学习过金属及其典型物质的性质,对如何学习物质的性质有一定的认识。

(2)学生的技能基础。①高一学生已具备一定的观察分析能力,具有提出问题、分析问题、解决简单问题的能力;②学生已经不同程度地受过研究物质的实验方法和科学探究的基本步骤的训练,已具备设计简单实验的能力和科学探究能力。

(3)学生的思维起点。高一学生已逐步由具体的形象思维过渡到抽象思维,但思考时仍需借助感性材料来辅助,这就决定了"结构—性质—用途"思维主线和思维起点应以结构分析和实验观察与分析作为本内容学习的起点。

在化学教学设计中,由于课程标准、课程计划有一定的规律性和连续性,学生的成绩和各方面的表现都有记载,因此大多数情况下采取一般性了解的方法获取信息。但应用这种方法获取的信息不太准确。通常情况下,对学生知识与技能的缺失容易查找,难的是准确诊断学生对知识与技能的掌握程度。当课程内容和学生的情况有变化时,要用预测的方法。预测是以内容分析为依据,在通过一般性了解获取学生初始能力的大体信息的基础上精心设计测试题,从而客观准确地鉴定学生的初始能力。

通过预测诊断、或访谈、或课前知能回顾等环节可以获得学生起点能力缺失及其程度,此时可运用 V 形启发图策略将"起点状态"与"预期状态"在图上表示出来(如图 3-2)。V 形启发图是解决问题和理解知识形成过程的一种工具。美国科学教育专家高温(D. B. Gowin)通过 20 年的研究,使 V 形图成为一种帮助学生理解知识结构及人类形成知识的方法。从 V 形启发图的构成要素(概念的、关键问题、方法论的和研究事件)来看,它是科学探究的一种有效教学策略。它对于化学知识教学、化学实验教学及化学活动课的设计极为有用。

案例研讨 3-2

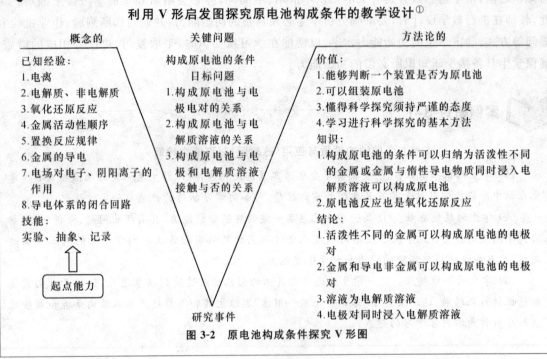

图 3-2 原电池构成条件探究 V 形图

在诊断起点能力时,教师可以通过教学目标与学生起点状态的对比分析,把学生达到教学目标所缺乏的知识与技能揭示出来,并引导学生在学习中挖掘出缺失的知识与技能。围绕这些知识与技能展开学习,这些知识与技能也就成为学生在本课题中需要学习的内容。根据教学的连续性和持续性,充分利用新课程教材的编写特点,从学生学习的视角去理解教材、分析学习内容,不难发现学生需要填补的基础知识与基本技能空缺。

第三节 化学教学难点诊断

核心概念

◆教学难点　◆学习难点　◆思维方法　◆思维能力　◆起点知识

化学教学难点是学生已有的认知水平与教学目标间存在的现有矛盾造成差距的分化点。教学难点的确定更多取决于学生现有的知识水平、心理倾向或教学内容本身特点等因素。准确诊断化学教学难点,可以使教学设计及实施更符合学生的认知规律,最大限度地实现化难为易、提升教学质量的目标。

---

① 王磊,等.科学学习与教学心理学基础[M].西安:陕西师范大学出版社,2002:74-75.

一、化学教学难点确立的依据

化学教学难点通常是指那些学生比较难以理解和不容易掌握的内容。通常可以通过测验、问卷调查、访谈等方法确定学生的学习难点,一般而言,学习难点就应作为教学难点。中学化学教学难点主要有如下内容。[①]

1. 具有"多""深""杂""混""特"等特点的知识

调查表明,学生认为化学难点形成的主要原因有:内容繁多,不便记忆;内容抽象,不好理解;理论知识比较抽象、深奥,学生不易掌握它的内涵、实质;化学问题头绪繁杂、难懂,学生理不清线索,找不到解题的突破口;若干化学问题的区分点把握不准,分辨不清,学生往往将似是而非的问题搞混淆;许多化学规律普遍性中存在特殊性,一般规律中有特例,学生容易犯以偏概全的错误。

2. 具有较强抽象性的化学概念及理论知识

通常化学概念和化学理论知识比较抽象、离生活实际较远、理论又比较深奥,这些知识的学习过程思维要求高、思维跨度大,对于中学生而言,缺乏感性认识的抽象的知识,会成为学习的难点。例如,人教版《化学2》第一章第三节"化学键",其中涉及的化学键的概念、化学反应的实质等知识,概念性强,内容抽象。根据高一学生的心理特点,他们虽具有一定的理性思维能力,但抽象思维能力较弱,还是易于接受感性认识。因此,把化学键的概念、化学反应的实质确定为本课的教学难点。

3. 缺少必要的起点知识和技能准备而形成的难点

例如,上海教育出版社初中化学教材第四章第二节"定量认识化学变化""化学方程式的书写"就是本课的难点。这是因为化学方程式的书写要依据具体的反应事实(实验),学生既要熟练掌握有关的元素符号和化学式,又要依据质量守恒定律进行配平反应式,涉及元素符号、化合价、根据化合价书写化学式、根据反应事实书写方程式、根据质量守恒定律进行配平等众多知识,对初学者来说肯定有一定的困难。如果学生缺乏必要的起点知识和技能,化学教学难点也就随之形成。

4. 学习化学所需的思维方法形成的难度

(1) 抽象思维方法。化学学习所需的思维主要包括科学抽象、逻辑方法、假说验证方法和数学方法等,如"物质的量概念""化学键的有关知识""化学反应中的有效碰撞理论""盐类水解的应用"等,就需要用到抽象思维方法。

(2) 形象思维方法。化学研究离不开形象的感知、储存、识别,甚至建立模型等思维活动。在化学学习活动中运用形象思维的一般机制是:观察—意象—联想—想象—模型、模仿或模拟。如"原子核外运动的特征""烷烃、同系物、同分异构现象"等,这些知识点就需要形象思维。这些恰是多数学生的学习薄弱环节。

(3) 符号思维方法。由于化学符号具有潜在的思维能量,它可以诱发思维过程使其潜在的含义变为具体的符号形式。运用化学符号来表示化学事物、把化学符号作为思维运算的工具和媒介而进行的思维活动方式就是化学符号思维。用元素符号、化学式、化学方程式以及其他化学

---

① 王后雄.论中学生学习化学的难度及其成因[J].化学教育,2003(11):7-11.

符号来表示严格定义的化学事物的科学概念,表示化学事物之间特定关系和运动变化规律的过程,是典型的化学符号思维的过程。化学符号思维是一种交叉性思维,学生形成这些知识的思维"瓶颈"难度不言而喻。

5. 缺乏其他学科方面知识技能作基础

化学跟物理、数学、生物等学科有着密切的联系,调查得知,在中学生的化学学习中表现出跟物理、数学、生物学习有着显著的相关关系。例如"配制 250 mL 0.1 mol/L 的 NaCl 溶液"中,必须具备的物理知识技能有:(1) 质量、体积等概念;(2) 天平的构造、称量原理(力学知识)。必须具备的数学知识技能有:(1) 根据化学式计算摩尔质量;(2) 根据溶液的体积和物质的量浓度计算 NaCl 的质量所涉及的代数运算知识。所以,试图只学好化学,不学好物理和数学是不现实的。

6. 难以记忆和易混知识而形成的难点

化学知识具有多而杂的特点,且相似、相近、相关的知识相互交织,造成一部分知识容易遗忘,导致学习的起点知识与技能的不足。另外,学生原有的经验或知识是错误的(如"迷思概念"),也会造成对新知识学习困难。

7. 过程复杂、计算繁杂、综合性强的知识

在化学教学中,对于化学综合计算、化学实验设计等知识,学生普遍感觉学习的困难。这类知识的学习,涉及的知识点多、思维要求高、问题解决过程复杂,这些内容将成为学生的学习难点。

8. 教材编排结构不当而造成的难点

化学科学有自己的体系,为了反映物质的组成、结构、相互反应的关系的客观规律性,挑选出来的化学基础知识、基本技能的编排应遵循学科知识的逻辑顺序。但是,仅按知识体系的逻辑性编排教科书,并不一定适合于学生的学习,因为它不一定符合学生的认知顺序和心理发展顺序。此外,教材编排缺乏丰富的感性材料,难点内容过于集中等都可能对学生学习造成一定的困难。

二、化学教学难点认识差异诊断

新课程实施以后,初中化学在学科知识方面的要求下降了,但学生反映学起来并不容易。近年来,广东省广州市中考年报统计资料也表明,初中学生经过短短一年的化学学习,却出现了较为严重的两极分化现象。为了真实地了解初中化学教学难点,朱少祥在广州市花都区范围内先后进行了三次问卷调查:第一次面向初中化学备课组和高一学生,调查初中化学各单元和各主题的难点认同情况;第二次和第三次分别面向即将毕业的初三学生和初中化学教师,调查初中化学各单元的相对学习难度。[①] 整个调查涉及全区不同地域、不同办学层次的初中化学教师共 92 人,学生共 1171 人。

(一) 初中化学各单元学习难点的认同情况

调查以现行人教课标版《九年级化学(上册、下册)》的 12 个单元作为选项,让被调查者根据学习经历和教学经验,从中选择自我感觉最难学习的 4 个单元,填入指定的空格中。调查结果统计如图 3-3 所示。

---

① 朱少祥. 新课程初中化学学习难点的调查与教学对策[J]. 化学教育,2011(10):19-21.

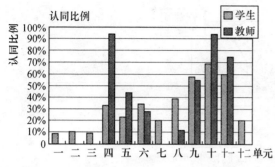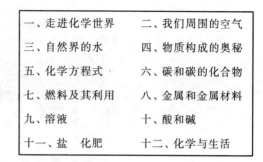

图 3-3　初中化学各单元的难点认同分布图

由图 3-3 可知,师生对初中化学各单元学习困难的认同点大体上是一致的,综合情况是:上册中,第四单元的难点认同比例较高;下册中,第九、十、十一单元是难点认同比例最高的单元。

（二）初中化学各主题学习难点的认同情况

调查中,调查者将初中化学的主要学习内容整理、归纳成 12 个主题,要求被调查者从中选择自我感觉最难学习的 4 个,将其序号填入指定的空格中。调查结果统计如图 3-4 所示。

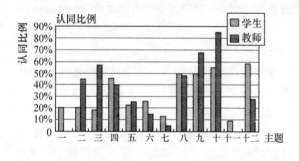

图 3-4　初中化学各主题的难点认同分布图

由图 3-4 可知,在所提供的 12 个内容主题中,"物质的结构""溶液和溶解度""酸碱盐的性质"和"各类物质的反应关系"是师生公认的学习较为困难的 4 个主题。结果也显示,师生在"元素符号和化学式""化学方程式"等化学用语部分,以及"化学计算"部分的难点认识倾向出现了较大的分歧。

（三）初中化学各单元相对学习难度的认识

调查中,调查者规定学习难度较小的第一单元的难度值为"1",学习难度较大的第四单元的难度值为"5",要求被调查者以此为参照,用 1～9 共 9 个数值给另外 10 个单元的学习难度赋值,并将各单元的相对学习难度数据填入指定的表格中。结果统计如图 3-5 所示。

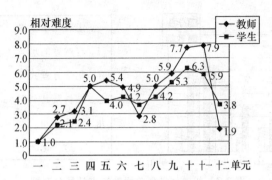

图 3-5 初中化学各单元的相对难度分布图

由图 3-5 可知,总体上,第四、九、十、十一单元是学习难度相对较大的 4 个单元。从学生的角度看,第四单元和第十单元分别是上册和下册的两个难度高峰,也是初中化学学习进程中的两道"坎",是导致学生成绩分化的两道"分水岭"。

调查表明,初中化学学习难度较大的 4 个单元分别是:物质构成的奥秘、溶液、常见的酸和碱以及盐、化肥。调查也显示,师生在"化学用语"和"化学计算"部分的难点认同出现了较为明显的错位现象:教师在"化学用语"部分的难点认同比例远高于学生,而学生在"化学计算"部分的认同比例则远比教师高。

(四) 初中化学学习难度的师生认识差异诊断

从调查中发现,教师所认为的难点和学生所认为的难点之间存在着一定的差距,基本上只有 85% 左右的难点认识是相同的。而且,教师所认为的造成难点的原因和学生所认为的造成难点的原因也有一定的差异。这往往就导致了教与学的偏差。

上述调查中,学生对"化学用语"部分的难点认同比例远比教师小,究其原因,除教师运用了有效的教学方法外,也与学生拥有较为充足的后续缓冲时间,所学知识能不断得到消化、弥补和强化有关。调查也显示,相对学习难度较大的单元主要集中于下册,而且第十二单元的学习要求并不高,难度也不大,但学生对该单元的相对难度赋值却是教师的两倍,这应该与教师在第二学期教学中过分地追求新课教学的进度,却寄希望于复习备考时的弥补不无关系。殊不知,这种新课学习时仓促赶出来的"夹生饭"一旦出锅,则不管复习备考时怎样"蒸""炒""焖",都将收效甚微,甚至于事无补了。

新课程对"化学计算"部分的学习要求并不高,但调查显示学生对该主题的难点认同比例却是 12 个主题中最高的。多年的观察也发现:在学完根据化学方程式的计算以后,如果给学生布置根据化学式进行计算的问题,多数学生会习惯性地设法写个"化学方程式"进行计算,有的则表现为无从下手。这种在具体问题面前所表现出的"思维惯性"和"低能"现象,应该与教师在"化学计算"部分的教学中,普遍采用"重视格式与步骤,忽视意识与方法"的浅层次教学策略有关。平时教学中,教师应该有针对性地对学生的分析意识进行培养,对于单一的物质,要求写出化学式分析其组成与结构;对于化学反应,应写出化学方程式分析各物质的关系;对于物质质量,往往应该结合相对原子(分子)质量进行分析;而对于溶液等不纯的物质,则分析其内部的组成关系。在"化学计算"部分的教学中,在尊重教材示例的基础上,帮助学生提炼出以下基本方法:找到已知与未知的关系→对应地写出理论量→标出已知量与未知量→列式和求解。经此梳理与提炼,学生对化学计算的感觉清晰了,所谓的难点也就不难了。

第四节　化学教学情境设计诊断

核心概念

◆教学情境　◆教学功能　◆认知冲突　◆误区诊断

当前,很多化学课堂教学设计都重视情境的创设,用一些具体、生动、科普、趣味的素材引导学生积极投入化学课堂中,使得课堂更为充实、生动,从而让学生的学习贴近社会和生活,让"学生从化学的角度逐步认识自然与环境的关系,分析有关的社会现象",这些做法是可取的,也是值得倡导的。但是,认为化学课堂没有情境就不能体现新课改精神是错误的,为了让课堂精彩纷呈、引人入胜,教师不惜花费大量时间和精力去创设情境,甚至为了情境而使用一些消极、负面的素材则是不可取的,这种"矫枉过正"的做法不是创设情境,而是哗众取宠,是对教学情境的误读和曲解。

一、化学教学情境的教学功能

教学情境是教学实践的情感环境,是教学活动发生和发展的背景环境。教学情境能够激发和促进学生的情感活动、认知活动和实践活动;能够给学生提供丰富的学习素材,有效地改善教与学;能够满足学生发现和发展的心理需求,激发学生去积极思考、主动探究,不断地发现问题和解决问题,并在解决问题的过程中自主建构知识,丰富化学情感,体验化学的价值。因此新课程改革特别强调通过创设恰当的教学情境来引发学生认知冲突,启迪思维,改被动接受为主动探究,落实知识与技能、过程与方法、情感态度与价值观的教学目标。

课堂教学设计中的情境创设贵在自然、贴切,贵在激发学生的求知欲,贵在体现阳光的情感态度和价值观。但是,并非所有的化学课堂教学设计中都要创设情境,对于一些难以做到的教学内容,我们完全可以开门见山、单刀直入,有时这样的做法也可以收到先声夺人的效果,同样可以展示化学的本质和魅力。[①]

二、化学教学情境设计的诊断

1. 重形式,轻目标

目前,很多教师越来越重视化学课堂导课情境创设的生动性、新颖性,为了一下子抓住学生,在导课情境创设素材的选择上煞费苦心,这当然是无可厚非的;但如果仅仅考虑情境的新颖性与其对学生的吸引力,而忽视了教学目标,那必然是舍本逐末、得不偿失,使情境创设流于表面的形式,失去其内在的价值(具体表现如表3-3所示)。

---

① 陈斌.试论课堂教学设计的几个误区[J].中学化学教学参考,2011(4):42-43.

表 3-3 "燃料电池"导课情境创设及问题诊断

案例展示	让学生观看一段长达几分钟的装有燃料电池的"神舟"八号发射的影像
问题剖析	学生注意力被"神舟"八号发射的影像所吸引,对燃料电池的关注度反而受到了削弱,情境的创设与学习目标相背离,不能取得良好的教学效果
设计创新	可以从手机充电或者电动汽车的动力问题解决方案的角度入手来创设导课情境,把学生的注意力引导到对燃料电池的直接关注上来

2. 重影像,轻实验

《普通高中化学课程标准(实验稿)》提出:通过实验探究活动,掌握基本的化学实验技能和方法,进一步体验实验探究的基本过程,认识实验在化学科学研究和化学学习中的重要作用,提高化学实验能力。不可否认,多媒体影像技术的使用,为有毒、有害、爆炸、危险性大的实验学习和化学工业生产过程学习以及化学微观过程的学习,提供了强有力的辅助工具。然而现在有一种错误的倾向,一些化学教师在创设情境时很少用化学实验,更倾向于用多媒体影像或动漫代替(具体表现如表 3-4 所示)。

表 3-4 "SO_2 的性质"导课情境创设及问题诊断

案例展示	在"SO_2 的性质"教学设计时,一位教师这样来创设情境:播放一段 SO_2 使品红溶液褪色的影像,然后引入新课
问题剖析	教师害怕化学实验操作麻烦、实验失败影响教学效果、课堂时间紧张,就直接用影像或动漫代替化学实验呈现给学生。长此以往,学生与化学就会有一段看不见的心理距离,学生学习化学的热情会被冰冷的影像浇灭。有境无情,难以激起学生的情感活动
设计创新	将"播放一段 SO_2 使品红溶液褪色的影像"改成"SO_2 使品红溶液褪色"的分组实验。这样学生既可以面对真实的实验过程进行观察、思考,又可以提高学生的化学实验能力

3. 重知识,轻能力

在创设化学导课情境时,教师往往会侧重于学生化学知识的获得,而忽视学生化学能力的提高,这与我们新课程改革所倡导的"学生为本,德育为先,能力为重,终身学习"的宗旨相背离。创设问题性的化学情境,让化学课堂对学生化学能力的提升多一些关注,也让学生多享受一些问题解决后的喜悦(具体表现如表 3-5 所示)。

表 3-5 "盐类的水解"导课情境创设及问题诊断

案例展示	教师以提问的方式创设导课情境:我们知道酸溶液呈酸性,碱溶液呈碱性,那么盐溶液呈什么性呢?我们这节课就来学习盐在水溶液中的变化情况
问题剖析	此种导课情境的创设,其思想根源仍是传统教学中知识至上、教材至上观念的体现。只会使学生以现成教科书中的知识来寻找结论。这种导课情境的创设本质上是为灌输服务的,并不能真正引发学生的认知冲突,促使他们积极、主动地探究问题,提高能力
设计创新	[组织实验]测定 NH_4NO_3 溶液、$NaNO_3$ 溶液、Na_2CO_3 溶液的 pH……(实验的结果必然会引发学生的认知冲突,教师顺势提出跟进的问题,诱发学生进行探究) [提出问题]NH_4NO_3 溶液、$NaNO_3$ 溶液、Na_2CO_3 溶液酸碱性如何?如何解释这些现象?

4. 重情境,轻情感

现在,存在着这样一种错误的倾向:有些教师为了"情境"而"创设情境",很少考虑学生对化学的正面情感体验,过多地使用了化学的负面信息,使学生对化学产生了恐惧、抵触的情绪,甚至有些学生出现"反化学"的倾向(具体表现如表 3-6 所示)。

表 3-6 "氯气的性质"导课情境创设及问题诊断

案例展示	第一次世界大战的伊普雷战役中,德国 5 min 释放了 180 t 氯气,使 15000 人中毒,其中 1/3 的人死去,而这样的世界上第一支专业的毒气部队就是在诺贝尔化学奖得主哈伯的指导下建立的。他说"这个世界只要有战争,军事家们就绝对不会对毒气置之不理"。就这样,他把自己的天才贡献给了帝国主义,使许多人在氯气中痛苦死去
问题剖析	任何科学都是一把双刃剑,它可以造福人类,也能带来灾难,学生理解这一点很重要,但是教师怎样去引导才是问题的关键。对于中学生来说,刚刚接触到化学这门学科,化学教师应该多介绍化学对人类发展、进步的重要作用与贡献,让学生能亲身感受到化学的美与价值,使他们热爱化学、乐学化学、献身化学。如果教师在创设化学课题情境时,为了引起学生的注意,过多地渲染化学的负面效应,可能会事与愿违,学生会因为对化学的恐惧而远离化学,甚至会选择文科而放弃化学这门学科的学习
设计创新	情境的创设可以先从学生比较熟悉的正面事物切入,例如可以用 84 消毒液、漂白粉、盐酸制药等引入课题;在教学过程中相继让学生明白——在实际生产、生活中,化学危害是可以避免的;强调面对事物的利弊两端,扬长避短,要学会辩证地处理问题

5. 重共性,轻特性

一些化学教师在创设化学导课情境时,多采用较为普遍的、规律性的案例,而忽视了具有个性特征的典型案例,造成学生分析、解决这些案例时遇到困难。

由于化学学科自身的特点,以及中学生化学知识结构并不完善的缘故,在中学化学学习中往往会遇到一些与普遍规律不一致的所谓"特殊知识"。这些所谓的"特殊知识"又常常会在练习、作业、考试甚至高考中出现,如果化学教师对这一部分知识处理得不够得当,学生很可能是"丈二和尚摸不着头脑"(具体表现如表 3-7 所示)。

表 3-7 "原电池"导课情境创设及问题诊断

案例展示	化学教师在"原电池"的教学时,通常会用铜-锌原电池的演示实验作为导课情境导入新课,从而得出原电池构成的四个条件
问题剖析	这样的设计对学生掌握原电池的普遍构成规律,固然有好处,但是学生如果遇到一些特殊的原电池案例,就无从下手了。例如氢氧化钠作电解质溶液的镁-铝原电池
设计创新	我们可以用铜-锌原电池的演示实验与氢氧化钠作电解质溶液的镁-铝原电池的对比演示实验来创设化学课堂导课情境,这样学生就既掌握了原电池构成的一般规律,又了解了一些特殊原电池的不同之处

6. 重结论,轻过程

一些化学教师所创设的导课情境很少考虑学生的认知结构与心理特征,很少考虑化学知识的生成性特点。他们创设导课情境时唯书、唯本、唯结论,致使化学课堂气氛沉闷、效率低下(具体表现如表 3-8 所示)。

表 3-8 "$Fe(OH)_2$ 的性质"导课情境创设及问题诊断

案例展示	(教师由于害怕课堂时间不够)直接向学生展示已经制好的 $Fe(OH)_2$ 样品让学生观察,然后让学生描述其物理性质,进而让学生根据已有的化学知识推测 $Fe(OH)_2$ 可能具有的化学性质
问题剖析	这样设计导课情境,学生不能环环相扣、层层深入地形成概念,理解化学知识的生成过程,知道的只是一些干瘪、苍白的结论,学生的能力很难获得真正的提高
设计创新	[分组实验]制取 $Fe(OH)_2$ 沉淀。但学生得到的 $Fe(OH)_2$ 沉淀为灰绿色,放置一段时间又变成红色,并非书本描述的白色。学生的好奇心被激发了起来。(引发认知冲突) [提出问题]趁热打铁,引导学生探究:红褐色的是什么物质? $Fe(OH)_2$ 沉淀为何有这样的变化?如何得到白色的 $Fe(OH)_2$ 沉淀?

7. 重数量,轻质量

化学课堂导课情境的创设存在着另一种偏失那就是"重数量,轻质量"。化学教师为了活跃化学课堂气氛,往往会在一节课中创设许多导课情境,这些情境表面上精彩纷呈,令人目不暇接。但是,由于这些导课情境,大多没有进行"精细化"的处理,反而使其与导课情境创设的初衷相悖,甚至是适得其反。这里所说的"精细化"主要是指两个方面的问题:首先,创设导课情境时,要充分考虑学生的起点知识与能力,使导课情境落点到学生的最近发展区。其次,导课情境要考虑到学生的地域差别。导课情境的选择要注重面向学生的生活,要能引起学生的情感共鸣,能唤醒学生的生活经验。学生生活经验的不同会造成学生的知识、能力、兴趣、爱好、认知方式的不同;鲜活的生活经验为后续学习建立"桥梁",使学习过程"平易化",降低内容的难度,促进概念的同化(具体表现如表 3-9 所示)。[①]

表 3-9 "甲烷的性质"导课情境创设及问题诊断

案例展示	① 你知道城市公交车上的"CNG"标示的含义吗?(注:"CNG"是压缩天然气英文 Compressed Natural Gas-engines 的缩写形式) ② 你知道我国西气东输的"气"是指什么气吗?
问题剖析	两个化学导课情境都比较好,但是它们放在一起显得有些重复,而且大多数的农村孩子对于"CNG"既不熟悉,更不亲切,使得本应鲜活的导课情境披上了冷漠的外壳。情境的创设者没有考虑学生的地域差异性
设计创新	可以改为农村学生比较熟悉的沼气作为导课情境导入新课

此外,在化学教学中,还存在虚设情境失信于学生情感的事情,也有的教师为了教学需要,不顾实际情况,甚至违反科学事实,虚设教学情境,这样的情况要坚决摒弃。

第五节 化学教学过程设计诊断

核心概念

◆教学过程 ◆教学活动 ◆教学流程 ◆教学思想 ◆诊断评价

化学教学过程设计是化学教学设计的核心环节。在进行化学教学过程设计时,应该首先合

[①] 孙建明,王后雄.化学课堂导课情境创设的偏失及矫正策略[J].现代中小学教育,2012(9):47-50.

理地设计学习主体的活动内容、活动方式和活动安排,即进行学生自主活动设计;然后,再设计施教主体如何进行教和导,如何对学习主体的学习活动起辅助作用和保证作用,即进行学习支持设计。因此,这个环节既体现了学生的主体地位,又体现了教师的主导作用。新课程的教学过程是以问题和任务为驱动,以自主学习、合作学习、探究学习为主要形式的建构过程和学习活动。在教学实践中,往往会对教学过程设计存在认识上的分歧,缺乏教学过程设计评价的依据,造成教学过程设计诊断的困难。

一、根据学情设计不同的教学过程诊断

教学流程的设计,可以不拘泥于教材的逻辑顺序,根据学校实际情况和学生的水平设计不同的流程。

【案例19】 "最简单的有机物——甲烷"教学程序设计

[教材分析] 本节内容为人教版《化学2》第三章第一节内容。学生已经知道甲烷是一种化石燃料,可以燃烧,能从甲烷的组成上认识燃烧反应的产物。本章教学再次选择甲烷,主要考虑甲烷是最简单的有机物,便于学生从结构角度认识甲烷的性质,类推烷烃的结构和性质,建立从结构角度学习有机物性质的有机化学学习模式。因此,本节教学的设计,要在学生初中知识的基础上,体现认识的渐进发展性原则;同时,考虑到学生前面已经具有一些有关物质结构的上位概念,应当在有机化合物的学习中紧紧抓住结构与性质的关系,在学生的头脑中逐步建立有机物的立体结构模型,帮助学生打好进一步学习的方法论基础。[①] 为此,可设计不同的教学顺序。

[教学程序Ⅰ]

提出问题:甲烷中的原子如何连接?→实践活动→预测性质→探究实验→取代反应→类推烷烃结构→同分异构体和同系物→有机物成键特点。

[教学程序Ⅱ]

提出问题:除燃烧外,甲烷还有哪些性质?→探究实验→甲烷与氯气如何反应?甲烷的结构→实践活动(制作模型、书写甲烷氯代反应的化学方程式)→实践活动(甲烷模型和烷烃中C原子的可能连接方式)→同分异构体和同系物→有机物成键特点。

[诊断] 两种设计的不同,主要体现在是从结构出发,预测性质,用实验检验;还是从探究实验出发,归纳性质,从结构角度提升认识。本质还是演绎方法和归纳方法的不同运用,即自然科学研究的两种主要过程在中学化学教学中的具体运用。两种程序不存在谁优谁劣的问题,只存在谁最适合某一群体班级学生的教学。

二、根据教学设计不同的教学过程诊断

化学教学过程的设计受制于教师的教学思想,同样的课题内容分别从学科中心、社会中心、活动中心出发,可以设计出不同的教学过程,故而可能产生不同的教学效果。

【案例20】 "氮的循环"教学设计方案比较

鲁科版教科书《化学1》(必修)第3章第2节"氮的循环"以氮元素的循环为载体和线索,探讨了氮及其化合物之间的转化及氮的固定对于人类的生存的重要意义。教科书以"雷雨固氮"和

---

① 普通高中课程标准实验教科书·化学2(教师教学用书)[M].北京:人民教育出版社,2004:43-44.

"雷雨发庄稼"作为探究的学习背景,让学生在掌握基本的化学知识的同时了解氮气、氮元素固定对人类生产生活的重要意义,可以培养学生对化学的兴趣,建立可持续发展的观念,体会化学对人类、社会发展所起的重要作用。本节的知识结构图如图3-6所示。

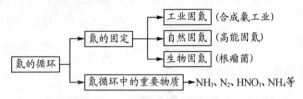

图3-6 "氮的循环"知识结构图

鲁科版《化学1》(必修)第3章自然界中的元素、第2节氮的循环安排了"氮气与氮的固定"内容。乔敏、张毅强两位老师设计了四种不同的教学过程。[①]

【四种教学设计方案】

第一种教学设计方案——以学科知识为核心

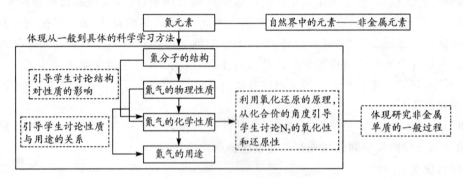

图3-7 第一种教学设计方案

第二种教学设计方案——以"固氮"为载体和线索,凸显化学的社会功能

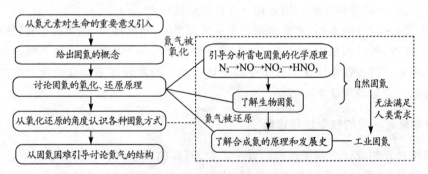

图3-8 第二种教学设计方案

---

① 乔敏,张毅强.元素化合物教学设计的行动研究——"氮气和氮的固定"的教学设计探索[J].化学教育,2006(1):30-33.

第三种教学设计方案——以"固氮"为载体和线索,以学生活动为中心

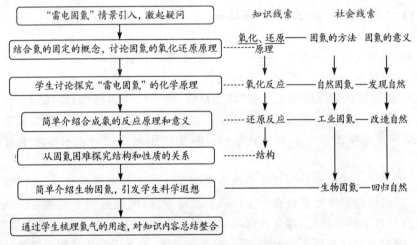

图3-9 第三种教学设计方案

第四种教学设计方案——以学生发展为核心,协调组织知识内容、固氮主题和探究活动

图3-10 第四种教学设计方案

【四种教学过程设计诊断】

(1)第一种设计方案

[优势和特色] 以常规的、体现知识间内在联系为核心展开教学,教学过程遵循结构—性质—用途的传统模式,注重知识的系统性、逻辑性,有利于学生构建良好的知识体系结构,教师易于控制课堂教学节奏和进程。

[存在的问题] 课堂单一的以认识传授为目的的教学模式不能很好地引起学生的学习兴趣,涉及的内容没有贴近学生、社会和生活,不利于提高学生的科学素养。

(2) 第二种设计方案

[优势和特色] 通过"氮的固定"这一主题将本节的内容进行有机的结合,凸显化学学科的社会功能;教学内容生动、丰富,紧密联系实际,学生学习的兴趣明显提高。

[存在的问题] ① 教学模式仍以教授为主,学生的自主参与性并没有显著改善;② 信息量大、内容繁多,一节课时间不够用;③ 教学设计不能很好地突出学生有效的学习方式,即没有设计让学生亲身体验以探究为中心的活动。

(3) 第三种设计方案

[优势和特色] 充分激发了学生学习的热情,学生能够主动思考,课堂气氛活跃;内容设计更加连续、紧凑和系统,"学生活动记录表"的增加,实现了指导学生讨论,让每个学生都动起来,也有利于教师更好地进行教学评价。

[存在的问题] ① 学生活动过多造成课堂效率降低、教学时间不够;② 社会功能的过分凸显造成了化学学科的特征不明显、知识内容被弱化。

(4) 第四种设计方案

[优势和特色] 以学生的发展为出发点,把知识内容、固氮主题和探究活动再一次进行了整合。充分发挥实验探究与质疑的功能,提高学生探究活动的兴趣,把构建学生的知识结构和提高科学素养有机融合。

[存在的问题] ① 若探究的难度过大,可能造成教学时间不够;② 要充分考虑学生的起点能力。

【案例21】 "离子反应"教学设计方案比较

[方案1] 以知识逻辑顺序为主线的"离子反应"内容的教学环节和问题为:什么是离子反应→离子反应的实质是什么→离子反应发生的条件有哪些→什么是离子反应方程式→离子方程式与化学方程式的区别→如何书写离子方程式。

[方案2] 以学生认识发展为主线的"离子反应"内容的教学环节和问题为:电解质进入水中会发生什么→两种电解质溶液混合又会发生什么→反应后溶液中的离子数量发生了怎样的变化→什么情况下才能使溶液中的离子数量减少→如何用化学用语表示溶液中有离子参与的反应。

[诊断] 以学生的认识发展为教学主线促进学生认识素养发展的教学,应以学生的认识发展脉络为主线。活动的程序要更符合学生的认识发展顺序,问题系列要与学生的认识发展层级相符,避免生硬的教学环节拼凑,避免纯粹的知识逻辑顺序,从而避免教师牵着学生的鼻子走。[1]

以学生认识素养发展为核心的教学,是一种教学范式,是基于学生认识发展轨迹推进的教学范式,是基于认识发展过程的教学。与其相对应的是基于知识目标达成的教学。基于知识目标达成的教学更强调教学的终态结果;基于认识发展过程的教学更关注学生认识的发展脉络,学生是怎样从已有的认识到达新的认识水平,新的认识水平具有怎样的功能和价值。

---

[1] 胡久华,王磊.促进学生认识素养发展的化学教学[J].教育科学研究,2010(3):46-49.

第六节 化学学案设计诊断

核心概念

◆学案　◆学案设计　◆学案构架　◆基本功能　◆诊断分析

学案是教师为学生设计的,有目的、有程序、有题例的课堂学习活动方案,是教师站在引导学生自主学习的角度上,运用系统论、控制论、协同论,在全面解构教材、对教材作二次加工的基础上编写的、适合学生自主学习需求的文本。然而,目前学案设计存在随意编写、粗制滥造的情况,有必要对现行的学案(又称"导学案")进行诊断分析。

一、化学学案设计的基本格式

目前,学案构架的形式丰富多彩,格式不一定要统一,但必须有学习目的、学习过程(问题设置、自主探究、思考交流、归纳小结)、检测反馈。且要符合:学习目标定位清晰可达成;重难点定位明确易突破;预习内容定位基础易上手;活动安排定位准确易实施;当堂巩固定位变式保效果;课后作业定位分层显拓展。只有学案遵章有序,才能使学生的自主学习落到实处。图3-11为化学学案设计的基本格式。

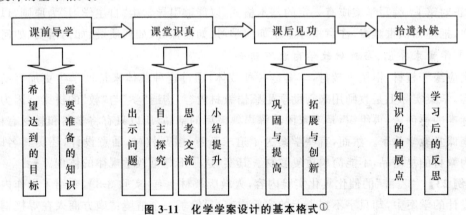

图3-11　化学学案设计的基本格式[①]

其中,"课堂识真"是学案的核心,根据具体课型及内容,可适当调整改变其中的四个环节。如复习课,"自主探究"可改为"自主建构";习题课,则改为"自主展示"。

二、化学学案设计的诊断分析

在日常调研和参与优质课评比活动中,发现不少教师在学案设计中存在一些问题,现举例诊断如下。

---

① 陈俊英.高中化学使用学案导学存在的问题与对策[J].化学教育,2012(8):26-27.

（一）学案无序化，与引导自主学习不匹配

学案的重要功能就是引导学生自主学习，学案设计应依教学内容与学情确定，且具有明确、具体、实用的特点。而目前有些学案的编写存在随意性大、与引导"自主学习"不匹配的问题。

【案例22】 某教师设计的《化学2》(必修)中"乙醇"的学案

任务1 生活中你在哪些地方见过乙醇或含乙醇的物质？有什么用？请填写在表3-10中。

表3-10 生活中见到的乙醇或含乙醇的物质统计

场所	用途

任务2 我们知道性质决定用途，用途体现性质，将你所知道的关于乙醇的性质总结在下面。

探究实验1 盛乙醇的试管中加入一小块钠，现象是钠沉在试管底部，反应缓慢。请解释现象并写出反应方程式_____。

[诊断] 该学案存在三个问题：(1) 无"学习目标"。(2) 把"乙醇的用途"(学生已熟知)作为一节课中要解决的两大任务中的一个任务，显然，没有把握好课标中的重难点。(3) 说是学生探究实验，但已告知现象，何以探究？这样的学案就存在无序化的弊病，与引导学生"自主学习"不匹配。

[矫正对策] 编写学案应有一定的基本格式，以能够引导学生"自主学习"为原则，以课程标准为准绳，把握知识重难点，注意指导学生如何学习、如何探究、如何质疑、如何落实、如何拓展。

（二）学案求异化，与教材教学内容不结合

学案应缘于教材，根植于教材，学案是一种载体，通过这种载体来帮助学生更加容易地学习教材内容，学案实际上是教师用来帮助学生感悟教材内容，沟通"学"与"教"的桥梁。因为教材是对课程标准的再创造、再组织，是专家团队深思熟虑后的结晶，所以只有将学案和教材有机结合，才能提高课堂教学效率。然而，有些学案为了追求新意，撇开教材，随意设计，还美其名曰：学案不能成为教材的复制品，不能简单重复教材。其实，这是不尊重教学规律的体现。

【案例23】 "乙醇"的催化氧化实验内容，人教版教材上有[实验3-3]，介绍了操作内容。而某老师设计的学案中，却只字不提书上的实验内容，只给了一个情境："南方商人在焊接铜或银器制品时，焊接头处变黑，影响美观，这时趁热将接头处放入酒精中蘸一蘸，结果光亮如初。"请模仿此原理，设计实验并操作完成。

[诊断] 该学案存在三个问题：(1) 学案和教材间"两张皮"。学生到底是看学案，还是看教材，无所适从。(2) 学生要按学案要求设计实验，需先读懂材料，提取有效信息，然后才能设计，在课堂有限的时间内是很难快速完成的。且给出了现象，不利于培养学生的观察能力。(3) 对于初学有机化学的高一学生，就让设计全方位的实验方案，是有问题的。在这位老师使用该学案教学的课堂上，出现了学生乱作一团的场面。

[矫正对策] 编制学案一定要以"教材"为基础，真正发挥"教材"的教育功能。现行教材有很多栏目："思考交流""实验""学与问""资料卡片""科学视野""科学史话"等。每个栏目都有所承载的教育功能，少关注任何一个细节都会造成缺憾，我们应开发和利用好这些栏目，比如："思

考交流"让学生真正讨论起来;"科学探究"让学生真正探究起来;"实验"让学生尽可能动手完成;"资料卡片"让学生认真阅读,提炼有效信息。

我们只有认真研读教材、开发教材、利用教材,也可适当重组教材,才能编出好学案,才能提高课堂教学效率。

(三) 学案习题化,缺失了导学的基本功能

学案应是学生自学的提纲、课堂导学的助手、课上反馈训练的工具、课后梳理知识的蓝本。一份好的学案,既能激发学生的学习兴趣,又能建构知识体系,还能培养学生的探究能力和思维能力等。而目前,有些学案只是编制了一些习题,讲完一个或几个知识点后要求学生完成学案上对应的习题,还振振有词:加强落实、及时反馈。殊不知,习题根本起不到导学的基本功能。

【案例24】 有份"化学反应速率"的学案,没有让学生"分析日常生活和化学实验中的一些反应的快慢,及反应快慢的判断方法(定性)",也没有让学生探究"如果你作为科学家,如何定量描述反应的快慢"。而是出了几个习题:已知一些数据,求该反应的速率是多少?用不同物质表示该反应的速率的数值各为多少?它们的比例关系怎样?

[诊断] 这样训练,学生只会利用 $v=\Delta c/\Delta t$ 这个公式计算,根本不知公式的来历和适用范围,直接影响到下一节"化学平衡"概念的建立。难怪有的学校有学案,但课堂上不用,只是成了课后的练习册。

[矫正对策] 编制学案必须注重学生的思维过程和知识的形成过程。没有主体性,就没有创造性。在导学过程中,落实学生的主体地位必须做到:目标让学生去确定,问题让学生去发现,过程让学生去探索,方法让学生去寻找。尤其在"课堂识真"的环节,应该首先提出或发现问题,让学生自主学习、主动探究、小组合作、展示交流、意义建构、小结提升,然后再提问题,逐一解决,最后可落在习题训练反馈上。这样,在导学过程中帮助学生实现有意义学习,就可以使学生对当前学习的内容达到较深刻的理解。

(四) 学案知识化,削弱了实验的教学价值

化学是以实验为基础的一门学科,《普通高中化学课程标准(实验)》指出:"学生应学习必要的化学实验技能,体验和了解化学科学研究的一般过程和方法,认识实验在化学学习和研究中的重要作用。"而分析当前的学案文本,不少是以知识逻辑为线索的学习提纲,并非是针对学生探究和体验的活动设计,尤其不重视实验在教学中的作用。有的老师认为,有效的学案导学关键是看重难点的突破和基本知识的建构,而实验做不做、用不用,都不会妨碍学习成绩的提高,所以编制的学案缺少实验内容的挖掘和设计,也不关注实验现象的观察和描述,只重视得出的结论。

【案例25】 "乙酸"一节,人教版教材上"科学探究"栏目有"设计一个比较醋酸与碳酸酸性强弱的实验"。但有的学案上直接问:在乙酸溶液中加入 Na_2CO_3 溶液。可观察到什么现象?反应方程式是什么?此实验证明了醋酸的酸性比碳酸的酸性强还是弱?

[诊断] 这份学案存在两个问题:(1)探究实验变为了验证实验,把一个充满想象的开放性实验转变为一个没有悬念的束缚学生思维的实验,大大减弱了它的教育功能。(2)作为设计实验,没有引导学生从原理、反应条件、药品状态到装置操作,以及可能出现的现象与结论间的关系等方面探究。没有体现教材的意图,削弱了实验的教学价值。

[矫正对策] 学案导学必须强化实验,发挥实验在教学中的重要功能。我们不仅要关注教材上的演示实验和"科学探究",还要适当地补充"学生实验"和探究性实验。对于实验内容,在学

案上应以"探究""设计""描述""思考"等问题呈现。有意加强实验教学,将会更好地巩固知识、培养实验技能和探究能力。

(五)学案一统化,缺乏对学生个体的关注

学案应是有利于每位学生全面发展的载体,而目前,在不同类型的学校、不同类型的班级、不同授课的时间,却用统一的学案。这统一的学案有可能成了教学的束缚,有些教师为了用学案而用,即使课堂上有了动态生成,也很难兼顾,这违背了我们一贯倡导的因材施教、分层推进,也不符合关注学生个体发展的理念。

【案例 26】 我校是省重点中学,我们根据自己学生情况编制的必修1、必修2、选修4对应的3本学案,其他一般中学拿去使用,普遍反映太难,且拓展得太宽。再说,我校不同类型班级使用,反响也不同,实验班感觉正合适,普通班却感觉有些难。可见,一统化的学案不利于学生的个性发展。

[矫正对策] 建构主义理论认为,学习的实质是学习者积极主动地进行意义建构的过程,是根据自己的经验背景,对外部信息主动地选择、加工和处理,从而获得自己的意义建构。编制学案必须以所教学生为对象,根据对象的知识背景、认知能力、思维习惯、情感态度等方面,设计对应的学案,且在使用中能根据在鲜活课堂上出现的一些动态生成,及时调整学案,让学案成为教学的促进剂,不要成为教学的束缚。

第七节 化学教师教学决策诊断

核心概念

◆教学决策 ◆教学设计 ◆程序化决策 ◆非程序化决策 ◆同课异构

教师教学决策是教学过程中重要的组成部分,学者谢佛尔逊(Shavelson)认为"任何教学行为都可以看做是不断决策的结果,教师最基本和最高明的技巧就是决策"。在教师教学设计的过程中,作为新手教师往往与专家教师共同集体备课研讨,反复试验和修改后,教案方可最终定稿成型。在这反反复复的过程中,很多教师感到有些内容实在不知如何处理,因为集体备课的研讨,往往存在意见不一致的地方。可见掌握专家教师和新手教师在化学教学决策中,特别是在教学设计决策中的区别,有利于化学教师的快速成长,有利于有效课堂教学的实现。[1]

一、化学教学决策与教学设计的关系

化学教学决策指化学教师在教学历程前、中、后的三个阶段,假想和利用课堂情境中所发生的信息,运用教学专业知识及教学经验,制定各种可行的教学方案、策略或技巧,并适应教学情境做出回应学生学习需求及达成教学目标的有意选择。教学决策贯穿于教学前、中、后三个不同阶段,即教学前的教学设计决策、教学中的师生互动决策、教学后的反思矫正决策,其中师生互动决策是核心阶段,是教学设计决策与反思矫正决策的指向和归宿。但是它的基础是教学设计决策。

---

[1] 王保强.化学专家教师和新手教师的教学决策特征[J].化学教育,2013(8):45-49.

在实际教学中,即便是公开课,教师的最大愿望是课堂教学能够按照预设目标顺利进行。如果按照预设目标正常进行,参赛教师普遍评价较好。因此,课前的教学设计决策是教师遇到的最大困难,许多教师害怕公开课,也许就在于课前难以决策的原因。

(一)化学教学决策与教学设计的重叠

从某些方面讲,教学决策与通常所说的教学设计有概念重叠的部分。教学决策和教学设计都包含确定教学媒体、选择教学方法、细化教学目标和确定教学顺序等内容。但是教学决策与教学设计存在一定的区别。教学决策历程包括三个不同的时间段,它关注的焦点是选择,即选择教学目标、选择教学内容、选择教学方法等。选择不是最终的决定,而是贯穿整个教学备课的全过程。教学设计是一种以书面的形式将要完成的事情或活动的结果写下,它是由教学分析活动、教学决策活动和教学设计的结果评价活动等构成。如果说教学设计考查的是教学设计要素的系统性、教学方案的合理性与设计实施的有效性,那么教学决策质量的衡量准则和判断标准是教学问题选择的合主体性与价值性、方案选择的合目的性与可行性、决策实施选择的合情境性与互动性。

(二)程序化决策与非程序化决策并重

程序化决策是指将要进行决策的内容,可以用已有的经验或已有的方法给以解决。如在学习元素化合物知识时,教师一般会习惯沿用物理性质—化学性质—制法—用途的教学模式。这种教学模式在新授课时使用,在复习课时教师也往往会习惯用这种程序化知识进行教学。非程序化决策是指对新颖的、一时摸不清其性质与确切的结构,也没有现成的解决办法,或是过于复杂,不可能用简单的现成办法加以处理的决策。比如对于 Cu 与浓 H_2SO_4 反应后,产生了黑色物质,教师不可能准确地告诉学生是什么具体化学物质。在处理这个知识时,就不可能用现有的办法进行处理。实际上,这两类决策仅仅是两种极端的情况,教学中的大量决策属于中间状态。在实际教学中,教师往往没有程序化和非程序化决策的概念,只是凭自己的经验和直觉作出判断。它们能帮助教师对于难以量化的复杂因素作出微妙的权衡;它们能帮助教师预感到教学过程中可能出现的偏差。但是假如把经验和直觉当成了习惯依赖于此,就会使教师在决策时出现主观、武断、守旧或意气用事、不负责任等毛病,可能导致决策失误。

二、化学教师教学决策的诊断分析

王保强以本校四位教师在"沉淀溶解平衡"同课异构中的教学决策为例,系统对化学教学决策过程开展诊断研究。四位教师以"沉淀溶解平衡"为课题在集体备课的基础上,各人又独自修改形成自己的教案后进行教学实践。通过听课并查阅备课情况,结合教师访谈、学生评价等环节,可以分析出不同教师在教学决策中的差异。

(一)参与"同课异构"的教师专业背景分析

四位参与校内"同课异构"的教师分别是新手教师小刘、新手教师小卢、专家教师老田和专家教师老何。对此四位教师分为新手教师和专家教师主要是依据工作年限、工作经历、获奖情况和职称职务等方面综合考虑,当然对这四位教师的分类是遵循基层学校分类的一般思路,并不是经过严格测试之后得出的新手教师和专家教师。四位化学教师专业背景分析如表3-11所示。

表 3-11 "同课异构"教师专业背景分析

项目	新手教师小刘	新手教师小卢	专家教师老田	专家教师老何
工作年限(年)	6	8	19	22
工作经历	一轮高三教学	一轮高三教学	多年高三教学经验	多年高三教学经验
获奖情况	新沂市优质课获奖 有论文获奖	新沂市优质课获奖 有论文获奖	徐州市优质课获奖 有论文发表	徐州市优质课获奖 有论文发表
职称职务	中学二级	中学二级	中学高级、年级组长	中学高级、教研组长

(二)学生对"沉淀溶解平衡"的已有认知

学生在教学之前已经学习过化学平衡、电离平衡和水解平衡,这是学生将要学习的四大平衡理论中的最后一个。学生应该有一定的平衡知识基础。但是由于学生在初中阶段就已经习惯于将难溶物理解为不溶物。因此帮助学生建立溶解平衡理论模型,分析难溶物在水溶液中的存在形态,是教学的难点所在。

(三)课堂教学中主要问题设计思路的对比

因为学生没有接触物质沉淀体系中还存在一种动态平衡,这种平衡体系中离子浓度存在一种相互制约关系。教师必须采取一定的教学问题,使学生能够建立沉淀溶解模型。因此,教学决策的重点之一应该是在教学中设计有效问题,引导学生不断思考,形成新认识,逐步归纳和认同"沉淀溶解平衡"概念。四位教师在教学中设计的思考问题见表3-12。

表 3-12 四位教师问题设计对比

问题	新手教师小刘	新手教师小卢	专家教师老田	专家教师老何
1	等量的硝酸银和氯化钠溶液反应后,银离子和氯离子的反应能进行到底吗?如何验证?	硝酸银溶液中加入过量氯化钠,充分反应后,再滴加过量碘化钾溶液,为什么溶液中还存在银离子与碘离子反应?	氯化银和碘化钾、碘化银和硫化钠2组盐之间是否能够发生反应?	请从复分解反应的角度判断以下3组物质是否能发生反应:$AgNO_3$ 和 $NaCl$, $AgNO_3$ 和 KI, $AgCl$ 和 KI
2	向氯化银中滴加少量碘化钾溶液会出现什么现象?为什么?	"难溶"不代表"不溶",但是从氯化银的溶解度来看,溶液中存在的银离子应该很少,为什么?	向硝酸银溶液中滴加过量的氯化钠。硝酸银溶液中银离子与氯离子充分反应,生成氯化银白色沉淀。向溶液中继续滴加碘化钾溶液,生成碘化银黄色沉淀的银离子从何而来?溶液中为什么还有银离子存在?	向硝酸银溶液中滴加过量的氯化钠,硝酸银溶液中银离子与氯离子充分反应,生成氯化银白色沉淀。向溶液中继续滴加碘化钾溶液,生成碘化银黄色沉淀的银离子从何而来?溶液中为什么还有银离子存在?

(续表)

问题	新手教师小刘	新手教师小卢	专家教师老田	专家教师老何
3	为什么白色沉淀氯化银会变成黄色沉淀碘化银？为什么溶液中还有银离子存在？	溶液中存在的大量的银离子从何而来？	资料显示，氯化银的溶解度很小，所以溶液中存在的银离子很少，形成的碘化银黄色沉淀也应该很少，为什么实验中会出现大量的黄色沉淀？	资料显示，氯化银的溶解度很小，所以溶液中存在的银离子很少，形成的碘化银黄色沉淀也应该很少，为什么实验中会出现大量的黄色沉淀？
4	向黄色的碘化银沉淀中继续滴加硫化钠溶液，会出现什么现象？	向黄色的碘化银沉淀中继续滴加硫化钠溶液，会出现什么现象？根据资料，你能否找出沉淀之间相互转化的规律？	向黄色的碘化银沉淀中继续滴加硫化钠溶液，会出现什么现象？为什么？	向黄色的碘化银沉淀中继续滴加硫化钠溶液，会出现什么现象？为什么？
5			请参考所给的溶解度资料，思考沉淀之间发生相互转化的规律是什么？	请参考所给的溶解度资料，思考沉淀之间发生相互转化的规律是什么？

（四）教学中有效问题设计的诊断分析

在每节课后，研究者都与上课教师进行有关问题设计的目的性及教后反思的相关访谈，同时对班级学生进行问卷调查。综合考虑教师访谈和学生反馈，听课组成员共同再进行评议，达成对教师提出问题的效果分析意见。

[**新手教师小刘**] 教师期望设计的问题能够引导学生从"沉淀溶解平衡"的角度进行思考，但通过学生访谈大多数学生不明白第 1 个问题问的是什么，没有起到激发学生的学习兴趣、引导学生积极主动思考和继续学习的作用，第 1 个问题的设计失误导致了连锁效应，只有少数学生产生继续往下探究的想法。由此可见，很多学生无法正确表征第 1 个问题，对"进行到底"不理解，无法想到使用实验去验证。这样的问题不具有驱动性，对后面的学习没有起到相应的指导作用。此外，很多学生小组在问题讨论和探究学习的过程中争议较少，86%的学生经过阅读书本后就可以得到一致的答案，探究性不强。个案访谈发现第 2 个和第 4 个问题，开放度偏小，导致后续的问题和探究过程无法引起学生更深入的思考，问题链缺乏激发性和策略性。

[**新手教师小卢**] 45.2%的学生对第 1 个问题感兴趣，产生继续往下探究的想法，虽然高于第一次教学实践的 23.4%，但依然不足班级人数的一半。仍然有 33.3%的学生不知道如何研究和回答这个问题。学生对第 1 个问题，普遍感觉到难，激发他们继续探究的兴趣不大，23.8%的学生觉得就是回答问题，没觉得和以前学的有什么关联，证明了问题在逻辑性和程序性上还有一定的欠缺，系列问题的设计与学生的已有认识之间存在一定的差距，所选择和呈现的问题不能与学生的已有认识产生足够的矛盾冲突，导致问题在对学生学习兴趣的激发上没有发挥充足的作用。

[**专家教师老田**] 将第 1 个问题进行了分解，拆分为 3 个子问题：① $AgNO_3$ 溶液中加入过量 NaCl 溶液，充分反应后。此反应中哪一种物质过量？哪一种物质完全反应？产物是什么？② 向第一步反应后的溶液中继续滴加碘化钾溶液，白色沉淀转化为黄色沉淀，证明生成了什么物质？③ 在溶液中，与碘离子结合生成碘化银沉淀的银离子从何而来？将其拆分为 3 个子问题

后,让学生对问题和实验现象逐步进行判断,循序渐进,符合学生的认识发展规律,每一步的提问都具体且有效。问题设计的教学实践结果良好。79.2%的学生认为教学中的每一个问题都是针对上一个问题的结论所提出的新的问题,或者新问题是对上一个问题的补充和延伸。

通过有针对性的集中访谈,认为第1个问题同时判断2组物质,会分散学生的注意,弱化了对后面问题的指引和驱动作用。同时提问2组物质,紧接着进入第一组物质发生反应的探讨,说明第一组物质才是研究的重点,第二组物质显得画蛇添足,对于后面学习没有启发或者指导的作用。

[**专家教师老何**] 第1个问题改变为:"请从复分解反应的角度判断以下3组物质是否能发生反应:$AgNO_3$ 和 $NaCl$,$AgNO_3$ 和 KI,$AgCl$ 和 KI",取得了较好的教学效果。学生通过实验验证了 $AgCl$ 和 KI 溶液可以反应;紧接着提出"氯化银是沉淀,为什么溶液中会有银离子与碘离子结合?"与学生初中所学的复分解反应发生条件产生冲突,激发继续探究的兴趣;通过复习"难溶"的含义,学生刚知道溶液中有银离子存在的原因,认为问题得到了解决。但是实验中"大量黄色沉淀"现象和学生刚学的知识相矛盾,此时学生的求知欲被充分调动和激发,自发地开始思考如何运用实验方法解决这个矛盾,经过一系列探究,学生自然而然地建立了沉淀溶解平衡的概念,第5个问题的目的就是将学生的认知提升,根据前面一系列问题的解决结果,运用沉淀溶解平衡的概念以及解决问题过程中积累的经验归纳沉淀之间转化的规律。

(五)专家教师与新手教师在决策中的差异

在课堂观察、互动交流和录像分析的基础上,按照教学决策发生的三个阶段,尝试归纳专家教师与新手教师的教学决策特征。具体内容见表3-13。

表3-13 专家教师与新手教师的教学决策特征

比较项目	专家教师	新手教师
决策重点	关注教学目标的落实情况;学生知识储备和学生心理认知特点;对课堂可能发生的事件敏感,善于从学生的视角创设课堂情境	重视知识目标的达成,更多地注意教学方法;巩固练习,其中注意归纳典型习题中解题技巧的讲解和示范
教学流程	主要考虑如何处理重点知识	一般按照传统的"导入—复习—新授—巩固—作业"来考虑
教学内容取舍	主要依据课程标准和学生现有水平	主要依据参考资料上的习题要求和已有教案
实验设计	让学生通过自身体验或通过教师演示,同时对教材中的实验进行创新和组合	让知识完整地呈现出来,一般不进行实验改进
教案设计	主要依据对学生了解情况,从自己对学生分析的视角设计合理的流程	主要依照教学参考资料,特别是网上已有的教学设计
决策完成	以自主决策为主;制订教学计划时,考虑学生情况,包括学生的经验、兴趣和需求等	依赖教学指导书,自主决策较少;制订教学计划时,忽略学生情况,主要考虑教学内容呈现序列和教师操作细节

教师教学决策能力直接影响到教学活动的质量和教师专业发展水平,促进新手教师向专家教师的转变,在很大程度上取决于教学决策能力的提升,因为教师教学决策能力的提升不仅是教师自身发展的个人需求,同时也是社会对教师的现实需要。

本章思考题

1. 什么是教学设计？你认为哪些因素对教师的化学教学设计影响最大？如何对化学教学设计进行诊断？

2. 试以某校青年化学教师的一节教学设计为例，对其教学设计从教学目标、教学重点、教学难点、教学过程、板书设计等环节进行诊断。

3. 什么叫学案？学案设计有哪些基本的格式要求？设计"氧化还原反应"或"盐类水解"的学案，并请专家型教师开展诊断。

4. 教师在上课前，就要思考学生对一个问题可能提出的见解，这些见解提出后，教师还需要考虑哪些内容学生不易掌握，然后教师按照这些教学情境的假设进行思考，做出有针对性的教学决策。比如，学生在观察到铝与氢氧化钠溶液反应比铝与水反应更剧烈时，学生可能会提出原因是 Al 与 H_2O 反应同时 Al 与 NaOH 反应，所以铝与氢氧化钠溶液反应更快。如果学生在观察实验后得出这种观点，教师该如何回答？

5. 在教学设计中，"对学习者起始能力的分析就是确定教学的出发点"，为什么？试以化学教材中某节内容教学设计为例说明。

6. 对学生的起点状况诊断可以采用测查法，也可以采用预估法。测查法是指通过编制一定的试题来测查学生的水平。预估法是指教师根据学生在课堂上的表现和课后作业中的情况估计学生的水平。在进行"电离平衡"教学设计前，某教师通过编制问卷从水的组成、水的导电性、强弱电解质的导电性、弱电解质的电离原理、溶液的酸碱性等方面对学生进行测查。请设计一份测查问卷，诊断学生的起点状况。

第四章 化学课堂教学诊断

化学课堂教学的诊断是教学诊断的基本环节,实际上它是以化学课堂教学为研究对象,以教学原则为依据,对其教学过程和效果的"偏常"状况进行测查、探因及矫正的过程。本章主要探讨中学化学课堂教学诊断的标准、诊断的方法及诊断的案例。

第一节 化学课堂教学诊断概述

核心概念

◆诊断现状 ◆诊断问题 ◆诊断内容 ◆诊断原则

在一般情况下,学生化学学习质量不高的问题,反映了化学教师在教育教学中存在的问题,而化学教师在教育教学中问题产生的原因,又与学校在教育教学管理上存在的缺陷有直接关系。化学教师是导致学生学习质量问题的中间环节,是决定化学教学质量的"最终责任人"。对化学课堂教学开展诊断有利于提高课堂教学质量和水平。

一、化学课堂教学诊断的内容

化学课堂教学主要限定于化学课堂这一特定教学环境中的教学活动,而这种教学活动中的两个侧面——"教"与"学"是一对互动中相互影响、相互作用的关系,与此对应的师生关系也是一种变动中的互相交织的主客体关系。它们都有一个根本的目的,就是让学生能学有所得,获得成功,最终实现师生的共同发展。从这个限定看,课堂教学活动分为"两面四象"。"两面"是指课堂教学的两个方面——教和学。"四象"指的是教师、学生、教学行为、学习行为四个教学的象限。如果用坐标来表示的话,化学课堂教学活动坐标示意图如图 4-1 所示。

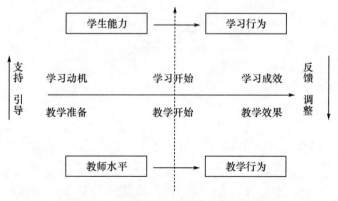

图 4-1 化学课堂教学活动坐标示意图

通过化学课堂教学活动坐标示意图,我们会很清晰地看出存在于课堂教学中的教与学、师与生的关系。在这两对关系的互动中,课堂教学对于教师要达到他所预期的教学结果,对于学生要获得最大的学业成就,因此,化学课堂教学诊断的首要内容就是对学生的学习成就,即教学的效果的诊断。不论我们教师的原有教学水平如何,他(或她)应用什么样的教学策略和方法,不论学生的学习能力的基础怎样,他们有着什么样的学习方法,教学最终指向的都是教学的效果,即为学生的学习成就服务。围绕这一目的,教师设计教学、展开教学、实施教学,学生预习知识、开始学习、有所获得。对学生的学习结果或教学效果进行诊断是发现学习结果偏差,而后顺藤摸瓜找到教学问题的一个最为根本有效的诊断方式,因此,化学课堂教学诊断观认为,对教学效果的诊断是课堂教学诊断的主要内容。

另外,化学课堂教学诊断内容中还存在着另一个重要方面,那就是教学的过程,特别是教师的教学活动。尽管对学生的学习成就进行诊断,然后推及教学的问题是一个根本有效的方式,但那毕竟是一种从结果往回推的办法,有较大的推测成分在里面。因此,我们还必须审视课堂教学的过程,直接在教学过程上找到教学的问题。在对过程的诊断中,教师的一切课堂教学因素就成了我们诊断的另一个重要内容。例如,教师的教学态度、教学理念、教学技能、教学方法和策略等等。这是课堂教学诊断一个最为直接的发现教学问题的方式。所以,现代课堂教学诊断观认为,对于课堂教学诊断的内容我们要从两条线去着手,即"结果—诊断"和"过程—诊断"。

二、化学课堂教学诊断的原则

1. 对课堂教学"偏差"的发现需要明确的指向——目的性原则

所谓目的性原则是指在进行化学课堂教学诊断之前,作为诊断人员必须清楚此次诊断的对象是谁,诊断的目的是什么,诊断哪一类的问题,主要从哪方面着手诊断,等等。换句话说,诊断人员必须带着明确的目的展开诊断活动,使诊断活动具有针对性,充分发挥出诊断的作用。在一些学校的教学研讨活动中,有少数诊断活动出现了不协调的现象。比如,在某次教学交流活动中,A校邀请B校的骨干教师对本校的教师课堂教学水平进行评议。在评议活动中,B校教师纷纷对A校的课堂教学速度表示了怀疑和不同看法,认为教学的容量过大,不利于学生对知识的消化吸收。但是A校的教师却不觉得这是一个教学问题,反而觉得还没有完成原定的教学任务,于是在关于课堂教学内容是否过多的问题上,两校教师产生了分歧,但也有一位A校的老教师提出了另一种看法,他认为两校的学生基础不同,A校学生在学习能力上普遍好于B校,学生接受能力相对强一些。因此,对A校的教学进行诊断的着眼点应该放在是否培养了学生的自主学习能力上,而不仅仅是对知识的接受能力上。两校的教师在听了这一观点后,都认为这个看法比较合理,最后达成共识,重新调整了诊断的方向。所以,教学诊断的目的性是保证诊断活动有效进行的首要原则。

2. 以多维眼光审视课堂教学中的各种"偏差"——多样性原则

化学课堂教学不是一个一成不变或具有同一固定模式的活动,而是一个非常复杂的系统,影响它的内外因素很多。比如,就从教学内容的角度来说,同样的学校同样的班级在语文课和数学课的教学方式上就有很大的差异。我们不可能用教数学的方式去教语文,反之也不可行,因为这两门课的学科特性、知识形态及教学培养目的等很多方面是不一样的。此外,就算同样是化学课,初中化学和高中化学的课程要求是有很大差别的。初中化学仅仅是一个入门式的学习,而高中化学则要求学生不但要明白化学的现象,更要知道现象背后的化学原理,这让教师在教学上也要有相应的变化。这就带来一个问题,既然教学上具有差异,那我们对于这两门课的教学诊断活动是否也应该有区别。答案显然是肯定的。我们不能认为一头100斤的猪比一头90斤的羊重,就认为这头猪比羊饲养得好,因为这两者的饲养情况不可能简单地从体重这一硬指标就能比较出来,尽管它们都是家畜。我们前面说过,教学的诊断要遵循目的性原则,不是盲目的活动,只有这样才能诊断准确,发挥诊断的作用。在这个前提要求下,教学的多种差异性必然导致教学诊断活动的多样性。所以,对于课堂教学的诊断,不能仅仅从共性的角度去判断教学的问题,也要注意到教学的复杂性和差异性带来的多样性要求。

3. 以灵活机变方法捕捉课堂教学中的"偏差"——灵活性原则

教学诊断的多样性表明对教学的诊断不是一个套路式的过程,而是一个具有机变性和灵活性的行为,例如,在课堂上,有很多教师经常通过课堂观察学生表情的方式来判断学生课堂学习的情况,从而推断自己的教学问题,及时调整教学过程。如:有些教师就很喜欢观察学生的眼神,因为眼睛是心灵的窗户。眼光炯炯自然是学有所得,而目光呆滞则极有可能是学不知所以然。课堂观察学生这个诊断方式一般来说都比较有效,均能帮助教师及时发现自己的教学问题。但是在某些情况下也会出现"意外",比如公开课或有人来听课。这些时候,学生在教学环境和氛围发生变化的情况下,往往都会打起十二分的精神。自然,他们的目光都是炯炯有神的,这就使教师的诊断"法宝"出现"失灵"的情况。于是,有些聪明的教师就会换一种方式来诊断教学情况,如:增加提问、学生演示、课堂小练习等等。所以,课堂教学诊断需要诊断人员的头脑不能"一根筋",而是必须开放、灵活,学会随机应变,这才能更好地诊断教学。

4. 以包容的心态保持课堂诊断的生命活力——开放性原则

这里说的开放性原则包括诊断过程和结果的开放性。过程的开放性是指在诊断多样性和灵活性的原则下,我们在诊断主体上、诊断观念上、诊断标准上、诊断方式上要兼容并包,多种尝试,而不能拘泥于单一的诊断。这样才能全面地诊断课堂教学活动,让教学问题暴露得更为充分。而且通过诊断过程的开放性让我们具有教学诊断的意识和能力,能让参与评教的人共同分享各自的教学思想、经验、方法、技巧等。这种交流和共享的过程对提高教学的质量能起到集思广益的作用。而在诊断结果上,我们也要保持开放性,结果的开放性意味着我们诊断的目的不是通过诊断活动给教学问题下一个定论,而是为了解决教学问题,提高教师的教学能力。结果的开放性可以在很大程度上避免出现以结果论英雄的诊断目的的异化现象。在学校的日常教学研讨活动中,主持活动的教师通常会在开始的时候强调任何教师提出的意见、问题都不是针对被评教师的教学结论,而是为了教学的提高。这种做法就避免了教学研讨活动演变成"教学批斗会"的可能。

三、化学课堂教学诊断的现状及问题

中学化学教师如何认识教学诊断、如何运用教学诊断,需要通过看、听、调查、访谈、发现和征询等方法去了解教师"客观真实的诊断状态"。通过系统调查,可以深入分析教师的教学行为和能力,并透过这些行为和能力发现化学教师在教学诊断素质上的优势和不足。

(一)化学课堂教学诊断的现状

调查中,主要运用分层抽样法,根据初中、高中和完全中学三个层次,分别从湖北省、河南省、广东省、山西省、江苏省和上海市随机抽取了中学的部分一线教师主要从以下几个维度来考查:

① 教师对课堂教学活动的认识；② 课堂教学诊断主体构成的认识；③ 学校课堂教学诊断的主要形式；④ 课堂教学诊断标准的制定；⑤ 学校开展课堂教学诊断的制度；⑥ 教师对课堂教学诊断活动的态度；⑦ 当前课堂教学诊断的成效。

1. 教师对课堂教学活动的认识

这一部分主要从三个环节来调查教师对课堂教学活动的认识：一是教学前的调查；二是课堂教学过程的调查；三是课堂教学后的调查。在这三个环节中，第一个环节主要考查教师的备课情况。从调查情况看，有51.6%的教师的备课时间达到了1个半小时至3个小时，37.3%的教师的备课时间为30分钟到1个半小时，另有7.9%和3.2%的教师备课时间超过3个小时和不到30分钟。可见，教师对课前准备是相当重视的。在回答"在实际的备课过程中，我最关心的是什么？"的问题时，50.8%的教师认为应当"了解并思考不同学生的特点，设计教学情境和课堂组织形式，使得课堂教学能充分调动学生的学习自主性"，27%的教师认为应该"对讲授方式的精心设计，保证学生能够更好地更有兴趣地掌握知识"，还有22.2%的教师觉得"课程知识内容的组织和安排，分析知识的重点和难点，力求在课堂上向学生讲清楚知识内容"。总体看，教师较为倾向于注重通过教学设计来调动学生在课堂上的积极性，而教师在回答课前对学生的了解程度时，"了解大部分学生特点"的占69%，"了解每一个学生的特点"和"学生太多只能了解学生的概况"的同为11.1%，只有8.7%的教师"了解部分学生的特点"。调查数据表明，大部分教师在上课前对学生情况的了解下了一定的工夫。

第二个环节是教师对课堂教学过程中的一些看法。在这一环节里有7道问题，调查结果如表4-1至表4-3所示。

表4-1 教师对化学课堂教学过程的认识

问题 \ 选项	是	否	不好说
在每一节课的教学过程中，我认为最重要的是完成教学任务	48.4%	16.7%	34.9%
在课堂上让学生能掌握知识是最根本	57.9%	17.5%	24.6%
在课堂上，如果学生回答错误，我会对学生的错误回答立即进行严厉批评，防止学生以后再犯错误	2.4%	88.1%	9.5%
在课堂上我认为应当主要由教师来讲授，这是保证学生掌握知识的有效途径，是对学生负责的行为	18.3%	55.6%	26.1%
上课时，我比较反感学生主动提出问题，这会打乱原先安排好的教学方案，影响教学的效果	0	91.3%	8.7%

从表4-1的回答情况看，只有不到20%的教师对教学任务和知识掌握持否定态度，而大部分教师在课堂教学过程中仍然对知识的传授和教学任务的完成看得比较重。但是在课堂上，分别有88.1%和91.3%的教师对学生回答错误和学生主动提问持宽容的态度，这表明绝大多数教师对学生在课堂上的主动性较为重视。此外，有55.6%的教师对课堂仍然应当以讲授为主要的教学方式持否定态度。

表 4-2　教师在化学课堂上对学生的关注情况

问题＼选项	尽量关注每一个学生的状况	更多关注学习成绩好的学生	更多关注学习成绩中等的学生	更多关注学习成绩较差的学生
在上课时,我通常对哪些学生比较关注?	73%	0.8%	15.1%	11.1%

从表 4-2 所呈现的情况看,有 73% 的教师表示会在课堂上尽量关注每一个学生,表明大多数教师对以往教师在课堂上更倾向于关注好学生的做法已经有了不同看法,转而更为注意面向课堂的全体学生。

表 4-3　教师对新课改三维教学目标的看法

问题＼选项	完全可以	有时候可以	有可能,但比较困难	不可能
您认为在课堂上是否能有效地培养学生在情感·态度·价值观等方面的能力?	34.4%	55.2%	10.4%	0

表 4-3 的调查数据表明,对课堂教学能否达到更为全面的培养目标,有 89.6% 的教师持相对积极的态度,而没有一个被调查的教师认为这是完全不可能的事情。

第三个环节是关于课堂教学结束后,教师的教学认识。这一环节主要有三个问题:首先是调查教师在课堂教学结束时是否希望学生带着问题走出课堂。在这一问题的回答上,46% 的教师认为"允许学生上完课后还有疑问,会找机会沟通",26.2% 的教师"鼓励学生带着问题出课堂",10.3% 的教师则认为"有时候允许,再找机会解决",另有 9.5% 和 7.9% 的教师对此表达了否定的看法。这表明有 72.2% 的教师对学生的自主思考有了较为宽容的认识。第二个问题是调查教师布置课后作业的情况。51.6% 的教师会"根据学生情况布置不同难度的作业",42.7% 的教师会"布置中等难度的作业",而布置较难和较容易的作业的教师分别只有 0.8% 和 4.8%。可见,绝大多数教师是希望能通过作业来尽可能地发现大多数学生的课堂学习效果的。最后一个问题调查的是教师课外与学生之间的关系。65.6% 的教师在师生关系上选择了"朋友式",14.4% 的教师分别选择了"长者式"和"平平淡淡,没什么特别关系",仅有 4.8% 的教师选择了"权威式"。很明显,"权威式"的师生关系在教师的意识中已经趋于淡化。

从上述三个环节的调查结果看,二十多年来的教育改革,特别是近年来的新课程改革使教师在教学观念上有了较为明显的转变。很多教师已经开始越来越意识到学生是具有主观能动性的学习个体,是活生生的人,而非被动的学习容器,他们在教学过程中的主体性是不容忽视的。这种转变使教师出现这样几个方面的倾向:第一,教师的权威意识开始淡化。在传统的教学中,教师是教学的权威,占据绝对的主导地位,师生关系是不对称的。但是在此次调查中已有近三分之二的教师认同和学生之间的朋友关系,而仅有不到 5% 的教师仍然坚持权威式的师生关系。第二,教师对学生的关注面扩大。教师在整个教学过程中已经不仅仅局限于把注意力放在少数学生身上,而是尽量做到全员关注,了解每个学生的状况和特点。第三,教师开始注意对学生学习自主性的激发和引导。通过这次调查,我们发现很多教师在做到尽量了解学生的情况下,开始关注对学生学习自主性的调动和提升,在课前教学设计中注重创设有利于学生主动学习的情境,并对学生在教学中表现出的自主提问和思考,表现出了很大的宽容和鼓励。第四,教师对教学方式的调整。只有不到五分之一的教师仍然坚持教师讲授这一传统教学方式的绝对地位,而超过一半的教师对此表现出了不同的看法。第五,教师的教学目的趋于理性。在近90%的教师肯定了在课堂上存在多元教学培养目的可能性的情况下,仍有近一半的教师坚持课堂教学的主要目的仍是知识的传授。这说明了教师对教学目的的认识趋于理性,在强调教学目的多元化的同时,不忘教学的基本任务。

2. 课堂教学诊断主体构成的认识

从表4-4的数据看,目前学校内的课堂教学诊断主体主要是以教研组同事和学校领导组成。此外,学生也是诊断主体的一个重要组成部分。从表4-5的统计结果看,共有49.2%的教师希望能由同事介入诊断,与表4-4的调查结果相呼应,但对于学生参与评教诊断,教师的倾向性比例高于现实情况8.3个百分点。表4-6是教师对听课评课诊断对象的倾向性调查。从表4-6的数据看,有经验的同行是教师最为欢迎的听课评课诊断者,校长和上级领导则并非教师很欢迎的评课者。

表4-4 目前学校的课堂教学诊断主体构成状况

教研组的同事	学校领导	学生	其他	自己总结	上级教育行政部门
32.5%	31.7%	18.3%	7.9%	5.6%	4%

表4-5 教师对课堂教学诊断主体构成的倾向

我希望能由同事和我一起来对我的课堂教学情况进行诊断	我觉得我的课上得好坏应该由学生来做出诊断	如果能有同事来对我进行诊断可能对我的教学提高会更有帮助	自己的教学工作当然最好由自己来诊断,这样效果最好	我喜欢由我和学校的督导部门一起来诊断我的课堂教学	我还是希望能由学校的教学督导部门来对我进行课堂教学的诊断	其他
33.1%	26.6%	16.1%	9.7%	8.1%	3.2%	3.2%

表4-6 教师对听课评课诊断对象的倾向

经验丰富的优秀教师	教育教学专家	校长	其他	上级领导
78.6%	17.5%	1.6%	1.6%	0.8%

上述三表的统计结果说明,无论是现实还是教师的主观愿望上,同行是课堂教学诊断主体的首要组成成员,同时学生也是诊断主体中另一支重要力量,但对于校方做诊断主体,似乎教师对此的意愿与现实有一定的反差。而教师的自我诊断在现实中和教师的自我意识中并未占据一个主要地位。

3. 学校课堂教学诊断的主要形式

将表4-7与表4-8的结果进行对比,我们可以发现调查选项的排位呈现出三个明显的特征:(1)学生的考试情况、学生评教和学校的教学考评三种诊断形式,在学校日常工作中的重要地位与教师心目中有效的诊断形式有很大的反差。(2)在教师看来,教师个人的教学反思和日常的教学研讨活动对其工作的帮助较大,但实际的使用并不是最多的。(3)听课评课活动是学校课堂教学诊断常见且教师认为最有用的诊断形式。表4-9的调查结果显示,目前学校内诊断结果的主要形式还是定量式的,定性的描述并不占主流。但值得注意的是,有近五分之一的教师选择了分析诊断式的诊断结果,这反映出在实际教学诊断过程中,教师对于诊断的分析与诊断的作用有了一定的认识。

表4-7 目前学校课堂教学诊断的主要形式

学生的学习测验或考试成绩	学生评教	听课评课诊断活动	学校的教学考评	日常的教学研讨活动	个人的教学反思	其他
75.4%	57.9%	42.1%	40.5%	26.4%	20.6%	0

表4-8 教师认为对工作最有帮助的课堂教学诊断形式

听课评课诊断活动	个人的教学反思	日常的教学研讨活动	学生的学习测验或考试成绩	学生评教	学校的教学考评	其他
60.3%	49.2%	44.6%	42.9%	32%	13.5%	0

表4-9 课堂教学诊断结果的形式

分数式	等级式	分析诊断式	评语式
36.6%	30.1%	19.5%	13.8%

通过对学校课堂教学(评价)诊断形式的调查,我们发现其结果与(评价)诊断主体构成的调查有一致之处,即教师认为一线教师(包括教师本人)的参与比学生、学校或者上级部门的参与更有成效,在主观上更愿意接受。这表明教师对来自教师以外的诊断具有一定的排斥性。

4. 课堂教学诊断标准的制定

化学课堂教学诊断标准是课堂教学诊断的价值尺度,是诊断活动的重要内容。为此,问卷编制了8个问题对教师进行了调查。首先,有83.3%的教师肯定了自己所在的学校制定了相应的课堂教学诊断标准。在问及这些诊断标准由谁制定时,40%的教师回答是由学校相关部门制定的,23.2%的教师不知道是谁制定的,20%的教师认为是上级教育主管部门制定的,9.6%的教师回答诊断标准是由教研组同事商讨制定的,4.8%的教师认为是在教育专家指导下制定的,还有2.4%的教师认为是通过对学生的调查而制定的诊断标准。对于目前学校的诊断标准的合理性,61%的教师认为"具有一定的科学性,能够通过诊断在一定程度上反映课堂教学的质量",各有17.1%的教师认为"合理、科学,确实能正确诊断课堂教学活动"和"不够合理、科学,还需要进一步调整改进",仅有4.9%的教师选择了"基本没用,无法通过诊断反映教学的质量"。关于学校内课堂教学诊断标准的使用情况,50.8%的教师表明"全校所有课统一使用的评价标准",31.7%的教师选择了"不同的学科组会有不同的课堂诊断标准",各有5.6%的教师选择"不同的班级有不同的课堂诊断标准"和"不同的课会有不同的课堂诊断标准",4%的教师选择了"不同年级有不同的诊断标准"。但在教师看来,有61%的教师坚持要分学科制定课堂教学诊断标准,13%的教师认为要按照课的类型制定诊断标准,11.4%的教师认为应根据学生的特点来制定诊断标准,5.7%的教师选择依据不同的教学培养目标制定诊断标准,4.1%的教师支持按照教师的教学风格和特点来制定诊断标准,另有3.3%的教师觉得课堂教学很复杂,必须每节课都有不同的诊断标准。

通过对课堂教学诊断标准制定情况的调查,可以发现三个突出问题:一是诊断标准是自上而下制定的,主要由校方和上级教育主管部门来向下推行课堂教学的诊断标准,而并非从学生的学情或教学一线实际状况出发来完成诊断标准的制定。二是诊断标准是由外而内制定的。如果以从事一线教学工作的教师群体为一个集合,那么当前的学校课堂教学诊断标准对于广大教师而言是一种外部诊断标准,忽视了教师对于诊断标准的话语权和内部驱动力,甚至有近四分之一的教师根本就不知道诊断标准是谁制定的。三是诊断标准制定的单一化。超过一半的教师表明学校的诊断标准是全校统一的,这与课堂教学的复杂性和诊断多元化的趋势产生了矛盾。

5. 学校开展课堂教学诊断的制度

从表4-10的统计情况看,学校开展课堂教学诊断活动的频率主要是与教学的进程相结合。表4-11的数据表明大多数学校对课堂教学诊断活动都有相应的制度,对教师的课堂教学诊断行为有一定的规范,但对于课堂教学诊断本身的探讨和研究不足。总体而言,学校比较重视课堂教学的诊断,但频率和研究深度有限。

表4-10 目前学校的课堂教学诊断活动频率

按照教学的进程会有相应的诊断活动,比如:在完成一个单元知识的教学后	差不多每一个月都有一次的课堂教学诊断活动	一般是一个学期会有一次相应的课堂教学诊断活动	每节课后都有相应的诊断活动	基本上每两个月会有一次课堂教学诊断活动	一个学年才会有一次课堂教学诊断活动,甚至更少
46%	18.5%	14.5%	11.3%	7.3%	2.4%

表4-11 目前学校的课堂教学诊断活动制度

学校有一定的制度规范,必须定期开展课堂教学的评价诊断活动	不仅有制度的规范,而且我们还总结出了课堂教学评价与诊断的模式和规律,并按照这种模式来开展课堂教学诊断活动,不断完善该模式	比较自由,根据个人的意愿可以自由参加学校组织的一些课堂教学诊断活动	很自由,根据个人的意愿自由开展	其他
69.6%	13.6%	13.6%	3.2%	0

6. 教师对课堂教学诊断活动的态度

表4-12调查数据反映出目前大部分教师对学校的课堂教学诊断活动的态度主要介于一般和比较满意之间。而从表4-13中教师对待听课评课诊断活动的态度看,绝大部分教师对课堂教学评价活动的心态是正面的和积极的,也比较渴望。对上述两种态度进行比较,我们可以得出,教师对课堂教学诊断活动的较大的实际需求与目前诊断活动并不很高的满意度有一定的反差,因此课堂教学诊断活动仍处于初级阶段,需要进一步探索、完善、深化和改进。

表4-12 教师对课堂教学诊断活动的态度

很满意	比较满意	一般	不太满意	很不满意
7.2%	49.6%	36.8%	6.4%	0

表4-13 教师对听课评课诊断活动的态度

有点紧张,但是很高兴	比较放松,也很高兴	非常紧张,有点厌烦	不是很紧张,也不讨厌,无所谓	其他
61.9%	14.3%	0.8%	19.8%	3.2%

7. 化学课堂教学诊断的成效

从调查数据(表 4-14)看,目前实施的课堂教学诊断活动还是有成效的,大部分教师都承认通过诊断活动基本能找出教学中的问题,并挖掘其背后的原因。

表 4-14 化学课堂教学诊断活动的结果

教学工作中存在的问题会比较明显地凸现出来,且通常都能找到背后的原因	教学工作中存在的问题会比较明显地凸现出来,但只能分析出部分问题产生的原因	教学工作中存在的问题会比较明显地凸现出来,但无法分析出问题产生的原因	只有部分教学中的问题会通过评价发现,但这些问题都能找到背后的成因	只有部分教学中的问题会通过评价发现,但无法全部分析出背后的成因	通过评价活动很少能找到教学中的问题
42.7%	30.6%	1.6%	12.1%	10.5%	2.4%

(二)化学课堂教学诊断存在的问题

随着当前的课程改革的推进,新的教育理念已经开始逐步为广大教师所认同。在此基础上,教师对课堂教学评价和诊断活动的目的和意义的认识也有了提高。但是根据评价现状的调查结果,结合在学校的走访情况,发现学校里实际的课堂教学诊断活动仍然存在三个方面的问题。

1. 课堂教学诊断标准的制定不尽合理

从调查结果看,诊断标准的制定还存在一定的问题。有超过五分之一的教师对学校现行的诊断标准持基本或完全否定的态度。出现部分教师对诊断标准不够满意的原因,在于大部分学校只有一套通用的诊断标准。与此形成反差的是,超过 60%的教师在调查中都认为"由于各门学科有其自身的特性,我们认为课堂教学的诊断标准应当分学科制定比较合理",其余的教师也都提出了不同的标准分类意见。这表明学校里目前的诊断标准还处于一种"眉毛胡子一把抓"的状态,过于统一和机械,缺乏层次性和灵活性,此外,还有超过五分之一的教师根本就不知道诊断标准从何而来,这也反映出目前的诊断标准并未能被全体教师所接受,即诊断的标准缺乏教学的实际应用性,与教学现实有一定的脱节。最后,还有一点值得注意,由于目前的诊断标准是由学校或上级主管部门直接制定的,有的诊断标准制定了很多年都没有改变,未能充分考虑教师的实际教学变化,所以诊断标准的应变性和发展性较差,无法充分体现出诊断的时代性。

2. 课堂教学诊断的方式较为单一

从调查结果看,针对学生的学习测验或考试、学生对教学的评议以及听课评课活动是目前学校教师进行教学诊断的主要手段。其中通过学生成绩来诊断教学以 75.4%的比例占据绝对首位。而在和教师的访谈中,绝大部分的教师在回答"主要依靠什么手段来诊断自己的课堂教学活动?"这个问题时,都表示测验、考试和作业是诊断教学的主要方法。这也印证了问卷调查的结果。可见,以学生的考试成绩来推断教学问题,是学校教师最为常用的、最为有效的一种办法,是一种结果与目的对照的诊断方式。毕竟教学最终是要让学生学有所成。如果学生考得好,那么自然说明教学达到了目的,教学是相对成功的。反之,学生考不好,那表明教学没有很好地完成任务,教学过程中存在问题的可能性就比较高。很多有经验的教师,往往可以通过学生的考试成绩,发现很多相对应的教学问题,但是测验、考试毕竟是一种客观化和标准化的评价方式,对学生的认知和技能方面的测试比较有效,但在对学生的个人能力发展方面,尤其对新课改中提出的情感态度与价值观方面效用较弱,很难发现这方面的教学问题。因此,主要依靠测验、考试作为诊断方式显然过于单一,无法对课堂教学做出全面的诊断。

3. 课堂教学诊断活动缺乏一定的体系

目前在学校里,对于课堂教学诊断活动的制度问题,超过三分之二的教师回答"学校有一定的制度规范,必须定期开展课堂教学的评价诊断活动"。而且这些活动通常按照教学的进程来展开,比如:每完成一个单元知识的教学后,大多数学校里都有关于教学评价和诊断方面的制度规定;规定活动的频率也不低。但我们也注意到,只有13.6%的教师回答"不仅有制度的规范,而且我们还总结出了课堂教学评价与诊断的模式和规律,并按照这种模式来开展课堂教学诊断活动,不断完善该模式"。可见,学校有评价诊断活动的制度规范并不代表具有了合理科学的诊断体系,目前学校里针对课堂教学评价或诊断活动的研究仍然不多,大多依赖的还是教师的教学经验。再加上目前诊断标准和诊断方式的单一性,我们可以判断国内学校中完善的课堂教学诊断体系尚未建立。所以,目前校内定期的和经常性的诊断活动只是一种单一层面上的经验重复而已。

第二节　化学课堂教学诊断标准

核心概念

◆教学诊断　◆诊断工具　◆诊断方案　◆诊断主体

一般意义上的化学课堂教学诊断,是指以一节化学课的教学为研究对象,以化学课堂教学目标和化学教学原则为依据,对化学课堂教学的过程和效果进行评判,诊断教学中存在的问题。显然,诊断标准的确定决定了诊断的质量,因此,从影响化学课堂教学质量的多个维度建立课堂教学诊断标准体系显得尤为重要。

一、化学课堂教学诊断工具的确定

20世纪末,美国的科学和数学教育招致许多专业人士的批评。这些来自自然科学、数学和教育领域的专家们认为,美国的科学和数学教育内容分散、重复过多、缺乏条理,应当实施彻底的改革。此外,大家一致认为,教师的教学方法受自己从前教师的影响最大:以前的教师是怎样教自己的,自己也会以同样的方法去教学生。于是,美国国家科学基金会于1995年在亚利桑那州立大学设立了一项名为ACEPT(Arizona Collaborative for Excellence in the Preparation of Teachers)的专项基金,用于对大学里准备将来做教师的一年级学生所选修的科学和数学教学实施改革。改革的基本思路是:以美国国家科学课程标准为指导,以合作探究作为重要的教学方法,让学生在合作探究的环境下学习科学和数学,以期对其未来的教学行为产生积极影响。为了评估改革的成效,ACEPT的评价小组开发了一项名为RTOP(Reformed Teaching Observation Protocol)的课堂教学评价量规或称评价量表。该量表是一项颇具改革倾向的课堂观察的评价工具。[1] 本节我们借鉴RTOP课堂教学评价量表,作为诊断化学教学的重要依据。

根据RTOP的内容结构与测量学特征,我们确立了化学课堂教学诊断标准的指标体系,具

---

[1] 吴维宁.专业化的课堂教学评价工具RTOP评介[J].教师教育研究,2011(9):76-80.

体结构和核心内容如图 4-2 所示。①

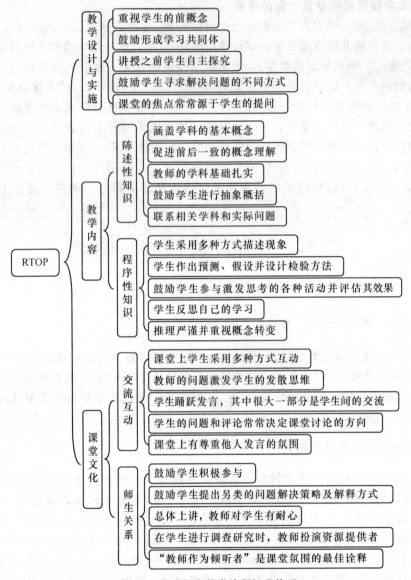

图 4-2 化学课堂教学诊断标准体系

RTOP 共有 25 个题项,这 25 个题项分为三个分量表,分别是"教学设计与实施""教学内容""课堂文化"。其中,第一个分量表包括 5 个题项,这五个题项分别就"前概念""学习共同体""自主探究""问题解决"和"重视学生的提问"等问题展开。第二个分量表由两个部分组成:一个是"陈述性知识",另一个是"程序性知识"。其中,"陈述性知识"部分主要就教学内容中的基本概念、教师的学科基础、教学过程中教师鼓励学生进行抽象概括以及理论联系实际等问题提问。"程序性知识"部分主要就课堂教学中学生描述问题的方式、学生探究问题的方式以及学生的自

---

① Piburn etc. Reformed teaching observation protocol[M]. ED(447):205.

我反思等问题提问。第三个分量表也由两部分构成,分别是"交流互动"和"师生关系"。其中,"交流互动"部分的核心内容包括:课堂上学生的互动方式、教师的提问方式以及学生的发言是否受到重视、学生的问题和评论对于课堂教学内容的影响等等。"师生关系"部分包括5个题项,主要就学生的参与度、教师对于学生是否有耐心以及教师角色等问题提问。

根据获取的大量数据,课题评价小组进行了一系列统计分析,得到了有关 RTOP 的多项重要的测量学指标。EFG 的统计分析主要有信度分析、效果分析和因子分析,并建立了相关常模。EFG 对于 RTOP 的信度分析主要关注整个量表的评分者信度,以及各分量表的信度估计。图4-3 和表 4-15 分别是关于 RTOP 的用于评分者信度估计的散点图以及 RTOP 各分量表的信度估计值。从图表中我们可以看到,与同类量表相比,RTOP 整体的评分者信度非常高,且各分量表的信度值也很高。除了第二分量表以外,其他分量表的 R 平方值都超过或者接近 0.9,这在同类量表中是不多见的。

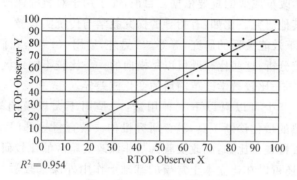

图 4-3　RTOP 评分者信度估计散点图

表 4-15　RTOP 各分量表的信度估计

分量表名称	R 的平方
分量表 1:教学设计与实施	0.915
分量表 2:内容—陈述性知识	0.670
分量表 3:内容—程序性知识	0.946
分量表 4:课堂文化—交流互动	0.907
分量表 5:课堂文化—师生关系	0.872

此外,课题评价小组对 RTOP 的效度分析结果表明,其表面效度、结构效度和预测效度都达到了令人满意的指标。而因子分析的结果则显示:旋转后的三个主要因子可以解释全部因子所包含信息的 71.92%。这三个因子可以解释为:探究取向、陈述性知识和师生关系。从内容结构和上述统计结果来看,RTOP 确实是一种既能够体现当代教育理念,又具有较高信度和效度的专业化的课堂教学评测工具。

二、化学课堂教学诊断标准的运用

除了对 RTOP 作出了系统的诊断以外,课题评价小组所做的另一项具有重要意义的工作,是在对大量数据进行统计分析的基础上建立了关于 RTOP 的不同学段和不同学科的常模(见表 4-16)。

表 4-16　RTOP 在不同学科和不同学段上的常模

	数学			科学			整体		
	n	平均值	标准差	n	平均值	标准差	n	平均值	标准差
大学	10	69.3	22.0	40	58.25	21.3	50	59.4	21.3
学院	3	48.0	11.8	23	50.1	21.6	26	49.9	20.6
高中	12	48.8	10.8	25	41.8	20.2	37	44.1	17.8
初中	13	46.8	19.0	15	50.0	14.1	28	48.5	16.3
整体	38	52.0	18.1	103	51.0	20.9	141	51.3	20.1

有了这一常模，人们便可以用 RTOP 作为诊断工具，对于本地区、本校或者教师个人的课堂教学改革的相对状况有一个具体的把握。于是，RTOP 的得分，就可能成为诊断一个地区、一所学校和一位教师的教学改革成效的重要依据。目前，除了用于对教师课改行为的直接评测以外，RTOP 还被广泛用于其他研究。比如：有指导的探究教学与传统实验教学效率的比较研究，教师的学生观、课程观与改革效能关系的研究，等等。① 另外，运用 RTOP，我们可以对不同的化学课堂教学进行量化的比较分析，这些比较既可以是横向的——比较不同地区、不同学段的化学课堂教学；也可以是纵向的——比较教学改革前后的变化或差异。

具体来说，RTOP 至少可以有以下三种用途：一是用于大规模的教育调查。如前所述，RTOP 是一种比较成熟的量化诊断工具，教育研究机构或教育督导部门可以用它来作不同地区课堂教学的比较研究或检查。比如：课改实验区与非课改实验区的比较研究、发达地区与欠发达地区的比较研究等等，还可以在建立本土常模的基础上作中外课堂教学的差异性比较以及对于各个地区的课堂教学情况进行抽查式的监控。二是用于师范生的教学实训诊断。如前所述，RTOP 开发者的初衷之一，就是要让它服务于在校师范生的课堂教学实训。就我国的实际情况而言，教学实训可以分为在大学校内的微格教学实验以及在中小学的教育实习。无论是在校内还是在校外的教学实训，RTOP 都可以派得上用场——为诊断师范生的课堂教学提供支持。三是用于在职教师的岗位培训诊断。我国目前的教师培训大多与新课程有关。新课程实施过程中的一大难点，就是诊断难。而诊断之所以难，是因为我们没有一种既能够体现新课程理念，又具可操作性和权威性的课堂教学评测工具。RTOP 既是一种课堂教学的诊断工具，又可以作为课堂教学的规范和标准。其中包含的"探究取向"和"师生关系"的重新定位，正是新课程所倡导的核心理念和价值取向。因此，RTOP 的引入有望化解我国新课程背景下的课堂教学诊断难题。

依据不同的使用目的，RTOP 的使用方法略有不同。若以大规模的教育调查为目的，则一般需要经历集中培训、听课评分和统计分析三个阶段。这里的集中培训，除了需要让受训者通过培训手册了解 RTOP 的内容结构和诊断要求外，还需要通过预诊断，使评分者就相关的诊断标准达成一致。听课评分时，一般需要有至少两名以上的评分者，这样有利于控制评分者信度。统计分析主要计算 RTOP 的平均值和标准差，同时也需要作出必要的信度分析。若是以师范生的教学实训或教师培训为目的，RTOP 的使用则一般需要经历简短培训、听课评分和课后讨论三个阶段。这里的培训只需要让受训者知道 RTOP 的具体内容和评分方法。听课评分一般也需要至

---

① Bartiromo，T. & Etkina，E. Implementing Reform：Teachers' Beliefs about Students and the Curriculum[J]. Physics Education Research Conference，2009(9)：179.

少两个以上的评分者。原因同上。但这时还需要做的一件事,就是对被评价者的课堂教学进行录像。课后让被评价者观看自己的教学录像,同时使用RTOP对自己的课堂教学评分。然后将诊断者的诊断结果与被诊断者的自我评价结果进行对照,找出两者之间的差异并讨论分析其原因。

RTOP采用李科特五分量表的形式。具体设计样式如下(以案例1为例):

【案例1】 教学设计重视学生的先入知识及相关的前概念。(评分:0 1 2 3 4)

如果观察者发现,任课教师的教学设计完全符合题项的说法,则可以选择4,如果完全不符合则可选择0。如果既不是完全符合也不是完全不符合,则根据程度不同可以分别选择1、2或者3。为了提高评分者信度,我们还可以将评分的标准进一步细化。比如可以规定如下的标准:0分:所说的行为从没发生。1分:所说的行为至少发生过一次。2分:所说的行为发生一次以上,但不算太明显。3分:所说的行为或者特征比较符合课堂情境。4分:所说的行为或者特征完全符合课堂情境。由于RTOP共有25个题项,每个题项的最高分是4分,所以整个量表的满分是100分。这样的设计比较符合人们的使用习惯。

当大规模地使用RTOP时,对评分标准的把握至关重要。下面是一个化学RTOP评分案例:[①]在一个"难溶电解质的溶解平衡"课的课堂上,教师在教学中采取先制备AgCl沉淀,过滤后取上层清液再制备沉淀。这时有一个学生提问:"您做的这些与难溶电解质的溶解平衡有关系吗?"表4-17是教师的不同反应和相应的评分(此情境对应于图4-2中RTOP的第23题。该题项的题干是:总体上讲,教师对学生有耐心)。

表4-17 化学教师的不同反应及其相应的评分

得分	教师行为
0	教师告诉这个学生:"现在不讨论这个问题,该讲的时候会讲的。"或者完全不对学生的问题作出回应
1	教师只是简短地回答学生的问题
2	教师将这个问题提交给班上的其他同学,然后等待学生的反应。在几个学生作出反应以后,教师给出正确回答,其中包括几个学生的正确回答
3	教师将这个问题提交给班上的其他同学,估计学生对此问题感兴趣,教师要求学生就此问题进行小组讨论
4	教师将这个问题提交给班上的其他同学,估计学生对此问题感兴趣,教师让学生讨论"生成沉淀的离子反应"是不是可逆的,将学生印象中的"生成沉淀的离子反应"是单向的、不可逆的变化过程转变为"固体溶解"这种双向互变的、动态的过程

综上所述,RTOP是一种符合现代教育理念,同时又具有较强的可操作性和权威性的课堂教学诊断工具,它的引入对化学课堂教学无疑将产生十分重要的影响。因为它的基于国家课程标准以及自主、合作、探究的价值取向所带来的巨大导向作用是难以估量的。同时我们也应当看到,RTOP虽然经过了严格的开发过程和在国外大面积使用的经验,但将RTOP引入国内仍然有两个问题需要解决:其一,RTOP的本土化。其二,RTOP评分规则的进一步细化。从上面的案例中我们可以看到,对于教师是否有耐心这个问题的评判,其实并不简单,因为,如果你判定某一位任课教师没有给予学生充分的时间去讨论是缺乏耐心的话,那么一定会有人站出来反对说:"不能说这位教师没有耐心。他考虑了课堂教学效率的问题。那位学生现在提出的问题并不是当时需要回答的,如果将宝贵的课堂时间都花在这些枝节问题上,会影响正常的教学流程。"所以

---

① Macisaac, D. & Falconer, K. Reforming Physics Instruction Via Rtop[J]. The Physics Teacher, 2002(11):40.

在具体的诊断实践中,通过讨论协商制定兼顾理念与效率的评分标准是十分必要的。

三、化学课堂教学诊断标准的实施

(一)化学课堂教学诊断方案的构建

化学新课程要求建立与之相匹配的诊断体系,诊断的价值取向、内容和方式左右着教师课堂教学设计的出发点和实施的过程及落脚点。因此创建教师化学课堂教学效果诊断方案,是促进化学新课程实施的关键。

化学新课程对化学课堂教学提出了新的要求,其崭新的学生观、教学观、课程观、学习评价观等,都给化学课堂教学的设计、组织和实施提供了新的视角和空间。所以,教师化学课堂教学效果的评价应着眼于通过各种课堂外显现象去诊断教师对新课程理念的理解和落实。以下观念是我们构建诊断方案时特别关注和考察的。

(1)化学课程不仅是化学学习内容的供给系统,也不仅是学生学习化学的领域、主题的规划和设计,还应是学生从事化学活动的情景、氛围以及师生共同获得的各种体验。

(2)化学新课程更注重课堂教学活动的效益,自主、探究、合作等多样、优化的学习方式是促进学生全面发展的有效途径,课堂教学活动是科学性和艺术性的统一体。

(3)教师的课后反思是化学新课程的重要组成部分。

(4)学生学习活动评价的内在激励功能是化学新课程的要点之一。

(5)教科书是重要的课程资源,学生和教师的经验、教学环境、教学活动本身也都是重要的课程资源。[①]

化学新课程提出了新的教师诊断观,要求建立促进教师不断提高的诊断体系。因此,诊断方案的构建要坚持以下原则:一是诊断功能的发展性原则,即诊断必须有利于促进学生的科学素养发展和化学教师的专业发展;二是诊断方式的多样化原则,即要采用质性与量化相结合的方式,要通过自评、他评、学生评教等多种形式进行诊断;三是诊断内容的全面性原则,即不仅要诊断教学的结果,还要诊断教师对教学目标的确定、理解和运用,还要诊断课程资源的开发、课堂上师生的活动等各方面;四是以学论教的原则,即以学生在课堂上呈现的状态和学习结果来进行诊断。教师化学课堂教学效果诊断方案构建的思路如图4-4所示。

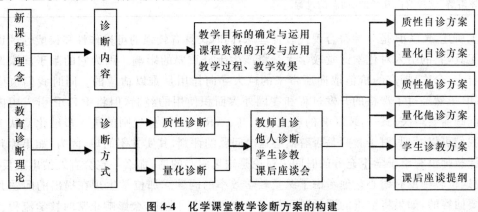

图4-4 化学课堂教学诊断方案的构建

---

① 娄延果,郑长龙.新课程理念下教师化学课堂教学效果评价方案的构建[J].化学教育,2004(6):27-32.

（二）化学课堂教学自我诊断方案
1. 质性自诊方案

通过对化学教师的调查,结合新课程理念和评价理论,我们提出教师自诊的建议性方案——自诊提纲,主要是为了让化学教师倾诉、展示自己对已完成的这节课的第一感受,促使教师对已实施的课堂教学进行有条理、有针对性的反思,找出需研究的问题,为校本教研和行动研究奠定基础。

案例研讨 4-1

化学课堂教学自诊提纲

自诊就是对教学设计和教学实施过程进行反思,肯定成绩,找出问题,以利于改进和继续研究。下列问题供自诊时参考:

1. 这节课上下来,你认为最成功的是什么?有遗憾吗?遗憾在什么地方?
2. 在这节课的准备、实施过程中,你遇到了哪些困难?是如何解决的?
3. 在课的进行中,你对原教学设计进行过调整吗?为什么进行调整?效果如何?
4. 你设计的学生活动都成功实施了吗?效果如何?
5. 通过课堂观察,你觉得还有哪几个学生需要课后特殊的帮助?你打算如何帮助他们?
6. 是否有些学生(如高能学生、一般学生、困难学生、害羞者、女学生、缺课者、问题学生)没能或很少从这节课获益?如果有,是否可以避免?
7. 下次再上这节课时,在教学设计和教学活动的组织等方面你打算做的调整是什么?为什么?
8. 这节课还存在什么目前无法解决的问题?

2. 量化自诊方案

量化诊断方案由"诊断项目""一级指标""二级指标"这三层由高到低的指标体系构成。用系统分析的方法将化学课堂教学活动分解为六个诊断要素,考虑到一线教师接受和使用的方便,采用大家熟悉的术语作为诊断项目的名称。一级指标是推断指标,是通过对课堂中外显现象的观察推断出的教师的课堂教学状态;二级指标是观察指标,它们是为推断指标的确定服务的,是课堂中可观察到的教师或学生的外显现象。

为充分发挥量化诊断对教师的导引作用,一、二级指标的呈现均采用最理想状态的期待式描述。下面按诊断项目的顺序,将三层指标体系阐述如下。

（1）教学目标

教学目标是一节课的灵魂,对其考查的重点不应只是教师课前所设目标本身,还应包括教学过程对目标的体现、目标在教学中是否能为教师的教和学生的学真正起导引作用。

（2）教学内容

从系统论来看,一节化学课的教学内容由四个过程性要素组成:课程资源的开发、内容的选择、内容的组织和内容的呈现。每一要素的实施成效都受化学教师课程观的支配,都影响着课堂教学的效果。

（3）教学方式

教师的教学方式决定着学生的学习方式。根据以学论教的原则,我们以学生的学习方式对教师的教学方式进行考查,分为以下几个方面。

① 学习心理准备

在学习活动开始前,要创设学习情境,促使学生建立已有经验与本节要探究问题之间的联系,在学生先有知识和经验被激活的状态下展开学习活动。我们用"创设学习情境"作为学生心理准备的推断指标。

② 行为参与

行为参与是学习方式的载体,是情感参与和认知参与的支架。在课堂上,学生可以有自主、探究、合作等多样化的学习行为方式。但是有了外观上多样化的行为参与,不等于就有了有效的学习方式。

③ 认知参与

认知参与是学习方式的核心。有研究指出,为了使学生在学习中进行深入的认知参与,教师要有强烈的问题意识,不仅自己能提出高水平的、有价值的问题作为教学活动的导引,而且能创造条件,启发学生提出有探究价值的问题或解决问题的方案。学生认知活动结果的核心是学生认知的发展,集中表现为学生科学探究中得出结论能力的提高。所以,我们将学生学习方式中的认知参与归纳为"教师的问题意识"和"科学方法培养"两个推断指标。

④ 情感参与

情感参与是学习方式的灵魂。这里的情感参与是指《课程标准》中"课程目标"要求的学生情感态度与价值观发展的六个方面在化学课堂中的体现。

然而,在一节化学课中,学生的情感在这些方面的发展并不会都能实现,即使在某几方面有发展,也不一定都有可观察的、明显的外在表现。所以,对化学课堂中学生情感参与的考查要抓住能体现学生情感变化的最主要外显特点,要抓学生情感诸方面因素共同的基础性外显现象——兴趣驱动和成功体验。

这样我们就构建了对"教学方式"考查的推断指标体系:创设学习情境、组织学生全方位参与、教师问题意识强烈、培养学生科学方法和激发学生情感参与五个方面。

（4）教师行为

这里的教师行为包括教师的辅助教学行为和课堂管理行为。辅助教学行为是指有效的课堂交流、课堂强化技术、积极的教师期望;课堂管理行为是指课堂问题行为的处理和课堂时间管理。

从教师的角度来看,课堂交流的有效性直接与教师的课堂教学基本素质有关,教师语言表达水平、板书技巧、实验技能、体态语的运用等都影响课堂交流的效果。

课堂管理行为在新课程化学课堂中显得尤为重要,其核心是问题行为管理和时间管理。学生的问题行为能得到恰当、适时的处理,既可以保护学生参与的积极性,又是课堂教学秩序和效益的保证,而课堂时间的优化管理更是高效教学活动的重要组成。

以上教师行为对教师的教学方式起辅助作用,是教学活动高效进行的条件和保证。根据以学论教的原则,我们将课堂中教师的辅助行为表现和学生学习状态相结合作为观察指标来推断教师行为的效果,分为三项:教师教学基本素质、积极的激励与期待、恰当的课堂管理。

(5) 学习诊断

这里的"学习诊断"指化学课堂上教师对学生的学习活动和学习成效所设计和实施的诊断。这一问题集中在三点:一是诊断的形式,即用什么方式来评、由谁来评;二是诊断的内容,即评课堂中的什么;三是诊断发挥的作用,即诊断是促进学生活动向纵深进行还是干扰、限制了学生的活动。其中诊断的形式和内容决定了诊断的作用。所以,我们设立"诊断的形式""诊断的内容"两个一级指标对教师"教学诊断"进行考查。

(6) 教学效果

一节课教学效果的直接表现就是学生的学习成效,其大小表现在以下三方面:预定教学目标的达成程度如何;教学目标的临时调整是否有价值;每一位学生是否获得了应有的全面发展。

这三项是相互制约、相互补充又相互独立的。达成程度是实施结果与预定目标的对比;新课程的课堂上目标的临时调整是不可避免的,关键是其价值要高;学生的全面发展是诊断者将实施的结果与课程目标进行对照,判断是否每一位同学的科学素养在原有基础上都有应有的发展,或在上一节课的基础上得到完善,或为下节课的发展做了铺垫。

(7) 凸显特点

化学新课程特别强调教师根据自身和学生特点,富有个性地、创新性地设计、组织和实施化学课堂活动,在遵循教学规律的前提下,突出教学的个性,实现化学课堂教学科学性和艺术性的统一,为化学教师的专业发展奠定基础。

所以,我们鼓励广大教师超越指标去创造性地进行化学课堂教学实践活动。这种超越可以是这些条目所不能包含的理念和维度,也可以是在其中的某几条上的突出发挥和延伸。故设立"凸显特点"一项,由诊断者根据课堂特色进行价值判断,赋予分值,有多少加多少,体现诊断主体在诊断中个性作用的发挥。

诊断量表产生后,我们征求了6位学科教学论专家、8位参与新课程试验的教学研究人员和17位参与新课程试验的一线化学教师的意见,并请他们对量表各项进行加权。专家和教师对诊断量表提出了许多极有价值的意见,并根据自己对各项的价值判断赋予了权重。

收集到大家的权重表后,将其分为三类:专家组、教研员组、教师组,再用权集构造法的"简单调查统计法",对其进行处理,就得到了量化诊断表中的各权重数值(见表4-18)。

表4-18 化学课堂教学量化诊断表

诊断项目	诊断指标		得分
	一级指标	二级指标	
教学目标 (12分)	1. 全面性(4分)	目标包含知识与技能、过程与方法、情感态度与价值观等三个维度	
	2. 可行性(4分)	目标准确、具体,适合学生的发展水平	
	3. 导引性(4分)	教师适时、适式展示目标,学生学习过程受目标导引	
教学内容 (24分)	4. 课程资源开发充分(6分)	教师利用了教科书、社会、生活、校园周围、师生经验等各种素材	
	5. 内容选择恰当(6分)	教学内容都为目标落实服务,容量合理	
	6. 内容组织有序(6分)	教师按一定主线组织所选素材,层次逻辑关系清楚	
	7. 内容呈现形式多样(6分)	采用文本、实物、实验、讨论、信息技术等多种形式呈现教学内容	

(续表)

诊断项目	诊断指标		得分
	一级指标	二级指标	
教学方式（26分）	8. 创设学习情境(6分)	师生共同创设真实、生动的学习情境，激活已有经验和情感	
	9. 组织学生全方位参与(5分)	学生在实验、合作中进行自主探究	
	10. 教师问题意识强烈(5分)	学生学习受高质量问题的驱动，能提出有价值的新问题或解决问题的方案	
	11. 培养学生科学方法(5分)	学生运用比较、分类、归纳、概括等方法得出结论，能得到教师的恰当指导	
	12. 激发学生情感参与(5分)	学生对自然现象、化学实验、科学知识有强烈的兴趣和探究愿望，体验学习过程的快乐和成功的喜悦	
教师行为（15分）	13. 教师教学基本素质(5分)	教师有较好的语言表达、板书、演示、实验技能、体态语等素质	
	14. 积极的激励与期待(5分)	学生表现能及时得到强化，意见被尊重，得到积极的教师期待	
	15. 恰当的课堂管理(5分)	课堂时间利用率高，学生问题行为得到恰当处理	
学习诊断（10分）	16. 诊断形式多样(5分)	学生学习活动诊断采用自我诊断、活动表现诊断、命题诊断等多种形式	
	17. 诊断内容全面(5分)	既诊断知识的获得，又诊断参与状态	
教学效果（13分）	18. 目标达成良好(4分)	教学设计中的学习目标都能完成和实现	
	19. 目标调整价值高(4分)	目标调整的时机恰当，对课程总目标的落实价值高	
	20. 促进学生全面发展(5分)	与前、后课配合，使全体学生的科学素养在原有基础上有所发展	
凸显特点	21. 凸显新课程理念	富有个性的、创造性的教学活动	

指标说明：

（1）"教学效果"诊断中，若教师在课堂上没有临时调整教学目标，请将19条的4分分解到该项目中的另2方面，即将18条"目标达成良好"变为6分，20条"促进学生全面发展"变为7分。

（2）凸显特点一项，不在总分之内，由诊断者判断教学活动在哪些方面(可以是前20条之内，也可是其之外)特别突出了新课程理念，参照前20条给分，有几点给几点，但须注意特点内容。

（三）化学课堂教学他人诊断方案

他人诊教是指同行、领导、专家等课堂教学活动以外的人员通过对课堂教学的观察，就课堂教学活动的运行做出的价值判断。

1. 量化他诊方案

基于诊断功能的充分发挥和使用方便的考虑，我们将教师自评的量化诊断表与他人诊断的量化诊断表合二为一，设计为同一量表。这样的设计主要是为了在诊断后，双方可以方便地就表征课堂教学情况的各项进行对比、分析，便于交流、阐述各自的观点，达到肯定共识、交换不同意见的目的。诚然，对课堂现象观察的角度，授课者本人与听课者是不会完全相同的，这种差别正构成了各自作为诊断主体的优势，这种优劣正是他评与自评契合的结合点，是诊断功能实现的最主要途径。

2. 质性他诊方案

质性他诊方案一是要与量化诊断相互补充、互相印证;二是不求全面,但强调对新课程特别关注的理念的落实;三是采用建设性诊断提纲的方式。

案例研讨 4-2

化学课堂教学他诊提纲

听课人员在课后可根据自己的感受,对这节课做出质性诊断,目的是肯定课的成功之处,找出可以改进的方向,以实现共同提高。下列问题可供诊断时参考:

1. 教师制定的本节课的教学目标恰当吗?还有可改进的余地吗?从学生的学习成效看,这节课实现的教学目标有哪些?
2. 该教师教学的基本技能如何?优势是什么?劣势是什么?
3. 除教科书外,教师开发利用了哪些课程资源?(如社会生活、生产实践、新闻事件、学生经验、教师经验、课堂中的偶发事件等)这些资源的筛选、组织如何?
4. 课堂中,教师提出了哪些驱动性的问题,用以引发学生的思考和讨论?
5. 课堂中,学生提出了哪些有探究价值的问题、解决问题的方案,或根据事实、资料进行了比较、分类、归纳或概括等?
6. 在课的进行中,该教师运用了哪些方式对学生的学习活动进行诊断?这些诊断起到了什么作用?还可以有什么改进?
7. 在学生充分讨论和思考的基础上,教师是如何抓住了有利的时机、实事、证据对学生进行有效的认知干预,促使其认识和观点获得发展的?
8. 这节课最大的特点是什么?最成功的是什么?最遗憾的是什么?
9. 从这节课中发现的,课改中需继续研究的问题是什么?
10. 就该教师的教学风格发展和专业水平,你提出的建议是:

(四) 化学课堂教学学生评教诊断方案

学生是教学交往活动的主体之一,是教学活动的直接参与者。故学生评教诊断不属于他人评教诊断,而应是与教师自评诊断、他人评教诊断并列的一种诊断方式。

但是学生评教又与教师自评、他人评教不同,有着自己的特点:一是中学生的心理发展还不成熟,思维能力虽有较大的发展,但辩证逻辑思维能力还存在明显的差异。而对课堂教学活动的诊断又是一个从注意、感知觉到辩证推理的心理过程,中学生还不能准确把握这一过程。二是中学生不具有教育学、心理学和有关化学新课程的理论知识,对教育现象的产生原因、教育学实质、对后续学习的影响等都不会有系统、清晰的认识。

所以,学生评教方案不设置量化诊断,不让学生进行量化打分;不让学生做教学价值判断,只描述对课堂活动和现象的心理感受;不求全面,只从学生最能体会得到的、能做出描述的,特别是新课程强调的环节、现象、过程进行诊断。学生评教诊断的调查方案可参看以下案例研讨。

案例研讨 4-3

化学课堂教学学生评教诊断方案

为了了解你们在刚才这节课中的体会和收获,下面有几个问题请你回答,请在你同意的选项字母上画"√",可选1项、多项,也可不选,但务必请按照你的真实感受认真填写,不用写你的姓名。谢谢!

1. 你对化学老师的印象是:
   A. 很亲切　B. 是我们的朋友　C. 知识渊博　D. 很严厉　E. 看不起我
   F. 我不喜欢他(她)

2. 在这节课中老师曾提出过问题让你们思考、回答,面对老师的问题,你的感觉和行动是:
   A. 非常感兴趣,愿意去思考或与同学讨论
   B. 担心老师批评,被迫去思考或想法找到答案
   C. 我只是不经心地思考了其中的一部分
   D. 我没去思考,只想等其他同学回答或等老师讲解

3. 通过这节课的学习,你觉得学习化学:
   A. 是一种有趣或吸引人的活动
   B. 学好化学对我将来走向社会有用途
   C. 学化学就是学一些道理,掌握一些知识
   D. 学化学是一件需要耐着性子去做的活动
   E. 学好化学对我们的生活、学习和工作都很有帮助

4. 今后你还希望老师与你们一起用这节课的方式去上课、学习化学吗?
   A. 非常愿意　B. 愿意　C. 还行　D. 不太愿意　E. 非常不愿意

5. 在本节课中,你从其他同学的方案设计、讨论、发言中得到的启发、收获大吗?
   A. 较大　　　B. 有一些　　　C. 几乎没有

6. 下课了,你还有问题想去问这位老师,或与他(她)再争论吗?
   A. 有　　　　B. 有一些　　　C. 没有

7. 在这节课中,下列念头(想法)你曾有过哪些?
   A. 有一次或几次,特别想把我的想法告诉老师和同学们
   B. 有一次或几次,特别想与老师或同学们争论
   C. 有一次或几次我特别想去查查资料或动手试一试,找出问题的答案和结果
   D. 以上念头我都未曾有过

8. 你在问题7中的想法实现过吗?(7题选D的不用答)
   A. 实现过多次　B. 实现了几次　C. 实现了一两次　D. 从未实现过

9. 总结一下这节课你都有哪些收获?

10. 上完这节课,你最想对同学或小组同伴说的话是什么?你最想对化学老师说的话是什么?

（五）课后座谈会诊断方案

课后座谈会是课堂教学诊断的最后一个环节,它决定了这个诊断方案实施的效果。课后座谈会就是在进行完上述诊断后,授课教师、全体参加他诊的人员坐在一起,对诊断进行对比分析,阐明观点,明确优势与不足,确定改进的方向及行动研究课题。其中不仅有思想的交流、观点的融合,更有心灵的碰撞、共同提高。

为实现以上目的,诊断方案给出了"课后座谈提纲",对座谈会提出大体的程序轮廓。诊断者可根据具体的情况,安排座谈的步骤和内容,以实现参诊各方的共同发展为最终目的。

案例研讨 4-4

课后座谈提纲

座谈会一般在听课人员和上课教师进行质性和量化诊断、收集学生问卷后进行,目的是沟通对课的认识,肯定课的成功之处,提出进一步改进的建议,确定继续研究的课题,以便共同提高。下面的内容供座谈时参考:

1. 听课人员用适当的方式问候、关心上课教师,说明听课的目的,形成融洽的讨论氛围。
2. 上课教师就课的准备、实施过程进行说明。
3. 对比、分析自诊、他诊、生诊结果。
4. 大家在哪些方面可达成共识?
5. 大家认识的分歧在哪些方面?原因是什么?
6. 大家确认,还需继续研究的问题有哪些?

根据试用的情况和征求到的意见,我们对诊断方案进行了多次修改。还根据试用获得的数据,采用相关数据法对方案的量化诊断进行了检验。试用结果表明:方案量化诊断指标体系较好地覆盖了新课程化学课堂教学活动的各个方面,指标表述明确,指标间的独立性较好,所得数据一致性良好,结论可靠;方案诊断形式多样,诊断主体多元化,收集信息全面、客观,突出了新课程理念的落实,实现了参诊各方的共同提高。

第三节 化学课堂教学态度诊断

核心概念

◆教学绩效 ◆教学态度 ◆教学情感 ◆补救措施 ◆情感交往

化学教师的教学态度对化学课堂教学质量有着重要的影响。教师能不能认真开展教学设计,能不能讲好一堂课,学生喜不喜欢上这堂课,都与教师的教学态度紧密相关。因此,对化学教师的教学态度开展诊断是发现教学"偏常"原因的重要途径。

一、化学教学绩效的影响因素

化学教学绩效(chemistry performance appraisal)通常是指对化学教学工作所作的分析、测量与评价,是对教学目标、教学计划、教学内容、教学成果等教学活动的整体功能所作的评定。

近年来,国内外学者运用不同的教育理论,从多个维度与层面对影响教学绩效的因素进行了较为深入的研究,取得了一定的成果,其中具有代表性的观点如表4-19所示。

表4-19 教学绩效的影响因素观点

代表人物	理论简介
佩奇斯,乔(Petchers & Chow)①	三因素理论:教育者(教师)、受教育者(学生)、教育中介系统
科里泰(Koliteh)②	四因素理论:课程组织、行为管理、学生成绩评定和师生关系
库里克,麦克尔赫(Kulik & Mekeaehie)③ 马克,邓肯(Marsh & Dunkin)④	五因素说:教师技能、教学关系、组织、结构、课业量
孟庆茂,赵增梅	七因素理论:学习价值感、教学热情与组织清晰性、群体互动、人际和谐、知识宽度、教学管理、功课量难度
玛瑞斯(Mars)	九因素理论:学习价值感、教学热情、组织清晰性、群体互动、人际和谐、知识宽度、考试评分、作业阅读材料、功课量难度
林崇德,蔡永红	直接因素(人的能力与技术的能力) 间接因素(个人因素与组织因素)

从表4-19中不难看出,由于研究者所依据教学理论的不同,以及立场、观念的差异,教学绩效影响因素研究的内容、范畴也会自然不同。化学教学绩效的研究同样也经历了曲折的过程,随着化学新课程改革的推进,化学教学绩效的评价观发生了较大的变化,人们逐渐认识到化学教学绩效影响因素的多维性与复杂性。我们对化学教学绩效的研究主要是从化学教学的三要素着手,即教师、学生、教学中介系统,对影响化学教学绩效的因素做深度的剖析。⑤

(一)教师因素

随着新一轮课程改革的推进,对化学教师素质的要求更高了,化学教师是教师群体中特殊的一员,其素质构成有一般共性的一面,也有其特殊的一面。化学教师是化学教学的主导者,是化学教学绩效的决定因素。具体而言,化学教师的知识与技能、素养与动机以及人际关系决定了化学教学绩效水平的高低。具体如表4-20所示。

表4-20 化学教学绩效的影响因素之教师因素

主项因素	子项因素
知识	化学教学相关的各种理论知识
技能	化学课堂教学技能
素养	由练习或实践而取得的技巧与能力的综合体
动机	涉及行为的开始、强度、取向与持续性
人际关系	教师与领导、同事、学生的关系

---

① Petchers M. K., Chow J. C. Interpreting students' course evaluation: A look at the underly conceptual dimensions[J]. Journal of Teaching Insocial Work,1998(2):49.

② Koliteh,Elaine. Student ratin of instruction in the USA[J]. Studies in Higher Education,1999(12):24.

③ Kulik J. The evaluation of teacher higher education[M]. Review of Researching Education,1975:216-239.

④ Marsh H. W. Students' evaluation of university teaching[M]. Ic SMART,1992:77-103.

⑤ 王后雄,孙建明. 化学教学绩效:基于影响因素的分析与改进[J]. 现代中小学教育,2013(6):36-40.

化学教师的知识(陈述性知识)主要是指化学教师从事化学教学所必须具备的各种知识储备。化学教师的技能(程序性知识)主要包括课堂教学技能、教学时间统筹技能、多媒体使用技能、语言表达技能、教学激励技能、化学实验技能等。化学教师的教学知识与技能直接决定着化学教学的准确性、客观性、适恰性,是学生创造性解决问题能力生成的前提因素,是每位化学教师都必须具备的看家本领。

素养是由练习或实践而取得的技巧与能力的综合体。化学教师所具有的宽厚的文化素养、精深的专业素养、健康的心理素养是取得良好教学绩效的重要前提。动机心理学认为它涉及行为的开始、强度、取向与持续性。组织行为学认为动机是通过激励与鼓动,使其对象产生内驱力,朝着所期望的目标前进的过程。正确的教学动机也是取得优异教学绩效的一项关键因素。人际关系,社会学把人际关系界定为人类在生产生活过程中,所建立的一种社会关系;心理学将其定义为人与人在交往过程中所建立的直接的、心理上的联系。化学教学的过程必然包括化学教师人际交往的过程,化学教师人际关系的状况也必然影响着化学教学绩效的高低。

(二) 学生因素

学生是化学教学活动中从事学习的人,学生既是化学教学的对象,也是化学学习的主体。化学教学活动是学生和教师双向互动的过程,学生是构成化学教学活动的基本要素之一,这一要素的缺失,就无法构成化学教学活动。若没有学生的积极参与,充分发挥其能动性,化学教学将只是化学教师的个人表演,绝不会有好的教学效果。学生是现实社会中活生生的人,不是化学教师可以任意涂画的白纸或加工的原材料,他们是化学学习的主体。学生的经验、需要、智慧、才能、情感、兴趣、判断、选择、构建与动机必定左右着化学教学绩效。

化学教学的实际效果要依赖于学生的自我努力与建构,化学教师在化学教学活动中只能启发和引导学生的发展,而不可能包办代替学生的发展。化学教学活动本身具有不确定性与生成性,化学教学活动中的师生互动、生生互动是化学教学绩效生成的动因。在面对同样的化学教学内容时,不同的学生可能会有完全不同的教学效果。因此,学生各种素质的客观差异性,必定对化学教学绩效产生不可忽视的重要影响。具体而言,学生的学习目的、学习动机、学习兴趣、学习热情、探究欲望、实验技能、观察能力、提问能力、思考能力、反思能力、协作能力、团队意识、遗传素质、智能因素等等对于化学教学绩效有着直接的影响。

(三) 中介因素

我们这里所说的中介因素主要是指化学教学中介系统。化学教学中介系统是化学教师与学生联系与互动的纽带,是进行化学教学活动的内容与方式。化学教师、学生以及化学教学中介系统可以看做是化学教学的三大基本要素。化学教师是化学教学活动的组织者与领导者,学生是化学教学活动的主体,而化学教学中介系统在一定意义上可以说就是化学教学活动本身。化学教学活动方式包括化学教学基本要素的组合与教学工具、教学手段的综合运用,是一个十分复杂的动态发展的过程。

化学教学中介系统是化学教师用以促进学生学习发展的影响之物,也是学生化学学习的主要对象,所以化学教学中介系统在化学教学绩效的地位是不言而喻的。具体来说,化学教学中介系统主要包括化学教科书、化学教师用书、其他化学信息载体如报纸、网络等,还有经过筛选和设计的具有教育功能的环境如校园、教室、实验室等。

化学教学的三个基本要素是相互联系的,其中,化学教师是化学教学的主导者,是化学教学活动的组织者和领导者,其掌控着化学教学的目的,负责选择适当的化学教学内容,采取适切的化学教学方式,创设适宜的化学教学环境,适时调控着整个化学教学过程,以促进学生身心素质的发展与科学素养的全面提升。

二、化学教师教学态度诊断

化学教师的教学态度包括化学教师的责任心和职业情感,主要体现在教师的教学设计、辅导、批改作业等教学环节的时间投入及情感投入方面。教学态度好坏直接关系到教学效果的优劣。

为了深入探讨非重点中学化学教学质量低下的原因,并寻求相应的对策,我们对湖北省6所非重点中学(其中,3所为城市中学,3所为农村中学)教学成效不良的22个班级教学进行了有关教师教学态度、教学水平、教学方法、教学手段及条件、学生智能发展水平等5个方面调查。调查形式有问卷调查、座谈会、访问、教师备课及学生作业抽查等。在对照非重点中学化学教学质量较高平行样本的基础上,调查结果显示,有47.5%的教师和40.4%的学生把教学质量不高的原因归结为教师的教学态度上。可见,教学态度好坏直接关系到教学效果的优劣。为此,我们对表征教师的教学态度的因素进行进一步问卷调查和抽样统计,其内容包括:① 教师的教学设计准备情况;② 教师的辅导与补救情况;③ 教师批改作业及反馈情况。[①]

(一)教学设计准备不充分

教学设计是教学工作的一个重要环节,是教师综合运用专业知识、基本技能进行教学设计的创造过程,是课堂教学艺术的精心创作和演习。一些教学质量不佳的教学,究其原因,主要是教师课前教学设计不充分,导致教学活动无法激发学生学习动机与学习兴趣,教学效率低下。具体表现形式见表4-21。

表4-21 教学设计准备不充分的诊断案例

诊断项目	对照标准	备课不充分的表现
"六备"不够	一备学生的实际	不研究学生知识、能力等实际,不考虑学生学习的准备状态等因素
	二备课标和教材	没有吃透课标和教材,知识、能力、方法设计不到位
	三备重点和难点	重点不突出,突破难点的方法欠妥
	四备教法和学法	教学选择不当,教法与学法脱钩
	五备板书和教具	板书不能体现学习的纲目,教具运用不当
	六备作业与反馈	作业过难或控制力不够,对作业结果没有形成教学反馈信息
"三线"不全	1. 明线——教材提供的具体内容	理不清教材编写的逻辑关系,不能用科学方法论去诠释教材字句
	2. 暗线——学科内与学科间的内在联系	抓不住教材编写的逻辑关系,不能融会贯通教材中涉及的其他学科的知识
	3. 虚线——学生学习的准备状态	对学生生理的发展,智能发展、兴趣、动机、情感的发展,社会性发展,学习习惯与经验,化学的基础知识和经验缺乏必要的研究

---

① 王后雄.化学教师的教学态度对教学质量影响的诊断[J].中学化学,2006(7):1-3.

(续表)

诊断项目	对照标准	备课不充分的表现
不能正确处理好六种关系	1. 已知与未知的关系	抓不住教师的"已知"和学生的"未知"这一矛盾,头脑中缺乏清晰的知识结构网
	2. 知识与能力的关系	重视知识传授而忽视了能力的培养,或对传授知识过程中如何培养学生能力钻研不够
	3. 局部与整体的关系	只注重本节课的备课,忽视了本节在全章或全书的地位和作用,缺乏整体意识
	4. 新知与旧知的关系	不能正确处理学生已有的知识与获得新知识之间的关系,无法实现"以旧引新",利用"新"来巩固和深化"旧"
	5. 难与易的关系	难点集中、简单问题复杂化,不能化繁为简、化隐为现
	6. 例题与习题的关系	例题、习题选择不当,不能突出重点、难点,例题、习题匹配不当,不能充分发挥出例题、习题的功能

(二) 缺乏学习补救措施

把心理学家著名的"皮格马利翁效应"实验结果迁移到教学中来调动学生的积极性,对学生给予热情的鼓励和希望,巧妙地进行有目的的期待和激励,沟通师生感情,此乃"预则立,不预则废,期待成为现实"。激励在教学中起强化内动力作用。

补救通常是在课时教学中,把每章作为一个调整体系,进行测试补救。用时间的变量进行调整,用过程优化进行调控,进行合理化集中或个别补救,使原来落后的学生都能学会教材的基本内容。激励、补救相辅相成,激励是后进生转化的前提和基础,补救是差生转化的继续和发展,两者互相渗透,互相作用。

纵观一些教学质量不佳、差生面大的班级的教学,多数是由于缺乏爱的激励,不能进行转化迁移,使学生由爱学成厌学,学生成绩大幅度下滑并形成恶性循环。具体表现形式见表4-22。

表4-22 缺乏激励补救措施的诊断案例

诊断项目	对照标准	备课不充分的表现
缺乏激励机制	1. 师生感情融洽,以爱施教	没有激情,不信任学生,随便打断学生的错误回答,讽刺挖苦学生,教师情绪低落,课堂上无欢愉氛围
	2. 寻找学生闪光点,相信学生能学好,树立信心	经常批评学生,对"学困生"不能给予"能学好"的承诺,提问不针对"学困生",或不兑现对"学困生"的承诺
	3. 让教学进入最近发展区,给后进生提供学好的机会	教学标高脱离"学困生"实际水平,教材处理和例、习题选用不以大多数学生能够学会为度
缺乏必要的集体补救和个别补救措施	1. 放慢坡度、调整起点	教学起点过高,难点问题不能设置若干小台阶由浅入深地突破,讲授的问题多数学生难以接受
	2. 查漏补缺、搭桥铺路	只注重新课的教学,忽视了旧知识的复习、巩固、检测,新课教学不能据旧出新,以新带旧
	3. 改进教法、调控频率	教法的选择与学生的现状、教材的内容不相适应,教学容量过大,学生接受不了,或教学容量过小,浪费了有效时间
	4. 调减练习、增加时间	练习过多、过难,给"学困生"练习的时间不够,学生疲于应付,没有给"学困生"尽可能多的思维发展空间
	5. 增加帮学时间和频率	当"学困生"遇到困难时,不能及时给予帮助,对学生个别指导时间太少、次数太少,学生"疑问累积",久而久之失去信心
	6. 通过反馈增加认知时间	很少给"学困生"提供面批面改的机会,不能根据学生在练习和考试中存在的问题进行诊断性辅导

（三）批改作业及反馈的问题

化学课外作业、作业批改及反馈是构成化学教学系统的有机组成部分，是促进师生信息交流和相互了解、增强师生间感情不可缺少的环节。化学课外作业是课堂教学的延续和发展。

教学实践发现，一部分教师就其课堂教学水平看，堪称优良，但教学实绩总不如有些课堂教学水平一般、但注重落实和整体优化的教师的教学实绩，究其原因，相当一部分是不重视练习的作用，不重视作业批改或作业批改不及时，不能从作业反馈信息中及时调控教学和针对性地实施集中或个别辅导。具体表现形式见表4-23。

表4-23 缺乏作业反馈的诊断案例

作业及作业批改诊断	表现形式
1. 布置作业随意性大	不看内容是否符合课标及教材的要求，作业无典型性和启发性，题型单一，难度不当（过难、过易），作业量不适当，不能引发学生的兴奋点，不利于学生的智能开发
2. 对不同层次的学生没有分层设计作业	尖子生做容易题，缺乏挑战性，低层次训练，引发不出求知欲。对"学困生"而言，统一难度的作业，经历拼搏后仍不能成功，而失去学习信心。不遵循这样的原则：要动态地布置作业，及时调整各层次的作业量和难度，使"学困生"通过努力都能有所收获
3. 检查、批改作业不及时、不认真	经常性地不检查、不批改作业，学生因此会了草马虎、敷衍塞责，达不到作业的功效。没有批改的作业，其功效极低。批改作业不及时，会使教师失去找出错误的性质、程度和产生原因的最佳时期；批改作业不认真，无法准确找到可靠的反馈信息
4. 作业批改形式单一	过于繁重的作业使教师疲于应付，单一的批改形式激发不了学生的兴趣，且无法让学生"知己知彼"，不能使学生从错误中警悟。一部分教师尚不明白，批改作业的方式有多种多样：易错答案重点批，特殊形式小组批，个别问题当面批，有些作业师生共同批等形式
5. 评语中缺乏信心和关爱，负面影响较大	对"学困生"作业要求"低标准"，缺乏严格要求；发现错误急于打"×"，而不是帮助学生检查原因，忽视了作业的诊断性功能；批语只是给个简单的"好""一般""差"或分数，评语中忽视了诊断性的评价、鼓励性的评价，毫无情感的批评无法解除"学困生"的自卑心理，使他们难于启齿发问，不能达到战胜自我、超越自我的精神境界
6. 批改后忽视了及时沟通、反馈和辅导	批改后不能及时传递教师对学生的学习要求和指导意见，失去融洽师生感情的关键期，也失去了对学生进行有针对性补救的最佳期

三、化学课堂教学情感诊断

化学教与学的关系实质上是一种情感沟通、情感交流的关系。在化学教学交流互动中，教师每个细小动作和微妙的神态暗示，富于积极的情感性语言，都能点燃学生情感之火，激发其内在的潜能，使课堂气氛融洽和师生关系和谐，从而有效地提高化学教学效率。其间，教师对学生的热爱是核心，只有热爱才能产生热情。"感人心者，莫先乎情"。教学相长，离不开融洽的感情基础。教师应通过语言和非语言作为媒介，通过自己的言语、眼神、手势等表情来表达对学生的爱，如和蔼的态度，亲切有神的目光，处处时时表现出对学生的期待、信任和鼓励。情感具有固有的迁移、扩散和感染的特性，学生的心态会轻松愉悦，思维之门为之大开，感知效应为之大增，这充分体现了著名的"罗杰塔尔效应"，即"期待的效应""情感的效应"，也就是"爱的效应"，从而使学生产生对教师的信任和热爱,并会由喜欢化学老师进而热爱化学学习。

然而,现实的化学教育中,一部分化学教师热衷于用"专制式""权威式""高压式"向学生施教,学生则被调教成被动吸收知识的机器,就像养鸡场里接受配给饲料的鸡一样,这种窒息人格的教育,毫无情感可言。教学实践表明,在缺少人格和情感教育的班级中,再有水平的教师,也难以培养出素质高、创造力强的学生。表 4-24 列出了缺乏情感教学的若干表现形式。

表 4-24　缺乏情感的教学诊断案例

缺乏情感的诊断	表现形式
1. 畸形的学生观	不尊重学生的独立人格,贬低学生的价值;学生没有主动选择的权利和机会;教与学的关系上,忽视了学生是学习发展的主体,以强制性的简单规范性指令要求学生盲目被动地服从;"填鸭式"的教学方法,学生无自由支配的时间,教师包办、压制,严重限制、压抑学生应表现的主体能动性
2. 不了解学情	不能以自身的情感、理智感和美感去感染学生;很少深入学生群体,从学生心理的角度去思考、体验和理解学生的思想感情;对学生个体差异重视不够;师生间时空距离过大,很少能在思想上达到共鸣
3. 陈旧的教学观	缺乏教学机智,重预设轻生成;过多地对学生的发展形成束缚;往往撇开了认识活动的主体,将知识看成是永恒不变的真理。不仅忽视了学生主体情感、意志、兴趣等非理性因素,而且也忽视了在教学实践活动基础上学生认识发展内在机制及外在影响因素的探讨,这是一种旧的知识观
4. 课堂师生交往缺失	忽视了语言教学手段的作用,呆板机械的讲授无法叩开学生情感之门;教态淡漠、傲慢,教与学交流中缺少情感交流,学生听课没有兴趣
5. 对"学困生"的态度冷淡	无法做到信任、关心、尊重和理解每一个学生;不相信所有的学生都能学习、都会学习,不能因材施教;"学困生"随失败的积累而逐渐形成失败者心态,从而丧失了学习的内驱力,表现为学习消极,缺乏信心,虽然经常补课,却往往不仅没有达到预期的效果,反而加重了失败心态的发展,致使教师束手无策,教师表现出"无能为力"或"放任不管"等

化学教师的教学态度的诊断因素是多维的、复杂的,具有明显的模糊性、隐蔽性和取向性,要实施有效的诊断,还必须运用多种诊断方法,对化学教师的教学态度进行科学评价与调适。

四、化学课堂情感交往诊断

在化学教学中,要改变"以教师为中心"的教师与学生个体或教师与学生群体的单一课堂交往模式,形成师生之间、生生之间多向交流、多边互动的立体结构,并以此构建课堂教学生态情感的共同体。情感交往质量和课堂教学秩序也是教学诊断的一个关键要素。

所谓"教学秩序",是指在特定的教学环境下,教师和学生双方为了达成预期的教学目标,共同研究具体的教学内容,并通过选择合适的教学方法、媒体及手段,进行双向建构、深入对话和有效合作而形成的一种使师生双方都充分浸染其中的有序状态。教学秩序是情感交往水平的一个重要标志。

案例研讨 4-5

笔者在一所高中学校听课,看到这样一种现象:两位化学教师分别讲授"金属钠"的课,都是请学生上讲台做钠在空气中燃烧反应的实验,其教学目的、教学内容和教学模式基本相同。现撷取课堂教学片段,供大家比较,见表4-25。(录像记录)

表 4-25 两位化学教师课堂教学片断记录表

比较班级	师生活动及相关反应
A班情况	当教师说"谁可以帮我做这个实验"时 ① 学生争先恐后地举手,激动地说:"老师,我先举手,我先举手。"被点到的学生满心欢喜,上讲台后能自然地和教师交谈。 ② 学生上来后,教师站在学生旁边,帮着一起找药品。 ③ 学生操作有误时,教师在一边随时示范,只轻声说应该这样,并不责怪。 ④ 下面的学生全都仔细地看着讲台上教师和学生的动作,有的学生还边看边用手模仿,很安静、很认真。 ⑤ 当实验结果出来后,教师让做实验的学生拿下去给全班学生看一遍,就实验现象提出问题,学生之间展开讨论。
B班情况	当教师说"谁可以帮我做这个实验"时 ① 课堂立即变得鸦雀无声,无一人举手(学生很紧张),教师点名让一位学生上来后,其他学生如释重负,顿然放松。 ② 学生上讲台后,教师远远地站在一边,这位学生找药品时,下面的学生开始发笑。 ③ 找到药品开始操作时,教师说:"大家看好,看他的操作过程中出现哪些错误。" ④ 上面的学生紧张得直发抖,下面的学生越笑越厉害,甚至他发抖的手也成了学生笑话的理由。 ⑤ 这位学生做完实验下去之后,教师走过来分析刚才这位学生的错误,下面的学生立即安静下来,听教师讲解。

[诊断分析]

(1)从A班的教学现场看,感受到一种难能可贵的人文情怀,分享那"独属于"师生之间的默契、和谐与共通。理想中的课堂就是这种自然而真实的"参与、互动、共鸣"。在这种"秩序"理念指导下,安静还是喧闹、快捷还是缓慢、严密还是松散都将不再重要,合理而有序、主动而和谐才是值得我们长期追求的"秩序"图景。从B班的教学现场看,学生明显处于"配合""下位"、被时空和纪律约束的非主体地位,是以教师为主宰的传统旧式课堂纪律模式,从课堂角色分析,课堂是以教师"独白"掌控,学生为被监控、被驾驭、被动"配合"的地位。[①]

(2)两位教师选择了不同的教学方法、教学风格及不同的课堂管理方式。A班教师以"参与式"进行教学,B班教师以"监督式"进行教学。在课堂上,每一位教师都具有自己的一贯的教学风格与指导方法,长期以来形成了师生之间、学生之间稳定的态度、情态与关系(心理学上称之为心理场)。这种心理场具有独特性,影响教师课堂教学和学生课堂学习的全过程。

---

① 王后雄.由一堂"学科教学论"课引发的对案例教学的思考[J].当代教育论坛,2007(6):104-106.

(3) A 班教师较好地应用了教育心理学知识,懂得如何更好地激发学习兴趣,缓解学生的紧张情绪,创设了积极、协调、融洽的课堂情境。B 班教师则显得不太了解学生的心理,对教学心理缺乏研究,没有意识到课堂氛围在教学中的作用,课堂气氛拘谨而杂乱、冷淡而紧张。A 班是良好的、有益于教学的心理场和教学秩序;而 B 班焦虑、排斥的心理场则会给教学带来负面影响。

第四节　化学课堂教学行为诊断

核心概念

◆教学行为　◆言语行为　◆教学对话　◆教学板书

在化学课堂教学中,很多教师习惯性地采用他们认为有效的教学行为开展教学活动。然而,深入的课堂观察发现,教师频繁使用的、被教师认为有效的教学行为,并未收到良好的教学效果。究其原因,是因为教师不理解这些"有效教学行为"在具体教学情境中的价值,没有把握住教学行为的价值内涵及实现条件,只注重了教学行为的形式,教学效果也就难以实现。

教学行为是课堂教学活动的基本表现方式和基本构成,并不仅仅指简单的教学形式、手段、方法和技能的构成体。教学行为是一个包括教和学两个动因在内的结构复杂的、内容丰富的目的性行为,是由行为主体(包括教师和学生)以及与行为主体相联系的起着直接与间接作用的因素所构成的、在动静交替转换过程中反映出来的一种行为。在其构成上包括两个层次:其一,就是直接显示结果的行为,如教学语言、教学组织、板演示范、实验操作、表情姿势等。从现象看,这种行为有很大成分的无意性和不自主性。这种行为可以在教学诊断中直接认知和把握。其二,是情感、意志、道德、价值观、潜在能力和个性等多种因素综合而成的一种态势,在行为上表现出较强的意识性、稳定性和自主性。在化学教学中,只有当内在行为全部投入时才能产生教学效益。在化学教学诊断实践中,教师通过诊断发现教学行为偏差,并不断对行为进行调整和修正,把教学行为各环节和步骤设计得科学规范,从而使教学行为整体功能水平得到提高,从而提高教学行为的有效性。

一、化学课堂言语行为诊断

化学课堂教学中,言语是媒介,教师和学生的言语互动是教学活动最主要的方式。从某种意义上说,诊断一堂课的最佳方法就是对课堂内的师生语言行为进行互动分析,把握了课堂教学中师生语言行为也就把握了课堂教学的实质。弗兰德斯互动分析系统(Flanders Interaction Analysis System,简称FIAS)是美国学者弗兰德斯(Ned Flanders)通过现场研究(field study)的方法提出的一种结构性的、定量的课堂言语行为分析技术,至今仍是西方教育界分析诊断课堂教学行为、进行教育研究的一种较为理想的工具。

本部分以一节高中化学观摩课"生活中两种常见的有机物之———乙酸"为课例,以 FIAS 为工具,通过观察记录、编码、统计分析等实证研究方法,力求相对客观地呈现具体的化学课堂情境中师生言语互动行为的类型、结构及特征,据此帮助教师通过对课堂教学的观察和深入分析,来反思和改进自身的教学行为。[1]

(一) 化学课堂言语行为诊断的研究方法

1. 化学课堂言语行为 FIAS 编码系统及其改进

FIAS 把课堂中师生言语互动的情况分为教师言语、学生言语和沉寂（无有效语言活动）三大类共十个类别，这种分类尽管能够大体体现课堂中师生的言语行为，但难以反映新课程理念下的化学课堂全貌，如学生的互相讨论、质疑、师生与实验媒体、信息媒体间的互动等，另外，课堂中出现的"沉寂"所表达的情形也是较复杂的，如可能会是学生练习、思考问题或无助于教学的混乱等，若把它们归为一类就无法区分真实的情形。杨玉琴等对 FIAS 分类类别进行了改进，增加了能够反映学生行为的内容，以及能够反映媒体（实验、模型、多媒体等）与师生互动的内容（如表 4-26 所示），以使分类类别更符合化学课堂言语行为的实际。

表 4-26 弗兰德斯互动分析系统分类类别（改进）[2]

教师言语	间接影响	1. 表达情感
		2. 鼓励或表扬
		3. 接受并采纳学生的主张
		4. 提出开放性的问题
		5. 提出封闭性的问题
	直接影响	6. 讲授
		7. 指令
		8. 批评
学生言语		9. 学生被动应答
		10. 学生主动应答
		11. 主动提问
		12. 与同伴讨论
沉寂		13. 无助于教学的混乱
		14. 思考
		15. 做练习
媒体		16. 教师操作媒体
		17. 学生操作媒体
		18. 媒体作用学生

2. 化学课堂师生言语互动行为编码及统计

按照 FIAS 对观察和记录编码的规定，在课堂观察中，每 3 秒钟取样一次，对每个 3 秒钟的课堂语言活动都按编码系统规定的意义赋予一个编码号（如 6 代表教师讲授），作为观察记录。这样，一节化学课的编码数据在 900 个左右，它们表达着课堂上按时间顺序发生的一系列事件，每个事件占有一个小的时间片断，这些事件先后接续，连接成一个时间序列，表现出课堂教学的结构、行为模式和风格。例如，课堂师生语言行为代码为 6、6、16、5、9、2、6、16、6、6，每一个代码

---

[1] 杨玉琴,倪娟. 基于 FIAS 的化学课堂师生言语行为个案研究[J]. 化学教育,2013(5):31-34.
[2] David Hopkins. A Teacher's Guide to Classroom Research[J]. Open University Press, 1993(8):111.

分别与前一代码和后一代码构成一"序对"。除首尾2个代码各使用1次外,其余代码都使用2次,即有 N 个代码,就可以得到(N-1)个"序对",上面代码的"序对"为 (6,6)、(6,16)、(16,5)、(5,9)、(9,2)、(2,6)、(6,16)、(16,6)、(6,6)。18类课堂行为构成18×18矩阵,每一序对的前一个数字表示行数,后一个数字表示列数,例如 (6,6) 表示在第6行第6列的方格中计数。将全部序对进行计数,就形成表4-27所示的弗兰德斯迁移矩阵。

表4-27 一节化学课的弗兰德斯迁移矩阵

	1	2	3	4	5	6	7	8	9	10	11	12	13	14	15	16	17	18	合计
1	0	0	0	0	0	1	1	0	0	0	0	0	0	0	0	0	0	0	2
2	0	7	1	0	10	5	3	0	1	0	0	0	1	0	0	0	2	0	30
3	0	0	9	0	6	0	0	0	2	0	0	0	1	0	0	1	0	0	20
4	0	0	0	0	0	0	0	0	1	0	0	0	0	0	0	0	0	0	1
5	0	0	0	0	27	9	10	0	30	1	0	2	3	4	0	0	1	0	87
6	0	1	0	1	14	190	7	0	0	0	1	3	1	0	0	13	4	0	236
7	0	0	0	0	1	4	37	0	15	0	1	9	3	3	0	2	9	0	84
8	0	0	0	0	0	0	0	0	0	0	0	0	0	0	0	0	0	1	1
9	1	16	9	0	15	5	3	0	87	0	0	0	0	0	0	5	1	0	142
10	0	0	0	0	1	0	0	0	3	0	0	0	0	0	0	0	0	0	4
11	0	1	0	0	0	2	0	0	0	0	1	0	0	0	0	0	0	0	4
12	0	1	0	0	1	4	7	0	1	0	0	2	56	0	0	0	0	0	72
13	1	0	1	0	1	1	3	0	0	0	0	0	1	0	0	0	0	0	8
14	0	0	0	0	0	2	3	0	5	0	0	0	0	3	0	0	0	0	13
15	0	0	0	0	0	0	0	0	0	0	0	0	0	0	0	0	0	0	0
16	0	0	0	0	0	2	6	1	0	0	0	0	0	0	0	0	0	25	34
17	0	4	0	0	0	5	3	8	1	0	0	0	0	0	0	0	94	0	115
18	0	0	0	0	0	3	4	1	0	0	0	0	0	0	0	16	0	1	25
合计	2	30	20	1	88	235	84	1	142	4	4	72	8	13	0	33	115	26	878

由于弗兰德斯迁移矩阵的行与列的意义由前述分类类别所规定,所以矩阵中的每个单元格数据就表示了连续的课堂行为出现的频次。依据矩阵中各种课堂行为频次之间的比例关系以及它们在矩阵中的分布可以对课堂教学情况作出有意义的分析。

(二) 化学课堂师生言语互动行为诊断分析

1. 课堂情感气氛

表4-27矩阵中1~3行与1~3列相交的区域是积极整合格,如果在这个区域里记录次数密集,反映的是教师与学生之间情感气氛融洽,是一种积极整合的表现。矩阵中8~9行与7~8列相交的区域是缺陷格,如果在这个区域里记录次数密集,反映的是教师和学生之间情感交流上有隔阂,是课堂上应注意避免的缺陷。从表4-27可看出,落在积极整合格的记录次数占总次数的1.7%,缺陷格为0.34%,说明在整个课堂教学过程中,师生情感交流上并没有隔阂,但情感气氛尚未达到非常融洽的程度。教师还未能有效利用言语行为构建一种和谐的师生互动的心理环境。

2. 课堂结构

改进后的弗兰德斯互动分析系统将课堂行为分为教师言语、学生言语、沉寂及媒体四大类。四类行为在课堂行为中所占比例，可以表现课堂的构成结构。还可依据指标变量作更进阶的分析，从而解释该教学行为背后所隐含的意义。由表4-27数据通过计算可得表4-28。

表4-28 一节化学课的课堂交互行为比率统计表

变量	缩写	计算公式	个案数据	常模
教师言语比率	TT	$\left[\sum_{i=1}^{8}\text{Row}(i)\right]\times 100\div \text{Total}$	52	常模约为68
学生言语比率	PT	$\left[\sum_{i=9}^{12}\text{Row}(i)\right]\times 100\div \text{Total}$	25	常模约为20
沉寂比率	SC	$\left[\sum_{i=13}^{15}\text{Row}(i)\right]\times 100\div \text{Total}$	2	常模约为11或12
媒体使用比率	PM	$\left[\sum_{i=16}^{18}\text{Row}(i)\right]\times 100\div \text{Total}$	19	无
教师发问比率	TQR	$\left[\sum_{i=4}^{5}\text{Row}(i)\right]\times 100\div \sum_{i=1}^{8}\text{Row}(i)$	22	常模约为26
提问开放性问题比率	TOQR	$\text{Row}(4)\times 100\div \sum_{i=4}^{5}\text{Row}(i)$	1	常模约为30
提问封闭性问题比率	TEQR	$\text{Row}(5)\times 100\div \sum_{i=4}^{5}\text{Row}(i)$	99	常模约为70
教师言语—学生驱动比率	TRR	$\left[\sum_{i=4}^{3}\text{Row}(i)\right]\times 100\div \left[\sum_{i=1}^{8}\text{Row}(i)\right]$	38	常模约为42
学生主动比率	PIR	$\left[\sum_{i=10}^{11}\text{Row}(i)\right]\times 100\div \left[\sum_{i=9}^{12}\text{Row}(i)\right]$	4	常模约为34
学生讨论比率	TDR	$\text{Row}(12)\times 100\div \left[\sum_{i=9}^{12}\text{Row}(i)\right]$	32	无

从表4-28的数据可以发现该样本中教师言语、学生言语、沉寂及媒体四大类行为比率约为52、25、2、19。美国教育学者贝莱克（Bellaique）通过研究大量课堂教学师生言语行为互动，最后得出如下研究结果："教师支配着班级的言语活动。根据录音带的记录，师生活动的比率大约为3∶1。因此，暂且不论分析单位是什么，教师在言语活动中的数量，要远远比学生活跃。"那么，本研究所选取的课例中，教师言语行为与学生言语行为的比率约为2∶1，低于贝莱克的研究结果，且教师言语比率小于常模，学生言语比率高于常模。这些都充分说明了执教教师在课堂上，充分尊重学生的言语权，有意识地将更多的言语机会留给了学生，学生的言语参与度较高。课堂沉寂比率为2，远低于常模，且从矩阵中的具体类别数据看，无助于课堂教学的混乱数据为0，沉寂的时间主要用于做练习及思考，所以整个课堂教学时间利用效率高。另外，媒体使用比率为19，而从矩阵数据看，绝大部分为学生在操纵媒体，学生言语中讨论的比率达到了32。这些数据都说明本课例中教师给予了学生较多的时间和机会互相讨论、设计实验、自主探究。

再做进一步的分析，教师言语中发问比率为22，略低于常模。值得注意的是其中开放题问题比率仅为1（远低于常模），而封闭性问题为99（高于常模）。国外有关研究指出，当课堂内容强调的行为复杂性层次较低时,封闭性问题与开放性问题的最佳比例是 7∶3;当课堂内容所强调的复杂性层次较高时,两者的最佳比例是 6∶4。本课例中,教师提问开放性问题近乎 0,而封闭性问题很多,这样不能很好地鼓励学生进行分析—判断—综合等高层次的思维活动,不利于培养学生发现问题、分析问题和解决问题的能力。

教师言语—学生驱动比率反映了教师对学生的观念和感觉加以反应的倾向,数据愈高,表示教师愈能响应学生的观念和感觉,常模为 42,本课例中为 38,未达到常模,说明教师对学生的问题或主动言语未很好地做正向反馈,这样会让学生在回答问题或主动言语的过程中,不太敢完全地表达出自己的见解,从而影响学生学习的积极性。学生主动比率反映了学生言语中由学生主动引发所占之比例,数据愈高,表示学生愈勇于主动表达自己的见解;常模为 34,而本课例中学生主动的比率仅为 4,低于常模很多,说明学生在课堂教学过程中仍不习惯主动发言或大胆质疑,习惯于在教师的指示下进行活动,不善于主动探究。

3. 教师教学风格

弗兰德斯互动分析把教师的语言分为直接言语和间接言语两类。直接和间接是就教师对教学的控制而言的。编码 1～5 所代表的教师言语行为是通过情感、交流、表扬、肯定和提问对学生产生的态度、情绪上的影响,其控制是间接的,此种教学风格能引起学生主动表达自己的想法(第 10 类行为)。编码 6～8 所代表的讲授、指令和批评则对学生具有更直接的控制作用,这种教学风格比较会限制学生表达自己的想法,导致只有教师问才有学生答(第 9 类行为)。学者邓金和比德(M. J. Dunkin & B. J. Biddle)综合了大量研究结果,得出以下结论:间接教学能促进学生的参与,引发学生较多的发言,激发学生的动机,鼓励学生的主动与创见,减少学生的焦虑,提高学生的学业成绩。[①] 盖奇(Nate Gage)也对弗兰德斯的研究进行了分析,他在《教学艺术的科学基础》一书中指出,直接教学和间接教学的效果与年级有关。在中学阶段,间接教学比直接教学更能促进学生学术能力的发展,本课例教师间接言语行为共 141 频次,直接言语行为 320 频次,两者比例为 0.4∶1,说明执教教师的间接言语行为明显少于直接言语行为。进一步分析各个编码在矩阵中出现的分布,表中对角线上的各个单元格叫做稳态格,编码落在这些格里,表示某种行为出现的时间超过 3 秒钟,表明持续地做某事。从矩阵图中,我们可以看出,6-6 这个稳态格有密集分布,数字"6"赋予的意义是"讲授",表明教师持续讲授较长。由此可见该教师教学言语风格属于直接教学风格,不太利于学生高级思维能力的发展。

4. 提问的创新程度

依据弗兰德斯迁移矩阵,我们还可通过序对进一步探讨课堂情境中教师提问的创新程度。"问与答模式"显示由教师提问驱动学生回答的情况,可反映训练型提问的程度,"创造性询答模式"显示由教师通过接受或采纳学生意见、提出开放性问题诱导学生主动发言的情况,可反映创新型提问的程度。序对的含义以及在本课例中出现的频次统计见表 4-29。

由表 4-29 数据可知,本课例中的"问与答模式"远远高于"创造性询答模式",也就是尽管在本课例中学生的言语参与程度较高,但却主要表现为对教师提出的问题进行回答,如(5,9)序对、(9,9)序对出现的频次分别为 30 和 87。而在创造性询答模式所出现的 23 频次中,主要表现教师连续接受或利用学生观点的言语行为,以及教师在学生回答完教师提问之后对学生的回答

[①] Sprinthall N. A. ,Sprinthall R. C. Educational Psychology[M]. Fifth Edition,1990:83.

予以接受、澄清或深化,如序对(3,3)及(9,3)所示。而学生的主动提问、自由表达想法、发展自己的解释或理论、提出问题解决方法等却为0,如序对(4,4)、(3,10)、(4,10)、(9,10)、(5,3)所示。由此可见,本课例中,师生间的对话行为仍局限于传统的问与答模式,距离真正意义上的对话性沟通尚很远。钟启泉在《社会建构主义:在对话与合作中学习》中说:"对话性沟通超越了单纯意义的传递,具有重新建构意义、生成意义的功能。来自他人的信息为自己所吸收,自己的既有知识被他人的观点唤起了,这样就可能产生新的思想。在同他人的对话中,正是出现了同自己完全不同的见解,才会促成新的意义的创造。"课堂中,教师有必要通过民主的方式激励学生大胆提问、质疑,才能让学生真正完成对于知识的建构。

表 4-29 问答模式序对的含义及频次统计表

	序对	含义	频次	合计
问与答模式	(5,5)	表示教师连续提问封闭性问题的言语行为,即提出一个问题后,在学生未作答的情况下继续提出问题,其中,后一个问题可能是前一个问题的重复,也可能是一个新问题的提出	27	159
	(5,9)	表示教师提出问题之后学生紧接着回答的言语行为,其回答只针对教师刚刚提出的这个问题	30	
	(9,5)	表示学生回答完教师提问之后,教师马上继续提问。教师提问可能是针对学生刚刚发言的追问,也可能是继续提出与学生回答不相关的新问题	15	
	(9,9)	表示学生的连续回答问题的言语行为	87	
创造性询答模式	(10,10)	表示学生连续的主动言语	3	23
	(10,3)	表示学生连续的主动言语之后,教师马上予以接受或紧接着澄清并深化学生的观点	0	
	(3,3)	表示教师连续接受或利用学生观点的言语行为	9	
	(11,6)	表示学生在主动提问之后,教师给予讲解的言语行为	1	
	(4,4)	表示教师连续提问开放性问题的言语行为,即提出一个问题后,在学生未作答的情况下继续提出问题,其中,后一个问题可能是前一个问题的重复,也可能是一个新问题的提出	0	
	(3,10)	表示教师在接受、澄清或深化学生的观点之后,学生紧接着继续主动言语	0	
	(4,10)	表示教师开放性提问之后,学生并没有马上针对教师的提问进行回答,而是又主动"自由表达想法""提出问题解决方法"或是"发展学生自己的解释或理解"	0	
	(9,3)	表示学生回答完教师提问之后,教师马上对学生的回答予以接受、澄清或深化	9	
	(5,10)	表示教师提出封闭性问题之后,学生并没有马上针对教师的提问进行回答,而是又主动"自由表达想法""提出问题解决方法"或是"发展学生自己的解释或理解"	1	
	(9,10)	表示学生回答完教师的提问之后,紧接着又主动"自由表达想法"或是"发展学生自己的解释或理解"	0	
	(5,3)	表示教师提出问题之后,没有再请学生回答,而是引用学生观点进行解释	0	

(三)化学课堂言语行为诊断结论与反思

根据 FIAS 的统计分析可知,本课例教师在新课程理念下,已注意到利用驱动性、间接影响性语言提高学生的课堂言语比率。但教师言语行为中接纳学生的情感、赞扬鼓励学生以及接受或利用学生的想法类的言语行为较少,讲授性语言偏多。教师虽然能有意识地利用提问激发学生的思维和反应,但提出的问题基本都是封闭性的,不利于学生发散思维的培养。学生的言语行为主要表现为针对教师提出的问题进行回答,主动话语较少,还不善于主动地表达自己的见解或疑惑。这些结论的获得无疑能帮助教师更好地反思和改进自己的教学实践,从而更好地促进自己的专业成长。

应用 FIAS 的优点在于比较客观,国内已有学者开发出相应的统计软件,为其使用提供了便利。当然,像所有的定量化研究方法一样,FIAS 也有其不足:它只反映了课堂内师生的语言行为,反映不出其他影响课堂教学质量的重要因素,例如教师的身体语言、教学内容、板书等,难以表现课堂教学生动丰富的意义,这就需要与一些质的研究方法相结合,追寻数据背后的内在意义和情境,方能获取全面的研究结论。

案例研讨 4-6

"铁的化合物"探究式教学与讲授式教学互动分析诊断比较[①]

蒋亚彬用 FIAS 对两位教师在"铁的化合物"探究式教学与讲授式教学的实践进行诊断,结论如下。

使用科学探究教学的课堂中
(1) 教师语言比率 = 43.9%
(2) 学生语言比率 = 40.6%(学生参与率)
(3) 课堂活动中教师的沉寂比率 = 15.7%

使用讲授式教学的课堂中
(1) 教师语言比率 = 66.0%
(2) 学生语言比率 = 21.5%(学生参与率)
(3) 课堂活动中教师的沉寂比率 = 12.5%

如图 4-5 所示,使用科学探究教学的课堂中,教师语言比率比使用讲授式教学的课堂少了 22.1%,

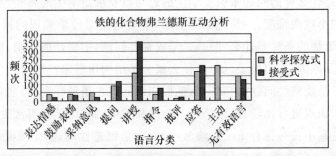

图 4-5 铁的化合物弗兰德斯互动分析比较

---

① 蒋亚彬.科学探究式教学与授受式教学的比较研究[D].西安:陕西师范大学硕士学位论文,2009:35-39.

而学生语言比率较使用讲授式教学的课堂增加了 19.1%,同时课堂活动中教师的沉寂比率上升,即课堂混乱比率有所增加,这说明了学生活动的程度比较大,学生在进行探究实验时与组内成员的交流和讨论有所增加。

在使用科学探究教学的课堂中,教师对学生施加间接影响与直接影响的比率大于1,教师对学生施加影响主要通过间接的方式,而讲授式教学中教师对学生施加的影响主要是通过讲授等直接影响的方式。并且教师对学生的积极影响与消极影响的比率比使用讲授式教学的课堂要大得多。

二、化学课堂教学对话诊断

教学本质上就是一种交流、一种对话。对话是师生间平行平等的交流,教学对话的质量决定着课堂教学的成效。要想提高化学课堂教学对话的质量,必须深入化学课堂教学一线,通过考察化学课堂教学对话的"实然状态",才能为提升化学课堂教学对话的质量和水平提供有针对性的依据。研究表明,专家教师的显著特征之一在于他们具有出色的教学行为表现。那么,专家教师在化学课堂教学对话方面具有哪些显著特征?专家教师和新手教师在化学课堂教学对话上有哪些本质性差异?化学课堂教学对话诊断将给予问题的答案。

(一)化学课堂教学对话诊断的研究方法

1. 被试的选取

选取石家庄市和长春市 8 所中学的 16 位高中化学教师作被试,其中专家教师和新手教师各 8 位。专家教师的遴选根据以下三个标准:一是教学效果良好,教学深受学生欢迎;二是教学能力突出,被同行公认;三是学校领导首肯。新手教师的选取主要根据任职年限,教龄在四年以下的教师作为新手。[①]

2. 课堂对话的编码

从对话的内容和方式两个维度对专家和新手教师化学课堂教学对话的特征进行考查。对话的内容是指教师通过什么样的问题来引发学生的思考以及决定学生的哪些想法在课堂教学中进行讨论,具体包括四个次级维度:一是记忆性问题,主要是指对已学知识的回忆、复述和再认(如"什么是电解质?""燃烧的条件是什么?")。二是解释性问题,主要是指识别、辨认事实或证据;说明解释事物的特征及原因;举出例子(如"为什么氮分子结构很稳定?""为什么氯气能使湿润的有色布条褪色?")。三是统整性问题,主要是指把握知识的内在逻辑联系;与已有知识建立联系;整理信息;对不同的知识点进行比较、区分、分析、归纳和重组(如"化学平衡常数与速率常数有什么不同?""如何在实验室中长久保存 $FeCl_2$ 溶液?")。四是创造性问题,主要是指在新的情境中使用抽象的概念、原则,进行预测、推广、运用;建立不同情境下的合理联系(如"如何设计钠与水反应制取氢气的装置?")。

---

① 盖立春,等.专家—新手教师化学课堂教学对话特征的比例研究[J].化学教育,2009(5):36-38.

对话的方式是指教师与学生如何在课堂中进行互动,具体包括两个次级维度:一是教师是否鼓励学生彼此分享各自的想法,即教师对学生想法的回应;二是答案的合理性是由教师决定还是由师生学习共同体来决定,即对话的权威来源。

教师对学生想法的回应包括四方面内容:一是放弃或忽视学生的想法。例如,T(教师):"铁遇到什么样的物质生成二价化合物?"S(学生):"过氧化氢。"T:"咱们回忆一下,铁与氯气是什么价态?"二是认可但没有将之纳入教学中(教师评论"很好",继续上课)。三是通过重复学生的想法而认可。例如,T:"酸式滴定管当中为什么不能加碱性溶液?"S:"因为腐蚀磨口塞",T:"嗯,腐蚀磨口塞"(转到其他内容)。四是探查与运用学生的想法。指澄清(特别是提供新异或不正确的想法时)与运用学生的想法并使之与教学内容发生联系,从而推动学生思维的深化和扩展。例如,"你们是怎样设计实验方案的?"对话的权威来源包括三方面内容:一是由教师决定;二是由师生学习共同体决定(如"每个同学都同意吗?""让我们一起看看他是否正确。");三是由课本决定(如"课本上是这么说的吗?")。化学课堂教学对话特征的研究框架如图4-6所示。

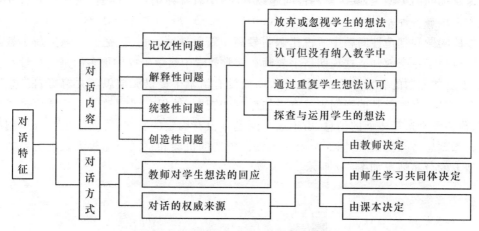

图4-6 化学课堂教学对话特征的研究框架

3. 诊断数据来源

以16位被试(化学教师)的32节常态课(专家和新手教师各16节)作为研究样本,通过课堂观察和录音相结合的办法,按照"化学课堂教学对话特征的研究框架"所列出的各个维度采集数据。教学内容限定在知识类教学内容(包括元素化合物知识和化学基础理论知识),年级限定在高一和高二。评分规则是计算每节课中各个维度每个项目出现频数的百分比。统计数据用SPSS 11.5软件包进行分析。

(二)化学课堂教学对话诊断的研究结果及分析

两类教师课堂提问的类型、教师对学生想法的回应方式和课堂对话的权威性来源三个维度各个项目的研究结果如表4-30所示。

表 4-30　两类教师在课堂对话各维度上的平均百分比/%

维度	项目	专家教师		新手教师		t 值
		M	SD	M	SD	
问题类型	记忆性问题	24.34	0.10	67.39	0.13	−6.94
	解释性问题	20.44	0.12	15.96	0.07	0.85
	统整性问题	41.93	0.14	12.96	0.09	4.61
	创造性问题	13.30	0.07	3.69	0.03	3.34
教师对学生想法的回应	放弃或忽视学生的想法	6.38	0.04	16.45	0.07	−4.71
	认可但没有纳入教学中	8.19	0.06	19.98	0.12	−2.33
	通过重复学生想法认可	45.35	0.09	47.88	0.12	−0.45
	探查与运用学生的想法	40.09	0.14	15.70	0.10	3.75
课堂对话的权威性来源	教师	13.71	0.12	53.83	0.10	−6.80
	师生学习共同体	78.94	0.11	39.38	0.11	6.73
	课本	7.35	0.05	6.80	0.03	0.25

在课堂提问的类型上,除了解释性问题以外,两类教师在记忆性问题、统整性问题和创造性问题上表现出显著性差异($t=-6.94, p<0.01; t=4.61, p<0.01; t=3.34, p<0.01$)。专家教师在统整性问题和创造性问题中所占比例明显高于新手教师,而在记忆性问题上新手教师所占的比例明显高于专家教师。这说明新手教师在课堂教学中给学生提供更多的是记忆性和描述性信息,由于这些问题的答案是确定、唯一的,因而没有给学生提供深层思考并解释自己想法的空间和机会;相反,专家教师的提问则具有更加广阔的视野,他们在课堂教学中给学生提供更多的是重组、预测和创造等方面的信息,由于这些问题并没有固定的答案,需要学生综合运用所学知识并进行深刻思考才能解答,因而留给学生发挥创造的机会和空间都比较大。两类教师在课堂提问类型上的分布情况如图 4-7 所示。

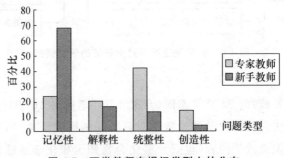

图 4-7　两类教师在提问类型上的分布

在"教师对学生想法的回应方式"上,两类教师在"认可但未将学生的想法纳入教学中"和"通过重复学生的想法而认可"两个项目上未表现出显著性差异,但在"放弃或忽视学生想法"上,新手教师所占比例明显高于专家教师所占比例($t=-4.71, p<0.01$);在"探查与运用学生想法"上,专家教师所占比例明显高于新手教师所占比例($t=3.75, p<0.01$)。这说明新手教师在课堂教学过程中更加关注问题的标准答案和教学的最终结果,而在问题解决的过程中则不太重视和运用学生的想法。具体表现在三个方面:一是提出问题以后,留给学生思考和陈述想法的时间比

较短;二是当学生对某个问题作出错误回答时,新手教师一般不会在这个错误答案的基础上进一步引导学生反思,也很少组织学生进行讨论,而是急于给出最终的标准答案;三是在问题解决或者讲课的过程中,当学生产生疑问或者异议时,新手教师经常忽视这些学生的想法或者更倾向于关注符合标准答案的想法。相反,专家教师在课堂教学过程中更加重视并且能够随时探查与运用学生的想法,将学生的想法视为一种可贵的教学资源,除了留给学生足够的时间让他们思考和陈述自己对问题的看法以外,还经常把学生对某个问题的错误回答当成一种"契机",通过组织并引导学生讨论,让学生在质疑、比较、反思和交流的过程中"生成"知识并把握问题解决的主要方法。两类教师对学生想法的回应方式如图4-8所示。

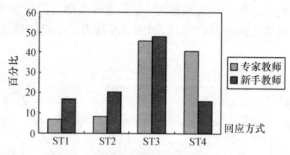

图 4-8　两类教师对学生想法的回应方式

在"课堂对话的权威性来源"上,除了用课本作为对学生反应的评判标准以外,两类教师在"由教师评判"和"由师生学习共同体评判"两个方面有显著性差异。新手教师更倾向于"由教师评判学生答案的合理性"($t=-6.80,p<0.01$);而专家教师更倾向于"由师生学习共同体评判学生答案的合理性"($t=6.73,p<0.01$)。这说明在新手教师的课堂教学中,学生的回答是指向教师的,教师在问题解决的过程中更多地是承担"真理代言人"的权威角色。由于对话主要局限于教师和学生之间,并且主要以评价为目的,所以不能引起全班学生的讨论,也很难激发学生对问题的深层思考。而在专家教师的课堂教学中,学生的回答是指向师生学习共同体的,教师在问题解决的过程中更多地是承担"组织者"和"引导者"的角色,是"平等中的首席"。这样很容易吸引学生参与讨论并深入地思考问题。两类教师课堂对话的权威性来源如图4-9所示。

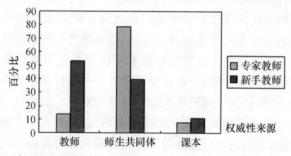

图 4-9　两类教师课堂教学对话的权威性来源

(三)化学课堂教学对话诊断的反思

1. 两类教师化学课堂教学对话的性质和特征

基于对两类教师化学课堂教学对话内容和方式的分析,可以认为专家教师和新手教师的化学课堂教学对话是两种性质和特征不同的对话。新手教师化学课堂教学中的对话是"以教师为中心的问答式对话",其特征主要表现为"教师提问—学生回答—教师评价",可用图 4-10 表示。在这种对话中,教师所提出的问题大多是记忆性问题,虽然教师的提问是面向全体学生的,但学生的回答却是指向教师的,主要由教师对学生的答案进行评判。当学生的回答错误时,教师会叫不同的学生来回答,但由于提问的主要目的是得出预期的"标准答案",因而很难引发学生之间的讨论和深层思考。专家教师化学课堂教学中的对话是"以问题为中心的互动式对话",其特征主要表现为"教师提问—学生陈述—师生质疑—共同评价",可用图 4-11 表示。在这种对话中,教师所提出的问题大多是统整性问题和创造性问题,教师提出问题以后,师生学习共同体会围绕这个问题进行师生之间和生生之间的讨论和思考,主要由师生学习共同体对答案的合理性进行评判。由于问题的开放性和学生的参与程度高,因而容易激发学生对问题的深层思考。

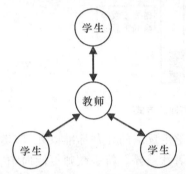

图 4-10 以教师为中心的"问答式"对话

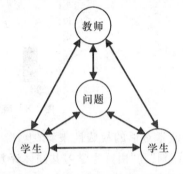

图 4-11 以问题为中心的"互动式"对话

2. 提升化学课堂教学中对话质量和水平的思考

教学作为一种师生交往、积极互动、共同发展的过程,其本质是以对话、交流与合作为基础的知识建构活动。课堂教学的本质决定了师生对话对于提高课堂教学质量的重要意义。因此,如何提升化学课堂教学中对话的质量和水平就成为当前新课程改革背景下的重要问题。通过对专家教师和新手教师化学课堂教学对话性质和特征的分析,以下三点是值得关注的。

首先,应以高水平的问题引发对话。问题的质量和水平在很大程度上决定了对话的质量和水平。专家教师和新手教师化学课堂教学中的对话之所以具有不同的性质和特征,最主要的原因就在于他们课堂提问的质量和水平不同:记忆性问题和解释性问题属于低级水平,统整性问题和创造性问题属于高级水平。问题设计得好坏极有可能引发化学课堂教学中一系列的"连锁反应",并最终决定教学质量的高低。因此,在化学课堂教学中进行良好的问题设计是关键的一环。

其次,要营造一个有利于师生之间开展互动式对话的环境。美国生态心理学家吉布森(J. J. Gibson)研究指出"人的心理和行为受其所处环境的制约"。只有在一个安全的对话环境中,学生才能积极地参与课堂讨论,才能使学生内部的思维过程转化成外在的生成性动态资源,从而使学生在倾听、比较、解释和质疑中通过协商的办法达成共识,最终实现知识的主动建构。

第三,教师要做好组织引导工作并把握"控"和"放"的艺术。教师的角色和组织引导工作在化学课堂教学对话中起着方向引领和点播升华的作用。一方面不能因为担心学生的"节外生枝",怕影响教学进度而"控得过死";另一方面也不能把"开放"当成"放任",刻意追求"标新立异"和"多样化",使得化学课堂教学对话"形似而神失",从而忽视了必要的引导和优化。

三、化学教师教学行为诊断

随着新课改的不断推进,对规范化学教师课堂教学行为、提高课堂教学行为的有效性提出了更高的要求,开展教学行为诊断的研究备受重视。本部分选取部分诊断案例进行分析和探讨。

(一)化学课堂教学行为有效性的诊断案例

高中化学选修4《化学反应原理》中"难溶电解质的溶解平衡"公开课的教学行为的有效性诊断。

1. 课堂教学流程分析

本节课设计为三部分内容,教学流程见图4-12。

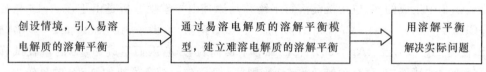

图4-12 课堂教学流程

教师首先介绍锅炉水垢的处理方法,以此作为情境材料引出问题(向饱和NaCl溶液中滴加几滴浓盐酸,观察现象),学生动手实验之后教师讲解总结"易溶电解质的溶解平衡",通过对易溶电解质的溶解平衡设疑(难溶电解质在水中是否也存在着溶解平衡呢?),学生分组操作两组实验(实验一:向3.0 mL 0.10 mol/L的$AgNO_3$溶液中滴入0.10 mol/L的NaCl溶液至不再有沉淀生成,观察现象;实验二:取上层清液再向其中加入硫化钠溶液,观察现象,并试着解释),讨论"难溶电解质的溶解平衡"之后让学生归纳难溶电解质的溶解平衡的概念、特征及影响因素,最后回顾锅炉水垢的处理方法,并用难溶电解质的溶解平衡原理解答。[①]

2. 课堂教学实录(部分)分析

(1)问题"情境"展示

锅炉水垢的工业处理方法:锅炉水垢既会降低燃料利用率,也会影响锅炉的使用寿命,形成安全隐患,因此要定期去除水垢。锅炉水垢中含有$CaSO_4$,可先用Na_2CO_3溶液处理,使之转化为$CaCO_3$,而后再用酸除去$CaCO_3$。

教师将锅炉水垢的工业处理方法作为问题"情境"引入新课,意在激发学生的求知欲,然而其原理实际为沉淀的转化原理,与将要进行的饱和NaCl溶液的实验"情境"不能相连贯,造成学生思维跳跃较大,起不到铺垫作用。

(2)实验探究设计与实施

教师讲解讨论判断NaCl溶液是否为饱和溶液的方法。

[探究实验一] 取约4 mL饱和NaCl溶液于大试管中,然后滴入几滴浓盐酸。

此设计意图是从学生熟悉的易溶电解质溶液的溶解平衡入手,引出难溶电解质在水中同样也存在着溶解平衡。但是没有任何铺垫直接进行探究实验时,相当于从未知到未知,起不到激发学生学习动机的作用。如能首先引导学生讨论使溶液中NaCl析出的方法有哪些(比如学生熟悉的有加热蒸发和降温冷冻),然后讨论其他可能的方法,再进行实验探究,开拓学生的思维。

[①] 刘美丽,等.高中化学教师课堂教学行为有效性分析[J].化学教育,2013(6):27-29.

[探究实验二] 向 3.0 mL 0.10 mol/L 的 $AgNO_3$ 溶液中滴入 0.10 mol/L 的 NaCl 溶液至不再有沉淀生成,观察现象。取上层清液再向其中加入硫化钠溶液,观察现象,并试着解释。

本实验将生成沉淀的反应转化为想要研究的 AgCl 的溶解问题,沉淀分离使用了学生从未见到的离心分离器,表现出培养学生动手实验的能力和严谨的态度。不足的是由于是分组实验,小组中只有部分成员动手实验,另外的成员只是在旁观察,没有照顾到每一位学生,实验操作不规范,教师没有及时地进行指导和点评;同时由于生成沉淀和沉淀溶解蕴涵着自然界对立统一的辩证唯物主义思想,教师却只注重学生知识的形成,而忽略了情感态度与价值观的教育;本实验如果再增设一组对照实验效果将更好:向上述生成 AgCl 悬浊液的试管(编号为 1)中和盛离心分离后的清液的试管(编号为 2)中分别滴入 Na_2S 溶液,对比产生黑色沉淀的量,试管 1 中生成的 Ag_2S 比试管 2 中生成的多,应用沉淀溶解平衡移动原理引导学生分析是由于在 AgCl 悬浊液中存在 $AgCl(s) \rightleftharpoons Ag^+(aq) + Cl^-(aq)$ 平衡,加入 Na_2S 溶液后,由于 $Ag^+(aq)$ 和 $S^{2-}(aq)$ 结合生成 Ag_2S,使得 $AgCl(s) \rightleftharpoons Ag^+(aq) + Cl^-(aq)$ 平衡向右移动,因而生成 Ag_2S 的量较试管 2 中的多;而分离后的清液中,存在少量 $Ag^+(aq)$,因此与 $S^{2-}(aq)$ 结合生成的 Ag_2S 的量较少。这样不仅引导学生深刻理解沉淀的溶解平衡,还会为进一步学习沉淀转化的知识打下基础,效果会更好。

(3) 重新回顾除去锅炉水垢的原理

教师讲解同时媒体显示除去锅炉水垢原理:

$$CaSO_4(s) \rightleftharpoons SO_4^{2-} + Ca^{2+} \qquad Ca^{2+} + CO_3^{2-} \rightleftharpoons CaCO_3(s)$$

这一环节意在回归本节课开始设置的情境问题,使整节课前后呼应。采用的是教师讲解的方法,如果能试着让学生回顾以前学过的盐类水解平衡的图式,思考讨论后亲自动手画出思维导图,这样不仅减轻言语讲解的负荷,更能使学生内隐的知识可视化,转化为外显的知识,加速思维的发展,有效地帮助学生应用本节所学的知识、原理解决生活的实际问题,达到学以致用的效果。

3. 教师教学行为诊断分析

新课程背景下教学行为的有效性,不仅要把教学行为的各环节和步骤设计得科学规范;而且要达成三维目标,创造出较高的教学效益。前者是基础,后者是教学行为产生的结果。表 4-31 是对本节课中教师相对比较低效教学行为和高效教学行为的诊断对比。

表 4-31 低效教学行为和高效教学行为诊断对比

教学行为	低效教学行为	高效教学行为
教学设计及学习动机的激发与兴趣培养	情境材料选择不恰当,教学设计缺乏一定新意	引导学生主动探究,利用学科特点,进行分组实验探究
课堂环境创建	缺乏教学机智,重预设轻生成(没有运用课堂生成资源,在课的结尾回顾锅炉水垢去除原理时,对学生提出的硬水软化中除去钙镁离子的疑问没有给出恰当合理的解释),实验活动缺乏深度	营造民主、公平的教学气氛和有秩序的课堂环境,便于师生互动、合作,便于学生实验
知识点呈现	部分实验探究过浅,所学内容无相应练习加以巩固	教学内容呈现有序,教学方法(引导、提问、小组合作、实验探究等)适合学生水平和特点,知识点讲解明确,重点突出

(续表)

教学行为	低效教学行为	高效教学行为
交流互动	组内学生之间交流甚少；进行实验探究时部分学生缺乏主动性，在整个教学过程中显得有些茫然	多数学生与教师之间有良好互动交流
情感态度与价值观培养	未能引导学生认识到沉淀溶解平衡中蕴藏自然界的对立统一规律	引导学生使用浓盐酸时注意其挥发性，采取措施，增强学生的环保意识
了解学情	学生个体差异重视不够，小组实验时只有固定几个学生动手操作	应用学案，引导学生进行课堂学习
信息技术运用	对部分符号表达式有时过分依赖媒体，没有让学生动手书写	多媒体应用、版面设计适合教学内容，与学生实际年龄相匹配
教学资源与课堂管理行为	未能及时指导学生正确、熟练地操作化学实验仪器；时间安排不得当，本节课所用时间约为1小时，有效时间产出率不够	展示表格提高课堂效率（列出物质的溶解性与溶解度关系表和部分物质的颜色及溶解度表）
讲述行为	教师讲解较多，学生思考归纳较少	表达流畅，语言具有科学性、逻辑性
非言语行为	肢体语言、眼神等运用较少	运用走动接触学生，缩短空间距离

4. 提高化学课堂教学行为有效性的策略

教师的课堂教学行为直接影响着新课程的实施，高中化学新课程倡导"以学生为中心"，教学要实现"以传授知识为主"转向"以提高学生的科学素质为主"，"以知识结果为主"转向"以探究过程为主"，"以统一教学模式为主"转向"以个性化教学为主"，教师课堂教学行为是实现这一系列转化的先决条件。

(1) 创设简约"情境"，节省教学时间

对教学知识而言，可分为有效知识和无效知识两大类。即使是再科学的教学内容，如果采取不当的传授方法，不能与学生的认知结构发生实质的、有机的联系，教学的效果就可能会很差甚至出现负效。而教学效果的好坏与教学"情境"的创设直接相关。通常的化学课堂教师都会进行"情境"的创设，如何进行"情境"创设，不同的教师有不同的方法，不能一概而论。例如，"沉淀溶解平衡"一节，可以简短创设"情境"，很快地引入学习主题。采用PPT图片展示美丽的溶洞和"难看"的龋齿，制造感官冲突，分析两者有什么联系，并与溶解平衡建立联系，之后多媒体动画展示 NaCl 的溶解平衡，分析 NaCl 溶解于水的几种情况，设问 NaCl 能不能和盐酸反应引入新课。这样过渡自然，既节省了时间，又在短时间内吸引学生的注意力。

(2) 变换角度讨论问题，形成认知冲突

在学生的印象中，"生成沉淀的离子反应"常常是不可逆的。在教学中，教师采取先制备 AgCl 沉淀，过滤后取上层清液再制备沉淀，使实验现象与学生已有观念形成认识冲突，不仅加深了对难溶物概念的理解，重点是巧妙地将"生成沉淀的离子反应"转化成"固体溶解的问题"来讨论，将学生印象中的"生成沉淀的离子反应"是单向的、不可逆的变化过程转变为"固体溶解"这种双向互变的、动态的过程，使学生在不知不觉中摆脱了定式思维模式。这种讨论问题的方式不仅介绍了一个知识点，更重要的是转变了学生思维方式，使他们学会变换观察问题的角度来重新认识和思考。

(3) 利用系列实验活动,体验研究方法

化学实验现象不仅可以使微观变化宏观化,具有很强的说服力,并能分析理论的合理性,促使学生对知识的掌握,而且采用实验可以对学生进行科学研究方法的教育,体验科学研究的过程。学生在动手实验中感悟知识、形成方法,使知识结构化,最终得到的不仅仅是知识,更重要的是获取知识的方法和成功体验。比如采用对比实验,深化对沉淀溶解平衡的认识。

(二) 化学课堂教学行为特征的诊断案例

在课堂教学中,教师教的行为与学生学的行为总是相伴而生的,它们构成了课堂教学活动的核心。其中教师的教学行为引导制约着学生的学习行为。因此,教师教学行为的合理选择与实施是取得良好教学效果的关键。已有的研究表明,专家教师与新手教师在学科知识、教学设计、教学策略及对学生状况的认知能力等方面都存在较大的差异,这些差异最终都会表现在教师的课堂教学行为上。为了深入研究这两类教师课堂教学行为的特征与差异,选定高中《化学 2(必修)》(鲁科版,2007)第 2 章"化学反应与能量"第 1 节"化学键与化学反应"中的第 1 课时"化学键与化学反应中的物质变化"的课例(以下简称"化学键")进行诊断研究。[①]

1. 化学教学行为特征诊断的研究对象与方法

(1) 研究对象

基于我国中学的实际情况,本研究对专家教师的界定为:中学高级职称、受过较高级别的专业培训(地市级以上学科带头人、专家型教师等),并得到校长推荐、同行认可的教师。对新手教师的界定为:初级职称、从事教学工作 0~4 年的教师。选定 M 市 A 中学 J 教师(专家教师)和 C 教师(新手教师)为研究对象。J 教师为省级化学学科带头人,市级专家型教师,中学高级职称,教研组长,教龄 25 年;C 教师为中学二级职称,教龄 3 年。授课对象为 M 市省一级达标学校高一年级学生,课型为新课讲授(常态课)。

(2) 研究方法

采用课堂观察和"教学行为特征"分类理论,对新手与专家教师"化学键"课堂教学行为进行比较研究。"教学行为特征"分类理论认为,课堂教与学的行为是一个整体,教与学总是同时发生、相伴而行的。"教学行为特征"就是指化学课堂上教师与学生围绕教和学的任务,有目的地发生的、相互作用着的教的行为和学的行为的同生共振的行为统一体。课堂教学行为特征可归纳为两大类七小类共 15 种。

2. 化学教学行为特征诊断的结果分析

(1) 教学行为特征的统计与分析

两位教师"化学键"课堂教学中出现的教学行为特征的种类、频次和时长等,如表 4-32 所示。

[①] 蒋小钢,等. 专家—新手型教师"化学键"课堂教学行为特征分析[J]. 化学教育,2013(4):50-53.

表 4-32　J 教师与 C 教师教学行为特征统计表

教学行为特征类别		教学行为特征	J 教师		C 教师	
			频次/次	时长/s	频次/次	时长/s
教师教的行为为主的行为特征	讲授呈现类	讲解陈述	22	569	10	674
		讲问齐答	3	33	12	870
	驱动推进类	提出问题	18	156	14	115
		布置任务	8	50	1	26
	调控类	活动指导	4	348	0	0
		评价行为	14	145	0	0
		引导行为	7	50	0	0
	展示呈现类	图画展示	5	30	5	508
		文本展示	1	2	0	0
		实物展示	2	422	0	0
		板书展示	15	59	9	263
学生学的行为为主的行为特征	施动类	动手书写	3	21	0	0
	交流沟通类	汇报交流	15	740	0	0
	思考辨析类	独立思考	8	166	1	184
		讨论思考	9	591	0	0
合　计			134	3382	52	2640

由图 4-13 可以看出：两位教师使用最多的几种教学行为特征有较大的差异。J 教师使用最多的教学行为特征依次为：讲解陈述、提出问题、汇报交流、板书展示、评价行为、讨论思考、布置任务和独立思考；C 教师使用最多的教学行为特征依次为：提出问题、讲问齐答、讲解陈述、板书展示、图画展示、布置任务和独立思考。C 教师没有使用讨论思考、评价行为和汇报交流，整堂课以教师的讲授为主，学生基本上是被动接受知识。

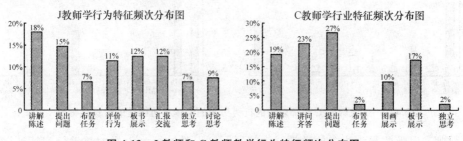

图 4-13　J 教师和 C 教师教学行为特征频次分布图

由图 4-14 可以看出，J 教师耗时最长的行为特征依次为：汇报交流、讨论思考、讲解陈述、独立思考、提出问题、评价行为、板书展示和布置任务。C 教师则为：讲问齐答、讲解陈述、图画展示、板书展示、独立思考、提出问题和布置任务。显然，J 教师教学主要以学生的活动为主来展开。而 C 教师则以教师的讲授为主，学生的活动主要表现为"听、看、答"。

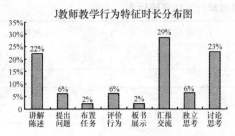
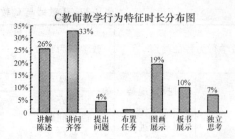

图 4-14　J 教师和 C 教师教学行为特征时长分布图

(2) 教学行为特征的类别分析

在化学课堂教学行为特征类别系统中，15 种教学行为特征首先分为"以教的行为为主的教学行为特征"和"以学的行为为主的教学行为特征"两个大类，然后又分为讲授呈现类、驱动推进类、调控类、展示呈现类、施动类、交流沟通类和思考辨析类等七小类，下面逐一比较分析。

① 从"两大类"进行统计分析

J 教师和 C 教师的教学行为特征按两大类进行统计，结果见表 4-32 及图 4-15、图 4-16。

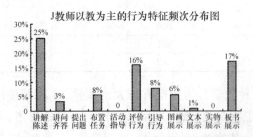
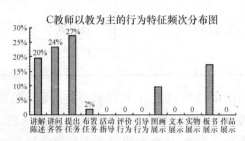

图 4-15　J 教师和 C 教师以教的行为为主的教学行为特征的频次分布图

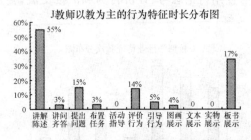
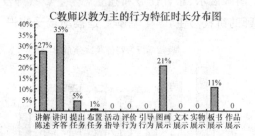

图 4-16　J 教师和 C 教师以教的行为为主的教学行为特征的时长分布图

两位教师"以学的行为为主的教学行为特征"与"以教的行为为主的教学行为特征"在频次、时长等指标上的比值为：J 教师的频次总和之比约为 1/2，时长总和之比约为 2/3。这体现了 J 教师课堂中以学生为主的教学活动占了很大部分，教学任务完成的行为方式主要是以学生为主的。C 教师的频次总和之比为 1/51，时长总和之比约为 1/13。这体现了 C 教师课堂中以学生为主的教学活动（无论是行为特征的种类、频次还是时长）在课堂活动中仅占非常小的部分，绝大部分的教学活动、课堂时间都是以教师为主的。对录像的深入观察还发现，C 教师的课堂中以学为主的行为特征也集中于回答教师的提问（讲问齐答）和动手书写教师布置的练习，化学课堂基本是由教师控制，学生几乎完全处于从属的被动地位。

② 从"7 小类"进行统计分析

a. 讲授呈现类（讲解陈述、讲问齐答）：目前高中化学课堂上，教师通过讲授的形式向学生直接呈现知识是最主要的教学手段。两位教师的讲授呈现类是频次最多、时长最长的一大类教学行为特征。J 教师共 25 次，602 s；C 教师共 22 次，1544 s。J 教师 25 次的讲授呈现只有 2 次是教师直接讲述，其余讲授都发生在学生活动之后，内容多为相关概念、理论的概括和总结。这说明 J 教师的讲授并不是灌输式的，是在学生获得一定感性认识基础上的有意义讲授。通过观察课堂录像还发现，J 教师在讲述中教态亲切，语言清晰、幽默、有激情，肢体语言富有亲和力。从学生的课堂表现来看，教师教的行为与学生学的行为是默契、和谐的。

与 J 教师不同，C 教师则较多采用了"讲问齐答"行为特征。讲问齐答的过程看上去很热闹，学生的参与度很高，气氛也很好，但仔细分析会发现，在这个过程中，教师其实并没有凝练出可供学生独立思考的、有一定思维跨度的问题，本质上还是教师在讲述，而且这种讲述显然与"讲解陈述"行为特征本质上是相同的。所以说"讲问齐答"中并没有真正有价值的问题。"在讲授的形式上，高效课堂与低效课堂存在明显的差异，表现为前者更多使用讲解陈述，后者更多使用讲问齐答"，显然这就是 J 教师与 C 教师在这一问题上存在的最大差异。此外 C 教师的教学语言平淡，课堂表现力和感染力都还需要锤炼。

b. 驱动推进类（提出问题、布置任务）：提出问题是应用最多的教学行为特征之一，同时也是化学课堂中最重要的教学行为特征，决定着课堂教学的质量。用问题和任务驱动学生的学习已得到普遍的认同。但两位教师在这类行为特征上也存在较大差异。在提问的方式、提问的内容和留给学生的思考时间方面，J 教师的提问所引发的学生思考无论是在量上还是在深度上都明显优于 C 教师。C 教师共提问 14 次，耗时 115 s。通过课堂录像观察发现，C 教师提出的问题思维容量较小，比较随意，没有针对学习任务认真挖掘、设计；而且提出问题或布置任务后，基本上没有留时间给学生独立思考或与同学讨论交流，而是直接面向全班回答了问题或任务的答案，即采用"讲问齐答"的方式。这可能是教师没有意识到给学生提出问题或布置任务后让学生进行思维活动的价值，或者是教师所提的问题和任务本身思考价值很小。J 教师提问 18 次，共耗时 156 s，提问的内容和形式涵盖创设问题情境、引导学生独立思考、组织学生讨论思考、汇报交流和动手书写等。对录像的深入观察还可以发现，J 教师善于根据自己的教学经验，将自己课前精心设计的问题在课堂上提出来，无论是学习新知识、巩固旧知识，还是围绕问题进行科学思维活动，整堂课用问题驱动和引领学生进行课堂学习的特征非常明显。而新手教师较不注意安排时间，不能使学生通过思考来解决问题和完成任务，不注意运用活动指导、评价等方法去调控课堂。

c. 思考辨析类（独立思考、讨论思考）：思考辨析类教学行为特征是学生在课堂上进行思考、研讨的重要途径，是在问题或任务驱动下的高级思维活动。两位教师在这类教学行为特征上的差异较大。C 教师的课堂几乎没有学生真正地为解决问题而去动脑和讨论交流的思维活动，整堂课教师没有组织学生进行任何问题的讨论，也没有组织学生针对问题进行小组或全班的汇报交流或针对学生学习状况、存在问题进行的评价。唯一的一次学生独立思考，耗时 184 s，是学生进行课堂练习，但也没有组织学生进行交流，因而也无法及时了解学生对知识的掌握情况，这是 C 教师第二个缺陷较大的教学行为。J 教师共有 17 次该类教学行为，总共耗时 757 s。J 教师善于针对学习任务设置问题情境、提出问题，用问题或任务驱动学生的学习，激发学生的学习兴趣，引导学生积极思考或小组讨论，然后组织学生汇报交流，并根据学生的回答情况及时评价。

d. 交流沟通类（汇报交流、学生提问、生生争论）：汇报交流一般发生在教师提出问题后，或者教师布置任务后,这是化学课堂中最重要的学生参与课堂教学的形式。C教师没有使用思辨类的教学行为特征,也就不存在交流沟通类的行为特征,教学活动基本由教师主导完成。J教师共组织学生进行全班范围的汇报交流15次,耗时740 s。从教学录像观察看,J教师课堂学生参与汇报交流的面较广,学生学习积极主动、气氛活跃、讨论热烈,回答问题的质量较高,师生活动自然和谐。但两位教师都没有出现学生提问和生生争论的行为特征,这是教学研究中值得注意的问题。

3. 化学教学行为特征诊断的结论

通过以上对两位教师课堂教学行为特征的统计和分析,发现专家教师课堂教学行为优于新手教师。

专家教师课堂教学行为特征:

(1)专家教师课堂教学中使用最多的教学行为特征依次为:讲解陈述、提出问题、汇报交流、板书展示、评价行为、讨论思考、布置任务和独立思考。

(2)专家教师耗时最长的行为特征依次为:汇报交流、讨论思考、讲解陈述、独立思考、提出问题、评价行为、板书展示和布置任务。

(3)专家教师的课堂中以学生为主的教学活动占了很大部分,教学任务完成的行为方式主要是以学生为主的。教师的主要行为在于设计、提出问题,指导学生进行独立思考和讨论思考,而且留给学生足够的时间以保证思考讨论的深度,然后在教师的指导、评价下进行全班交流汇报。

新手教师课堂教学行为特征:

(1)新手教师课堂教学中使用最多的教学行为特征依次为:提出问题、讲问齐答、讲解陈述、板书展示和图画展示。新手教师没有使用讨论思考、评价行为和汇报交流等教学行为特征。

(2)新手教师课堂教学中耗时最长的几种行为特征为:讲问齐答、讲解陈述、图画展示、板书展示。教学中以教师的讲授为主,学生的活动主要表现为被动的"听、看、答"。

(3)新手教师课堂中以学生为主的教学活动(无论是行为特征的种类、频次还是时长)在课堂活动中仅占非常小的部分,绝大部分的教学活动都是以教师为主的。学生为主的行为特征也集中于回答教师的提问(讲问齐答)和书写教师留给的练习。

进一步的课堂观察发现,新手教师常常把一个本来富有思考价值的问题分解为若干个小问题,让学生一小步、一小步慢慢地跟着教师顺利完成学习任务。从掌握知识与技能的角度来看本无可厚非,但这种没有或很少有高级思维活动作为基础的交流其深度可想而知,这样的学习活动很可能流于形式,如果长期如此对培养学生的科学素养可能弊大于利。

新手教师可以运用课堂观察的方法加快自己的专业成长。通过多听专家教师的常态课或采用"同课异构"的方式,采用课堂观察的方法(最好能对两类课进行录像)进行细致分析、对比,研究自己与专家教师在运用教学行为上的差异,还可以通过课后交流(访谈)、集体备课研讨等方式加深对专家教师课堂教学行为的理解,体会专家教师课堂教学行为的特征和教学价值。教师自主的潜心研究是极为重要的,并要把自己的研究心得及时应用到教学中,在实践中进行验证、修改、总结和提升。

新手教师要养成对课堂教学行为进行反思的习惯。对课堂教学行为的反思是教学反思的新视角,是对传统意义上的教学反思的补充、丰富和完善。由于对教材的知识内容及知识的内在联系还较陌生,对教学策略、教学方法的运用还欠熟练,因此,新手教师在课堂教学行为上必然会有许多的不足。如果能养成对自己的课堂教学行为进行经常性反思的习惯,总结自己在哪个教学任务的完成中使用的教学行为是高效的,哪个是低效的,应如何改进等,那么对教师的专业发展无疑是大有裨益的。

无论是专家教师还是新手教师,从两节课的教学行为特征统计来看,均没有统计到"学生提问"和"生生争论"。这两个行为特征有着很高的教学价值:它可以促进学生对所学内容的深入理解,也是教学资源的生成和发现教学问题的途径,还是促进教师学习和扩展知识的良好机遇,是促进教师提高教学能力的良好催化剂。从这个角度来看,两类教师课堂中学生的学习状态都不是最佳的,学生参与课堂活动的主动性、积极性还有待于加强。

四、化学教师教学板书诊断

教学板书是教师以教学内容为素材,以教学目标为依据,在黑板、投影仪、多媒体课件上,用书写文字、符号或绘图等方式,向学生概括、精练地呈现教学内容,以促进学生理解和掌握所学内容的一种方法。教学板书的形式可分为纲要式、网络式、表格式、括号式、线条式、图画式等。灵活地运用各种板书形式,有利于科学、生动地表达教学内容,有效地向学生传递教学信息,促进学生对化学知识的理解和记忆。

教师在课堂上的板书是信息传输和示范定型的重要渠道,然而我们在化学新课程教学时发现,中学化学教师的板书表述方式不正确、不规范的情况屡见不鲜,有的是长期习惯性错误沿袭的结果,有的是旧教材已废弃名称、量和单位表示法在教师大脑中已根深蒂固,还有的是平时态度不严谨、不规范造成的失误。表 4-33 所示以 GB3100-3102-93《量和单位》强制性国家标准及现行新版化学教材为依据,对化学教师板书中使用量和单位名称、符号、化学用语书写等方面存在的问题做一概略诊断。[1]

表 4-33 中学化学教师常见错误或不规范板书诊断

	错误或不规范的板书(例释)	正确的板书(例释)
1. 旧教材习惯性的影响	惰性气体 氧化—还原反应 pH 值 阿伏伽德罗常数近似为 6.02×10^{23} 化学反应速度	稀有气体 氧化还原反应 pH 阿伏伽德罗常数近似为 6.02×10^{23} mol^{-1} 化学反应速率
2. 使用已废弃的旧名称	重量 比重 比热 原子量 分子量,式量 摩尔数 质量百分比浓度 体积百分含量 摩尔浓度	质量(m) 密度(ρ),相对密度(D) 质量热容,比势容(c) 相对原子质量(Ar) 相对分子质量(Mr) 物质的量(n) B 的质量分数[$w(B)$] B 的体积分数[$\varphi(B)$] B 的物质的量浓度[$c(B)$]
3. 不恰当的简缩	标况,标态	标准状况
4. 使用非法定计量单位	气体在 1 atm 时 CO 体积含量 3 ppm	气体在 1.01×10^5 Pa 时 $\varphi(CO)=3\times 10^{-6}$

---

[1] 王后雄.化学教师课堂板书常见错误分类例释[J].化学教育,2003(7-8):46-47.

(续表)

	错误或不规范的板书（例释）	正确的板书（例释）
5. 计量单位使用不正确、不规范	s(路程)　S(面积)　S(西)	s(秒)(注：同一符号大小写、正斜体表示的意义不同)
6. 量符号使用了正体字母	$V_{NH_3}=0.1$ mol/(L·s) $V(O_2)=2$ L $p=2×10^5$ Pa $M_{H_2SO_4}=1$ mol/L	$v(NH_3)=0.1$ mol/(L·s) $V(O_2)=2$ L $p=2×10^5$ Pa $c(H_2SO_4)=1$ mol/L
7. 没有使用国际规定的符号	质量：W 阿伏伽德罗常数：N_0,N 温度：$t=230$ K 或 $T=98$ ℃ 压强：P,p	m N_A $T=230$ K 或 $t=98$ ℃ p
8. 把化学元素符号当做量符号使用	体积比：O_2：H_2=1：2 体积分数：$H_2S\%=20\%$ 质量分数：$MnO_2\%=51\%$	$V(O_2):V(H_2)=1:2$ $\varphi(H_2S)=20\%$ $w(MnO_2)=51\%$
9. 把量符号当做纯数来使用	物质的量为 n mol $(t-10)$ ℃	物质的量为 n $t-10$ ℃
10. 把中文名称当做中文符号使用（表达量值时，数值后面的单位必须用符号）	1 摩尔 $2.0×10^{-9}$ 库仑 600 焦耳 800 帕斯卡	1 摩；1 mol $2.0×10^{-9}$ 库，$2.0×10^{-9}$ C 600 焦，600 J 800 帕，800 Pa
11. 热化学方程式新、旧教材表示方法有差异	$N_2(g)+3H_2(g)\rightleftharpoons 2NH_3(g)+Q$ $2H_2(g)+O_2(g)\rightleftharpoons 2H_2O(l)+571.6$ kJ	$N_2(g)+3H_2(g)\rightleftharpoons 2NH_3(g)$（正反应为放热反应） $2H_2(g)+O_2(g)\rightleftharpoons 2H_2O(l)$； $\Delta H=-571.6$ kJ/mol
12. 与电子有关的化学用语新、旧教材表示方法有差异	$O_2+2H_2O+4e=4OH^-$ 2e $H_2+CuO \xrightarrow{\triangle} Cu+H_2O$	$O_2+2H_2O+4e^-=4OH^-$ 2e$^-$ $H_2+CuO \xrightarrow{\triangle} Cu+H_2O$
13. 键线长短表示不当	$CH_3-CH=CH_2$	$CH_3—CH=CH_2$
14. 有机物命名不规范	1—戊炔 1，2—二溴乙烯	1-戊炔 1,2-二溴乙烯
15. 有机物结构简式键线连接、原子连接错误	NO₂—⟨⟩—NO₂	O₂N—⟨⟩—NO₂
16. 错别字	坩锅、油酯 胆矾为兰色 木碳、活性碳 氨根、铵基	坩埚、油脂 胆矾为蓝色 木炭、活性炭 铵根、氨基
17. 忽视了计算中单位的作用（即单位应参与运算）	计算标准状况下 0.2 mol NH_3 的体积 $V(NH_3)=0.2×22.4=4.48$ (L)	$V(NH_3)=n(NH_3)·V_m$ $=0.2$ mol×22.4 L/mol=4.48 L
18. 单位重叠、混乱	设 CO 的体积为 V L …… 解得：$V=2$ L	设 CO 的体积为 V …… 解得：$V=2$ L

教师的课堂板书对学生的解题、答题起到示范性的潜移默化的作用,板书是否规范应作为诊断教师课堂教学是否严谨、科学的重要量化指标。

第五节 化学课堂提问行为诊断

核心概念

◆教师提问 ◆学生提问 ◆提问行为 ◆有效提问

巴西著名教育家保罗·弗莱雷认为,对话是教育教学的主要途径之一,要使对话有成效,提问是关键。"提问"作为教学过程的重要环节,亦是教学过程推进和发展的重要动力。新课程改革背景下,"提问"作为"互动""对话"等教学理念的重要承载方式,其重要性更是不言而喻。可以说,教师教学效率的高低,大多可以从他们所提问题的性质和发问的方法核查得知。在具体的课堂教学情境中,师生双边提问的有效性究竟如何?这是化学教学诊断研究的一个重要方面。

一、化学课堂教师提问诊断

(一)化学课堂教师提问诊断的研究方法

1. 研究工具

在文献研究的基础上,结合化学学科课堂特点及化学课堂提问行为的观察,并经过化学学科教学专家的论证,构建了对有效提问进行系统分析的框架,如表 4-34 所示。依据这个框架对化学课堂的提问行为进行编码、统计和分析。[①]

表 4-34 化学课堂有效提问系统分析的框架

分析维度	具体类别编码
提问目的(A)	A1:引导思考
	A2:获得反馈
	A3:引导观察
	A4:激发兴趣
	A5:进一步探询
	A6:课后探究
问题类别(B)	B1:封闭性问题
	B2:开放性问题
问题认知水平(C)	C1:机械、记忆性水平
	C2:理解、推理性水平
	C3:创造、评价性水平

[①] 杨玉琴,王祖浩.化学课堂有效提问的系统研究[J].化学教育,2011(12):18-22.

(续表)

分析维度	具体类别编码
问答方式(D)	D1：提问前先点名
	D2：提问后让学生齐答
	D3：提问后叫举手者答
	D4：提问后叫未举手者答
	D5：讨论后汇报
	D6：不需学生回答
候答时间(E)	E1：第一等候时间/s
	E2：第二等候时间/s
学生回答水平(F)	F1：无答
	F2：机械记忆性回答
	F3：理解、推理性回答
	F4：创造、评价性回答
教师理答方式(G)	G1：对学生回答不理睬或消极批评
	G2：打断学生回答或自己代答
	G3：对学生回答肯定或重复学生的回答
	G4：分析或评估答案
	G5：对学生回答鼓励称赞
	G6：进一步追问

2. 研究样本

从某省近年来"高中化学新课程优质课观摩"活动中，随机选取了10节课作为研究对象。对其进行分析，有助于了解教学一线教师对提问行为的理解及具体教学实践，挖掘亮点，捕捉问题，为实际教学中教师更为合理地设计课堂提问、改进教师课堂提问效果提供参考。

3. 编码示例

为了对课堂提问行为进行统计分析，研究中采用了课堂观察方法，对研究样本进行课堂实录，依据化学课堂有效提问系统分析的框架，由两位研究者独立对每一节课中教师的提问行为进行编码。表4-35是"化学反应速率"一节课某片断的提问行为编码示例。两位研究者分别对研究样本编码，对差异较大的部分进行协商，以达成一致。

表4-35 "化学反应速率"提问行为（片断）编码示例

序号	提问	A	B	C	D	E1	E2	F	G
1	我们要在较短的时间内制备氢气球，你选择一个反应具备什么样的特征	A1	B1	C2	D2	2	0	F3	G6
2	当然除了快，我们还需要什么	A5	B1	C2	D2	1	0	F3	G5
3	下面我们一起来探讨，如何制备这个氢气球，我们以前学习知道，哪类物质与哪类物质反应产生氢气	A2	B1	C1	D2	2	0	F2	G5
4	铝片和 1 mol/L 的 H_2SO_4 反应，气球能不能鼓起来	A3	B1	C1	D2	7	1	F1	G2

(续表)

序号	提问	A	B	C	D	E1	E2	F	G
5	大家好像不能看到气球鼓起来,它里面只有一点点气泡,不足以让气球鼓起来,那该怎么办	A1	B1	C2	D6	5	0	F1	G6
6	首先请大家讨论一下,对于一个化学反应,我们可以有哪些手段来描述它进行的快慢呢	A5	B2	C3	D6	1	0	F1	G6
7	你觉得有哪些宏观现象可以说明化学反应的快慢	A5	B2	C3	D4	5	1	F3	G5
…	……								

(二)化学课堂教师提问诊断的结果与分析

通过对 10 节课编码结果的统计,10 节课中教师提问的频次计 949 次,平均每节课约提问 95 次,也就是教师在 45 分钟课堂中每分钟要提问 2.1 次。由此可见,在化学观摩课中,教师特别重视师生之间的互动,提问行为在课堂中占主导地位。那么,提问的质量究竟如何?

1. 提问目的

提问能被用来完成课堂教学中比较宽泛的教学目的。由图 4-17 的统计结果可知,化学课堂提问目的的分布是多元的,但又是不平衡的。有 52% 的提问是用于获得反馈,12% 用于探询(提出一些带有探寻性质的问题去引导学生进一步阐明观点或重新思考,或者在学生给出答案后试探着询问其他同学是否还有补充或其他的意见),16% 用于引导思考,9% 用于引导观察,另外,还有 8% 和 3% 的问题用于激发兴趣和课后探究。

从结果看,获得反馈的提问显得偏多。无疑,获得反馈是提问的目的之一。通过提问,教师能够检查学生对知识掌握的熟练和深入程度,及时发现学生知识体系中的漏洞和缺陷,进而反省教学中的不足和疏忽,并相应地调整教学方法和进程。但不可忽视的是,问题对学生的最大贡献是思维训练。由图 4-17 可见,在化学课堂教学中用于引导思维的提问显得不足,弱化了提问的重要功能:化学是以实验为基础的科学?面对实验中传递出来的大量信息,学生需要通过细心的观察从中甄别出有价值的部分并加以思考,所以引导观察的提问(占 9%)能够起到帮助学生有目的、有重点地观察的作用。

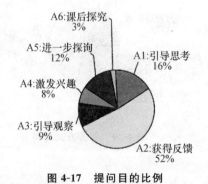

图 4-17　提问目的比例　　　　图 4-18　问题类别比例

2. 问题类别

依据问题的答案可将问题分为封闭性问题和开放性问题两种类型,10 节公开课中封闭性问题与开放性问题的比例如图 4-18 所示。

封闭性问题指只有唯一正确答案的问题,学生一般通过回忆教科书的内容或观察就可以直接回答,如"哪两类物质之间发生反应生成氢气?"封闭性问题可以培养学生的聚合性思维,评估学生对于事实的记忆和观察技巧;而开放性问题无确定答案或有多个答案,学生可以用多种方式进行回答,如"我们可以通过哪些宏观现象来描述化学反应的快慢?"由于开放性问题本身的不确定性、思维的发散性、答案的多样性等特点,更能激发学生的思维。大多数学者认为,一般情况下,封闭性与开放性问题之比应为 7∶3,复杂性层次较高时,两者之比为 6∶4。[①] 从样本统计结果看,封闭性问题占总数的 81%,开放性问题占总数的 19%,二者比例大约为 8∶2。可见,在新课程课堂问题设计中,教师已关注到开放性问题对激发学生思维、建立高层次理解的作用,但比例仍偏小。

3. 问题认知水平

参照布卢姆《教育目标分类学》的理论,将认知领域的课堂提问由低到高分为三个水平层次。那些只需机械回答"是或否"以及只需对事实做回忆性重述或检索性确认的问题为低层次水平,如"铝和稀盐酸的化学反应方程式是如何书写的?"需要通过理解、推理等思维活动回答的问题称为中层次水平问题,如"若将化学能转化为电能,这样的化学反应需满足什么条件?"需要学生将所学的知识用一种新的或有创造性的方式组合起来才能解决的问题称为高层次问题,如"如果给你一个氧化还原反应,你怎样把它设计成原电池?"在回答较高层次认知水平问题的过程中,学生需要将新的教学内容与原有知识经验加以综合运用。或分析、或联系、或推理、或转化……这些心智活动的参与有利于促进学生思维能力的发展。不同认知水平的问题统计结果如图 4-19 所示。

由图 4-19 可知,虽然提问行为在课堂中占据主导地位,教师在 45 分钟的课堂中平均每分钟提问 2.1 次,但这些提问的思维含量却不容乐观。低层次(机械、记忆性)的问题占了一半多(58%)。虽然,不同认知水平的问题之间并无好坏之分,它们在课堂教学中各司其职、相互补充,对于一些基础性的知识,要求学生达到记忆层次是完全应该的,但若这样的问题偏多,课堂教学则会缺失挑战智慧、发展思维的深层价值。

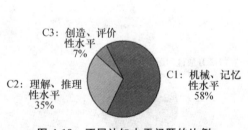

图 4-19 不同认知水平问题的比例

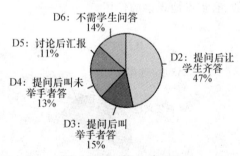

图 4-20 问答方式比例

4. 问答方式

教师的问答方式在某种程度上决定了学生的参与程度,当教师提问的对象只针对少数目标学生(如举手的学生)时,其他学生则成了"板凳队员"。如何让所有的学生都成为目标学生,需要

[①] 〔美〕加里·D. 鲍里奇. 有效教学法[M]. 易东平,译. 南京:江苏教育出版社,2002:213,228.

教师采用一定的问答策略。一般情况下,合适的策略是首先提出问题,接着等待3~5秒钟,然后再指定学生来回答。这个过程使得所有的学生都思考并准备回答。

从图4-20的统计结果可看出,有47%的问题是教师提问后让学生齐答,这可能与观摩课借班上课、教师对学生的情况不太了解有关。但我们对这种提问方式应有所警惕,因为这种回答往往是学生齐声应答"是"或"不是",或者是"你一言""我一语",还有些学生只是"滥竽充数",表面的热闹气氛掩盖了学生的思维过程。课例中,有15%的问题提问后叫举手者回答,另有13%的问题在教师提问后叫未举手者回答,可见教师注意到了让提问面向全体,这有助于学生改变对课堂举手文化的看法,即教师提问的目的并不是弄清楚谁能回答此问题——而是理解课堂上每个学生的思维。讨论后汇报的问题占了11%,这种方式往往应用于较复杂的问题,有利于学生的积极参与以及学生之间的合作交流。

5. 候答时间

候答时间指教师在提出问题之后暂停、以等候学生回答的时间。它分为两种类型:① 第一等候时间:在提出问题之后,叫学生回答之前;② 第二等候时间:在一个学生回答之后,教师或其他学生做出评价之前。在诊断的课例中,将候答时间划分为四个时间段。第一等候时间(E_1)与第二等候时间(E_2)在各个时间段所占的比例如图4-21所示。

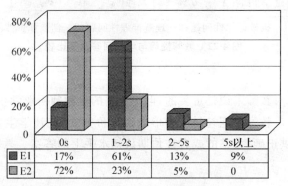

图4-21 候答时间比例

统计结果显示,第一等候时间平均为1.89 s,第二等候时间平均为0.55 s。一般认为,当教师提出问题后,应运用3~5 s的等候时间让学生思考和组织答案,对于高层次问题,应该增加到15 s。而诊断的课例中,第一等候时间和第二等候时间皆不足。在第一等候时间中,2~5 s以上的只占22%,有17%的问题等候时间为0。而高达72%的问题没有第二等候时间,第二等候时间在2~5 s以上的仅占5%。究其原因,一方面与课堂高密度的提问有关。如果要求学生每20~30 s就要回答一个问题,他们能有多少时间进行思考?另一方面,教师头脑中几乎没有第二等候时间的概念,在获得答案后便急于评判,以进入下一个环节的教学。

6. 学生回答水平

学生回答问题的认知水平对应于教师所提问题的认知水平。从理论上讲,两者应具有一致性。但通过统计比较发现(如图4-22所示),在低认知水平的问题上两者之间存在较高的一致性。而较高认知水平问题上两者之间差异性较大,即教师提问中的推理水平并不等于学生在回答中能效仿达到的思维水平。如"你认为开发利用天然气资源在我国有什么样的现实意义?"是属于评价型的高层次认知水平问题,但是学生若已经通过阅读书本获取了这一信息,那么他在回答这一问题时无须运用"分析、比较、综合"等思维活动就能回答这一问题,即对高认知水平问题的回答依赖于学生占有的背景知识和回答问题所需的信息。另外,值得注意的是,有高达14%的问题并没有引起学生的回应。如"对于一个化学反应,我们可以有哪些手段来描述它进行得快慢呢?"学生因为对"手段"这一词的费解导致对这一问题没有产生回应。"教师表述问题的清晰性和明确性,将会影响学生答案的清晰性、明确性和一致性。"作为教师,我们应该慎重考虑提问的目的和措词的严谨性,并确定学生是否正在运用我们期望的信息和认知操作,并能帮助学生理解和监控自身的认知操作过程。

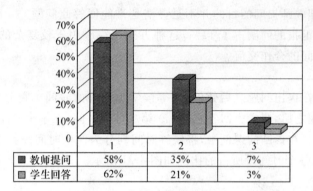

(注:1—机械记忆性问题;2—理解推理性问题;3—创造评价性问题)

图 4-22 教师提问与学生回答水平比较

7. 教师理答方式

虽然提出好的问题对教师来说是重要的,但更重要的是教师听取学生对问题的回答,并对这些回答进行分析和评价。教师的理答是一种形成性评价方式,能让学生知道他们在哪些方面做得好,并促使学生去提供正确、完整的或者在预期认知水平上的答案。教师理答方式的统计结果如表4-36所示。

表 4-36 教师理答方式的统计结果

教师理答方式（G）	G1:对学生回答不理睬或消极批评	0
	G2:打断学生回答或自己代答	22%
	G3:对学生回答肯定或重复学生的回答	18%
	G4:分析或评估答案	16%
	G5:对学生回答鼓励称赞	32%
	G6:进一步追问	12%

由表4-36可知,教师对学生的回答都能给予一定的反馈,没有出现不给予任何评论,或以消极的和批评性的方式否定学生的答案。对学生回答肯定(G3)或鼓励称赞(G5)等积极的强化方式占了总数的50%。课堂观察中我们发现,为了体现对学生的尊重,调动学生的学习热情,不少教师对于学生的回答无论是答非所问还是曲解误解,都会给予激励与夸奖,"很好!""真聪明!""你真棒!""给他来点掌声!"随处可见,这无疑会消解表扬的积极作用。作为学生学习的一种强化物,表扬应建立在充分分析或评估学生答案的基础上。只有当期望中的学生表现——知识掌握完整而准确,思维达到了预期的加工水平,很好地运用了口头表达技巧,对后续问题给予了积

极关注,这样的表扬才是有效的,学生才会更加愿意倾听、珍惜并对教师的反馈进行反应。而对于不正确的、不完整的,或者是不恰当的回答,应该有进一步的探询,或对问题进行重新导向。但从统计结果看,对学生的答案进行分析或评估的只有16%,采用追问策略的只有12%,而教师打断学生回答或自己代答的问题高达22%。

(三) 提高化学课堂教师提问有效性的策略

1. 问"少"而"精"的问题

问题,作为思维的一种表现形式,在课堂上根本性的作用在于激发学生的思维,问题的性质则规定着思维的方向与思维的内容。少量的、经过精心组织和陈述的问题比一大堆问题更能促进学生思考。如果教师每分钟提1~3个问题,这些问题必然不会要求很高的逻辑思维;如果学生每20~30 s就要回答一个问题,他们几乎没有深思熟虑的时间。所以,问题的数量不宜过多,且兼顾各种层次的问题,加大理解、推理、创造、评价类问题以及开放性问题的比例。"只灌输或者只涵盖内容的教学会压制学生的发展,但帮助学生完善思维就是赐予他们成长的力量。"[1]有关事实、回忆或者知识等水平层次的提问是必要的,但须将这些问题放在构建新知识或解决新问题的大背景下,作为学生回答高水平问题、进行高层次思维的基础。

2. 善于运用追问策略

统计结果显示,对于中、高水平的问题约有一半的学生答案处于与教师所提问题不同的认知水平上。课堂观察发现,当学生的答案不正确、不完整或者不恰当时,教师经常会说"好的"或随便表扬一句,并让其他同学来答或干脆打断学生自己代答,很少有教师会要求学生解释他的答案、给出例子或是提供论证。中、高水平的问题有其思维复杂性、曲折性,不进行深入的探询则无从知道学生的思维在哪里搁浅,也无法知道学生运用了怎样的思维方式。

追问用在不正确或是不完整的回答之后,也可以用在教师希望进行解释或推理的正确答案之后,目的是为了完整地理解学生的答案并帮助学生的思维达到更高的层次。对一个封闭性问题进行追加式提问,可使其得以伸展。如追问"为什么?""怎么样?""在某条件(情况)下又会怎样?""说出你的理由"等等,这会使一个封闭性的有确定答案的问题变成一个理解性的问题。对于开放性问题,追问"你怎么想到这一点的?""你能告诉我你这样说的原因吗?""你能提供什么样的事实或证据来支持你的看法吗?""对于……你还知道什么?"激发学生反思并判断他们的回答是否正确,使学生的思考更加深化,并建立新的联系,这实质上是在鼓励学生开展元认知式的思考。一旦学生理解了他们正在想什么,他们是怎样形成自己的观点以及什么时候适合运用特定的思维操作时,他们就掌握了教学内容。追问的目标就是把"问题变成学生学习与思考的工具",而不是把一个答案作为一次提问的终点。

3. 适当延长候答时间

统计结果显示,教师已经建立起一种快节奏的课堂提问模式。教师在提出问题之后,叫学生回答之前,等待往往不足3秒钟(第一等候时间)。在学生做出回答之后,教师在开口讲话之前,很少有停顿(第二等候时间)。这种急速的步伐往往导致相反的结果——学生参与的积极性并不高,对内容的思考也不深入。已有研究结果表明,"当教师确实有耐心将候答时间延长到3秒至5秒或更长的时间,将会观察到学生对课堂教学活动有更多的参与"。具体表现为:学生问题回

---

[1] Beyer B. K. Improving student thinking[M]. Boston: Allyn & Bacon,1997:28.

答长度的增加;学生能恰当回答问题的比例提高;学生在回答问题时增加了自己的理性探索与推理;学生推理性的语句增加;学生能更多地提出自己的疑问;学生在课堂上参与口头交际的机会和时间也有增加等。① 当然,善于等待并不等于对任何问题都要沉默一段时间,教师在运用等待时间时需要有一定的判断力和灵活性。若提出问题后,学生脸上一片茫然,不知所措,教师就应该反思问题的恰当性,而非一味等待。只有当学生确实表现出在思考时,才需要留等待时间。此外,对于层次比较低的回忆类问题,也不需等待过长时间。

4. 让学生提出问题

美国教育家肯尼思·H. 胡佛(Kenneth H. Hoover)认为,"整个教学的最终目标是培养学生正确提出问题和回答问题的能力。任何时候都应鼓励学生提问。遗憾的是,提问常常是按照教师问学生答的反应模式进行。"在我们所观察的课堂中,教师的提问占据了整个课堂,没有一个学生对课程内容提出问题。究其原因,一方面是在教师每分钟提 2~3 个问题的课堂上,基本上没有学生提问的空间;另一方面则是教师没有让学生提出问题的意识。巴西著名教育家保罗·弗莱雷认为,教师不仅要提出能够激起思考的问题,还要激励学生自己提出问题。通过提问,学生不仅会回答问题,更重要的是要能够对问题提出质疑。当一个学生开始就内容提出自己的问题时,他就积极地参与到了意义建构中来。通过形成问题,学习者把新知识和旧知识相联系,从而将学习体验为理解的过程。教师应善于创设问题情境,让学生发现问题、提出问题,在对比、类比联想中产生问题……学生就课程内容提问题的行为体现了更高水平的参与。

5. 审慎地利用表扬

在新课程改革背景下的课堂教学中,为了体现评价对学生的激励作用,教师对学生回答问题常用的反馈方式就是表扬,以至于"真聪明""你真棒"等评价语言到了滥用的地步。这种反馈既无针对性、无适用度,亦无真实性和真诚性,更无思维、智慧的启迪价值。如同我们要审慎对待批评一样,我们亦要审慎对待表扬。实际上,在提问中,反馈的主要功能不是评判学生,而是帮助学生反思正确答案的路径或错误答案的原因,帮助学生厘清自己思考的成效,鼓励学生在何种程度上或什么方向上继续努力。另外,还应该促成学生养成这样的意识,即教师对学生回答问题的反馈主要不在于裁判对错优劣,而在于帮助他们能正确地、深入地思考,是对思维的深究与激荡。

二、化学课堂学生提问诊断

(一)化学课堂学生提问诊断的研究方法

以苏教版《化学 1》"金属钠的化学性质"的教学为例,通过两种课堂教学模式(教师提问与学生提问)的对比,研究学生提出问题的质量,以及提问的过程和结果对促进学生的知识掌握、课堂参与方面的影响。

1. 课题选择

为了让学生在充分适应了回答问题的教学环境中主动提出有价值的问题,所选课题必须具有明显的可探究性,能够激发出学生的求知欲和好奇心,尤其要选择学生易产生认知冲突又能明确表达疑惑的课题。"金属钠的化学性质"是一个很好的载体。其中,钠与氧气在常温和点燃时的反应对比鲜明,钠与水的反应现象对学生造成强烈的视觉冲击,由此概括出钠的特殊性质和特

---

① Rowe W. B. American Education[J]. The Second Education,1987(1):38-47.

殊的保存方式。总之,这节课的分组实验教学可使"师问""生问"的教学优势得以充分发挥,使得两种课型的教学效果更具可比性。

2. 诊断方法

随机选择A、B两个平行班,A班采用教师提问调控课堂节奏为主的教学方案,B班采用学生提问为主的合作探究方案。对两节课进行全程录像,播放录像,记录教师和学生提出的问题,从数量、质量角度进行比较。比较各环节教师活动的功能,学生参与的时间、人数,判断学生的参与度与参与效果。此外,在两天后进行学习效果检测。[1]

(二)化学课堂学生提问诊断的结果与分析

1. 问题分析诊断

对教师提出的问题和学生提出的问题进行分类,具体如表4-37所示。

表4-37 教师提问和学生提问对比

实验探究	教师提出问题	学生提出问题(问题后编号见表下说明)
钠在空气中的变化	为什么能用小刀切开钠?金属钠的颜色在空气中有什么变化?金属钠如何保存?拓展:为什么能保存在煤油中?	为什么表面产生气泡?(2)为什么变暗?(1)为什么保存在煤油中?(1)为什么手碰触到钠时有烧灼感?(3)
钠的燃烧	燃烧时为什么有黄光?产物是什么颜色?	燃烧前为什么先变成球状?(1)为什么先变成黑球后变亮?(2)白烟为什么会转变为淡黄色固体?(2)
钠与水的反应	为什么浮在水面上?为什么熔成小球?生成氢气还是氧气?产生的碱性物质是什么?	为什么变成小球?(1)钠附着在烧杯壁时为什么有火星?(2)钠在水中为什么四处游走?(1)游走轨迹为什么接近圆形?(2)钠为什么越来越小?(2)为什么有响声?(1)究竟产生什么气体?(1)为什么有呛人的气味?(3)

说明:(1)代表传统教学中教师设计的主流问题(第一类问题),(2)代表学生细心观察后发现细微变化而生的问题(第二类问题),(3)代表因实验不规范而导致的异常现象形成的疑问(第三类问题)。

因为受教学时间和主题限制,教师一般仅提出主流问题,即围绕教学知识目标而设计具有明显的思维导向性的问题,因此问题精练、有序,有效地控制了课堂教学节奏。

学生提问贯穿整个探究过程,十分全面,基本涵盖了教师提出的第一类问题。大多数学生问题表达准确清楚,目的明确且不乏概括性。例如,有学生提出,学完本节课再提出"钠为什么保存在煤油中?"更加有意义,概括了钠的重要物理性质和化学性质。更难能可贵的是,学生还从实验细节和特殊疑问中提炼出了四个课外有探究价值的意外问题,引发了更加丰富的猜想,激起了学生课余用不同方式继续探究的热情。

问题的质量高低不在于是否能在一定时间内得出明确的答案,而在于是否真正与学生的知识、方法和习惯产生冲突,是否有利于拓展学生思维的广度和深度。例如,"钠为什么越来越小?为什么有呛人的气味?"等四个问题,一经提出就在同学们善意的哄笑声中不攻自破了。这种不能称之为问题的"问题",反而促使学生过滤筛选疑问,进一步思考,更加有利于学生学会提问、学会提出有价值的问题。

---

[1] 耿秀梅.课堂教学中学生提问的可行性研究[J].化学教学,2013(4):47-49.

2. 整体效果及分析诊断

对两个班教学过程的时间分配、学生的参与度以及学习效果进行对比,结果如表 4-38 所示。

表 4-38　两种教学模式整体效果对比

			教师提问的课堂教学 (A班)	学生提问的合作学习 (B班)
平均时间	钠与氧气、钠与水反应的实验探究	操作	4分钟	6分钟
		观察	2分钟	5分钟
		问题提出	2分钟	10分钟
		回答问题	3分钟	7分钟
		教师概括分析	10分钟	3分钟
		总时间	21分钟	31分钟
	其余环节	提炼物理性质,总结性质与结构、保存的关系	10分钟	6分钟
		练习	8分钟	5分钟
		感悟	6分钟	3分钟
学生参与	提问、补充、追问人次		5	27
	回答、补充、概括人次		11	29
	主流问题		9	7
	从实验细节和特殊疑问中提炼出有价值的意外问题		0	4
	小组合作		汇集答案,缺乏深度交流,合作有些形式化	从角色分配到分工合作,学生表达—争论—归纳,深度交流
学习效果	化学方程式记忆保持率(两天后)		72%	95%
	知识应用(测试得分率)		82%	86%

不难看出,B班学生参与程度更高:实验前充分研究规范操作以避免风险,观察活动更加细致有序,观察的结果更加丰富、充实,为提出高质量的问题奠定了基础。操作、观察、提问共用了 21 分钟,是 A 班的两倍多;在学生有效地活动之后,教师的概括总结只用了 3 分钟,而 A 班用了 10 分钟;学生主动表达观点达到 56 人次,与 A 班的 16 人次形成了鲜明对比;相对而言,B 班学生的小组合作活动更加充分有效,他们针对实验安全、操作细节、实验现象尤其是异常现象进行独立思考,然后在小组内展开充分交流讨论、整理归纳,小组代表汇报问题—假想—论证—结论的过程;对于组内不能完成的问题在全班范围内交流,其他组补充说明。学习热情与科学方法、科学态度有机地结合起来,促使学生积极有效地掌握了知识,同时也享受到学习过程的快乐。

从学习效果来看,B 班学生经过主动提问、有效探究,对知识的形成过程产生了较为深刻的体验,充分理解了反应原理,在化学方程式的记忆方面有明显效果,在测试中的综合表现也略具优势。虽然一两节课的训练不足以产生明显效果,但从长期来看,只要教师尊重学生学习的规律,激励学生通过质疑、提问展开研究,学生一定会得到超越知识本身的收获。

(三)化学课堂学生提问诊断的研究结论

第一,学生有能力提出较高水平的问题。学生提出的问题虽然繁杂而无序,质量参差不齐,但是其中不乏高质量的问题,甚至超出了教师预设的问题;而其他问题的加工过程,对于学生提问能力的发展更能起到促进作用。

第二,学生提问促进了学生的课堂参与。离开了教师的主流问题的牵引和实验操作的示范,学生提出问题,通过沟通、分享、互助、评价的合作学习的途径展开研究,使得学生活动的时间明显增加,小组活动更加充分,课堂气氛更为活跃。

第三,提问的过程有助于学生学习知识。与教师主导的教学过程相比,以学生提问为基础的教学过程,学生的学习质量并没有下降。学生在质疑中合作,在合作中反思,在反思中提高,侧重了过程也兼顾了结果。

第六节 化学课堂教学情境诊断

核心概念

◆教学情境　◆诊断标准　◆误区诊断　◆价值取向

在当前的化学课堂教学中,教师运用情境教学已成为普遍的选择。但在实际的教学过程中,仍不时会看到"课堂上热热闹闹,课后也没学到多少"的现象。广大教师设计了多种不同的教学情境,有的"取材于学生生活",有的"取材于科学史",有的"取材于社会生活"……其中不乏低效或无效的教学情境出现。在化学教学中,缺乏对教学情境的合理评价,才导致上述现象在实践中屡屡产生。目前,关于化学教学情境评价乃至一般的教学情境评价研究很少涉及。化学教师创设的教学情境是否有效,从哪些角度来评判化学课堂教学情境的优劣,怎样的教学情境才是优质的教学情境?

一、化学课堂教学情境诊断标准[①]

《辞海》中将情境定义为:"一个人在进行某种行动时所处的特殊背景,包括机体本身和外界环境因素。"在课堂教学的范围内,王祖浩等对情境的定义是:"情境通常是指教学情境或学习情境,是指教师在教学过程中运用各种手段和方式创设的一种适教和适学的情感氛围,从而为完成教学目标和任务奠定基础。"这里的情境指的是在课堂教学的特定场景里,教师为了达到某种教学目标而设置的情境氛围,是教师为了完成特定的教学任务,围绕教学目标(概念、技能、态度等)而设置的包含特定事件的场景。

怎样的教学情境才是优质教学情境呢?已有的研究中专门诊断情境标准问题的比较少,对"什么是优质教学情境"这一问题的讨论,从情境及情境学习相关理论文献的梳理中,可以得到一些有益的启示。

迈克尔·杨(Michael F. Young)(1993)在《情境学习的教学设计》(*Instructional Design for Situated Learning*)中给出了好的教学情境的三项标准:(1)好的情境能够进行迁移;(2)好的情境能够提供学习的意义;(3)好的情境能够适应"抛锚式教学"。他认为一个好的情境首先必须能够促进学习的迁移,情境应该和学习者需要学习的知识紧密相关,情境必须帮助学生深入所要学习的概念知识或者程序性知识之中,同时,情境能提供其他丰富的例证或类似问题以使学习者产生概括化与迁移。其次,好的情境应该能够让学习者明白学习的意义,懂得"为什么要学习这

[①] 张小菊,王祖浩.化学课堂教学情境的评价研究[J].化学教育,2013(3):27-32.

个内容"。第三,好的情境能够适应"抛锚式教学"。好的情境应包含丰富的内容,应能使学习者有机会生成问题、提出各种假设,并在解决结构不良的、真实的问题的过程中获取丰富的资源,能发散学生思维,为学生深入学习提供机会和基础。

约翰·吉尔伯特(John K. Gilbert)以建构主义理论、情境学习理论及活动理论为理论基础,提出了化学教学中情境的四条标准,其核心要义为:

(1) 教学情境是由一定的社会场景、时空构架成的实践共同体。这个共同体具有如下特征:学习者要参与其中,通过交流和参与发展他们对实践共同体文化的认同;学习情境要围绕核心事件提供学习支架;学习情境必须与学生的最近发展区相一致;学习情境来源于学生的日常生活,具有重要社会发展意义的重要的主题。

(2) 教学情境须包含学科问题。教学情境必须围绕核心事件明确而详细地描述学习任务,必须包含与学习任务相关的学科问题,并为将要在课堂教学过程中实施的讨论与交流的核心问题设计好框架。

(3) 教学情境能够让学生形成对概念的整体关联性认识。学习者通过讨论与交流,达到理解情境中核心概念的目的。教师在建构教学情境时,要充分了解学生已有的知识背景,以便引导学习者将情境中的概念与大概念(观念)及已有的概念联系起来,形成对概念的整体关联性认识。

(4) 教学情境能够帮助学生形成对知识的迁移学习。学习情境要围绕核心事件,将核心事件与相关的外部环境、已有的知识背景联系,能帮助学生形成自己的理解和自己的知识结构,并能够将所学的知识重新情境化,能够运用知识来解释发生在自己生活中的相关事件。

分析研究者的观点,可以发现他们大多是从两个方面在描述教学情境。一是教学情境的功能,即教学情境运用于教学中可以起到怎样的教学效果,或者我们期待它有着怎样的教学效果。如吉尔伯特主张教学情境能够让学生形成"对概念的整体关联性认识",能够帮助学生"形成对知识的迁移学习";布鲁纳主张情境可以让"学生独立研究";杜威主张学生在其中"发现疑难";迈克尔·杨主张能够帮助学生实现"学习迁移",能够"明白学习的意义","学习者有机会生成问题","发散学生思维,为学生深入学习提供机会和基础";布朗、苏霍姆林斯基主张能够让"学生领悟、体验与陶冶"。二是教学情境的构成。如弗赖登塔尔主张情境是"有意义的场所""真实的故事""经典的或虚构的特别例子""精心巧思的设计""独特的主题"等,吉尔伯特主张教学情境由发生在"一定的社会场景、时空构架成的实践共同体"构成。

综上所述,一个教学情境,可以从"功能"和"构成"两个角度来讨论其质量。功能是教学情境的灵魂,教学情境的设置首先是为了"完成教学目标和任务",其次是促进学生高水平的思维,最终达到提高学生科学素养的目标。情境的构成则影响着教学情境的功能,如果教学情境在构成上贴近学生生活,则容易激发学生的学习兴趣和动机;如果教学情境能够蕴涵合适的学科问题,则能够激发学生积极思考,促使积极探究……教学情境的构成为教学情境功能的实现提供条件,而教学情境的功能指引着教学情境构成的方向。一定的构成特征是实现功能特征的前提,但构成特征是形式要素,如果仅有构成特征,不考虑功能特征,有可能出现教学情境的形式化、虚无化等问题。学习需要在一定的情境下完成,情境是学习者学习建构的条件,而学习者的学习建构是情境建构的目的,而情境的构成特征则影响着学习者学习构建的效果。

张小菊、王祖浩从"功能"和"构成"两个维度首次建立了化学教学情境的诊断标准(见表4-39)。

表 4-39 优质化学课堂教学情境的诊断标准

维度	指标
功能特征	F1：能够让学生迁移所要学习的内容。所学习的化学知识存在于一定的情境中 F2：能够让学生体会到学习化学对社会和个人发展的重要意义 F3：能够让学生体验科学方法以及情感态度与价值观 F4：能够让学生形成对化学概念的整体、有意义的理解。能让学生将新学的化学知识与已有的知识进行联系；能将小概念与大概念联系起来，形成有意义的联系；能形成整合的观念，理解知识的多重含义，而不仅仅是记忆知识 F5：能激发学生经历高水平思维。学生在教学情境创设的学习环境中形成"认知冲突"，积极参与到化学问题解决之中，基于情境参与一些高水平的认知活动，如提出问题、提出假设、提出解决问题的方案，根据实验或调查数据进行推理，得出结论等
构成特征	C1：发生在一定的时空条件下，围绕化学核心概念或科学方法而展开的具体事件 C2：包含将要解决的化学学科的核心问题 C3：建立在学生已有的化学知识基础之上 C4：为学生的交流和参与化学特定主题的学习提供框架 C5：围绕核心事件的素材源于学生的日常生活或具有当代社会发展意义的主题

表 4-39 中诊断标准的功能特征是从教学情境对学生学习可能形成影响的角度进行构建，包括教学情境对学生化学学习情感态度与价值观的影响，对学生认知结构优化的影响，对学生科学思维的影响……因此，一个情境具有的评价标准中的功能特征越多越好。功能特征越多，说明这个情境对促进学生化学学习的影响越多，对深刻理解化学知识的帮助越大。

表 4-39 中诊断标准的构成特征构建的视角是多方面的：情境素材的来源，情境中的问题与教学主题的关系，情境包含的知识与学生已有知识的关系，情境与后继学生学习活动之间的关系，情境素材的时空性等。诊断化学教学情境的构成特征时，我们从情境与教学内容的关系、与学科问题的关系、与学生已有知识及学生生活的关系入手，实质上是从教学内容及学生的学习——教学系统的两个核心要素进行分析。因此，情境具有的诊断标准中的构成特征越多越好。情境所具有的构成特征越多，则说明教学情境与教学内容的联系程度、与提高学生的学习兴趣、与学习目标的达成度和学生思维发展水平的关系更为密切。

在日常教学中，对教学情境的诊断大多关注教学情境的构成，且尤其重视情境构成的形式：情境是否采用了多媒体技术？是否运用了视频展现信息？是否源于社会或生活……而忽略了教学情境与学生之间的关系、教学情境与教学内容的关系、教学情境与教学目标达成度之间的关系。而本节所构建的评价标准，是对化学课堂中优质教学情境的要求，它没有从媒体构成元素等表层因素来评价，而是从教学情境与教学内容、激发学生的学习动机和促进学生思维发展等的关系上进行评价。

二、化学课堂教学情境的诊断

为研究方便，从元素化合物知识、化学原理两大类课例中筛选出六节来自于不同地区的高中化学"优质课"，并提取了其中的教学情境。根据优质教学情境的诊断标准，具体解析这些化学"优质课"的教学情境特征（见表 4-40）。由表 4-40 可知，这些化学"优质课"中每课至少有一个教学情境，最多的有五个教学情境。对有多个情境的课例，分别用情境 1、情境 2 等依次表示。

表 4-40　化学教学情境的功能特征及构成特征

		情境的功能特征	情境的构成特征
课例 1	情境 1	无	C5
	情境 2	F1,F2,F3,F4,F5	C1,C2,C3,C4,C5
课例 2	情境 1	F2	C1,C5
	情境 2	F2,F3,F4,F5	C1,C2,C3,C4
	情境 3	F1,F2,F3,F4,F5	C1,C2,C3,C4,C5
课例 3	情境 1	F2	C1
	情境 2	F2,F3,F4,F5	C1,C2,C3,C4
	情境 3	F1,F2,F3,F4,F5	C1,C2,C3,C4,C5
课例 4	情境 1	F1,F2,F3,F4,F5	C1,C2,C3,C4,C5
课例 5	情境 1	F1,F2,F3,F4,F5	C1,C2,C3,C4,C5
课例 6	情境 1	F1,F2,F3,F4,F5	C1,C2,C3,C4
	情境 2	F2	C1,C5
	情境 3	F1,F2,F3,F4,F5	C1,C2,C3,C4,C5
	情境 4	F1,F3,F4,F5	C1,C2,C3,C4
	情境 5	F3,F4	C1,C2,C4

1. 化学教学情境的特征分析

（1）总体情况

根据表 4-40 化学"优质课"中 15 个教学情境所具有的功能因素的多少,将教学情境分为三类:有 4 个以上功能因素的教学情境,有 2~3 个功能因素的教学情境,2 个以下功能因素的教学情境,并分类进行频数统计,得到表 4-41。用同样的方法对教学情境的构成因素进行分析,得表 4-42。

表 4-41　化学教学情境的功能因素分布

功能因素	频数	比例/％
2 个以下	2	13.3
2~3 个	3	20.0
4 个以上	10	66.7

表 4-42　化学教学情境的构成因素分布

构成因素	频数	比例/％
2 个以下	4	26.7
2~3 个	1	6.7
4 个以上	10	66.7

从表 4-41 数据可知,在 15 个教学情境中,有 66.7％的教学情境能够实现 4 个以上的教学功能,有 13.3％的教学情境只能实现 2 个以下的教学功能。这说明,化学"优质课"中大多数教学情境功能多样化,能实现较好的教学效果,但也有少数的教学情境功能单一。

从表 4-42 数据可知,在 15 个教学情境中,有 66.7％的教学情境有 4 个以上的构成因素,有

26.7%的教学情境只有2个以下的构成因素。这说明,化学"优质课"中大多数教学情境的构成多样化,但也有少数教学情境的构成因素单一。

总体而言,大多数化学"优质课"的教学情境表现出优质教学情境的功能特征和构成特征。但也有少数教学情境与教学内容、学生学习特征联系不够紧密,导致教学情境的构成和功能两方面表现较为单一。

(2) 化学"优质课"教学情境的功能特征

通过对上述六节化学"优质课"教学情境的研究,发现15个教学情境在功能特征上有如下特点。

① 让学生理解学习意义是优质课教学情境实现最多的功能。从图4-23可以看到,六节"优质课"15个教学情境中有12个情境能够实现功能F2:"让学生理解学习意义",包括引导学生体会到化学学习的社会意义和对学生日常生活的意义。化学"优质课"中反映该功能的教学情境比例为80%,平均每节课有2个教学情境实现了该功能。

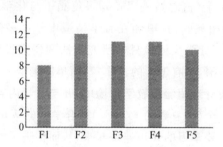

图4-23 化学教学情境各功能特征数量统计

② 15个教学情境中有11个情境能够体现功能F3,平均每节课有1.8个教学情境实现了该功能。这些教学情境中蕴涵着科学过程、科学方法、科学态度和科学对社会与人类生活的影响,反映了科学的社会价值。这些情境内容引导学生体验科学过程,学习科学方法,从而实现对学生科学态度、科学精神的影响。化学"优质课"中实现该功能的教学情境占73.3%。

③ 15个教学情境中有11个情境能够体现功能F4,平均每节课有1.8个教学情境实现了该功能。F4指教学情境能够让学生形成对化学概念的整体的、有意义的理解。这有助于学生将新学的知识与已有知识联系起来,将具体知识与核心概念联系起来,形成知识之间的有意义的联系。在整合的基础上,理解知识的多重含义,而不仅仅是记忆知识。化学"优质课"中实现该功能的教学情境占73.3%。

④ 15个教学情境中有10个情境体现了功能F5,即激发学生经历高水平的思维,平均每节课有1.7个教学情境实现了该功能。化学"优质课"中实现该功能的教学情境占66.7%。

⑤ 15个教学情境中有8个情境体现了功能F1,即引导学生将情境信息迁移到所要学习的主题内容上,帮助学生理解新的知识。平均每节课有1.3个教学情境实现了该功能。化学"优质课"中实现该功能的教学情境占53.3%。

此外,15个教学情境中只有1个情境没有真正意义上的教学功能,该情境发生的比例是6.7%。

(3) 化学"优质课"教学情境的构成特征

对"优质课"中教学情境的构成因素进行统计分析(见图4-24),可以得到如下结论。

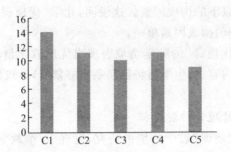

图 4-24　化学教学情境各构成特征数量统计

①15个教学情境中有14个教学情境与教学主题相关(C1),将教学情境与教学主题较好地联系起来,引导学生将情境迁移至所要学习的内容上。具有C1特征的教学情境占情境总数的93.3%。

②15个教学情境中有11个(占总数的73.3%)蕴涵了与化学相关的科学问题(构成特征C2)。这些问题都与核心主题相关联,且蕴涵在教学情境中。大多数教学情境包含了从问题提出到问题解决的过程,并提供了让学生体验科学研究方法和研究过程的机会。研究案例提出的典型的问题有:"SO_2形成的酸雨,具有怎样的性质?""简单原电池存在电流不稳定、发热等现象,如何解决?"……这些问题都较好地蕴涵在教学情境中,并与教学内容的核心主题息息相关。

③15个教学情境中有10个(占总数的67.7%)符合学生的认知结构(构成特征C3),它们较好地将学生已有认知结构与将要学习的知识连接起来,从而促进了学生的知识建构,调动了学生高水平思维的学习状态。课例中的教学情境较好地印证了情境学习理论的著名观点:"情境学习强调的不仅仅是学习而是思维",情境学习"强调学习的理解而非记忆"(James Gibson,1979)。

④15个教学情境中有11个(占总数的73.3%)为学生的学习讨论提供了框架(构成特征C4)。

⑤15个教学情境中有9个(占总数的60%)的核心问题相关的事件源于学生的日常生活或社会发展实际。如酸雨的影响导致"龙门石窟"遭到破坏;铝是非常活泼的金属,但生活中大量的铝制品用来做器具,而且"安然无恙";在火灾现场遇到大量的金属钠,如何应急处理等。

为进一步了解教学情境为学生的学习提供讨论框架的积极作用,研究者对案例情境中的问题解决过程进行了分析(见表4-43)。研究表明:这些教学情境都包含着学科问题,在后继的问题解决过程中教师都运用了科学探究的方法,为学生参与科学探究提供了较多的机会,为学生参与讨论、交流及问题解决提供了有力的支持。在对问题的分析讨论、提出假设及运用实验寻找证据过程中,学生的参与度都很高。6个案例中有5个的假设主要由学生提出,有3个的问题解决方案主要由学生设计(在教师的引导下提出)。这些教学情境不仅包含了问题和问题解决的过程,也激发学生较多地参与到科学探究的各个环节中,在学生的已有知识结构和将要学习的新知识之间架构起了较好的"桥梁",从而有效促进了学生的知识建构,调动了学生高水平思维的学习状态。

表 4-43　典型教学情境涉及的解决问题过程的活动主体分析

课例	提出问题	提出假设	解决方案	实验	形成结论
课例 1	教师	学生	教师	师生共同	教师
课例 2	教师(实验情境中蕴涵)	学生	学生	学生	师生共同
课例 3	教师(实验情境中蕴涵)	学生	教师	学生	师生共同
课例 4	教师	学生	学生	学生	师生共同
课例 5	教师	教师	教师	教师	教师
课例 6	教师	学生	学生	教师	教师

2. 化学教学情境中问题诊断

化学"优质课"中教学情境虽有许多值得肯定的优质特征，进一步分析也发现存在着一些不容忽视的问题。将各种教学情境中缺失的功能要素与构成要素进行了统计(见图 4-25、图 4-26)。从这些缺失的要素中可以发现这些案例中教学情境设计方面存在的一些问题。

(1) 教学情境与教学主题的关联不够，缺少与主题相关的学科问题

教学情境的本质内涵蕴涵着学科问题。从图 4-25 中可以看到，教学情境中缺少最多的是 C5，显示核心知识与情境素材的关联不够；而 C2 的缺少(占 20%)反映出情境的学科性不足，有的教学情境没有蕴涵学科问题或者蕴涵的学科问题不恰当。

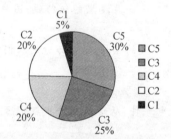

图 4-25　各教学情境中缺少的构成要素统计

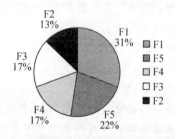

图 4-26　各教学情境中缺少的功能要素统计

课例 1 中教师运用视频展现了一个考古挖掘的视频，其核心事件是关于一件宗教圣物出土场面的描述，而教学主题却是不同金属与氧气反应的性质的差异，虽然视频中呈现了不同金属在经历千百年后形态上出现的差异，但它不是视频的核心信息，只是边缘信息，学生在观看视频时不易注意到此信息，所以该教学情境与核心主题的关联不大。

课例 3 中的情境 1，教师运用多张 PPT 展现并讲解原电池的发展过程，但课堂教学的主题是盐桥电池。教师创设的教学情境与学习主题的关系也不紧密，教学情境中也没有涉及学科问题。

课例 6 中的情境 2，教师运用多张 PPT 展示了生活中各种各样的含硅材料，体现了含硅材料在社会发展与人类生活中的重要地位，但没有蕴涵学科问题，其功能只是让学生了解含硅材料在生活中的广泛应用，体会化学学习的社会价值。

(2) 教学情境在促进化学学习高水平思维能力方面还有待加强

图 4-26 的数据显示，F1、F5 缺失的比例最大，说明有些教学情境没有为学生提供形成概念整体理解的环境，未能通过多种途径培养学生的高水平思维。考察部分情境中的问题，基本上是由教师提出的，少数学生虽参与了讨论，但未能形成与核心知识相关的问题。教师在呈现情境后，没有让学生去思考其中蕴涵什么问题，并激发学生提出相应的看法，而是很快就给出了需要

解决的问题。这类常见的做法对学生创新能力的培养是不利的。"科学研究始于问题""提出问题往往比解决问题更为重要"。让学生充分思考，主动提出问题，是化学课堂教学情境创设和实施时教师需要高度关注的。

图 4-25 的数据显示，C3、C4 的缺失也相当严重，说明了情境设计时较少考虑学生的认知特点，尚未选取最佳素材揭示学生核心知识学习的"最近发展区"，也没有提出针对性的问题引导学生交流、讨论，因此情境在思维发展方面没有发挥应有的效果。

研究发现，有的教学情境，教师未从整体出发把握关键问题，而往往拘泥于某些小问题，未能引导学生对情境信息进行全面而深入的考察，没有在充分讨论的基础上提出有价值的问题解决的思路。这不利于教学情境在促进学生高水平思维方面发挥应有的功能。

三、化学课堂教学情境使用误区诊断[①]

1. 情境中没有学科问题

案例研讨 4-7

"化学能与电能"教学片断

教师：用 PPT 呈现图片 1——灯火通明的纽约城；图片 2——一片漆黑的纽约城；图片 3——人们纷纷涌上街头。

教师：这是一座美丽的不夜城，可是有一天它突然陷入地狱般的黑暗，恐惧万分的人们涌上街头，发生了什么事？

学生齐答：停电。

教师：对，停电。这就是 2003 年发生在美国纽约的大停电事件，从这个事件中我们可以知道有一种物质已经成为我们生活中不可缺少的物质，它是什么？

学生齐答：电。

教师：那前面我们学过化学能转化为热能，那化学能还可以转化为其他什么形式的能吗？

学生齐答：电。

教师：很好。这节课我们就一起来讨论化学能与电能。

案例研讨 4-7 中，教师通过美国纽约大停电事件创设情境引出本节课的主题"化学能与电能"，学生对教师的问话呼应踊跃，情境看似引起了学生的兴趣。但若分析该情境所引发的师生对话，不难发现虽然师生之间展开了一问一答，但这些"问答"却不需任何思考。教师的意图显而易见，学生只要做应景之答并能显现出"热闹"的课堂气氛。"纽约大停电"情境中虽包含了与教学主题有关的"电"，却不蕴涵与"化学能与电能"这一主题相关的化学问题，如"化学能为什么能够转化成电能？""化学能是如何转化成电能的？"等需要探究、思索才能解决的问题。这种绕了一大圈（停电事件在学生的日常生活中较常见，没有必要从纽约大停电说起）创设的情境，却没有蕴涵学科问题，并不能引起学生认知上的不平衡和有意义学习的心向。

---

① 杨玉琴，王祖浩. 教学情境的本真意蕴[J]. 化学教育，2011(10)：30-33.

2. 情境偏离核心知识

案例研讨 4-8

"氧化还原反应"教学片断

教师先让学生看一段录像：伴随着悠扬的乐曲，魔术师翩翩而至，只见他取出一个深色装满"酒"的瓶子和5个无色透明的小酒杯，反复让大家看，看不到杯里有什么。他把瓶中的"酒"慢慢装满第一个小杯，是浓浓的橙红色的"鲜橙汁"！真令人垂涎。还是刚才那个酒瓶，在装满第二杯时，奇了，竟是绿色香甜的"葡萄美酒"！正在大家满心疑惑时，魔术师又装满第三杯，却是褐色的"咖啡"，再倒出第四杯时却变成了蓝色的"墨水"，更有趣的是，装满第五杯时，竟是不断涌出气泡的"啤酒"，乳白色的泡沫正向杯外溢出。"魔瓶"令人啧啧称奇。

教师：同学们，魔术师神奇不神奇？

学生齐答：神奇！

教师：魔术师并没有你们想象的神通广大，他只不过是巧妙地应用了氧化还原反应。让我们一起走进五彩缤纷的氧化还原世界，领略和享受物质变化的妙趣。

案例研讨 4-8 中的教学情境看起来新奇，似乎在课的开始就能引起学生强烈的好奇心，且情境中蕴涵着化学原理及应用。但需我们明辨的是，这样的情境引起的是学生对新奇现象的关注，还是对其中所蕴涵的化学原理的探讨？本节课是"氧化还原反应"的起始课，教学重点是引导学生从新的角度（化合价升降）对化学反应进行分类，进而探讨氧化还原反应的本质，情境中魔术师所表演的 5 个反应虽是氧化还原反应，但其反应原理并不能在本节课中进行探讨。故该情境所起的作用只是牵强附会地引出了"氧化还原反应"，与本节课的核心知识却无关联。一个接一个的新奇现象也许满足了学生的感官刺激，却不能引发学生对化学核心知识的探究，这样的情境创设只能说是喧宾夺主，偏离了教学情境的应有价值。

3. 情境渲染负面影响

案例研讨 4-9

"氯气"教学片断

教师：播放1——江苏淮安发生液氯泄漏事故的有关报道（麦地枯黄、油菜变白、人畜中毒等）；播放2——"一战"和抗日战争时期"氯气战"图片，以及氯气在战争史上给人类带来的灾难。

教师：根据上述报道和图片，同学们能总结氯气有哪些性质和危害？闻氯气的气味应如何操作？为什么农作物颜色发生了改变？

案例研讨 4-9 中的情境取材于生活，其中蕴涵着化学学科问题，能够有效引导学生对化学知识的探究。但是，当如今人们普遍对化学存在误解（将化学与有毒、爆炸、污染等等同起来），热爱化学、选学化学的学生越来越少时，引导学生正确地认识化学是化学教育工作者的责任之一。倘若我们在讲浓硫酸的腐蚀性的时候，一定要选取有学生将浓硫酸泼到某动物园动物身上，造成动物严重烧伤;学习氯气的时候,一定要从"二战"时德国在战场上使用氯气毒死联军士兵说起;学习甲烷一定要从瓦斯爆炸开始……那么,在学生的头脑中所建立起来的化学物质都是与"毒""腐蚀""爆炸"有关。如此下去,还会有多少学生喜欢化学呢?

4. 情境创设虎头蛇尾

案例研讨 4-10

"原电池"教学片断

教师:展示发出悠扬动听音乐声的生日贺卡,拆掉贺卡上的电池,音乐声戛然而止。再将贺卡与课前准备好的水果电池相连,悠扬动听的音乐声再次响起。

学生:脸上充满了好奇。

教师:同学们想知道其中的奥妙吗?那就跟随老师一起进入"原电池"的学习。

(接下来教师引领学生一起探究了原电池的工作原理、原电池的构成条件、原电池的应用,对水果电池的原理却没有再涉及。)

本案例教学情境的创设既能够引起学生的兴趣,也能引起学生探究的欲望,不失为一个恰当的教学情境。但遗憾的是,当该情境完成了引入课题的作用后,教师便弃之一旁,未能用原电池的原理来解释水果电池的工作原理。如果教师在此情境创设之后,提出问题"水果为什么也能做成电池?其中蕴涵了怎样的化学原理?"而当和学生一起将"原电池的工作原理、原电池的构成条件"探究清楚之后,再回到情境所产生的问题,让学生运用所学知识解释水果电池的奥秘,则学生经历了问题产生、解决、应用的完整过程,教学情境则真正发挥了作为知识产生、建构的载体的作用。

5. 情境创设猎奇心态

案例研讨 4-11

"离子反应"(第2课时)教学片断

教师:教师展示将VC泡腾片放入水中产生气泡的图片,同时提供补充知识,告知学生泡腾片的主要成分是柠檬酸和碳酸氢钠(试图使学生对于离子反应产生一个感性认识)。

学生:充满好奇。

教师:大家知道VC泡腾片放入水中为什么产生气泡吗?"离子反应"的学习将会揭开问题的奥秘。

本案例中,教师的设计意图是"从生活中的实例入手,引发学生的学习兴趣"。但在实际授课过程中,尽管教师告诉学生泡腾片的主要成分是柠檬酸和碳酸氢钠,但是由于学生对于这两者之间可能发生的反应毫无概念,因此学生对于该设计与本课程内容之间的联系仍然很不明确,因而难以激发学生进一步的思考。教师忽视了学生的已有知识,忽视了学生对于此现象理解的困难,不但不能引起学生进一步的思考,反而人为地为学生设置了认知障碍,使学生的思考从未知走向未知,其结果与教师的初衷背道而驰。化学课堂情境创造,以真正促进学生对于问题的有效思考和引起学生的学习兴趣为出发点,注重课堂引入的科学性与艺术性的统一、简单性与实用性的统一,克服形式主义的影响,避免思想上的"猎奇"心态,使课堂引入真正发挥其应有的作用。

四、化学课堂教学情境价值取向

以上案例中所出现的一些问题实际上是教师没有能够理解教学情境的本质内涵而造成的。教学情境作为经过教师加工的,与教学内容相适切的,包含问题的特殊的教学事件,其价值在于为学生的化学学习提供素材和知识背景,激发学生的学习兴趣,帮助学生发现问题,以引起学生的化学学习行为——主动探索、解决问题,从而获得化学知识、形成化学学科能力。为了充分发挥情境的作用,必须把握情境的内涵及价值。

1. 教学情境的本质属性:蕴涵学科问题

教学情境的本质是生动的事件,其中包含与教学内容相应的、具有内在联系的问题。在心理学上,问题这一概念本身就包含着"情境"的意蕴,是"人不具备跨越所在的此岸与欲去的彼岸之间的裂缝的方法时所处的一种情境"。当学生识别到情境中所蕴涵的问题时,即体验到了目前状态与目标状态不一致的认知困境,摆脱这种困境的心理倾向就构成了问题解决的需要和动机。教师创设教学情境就是将化学问题或事实镶嵌在一种模仿或真实的环境中,呈现给学生,它能引起学生的认知冲突,激发学习者寻求问题解决,以达到认知和谐。所以,有价值的教学情境一定是内含学科问题的情境。案例研讨4-12向我们展示了"铝的化学性质"教学中教师创设的教学情境以及情境中所蕴涵的化学学科问题。

案例研讨 4-12

"铝的化学性质"的教学情境和蕴涵的问题

表 4-44

情境	情境中蕴涵的问题
情境(1):分别观察铁门窗和铝合金门窗表面锈蚀的情况,发现铁门铁窗——锈迹斑斑,表皮脱落,而铝合金门窗——表面平整光滑,无生锈腐蚀现象	铝和铁均为活泼金属,且在金属活动性顺序表中,铝排在金属的前面,为什么铁容易生锈而铝却不易生锈?
情境(2):用坩埚钳夹住一小块铝箔,在酒精灯上加热至熔化,轻轻晃动。学生观察到铝箔熔化部分,失去了光泽,但熔化的铝并不滴落。好像有一层膜兜着;另取一块铝箔,用砂纸仔细打磨,除去表面的氧化膜,再加热至熔化,熔化的铝仍不滴落	(1)为什么熔化的铝并不滴落?由此引入氧化膜的概念。 (2)是不是把铝箔表面的氧化膜去掉以后再加热,铝箔熔化就会滴落? (3)除去氧化膜的铝加热熔化仍不滴落,又是为什么呢? (4)怎样设计实验才能看到铝燃烧的现象?
情境(3):展示压力锅使用说明书。压力锅的保养:使用压力锅后,应将食物及时取出。每次使用后应及时清洗擦干,以免残留的食物尤其酸碱性物质腐蚀锅体。清洗压力锅宜用热清水或热清水加清洁剂,不要用钢丝球等磨损性大的东西擦洗	在这些信息中,哪些是我们运用已有的化学知识可以解释的?哪些是我们还不能解释的?但据此我们可以猜测铝有怎样的化学性质?又如何来验证?
情境(4):展示工业上用来贮存和运输浓硫酸和浓硝酸的铝槽车	根据我们已有的知识,铝是能够与酸起反应的,那么铝制容器为什么还能用来贮存和运输浓硫酸和浓硝酸呢?

有效的学习是在激发学生认知需要的情境中进行的。案例研讨4-12中的4个情境取材于生产、生活以及化学实验,每个情境中都蕴涵着化学学科问题,问题产生于学生已有的知识和即将要学习知识的"节点"上,与学生已有的知识经验产生激烈的矛盾冲突,从而使学生萌发解决新问题的欲望。学科知识则镶嵌于问题解决的过程中。这样,通过一步一步制造悬念,一层一层解决问题,学生体验到知识的产生与发展,在问题解决的过程中获得知识,从而实现预定的学习目标。

2. 教学情境的核心内涵:引导知识建构

教学情境并非只是给传统教学"包装"一下或给传统教学加点"味精",也并非只是在新课教学之前利用有关的实验、故事、问题等来激起学生的学习兴趣,调动学生的学习积极性,从而引出新课。它是教学的具体情境(situation)的认知逻辑、情感、行为、社会和发展历程等方面背景(context)的综合体,学生所要学习的知识不但存在于其中,而且得以在其中应用。在去情境化的教学中,学生直接接触现成的结论,知识犹如横空出世一般突然呈现在学生面前。由于不知道知识是为了解决什么问题,以及是如何来的,这就给学生深刻理解学习内容带来了障碍。而在情境化的脉络中,当学习者认识到知识的效用以及利用知识去理解、分析和解决真实世界中问题的需要时,有意义的学习及建构就自然而然地发生了。因此,教学情境的核心内涵在于它是学生知识建构的载体,在整个学习过程中都能激发、推动、维持、强化和调整学生的认知活动、情感活动和实践活动等,让学生的思维不断地走向深入,建构有意义的知识体系。因此,教学情境作为知识建构的载体,应在教学的全程发挥作用,可以分阶段设计,逐步地扩展、深入、充实、明晰,既能成为课堂问题产生的源头,又能使整个教学围绕情境展开。

案例研讨4-12用4个教学情境巧妙地将铝与氧气的反应、铝和金属氧化物的反应、铝的还原性及铝的钝化4个知识点镶嵌其中,让学生通过对情境所蕴涵问题的主动探究,建构起"铝的化学性质"的知识结构。

3. 教学情境的深层价值:促进知识迁移

学生在传统教学中获得大量惰性知识,主要有两种成因:第一,这些知识没有形成一定的知识网络或图式,遇到实际问题,零散而非结构化保存的知识,不利于访问和提取;第二,即便知识的组织方式是结构化的,但由于这些结构多是以学科逻辑链接在一起,缺乏情境脉络的支持,因而在遇到问题时无法和问题情境对接,找到有针对性的解决策略,这种图式则是僵化、无效的。传统教学遭遇后一种情况更甚。教学情境是能够体现学科知识发现的过程、应用的条件以及学科知识在生活中的意义与价值的事物或场景,这样的情境可以有效地阐明学科知识在实际生活中的价值,帮助学生准确理解学科知识的内涵。教师通过设置基于工作的、模仿从业者真实活动的情境,使学生有可能在拟真的活动中,通过观察、概念原理的应用以及问题解决,形成科学家看待问题的方式和解决问题的能力。从而保证知识向真实情境的迁移,这是教学情境的深层价值所在。

案例研讨4-12中的教学情境1、3、4来源于生产生活,教学情境2则通过化学实验而创设。在这些真实的教学情境中,学生既可以清晰地感知所学知识能够解决什么类型的问题?又能从整体上把握问题依存的情境。这样,学生就能够牢固地掌握知识应用的条件及其变式,从而灵活地迁移和应用所学知识。

4. 教学情境的情感取向:弘扬学科价值

化学为现代文明作出了巨大贡献。化学与自然、社会、人类的关系,从来没有像今天这样密切，人人享受着化学的成果与恩惠。但是，人们对化学的误解、冷淡与隔膜却越来越重，甚至将化学与"污染""有害""危险"联系在一起。化学教师有责任在教学中弘扬化学学科的价值，引导学生正确认识化学，培养学生对化学学科的积极情感。许多与化学有关的新闻事件、最新科技成就、生活生产实际问题等都是我们创设课堂情境的好素材，但对这些素材的利用应有所斟酌，努力挖掘其中的积极因素，正确认识其消极影响。

如在"氯气"的教学中，教师可以利用氯气作为消毒剂在生活中的应用作为教学情境，围绕"氯气为什么可以作为消毒剂？体现了氯气什么化学性质？如何正确使用氯气作为消毒剂？"等问题展开探究，不仅可以从中获取化学知识，而且体验化学品在生产生活中的积极作用。对于氯气的毒性也无须回避，但应该让学生在这样的情境"如果我们是氯气的生产或运输人员，如何注意安全""当我们遭遇氯气泄漏时，如何利用所学的化学知识避免伤害"中来学习。让学生明白，化学品的危险性并不会比驾驶汽车更大。知道这些危害，深入地进行研究，谨慎地处理它们才是至关重要的。学生通过具体情境中的学习，不仅学到化学科学知识和方法，更重要的是能从化学的视角去认识科学、技术、社会和生活方面的有关问题，了解化学制品对人类的影响，懂得运用化学知识和方法合理地开发和利用化学资源。在面临与化学有关的社会问题的挑战时，做出更理智、更科学的决策。

化学与社会、生活的密切联系，为广大化学教师提供了丰富的情境素材。但我们在选择时一定要考虑情境是否与教学内容密切相关？是否蕴涵学科问题？是否能引导学生知识建构、促进知识迁移？是否能弘扬化学学科的价值？另外值得指出的是，化学知识源于生活而又高于生活，学生无法对每一项学习内容都能直接感受其生活意义与社会价值，如原子结构理论、物质的量计算、氧化还原反应规律等。这些知识本身较为抽象，能与此对应的浅显的情境素材较少，不宜牵强附会地去"匹配"。这些内容在化学上往往有重要的价值，需要学生付出艰苦的努力去理解。教师要致力于培养学生对化学学科的内在兴趣，提高学生逻辑思维能力。

第七节　化学课堂教学方法诊断

核心概念

◆教学方式　　◆教学方法　　◆探究式教学　　◆优选教法

化学教学方法是在教学过程中，为了完成化学教学目标，使学生掌握教学内容，在教学原则指导下所采用的师生互动方式和有关措施。化学教学活动和教学行为的差异，实质上反映的是化学教学方法的不同，化学教学方法决定了化学教学活动和化学教学行为的选择。从教学方法在教学过程中的作用来分析，尽管教学方法受到教学原则的指导，但它却是教学过程中最有活力的因素，并直接影响课堂教学的效果。这也是大家都十分关注化学教学方法诊断的原因之一。

一、化学课堂教学方法诊断

由于化学教学方法的多样性和多层次性，如何选择合适的教学方法，这就是教师的教学决策能力。毫无疑问，优秀教师之所以能驾轻就熟，教学效果好，关键是他们善于选择对某节课、某段内容最为有效的教学方法。教学方法的选择与优化是决定教师教学质量的最重要的因素之一。

(一) 不重视化学教学方法的选择

在化学教学过程中,教师不可能始终只用一种方法,而是有意或无意地按一定的指导思想与习惯的经验模式,进行多种方法的选择和组合。在教学实践中,教师各自表现出的态度及水平差异是明显的:有的教师总是习惯以一定的模式来使用教学方法,认定的往往是一种或少数几种教学方法,而不考虑教学任务和内容的特点、学生的特点、教学的技术条件等因素;有的教师因一时兴趣照搬典型的教法案例,因只知其然,而不知其所以然,那么就难于驾驭教学过程,教学效果远不及别人好;有的教师力求考虑具体的条件来改变方法,但这样做是通过自发的尝试错误来纠正或选择新的方案,仍然缺乏选择的科学依据。

有的化学教师并不真正懂得当某种方法对某一课题的教学非常有效时,对另一课题未必同样有用。教学中经常碰到的典型例子是:用演绎法进行推理性讲授可以较好地完成基本理论之后的元素化合物的部分内容的教学,如从氨的组成、分子结构出发容易推出氨的还原性、氨分子有极性、可溶于水等性质;但对基本理论之前的元素化合物的内容而言,演绎法很难奏效。相反,归纳法却被普遍推崇。可见,对教学方法适用的范围和实现条件等进行比较,是选择最优教学方法的首要步骤。巴班斯基独具匠心,在这方面做过系统的整理和深入的研究,为教师提供了一个有助于教学方法选择的清晰思路,见表4-45[①]。这是值得我们借鉴的。

表4-45 各种教学方法的适用范围和条件比较

	口述法	直观法	实际操作法	再现法	探索法	归纳法	演绎法	自主学习法
1. 该方法用来解决哪些任务特别有效?	形成理论性和事实性知识	发展观察力,提高对所学问题的注意力	发展实际操作的技能和技巧	形成知识、技能和技巧	发展思维的独立性,培养研究技能和创造性态度	发展概括能力和进行归纳推理的能力	发展演绎推理能力和分析现象的能力	发展学习活动中的独立性,形成学习技巧
2. 该方法特别适用于哪些教材内容?	教材内容以理论性、信息性为主	教材内容可用直观形式表达	课题内容包括实际练习,进行实验和从事劳动	内容太复杂或很简单	内容具有中等的复杂程度(或深度)	内容在教材中是用归纳方式阐述的,或用这种方式更合理	内容在教材中是用演绎方式阐述的,或用这种方式更合理	教材适合于进行独立学习
3. 该方法适合于具有何种特征的学生?	学生有掌握语言信息的准备	直观教具能为该班学生所接受	学生有完成实际操作方面作业的准备	学生对该课题进行问题研究还无准备	学生对课题进行问题研究已有准备	学生能够进行归纳推理,但对演绎推理感到困难	学生能够进行演绎推理	学生有独立学习该课题的准备
4. 使用该方法教师必须具备什么条件?	教师掌握口述法胜于其他方法	教师拥有必要的直观教具,或能自制教具	教师具备组织实际操作练习的物质设备和教学材料	教师没有时间用研究问题的方法组织教学	教师有时间用研究问题的方法组织教学,并且很好地掌握了探索教学法	教师已较好地掌握了归纳教学法	教师已较好地掌握了演绎教学法	教师已具备组织学生独立学习所必需的教学材料和时间

---

① 刘知新,王祖浩.化学教学系统论[M].南宁:广西教育出版社,1996:122.

（二）不能优化化学教学方法

化学教学方法优化问题的实质是化学教学方法选择的问题。关于教学方法选择的依据（或标准）已讨论多年，一些知名的国内外教法专家的观点已趋于一致，概括之，包括：① 化学教学目的和教学目标；② 化学教学内容的具体特征；③ 学生的年龄和思维发展情况；④ 学生的知能储备；⑤ 化学教学的时、空因素；⑥ 化学学科的特征；⑦ 化学教师的优势能力（即教师长处）；⑧ 化学教学的技术条件等。

1. 不同的教学方法产生不同的应用效果

选择化学教学方法的参考依据有多种，但对特定的学校、班级和教师而言，主要的变量是教学目的、教学目标和教学任务，统称教学任务。巴班斯基将教学任务概括为两大方面：一是知识、技能的形成；二是记忆能力、言语能力、思维能力和兴趣、意志、情绪等多方面的发展，并据此建立了以"教学方法"为纵坐标、"形成"和"发展"为横坐标的效果分析图像。结合我国化学教学的具体任务，对巴班斯基的工作做适当的简化和具体化，即得一幅化学教学方法的效果图，见表4-46。其中符号"＋!""＋""－"分别表示运用某种方法解决指定的化学教学任务所得到的"最好""较好""一般"三种效果。

表 4-46　各种教学方法的应用效果比较①

教学方法	形成			发展							教学速度
	化学理论性知识	化学事实性知识	实验操作技能	逻辑思维	形象思维	思维的独立性	记忆	兴趣	意志	情绪	
口述法	+!	+!	－	+!	－	－	+!	+	+	+	快
直观法	+	+!	+	－	+!	+	+!	+!	+	+!	中
实际操作法	－	+	+!	+	+	+!	+	+	+	+!	中
再现法	+	+!	+	+	+	+	+!	+	+	+	快
探索法	+!	+	+	+!	－	+!	+	+!	+!	+!	慢
归纳法	+	+!	+!	+	+!	+	+	+	+	+!	慢
演绎法	+!	+	+	+!	+	+	+!	+	+!	+	快
独立学习法	+	+!	+	+	+	+	+	+	+	+	中
教学讨论法	+	+!	+	+!	+	+!	+	+!	+!	+!	慢
口头检查法	+!	+!	－	+!	－	+	+	+	+	+	中
书面检查法	+!	+	+	+	+	+	+	+	+!	+	中
实验室检查法	+	+	+!	+	+	+	+	+	+!	+!	慢

由表 4-46 可知，完成某一项教学任务可采用多种教学方法，其中用"＋!"对应的方法预计效果最好，成功率最高，也是选择时优先被考虑的对象。某一任务有时对应几种标有"＋!"的方法，这说明教无定法，几种方法均可很好地实现同一目标，可谓殊途同归。从中究竟如何择定，可根据教学内容的细节、学生的情况和教师的能力等因素做进一步的综合考察和判断。这就是相对最优的教学方法的由来，也是教有定法的又一种解释。

2. 对教学课题内容的"微观"层次缺乏研究

在选择具体课题内容的教学方法时，应有意识地运用那些反映化学学科特征的方法，如实验

---

① 刘知新，王祖浩. 化学教学系统论[M]. 南宁：广西教育出版社，1996：124.

方法、观察方法、比较方法、分类方法、归纳方法、类比方法、模型方法等。事实上,这些方法不少教师自觉或不自觉地都在用于组织教学内容,因其属于"微观"范畴,尚未引起足够的重视。在论证某种教学方法的可选性时,课题的内容愈具体愈好。有时一节课的内容交织着理论性知识、事实性知识和技能性知识,体现的能力是多方面的,因而必须在"微观"层次进行仔细的论证,最好给出肯定或否定的结论。否则,原先被框定的几种方法未必最优。

这一论证过程是教师内隐的智力活动,构成"条件—行为"产生式。以下借用算法结构来具体表示论证过程(如图4-27所示)。

课题1:

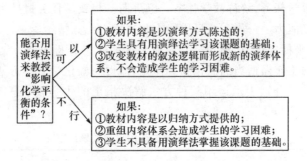

课题2:

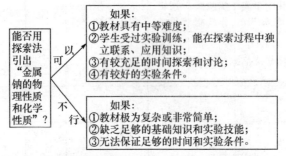

图4-27 化学教学课题内容"微观"层次的论证

上述两例经过正、反两方面的论证,最后得出的结论是:属于化学理论范畴的课题1不宜用演绎法,改用归纳法和演示法的结合更为有效。通常先从现象入手,分别讨论浓度、压强、温度对化学平衡的影响,再归纳出一般性原理。属于化学事实范畴的课题2非常适合用探索法教学,学生通过对钠表面的观察、切开后的观察、加热、设计和水的反应等一系列积极的和基本自主的实践活动,结合理性思考不难获得对金属钠性质较为全面的了解。学生通过主动体验探究过程,在知识的形成、联系、应用过程中养成科学的态度,获得科学的方法。

从表4-46所诊断的教学任务与教学方法应用效果的一般关系来看,用归纳法教课题1似乎不如演绎法,用探索法教课题2并不最佳。这些反常是由具体的教学情境所决定的,表中所列方法有明显的参考价值,但并不能决定每次具体课题的最终落实。这不仅说明了进一步论证方法的必要性,同时也体现了根据教学实际灵活选用教学方法的重要性。论证结果除了肯定或否定两种极端情形外,部分肯定或否定也是许可的,但必须配之相应的改进意见。

3. 忽视了化学教学方法的优化组合

一个完整的教学过程往往由多维"因素"构成:复杂的教学内容、不同的知识目标、多维的能力结构,因此采用一种方法一统到底是行不通的。教学方法的选择也是动态的,应伴随教学进程不断调整。在选出的多种方法中,有主导性的,也有辅助性的,这些方法必须按一定的顺序连接起来,才能有效地完成教学任务,这就是教学方法的组合。即使将教学任务分解到具体的一节课甚至更少,其中不同的教学"片断"均可找到对应的"微观"方法。由此我们认为,教学方法的选择与组合是密不可分的。诊断学研究表明,一些中学化学教师观念上仍然存在着以下偏差:只注重一节课该采用哪一种教学方法,而忽视了一节课该应用哪些教学方法。

潘留芳的问卷调查也证实,学生对由基本方法融合形成的教学方法的兴趣和适应性远远胜于单一型的教学方法,见表4-47。其中运用的场合最多,最受学生欢迎的是实验发现法、指导探究法和综合启发式教学法。[1]

表 4-47 化学教学方法优选调查(对象:高中学生 31 人)

教学方法选择(人次) 教材类型	指导探究法	实验发现法	阶段式程序教学法	讨论式	综合启发式	归纳法	讲练法	注入式	演绎法
概念术语类	4	9	7	2	21	8	0	1	1
物质性质制取类	18	31	7	5	3	10	0	0	1
元素化合物类	21	26	4	4	9	13	1	0	0
同类(族)物质类	20	20	11	6	5	11	3	3	2
基酸理论类	18	14	9	3	19	8	2	1	2
化学计算类	13	0	0	0	25	10	20	0	0
补充知识类	13	23	4	7	20	7	10	5	2
复习总结类	10	9	9	6	9	17	5	5	0
总人次	117	132	51	33	112	84	41	15	8

王益群在"探究课堂教学要素,并进行优化组合"的教学方法优化试验中,根据教学目标、教学内容、教学手段和教学对象等实际,从教学方法优化要素中选择若干进行优化组合,即构成灵活多变适合于高中化学教学的各种教学方法。[2]

理论知识的新授课　　　　　　　　　　启—读—做—议—讲—结
元素化合物性质的新授课　　　　　　　启—做—读—议—讲—结
习题课　　　　　　　　　　　　　　　启—做—议—结
实验课　　　　　　　　　　　　　　　启—议—做—结
复习课　　　　　　　　　　　　　　　启—结—设—探—讲—拓

化学教学方法的优化涉及教学目标、教学内容、学生、教师、教具、时间、空间等多种变量,仅从某一方面(如教学内容)进行考虑显然是不够全面的,但囊括所有变量的优化分析,理论上也是难于统一的。现实的办法是选择主要的变量,将影响因素作适当的简化。日本学者广冈亮藏的研究突出选择主要的变量,教学变量(y)是以目标变量(x_1)、教材变量(x_2)、学生变量(x_3)等作为

---

[1] 潘留芳.试论优选法教学[J].化学教学,1985(3).
[2] 王益群.优化课堂教学方法和实验报告[J].课程·教材·教法,1992(3).

自变量的"应变量",即构成函数关系：[①]

$$y = f(x_1, x_2, x_3, \cdots, x_n)$$

其中前三者为主要变量。王祖浩提出对系统进一步简化处理,为此,作进一步的假设：三个变量可分离,并按最简单的直线序列变化,即从多个变量的复合优化简化为个别变量的并列优化：

第一步优化　　　第二步优化　　　第三步优化

根据教学目标 → 根据教材内容 → 根据学生发展

根据我国化学教学的实际,我们对上述变量赋予适当的内容,并由此出发,研究化学教学方法优化的方法论。

教学目标变量 A
- A_1：高级目标
  - 态度（形成）
  - 思维（发展）
  - 情感（培养）
- A_2：低级目标
  - 知识（理解）
  - 技能（掌握）

教材内容变量 B
- B_1：理论性内容（化学概念、化学原理、化学规律、化学计算）
- B_2：记忆性内容（化学用语、物质性质、化学公式、化学史实）
- B_3：操作性内容（模仿操作、仪器装置、实验设计）

学生发展变量 C
- C_1：形象思维（通过具体、生动的外部表象把握事物）
- C_2：抽象思维（通过抽象概括把握事物的内在本质）

将变量 A、B、C 按"直线序列"组合,得到12种可能的排列（$C_2' \cdot C_2' \cdot C_2' = 12$）：[②]

$y_1 = A_1 - B_1 - C_1$；　　$y_2 = A_1 - B_2 - C_1$；　　$y_3 = A_1 - B_3 - C_1$；

$y_4 = A_2 - B_1 - C_1$；　　$y_5 = A_2 - B_2 - C_1$；　　$y_6 = A_2 - B_3 - C_1$；

$y_7 = A_1 - B_1 - C_2$；　　$y_8 = A_1 - B_2 - C_2$；　　$y_9 = A_1 - B_3 - C_2$；

$y_{10} = A_2 - B_1 - C_2$；　　$y_{11} = A_2 - B_2 - C_2$；　　$y_{12} = A_2 - B_3 - C_2$。

逐一分析知,y_9、y_{12} 因变量之间的逻辑关系欠佳而难以优化,其余10种均可表示优化的教学方法组合,可根据实际的教学情境选择运用。例如,$y_2 = A_1 - B_2 - C_1$ 组合适用于高中化学物质结构理论之前的元素化合物知识的教学,具体操作是：

观察演示或动手实验→分析、概括现象→理解并应用有关知识→培养科学态度和学习兴趣。

又如,$y_6 = A_2 - B_3 - C_1$ 组合适用于学生实验操作技能的训练,其教学思路是：

直观感知──→模仿操作──→熟练技能──→实际应用。

再如,$y_4 = A_2 - B_1 - C_1$ 组合适用于比较抽象的化学理论知识的教学,其方法序列是：

提出问题──→启发思考──→模型展示──→比喻讲解──→揭示概念──→总结规律──→深化知识。

在众多的教学方法中,有的突出教师的教,有的强调学生的学,各有优势和不足,因而出现了融合的趋势,以相互弥补。巴班斯基曾深刻地指出："每一种方法可以顺利地解决某一种教学任

[①] 钟启泉.现代教学论发展[M].北京:教育科学出版社,1992:425.
[②] 王祖浩.关于学科教学最优化的若干问题[J].教育研究,1992(1).

务,但用于解决另一种任务就不那么成功。而对解决第三种任务甚至可能有所妨碍。"[1]有些教师不能从教学方法的组合上讨论其功能的优劣,不重视教学方法的选择和优化,因而教学难以受到学生的欢迎,教学效果也不会有什么成效。

(三) 不同的教学方法对学习质量的影响

在化学教学中,因为进行教学所涉及的教学条件、学生基础、教材内容及编排等,在短时间内是相对固定的,不易改变。教学方法则是灵活的,针对不同情况,教师可以选择、采用不同的教学方法。相同的教学内容,采用不同的教学方法,其教学效果的差异是显著的。对学生而言,获取知识的方式不同,获得知识的质量高低有别。

在一所重点高级中学听平行班的四位教师分别讲授"铜与浓、稀硝酸反应"的四节课,现选取他们的教学过程及教学方法(如表 4-48 所示),供大家诊断参考。

表 4-48　不同化学教师课堂教学方法的比较

教师	教学过程及教学方法	诊断
教师甲	直接给出化学方程式,并强调其重要性 $Cu+4HNO_3(浓)=\!=\!=Cu(NO_3)_2+2NO_2\uparrow+2H_2O$ $3Cu+8HNO_3(稀)=3Cu(NO_3)_2+2NO\uparrow+4H_2O$	"注入式"教学,学生为低层次的机械记忆性学习
教师乙	由熟知 $Cu+2H_2SO_4(浓)\xrightarrow{\triangle}CuSO_4+SO_2\uparrow+2H_2O$ 类推出金属与氧化性酸的反应规律:金属+氧化性酸→高价金属盐+低价氧化物+水,再导出铜与硝酸反应的方程式	"启发式"教学,学生通过类比(同化)进行理解性学习
教师丙	[实验]引导学生做铜与浓 HNO_3 反应的实验,学生观察到:开始液体内变黑,反应速率缓慢,然后突然加快,试管液体上方有红棕色气体,最终溶液变成蓝色。 思维加工过程为: | 实验现象	变黑	速率由慢到加快	红棕色气体	溶液变成绿色
---	---	---	---	---
思维加工	生成 CuO	生成的 Cu^{2+} 或 NO_2 作该反应的催化剂,反应放热等	生成 NO_2	生成 Cu^{2+} | 变黑过程:(HNO_3 作用:氧化性) $Cu+2HNO_3(浓)=\!=\!=CuO+2NO_2\uparrow+H_2O$ 变蓝过程:(HNO_3 作用:酸性) $CuO+2HNO_3=\!=\!=Cu(NO_3)_2+H_2O$ 总反应式:(HNO_3 作用:氧化性和酸性) $Cu+4HNO_3(浓)=\!=\!=Cu(NO_3)_2+2NO_2\uparrow+2H_2O$	"自主探究式"教学,学生在科学探索中获取新知识(研究性学习或探究性学习模式) [说明]有学生对实验现象提出新的疑问:水合铜离子应该是蓝色的,可溶液为什么显绿色? • 教师因势利导,让学生讨论并提出假设和实证的方法 • 最后得出结论:Cu 与浓 HNO_3 反应溶液呈绿色为过量的红棕色气体溶于蓝色 $Cu(NO_3)_2$ 溶液中所致

---

[1] 高文.巴班斯基教学论思想述评[J].外国教育资料,1983(2).

(续表)

教师 \ 教学	教学过程及教学方法	诊断
教师丁	新授课时方法同教师丙。在学习"化学平衡"知识时,要求学生探讨:"为什么铜与浓硝酸反应生成 NO_2,与稀硝酸反应生成 NO?"学生分小组讨论,得出如下结论:根据平衡:$3NO_2 + H_2O \rightleftharpoons 2HNO_3 + NO$,增大 $c(HNO_3)$,平衡向着生成 NO_2 的方向移动,减少 $c(HNO_3)$,平衡向着生成 NO 的方向移动。故铜与浓 HNO_3 反应生成 NO_2,铜与稀 HNO_3 反应生成 NO	复杂的问题用简单的平衡移动原理给予解释,学生进行反思、概括,在探究中获取新知识。凸显了知识的关联性、阶段性和递进性的特点

[诊断] 相同的教学内容,不同的教学方法和学习方式,学生获取知识的层次高低有别。上述四种获取知识的方式反映了从初级知识发展到高级知识的实现途径。高级知识的意义,决定了学习过程应采用从问题入手获取知识,并应用所学知识来解决问题,如此反复循环,不断深化对知识的理解并提高对知识的灵活应用。

(四)不同的教学方法对教学效果的影响

教学内容的逻辑体系与教学方法密切相关。确定教学方法的策略是:分析教学内容的构成,揭示各部分相应的方法要素,按一定的顺序将方法组合,探索教学方法的最优化。诊断学研究表明,同一教学内容课题,大多数教师因为理解和操作的水平不同,选择了不同的教学方法,只因直接判断和经验尝试的成分太重,往往限制了知识的迁移力、再生力和结合力,学生获得的知识质量千差万别。以下结合"二氧化碳的性质"为例加以说明(表4-49)。

表4-49 "二氧化碳性质"教学方法的要素分析

序号	内容构成	方法要素	教学进程实施
1	物理性质(密度、颜色、气味)	① 实验演示 ② 观察分析	演示熄灭蜡烛的实验
2	物理性质(溶解性)	③ 设问启发 ④ 指导阅读	设问:观察打开汽水瓶的现象;干冰、人工降雨是如何形成的
3	化学性质(不支持燃烧)	⑤ 分析引申	结合开始的实验及已认识的物理性质直接引申
4	化学性质(与水、石灰水反应)	① 实验演示 ② 观察分析 ⑥ 概括性质	探究学习:提出问题→假说→实验→观察分析→解释结论(概括)

上述教学进程实施按①—②—③—④—⑤—①—②—⑥组合序列。对相同的方法要素而言,组合的顺序也不是固定的。如上述进程也可采用另一种组合:③—④—①—②—⑤—①—②—⑥,即先通过设问和阅读材料了解 CO_2 的溶解性和状态,再利用演示实验使学生认识 CO_2 的密度、颜色、气味,并顺势引出 CO_2 不支持燃烧、不供给呼吸等性质。从效果分析,第二种组合并不逊于第一种。此外,若将不助燃性纳入物理性质,即成为密度特征推论,则①—②—⑤—③—④—①—②—⑥也是一种合理的组合。但若采用其他方式组合成的教学方式,则效果会大打折扣。

化学教学内容、教学条件及学生起点能力等决定了教学方法的选择,选择教学方式要从着力开发智力,培养能力出发。化学教学方法有多种,每种方法都有其教育理论基础,每种方法都有优点和不足之处,每种方法都有其适用的范围,因此使用中要注意根据学生的情况、教材内容等条件灵活选择。既有方法,又不唯方法,要提倡多种方法的互补和融合,防止单一化的倾向。

二、化学探究式教学的诊断

化学探究式教学是受"以探究为本"教学思想支配的一种重要的教学方法。探究式教学比其他教学方法更具有综合性的优势,注重学生学习的自主性,强调探究性学习活动对于学生科学素养发展的多重教育价值。然而,目前中学化学探究式教学实践中存在若干问题,尚需用诊断的方法去解决。

(一)化学教师实施探究式教学的诊断

1. 问卷调查

调查问卷由两部分组成,第一部分是教师基本情况,第二部分是根据科学探究的一些基本问题设计的。笔者选取东北三省的部分中学化学教师作为调查对象。本次调查发放问卷 135 份,回收 128 份,有效问卷 125 份。

2. 诊断结果

科学探究在新课程化学中扮演着多重角色,它既是化学课程的目标之一,又是化学课程的重要内容,还是学生学和教师教的重要方式。

(1)教师对影响科学探究实施的因素的认识

对于教师问卷的问题:"下列情况在不同程度上影响您在教学中实施科学探究,请按影响程度大小排序:A 学校的物质条件不具备;B 考试方式与内容的制约;C 教师不知道如何设计;D 教师精力不够;E 教育行政部门和学校领导的重视程度不够;F 教学时间不足。"

统计选择的结果得到了如图 4-28 所示的数据。

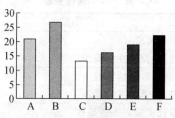

图 4-28 影响科学探究实施的因素

"考试方式与内容的制约"排在了第一位,这确实是影响实施科学探究的首要因素,如何改革考试与评价的方式与内容,促进科学探究的有效落实是当前迫切需要解决的问题。

"教学时间不足"排在了第二位。应认识到实施科学探究是需要时间的,没有足够的时间是无法真正开展有意义的探究的。首先,要全面看待这一问题,如果单纯从知识的传授来说,探究式教学要比讲授式教学等花费时间多,但是如果从知识与技能、过程与方法、情感态度与价值观的全面培养来看,探究式教学则是一种非常经济的教学方式。其次,如果单纯从一节课来比较,探究式教学的时间效益是比较低的,但是从一个单元或一个内容专题的教学来比,大量的教学实验表明,设计合理的以探究为核心的多样化教学方式的时间效益则不比传统教学方式的差。再者,研究表明,探究式教学所花时间将随着教师对探究式教学的适应以及对学生的认识和了解、学生探究意识和能力的提高而呈缩短的趋势,效益明显提高。

"学校的物质条件不具备"和"教育行政部门和学校领导的重视程度不够"位列第三、第四。应该认识到,实施探究教学不仅仅是教师的个体行为,需要包括教育行政部门和学校领导在内的各方面的共同协作,加大投入,提高教学可利用资源的比例,当然教师根据实际情况创造性开发和利用资源也是解决这个问题的关键因素。

"教师不知道如何设计和精力不够"这些自身因素放在了最后,教师认为这对实施科学探究的影响是最小的。

(2) 教师对学生科学探究能力进行培养的认识

表4-50至表4-54是关于教师对学生提出问题、猜想与假设、进行实验、反思自评及学生互评等方面能力训练的调查结果。

表4-50 提出问题

	选项	%
在教学中,学生提出问题的情况是:	把学生可能提出问题的地方讲清楚了,学生没什么问题问了	13.60
	由教师提出问题,学生解决	45.60
	学生自己提出问题	25.60
	让学生意识到问题的存在	13.60

表4-51 猜想与假设

	选项	%
在得出结论前,教师甲经常倾向于事先尽可能给出较多的信息,让学生从中归纳得出结论;教师乙经常倾向于尽可能给出少的信息,让学生猜想各种可能性后得出结论。大多数情况下,你的做法与哪个教师的情况类似?	教师甲	65.60
	教师乙	32.80

表4-52 进行实验

	选项	%
您开展学生实验的情况是:	很少开展学生实验	12.80
	验证性实验多,探究性实验少	67.20
	探究性实验多,验证性实验少	6.40
	教师设计思路,学生进行操作	8.80
	学生自己设计实验方案并操作	4.80

表4-53 反思自评

	选项	%
您为学生进行反思(自评)提供机会吗?	从来不	4.80
	有时候	68.80
	经常	26.40

表4-54 学生互评

	选项	%
您为学生进行互评提供机会吗?	从来不	19.20
	有时候	70.40
	经常	10.40

从表4-50至表4-54的统计结果看,教师在发展学生探究能力方面严重训练不足。例如,表4-50中,45.60%由教师提出问题,学生解决;学生自己提出问题只占25.60%。表4-51中,约有2/3的教师不注重学生猜想与假设能力的培养。表4-52中,数据表明,67.20%是验证性实验多,探究性实验少;而学生自己设计实验方案并操作的只有4.80%。表4-53中,数据表明只有26.40%的教师经常为学生进行反思(自评)提供机会。表4-54中,经常为学生进行互评提供机会的只有10.40%,相反从来不的却占19.20%。

另外,在调查教师指导学生使用处理资料的方法的情况时,选择从来没用过的方法统计结果如下:线图的方法(23人),符号的方法(34人),表格的方法(5人),模型方法(47人),数学方法(14人),逻辑方法(4人)。以上方法在处理信息的过程中是经常用到的,却有34名教师选从来没有用过符号的方法,47名教师选从来没有用过模型方法。说明这些教师只是无意识地在用,也就不可能对学生有意识地进行这方面能力的培养。

(3) 教师对实施探究式教学的认识

新课程化学倡导以科学探究为主的多样化的学习方式,多样化的学习方式的实现离不开或需要教师运用多样化的教学方式。

实施科学探究教学,教师应该把更多的时间留给学生。但调查中(如表4-55所示)发现仅有8.80%的教师讲授占用时间约为1/3,说明学生在课堂上能自己支配的时间很少,而这部分很少的时间如表4-56所示,却有51.20%和7.20%用在了阅读教材和写作业上。这进一步说明,目前,教师的教学方式和学生的学习方式并没有真正实现多样化,在课堂上,绝大部分时间还是教师讲授,学生倾听。

表4-55 讲授占用的时间

	选项	%
大多数情况下,您在课堂教学中讲授占用的时间是:	约1/3的时间	8.80
	约1/2的时间	45.60
	2/3以上时间	45.60

表4-56 学生自己支配的时间

	选项	%
在课堂上,学生自己支配的时间主要用于:	写作业	7.20
	阅读教材	51.20
	讨论	35.20
	做实验	6.40

表4-57数据说明,目前学生探究活动方式单一,相比较而言,多为实验类,调查类及交流类使用很少。如27.20%的教师从不组织辩论;55.20%从不组织学生进行角色扮演活动;48.80%从不要求学生撰写小论文;33.60%从不要求学生进行相关的社会调查;70.40%从不组织学生进行与所教学科有关的参观;70.40%从不组织学生听与所教学科有关的专家报告;52.00%从不让学生进行小制作、标本制作等。而实验类活动学生自主探究的比重也很小,如经常进行边讲边实验的占69.60%,经常让学生完成指定题目的实验占45.60%,而经常让学生设计并完成实验方案的只有18.40%。

表 4-57　探究活动方式使用的频度

	从来不(%)	有时候(%)	经常(%)
组织辩论	27.20	64.80	3.20
组织学生进行角色扮演活动	55.20	40.00	0.80
要求学生撰写小论文	48.80	44.80	3.20
要求学生进行相关的社会调查	33.60	61.60	3.20
组织学生进行与所教学科有关的参观	70.40	24.80	0.80
组织学生听与所教学科有关的专家报告	70.40	22.40	1.60
边讲边进行实验	1.60	28.00	69.60
让学生完成指定题目的实验	6.40	44.80	45.60
让学生设计并完成实验方案	10.40	69.60	18.40
让学生进行小制作、标本制作等	52.00	42.40	2.40

从调查的结果看,目前化学教师实施科学探究的现状与化学新课程的要求还有较大差距。讲解—接受—演练的教学模式仍是化学教学的主流,学生的学习方式仍局限在听课、记笔记、阅读教材、做练习等被动接受式学习上,新课程所倡导的主动参与、乐于探究、勤于思考的学习方式并没有在新课程实施过程中得到落实。因此,必须尽快地从教育的外部环境和内部机制对化学教师进行整体性、系统性、多途径的培训和提高。

(二)实施探究式教学存在的问题诊断

中学化学课程标准将化学课程内容体系分为五大主题,科学探究列为第一主题,作为化学课程改革的突破口,把化学探究定为重要的教学形式。随着中学课程改革的推进,探究式教学已进入化学教学课堂,许多化学教育工作者进行了有关的理论研究和实践尝试,推动了化学课程改革的不断深入,但也出现了一些值得深思的现象或误区,使探究教学没有达到预期的效果。[①]

1. 化学探究活动设计与教学实际匹配性不够

在公开课教学中,"化学探究公开课"受到推崇,它对化学探究教学的实施起到了促进作用。但我们也要看到,有的教师在探究教学中安排的教学内容过多,既要重视大量的化学知识与技能的学习,又不能忽视过程与方法的培养,面面俱到,使课堂节奏快且匆忙,以至于一节课难以完成任务,不能形成完整的探究学习过程;此外,有的教学过程对学生的交流和讨论没有依据学生的实际水平与教学内容的难易程度设计好有效的引导和安排,学生在讨论中漫无目的,偏离教学目标,导致师生配合不协调;有的在化学实验探究课的教学中,学生探究实验开放度太大,不但时间估计不足,而且实验内容复杂多变,教师难以控制,因而耽误了实验信息处理与过程评价学习的时间,不能达到预期的教学效果。这些问题反映了教师在化学探究教学中对如何处理好课时与教学侧重点的关系、怎样结合教学内容和学生的实际水平安排好探究教学的各环节等方面还需要进一步的探究。

为了完善化学探究教学系统,依据探究教学运行规律和化学教学实际,以下几方面在合理构建化学探究教学课堂中起着重要作用。

(1)选择合适的课题。应选择具有因果关系、探究过程难易合适、对探究教学要素的体现有

---

① 张婉佳,王祖浩.关于中学化学探究教学的探究[J].江西教育科研,2006(12):71-72.

代表性、化学知识的量在估计的时间内能够完成的内容。例如：某些物质性质的探究、化学基础原理某些片段的探究等。只要让学生通过化学探究的过程掌握相应的知识与技能、懂得常用的研究方法、产生学习化学的兴趣就促进了学生的自我认识，达到探究的目的。

(2) 关注探究侧重点。要在探究教学的多个变量、多种任务中关注教学的侧重点，处理好课时与教学内容的关系，如：对物质制备方法的探究，主要是培养学生的实验技能，应该在课堂上多给学生一些实验操作时间；而对化学基础理论的探究，重点是让学生学习信息加工的逻辑推理，则需要在资料分析、交流讨论以及归纳整理上多分配时间。侧重培养学生某一方面的探究能力。

(3) 设计好问题情境。在问题情境中让学生明确要解决什么问题，并能激发学生通过相关的信息和经验进行问题解决的猜想和预测，为学生的探究学习做好引导和启发，以保证课堂教学有序进行。例如，在"二氧化硫"一课的探究教学中，可以先放一段大自然优美风光的伴音录像，接着放一段草木枯黄、桥梁腐蚀的场景，在强烈的反差对比描述中引起学生从酸雨造成的环境污染探究二氧化硫的溶解性、酸性和腐蚀性等。

2. 学生小组合作探究的有效性有待提高

小组合作进行探究，这是探究教学的一种形式，但在一些文献或教学实践中好像只要进行小组活动就达到交流合作目的，就是合作探究。对探究教学实践中怎样组织学生有效合作，缺乏深入思考。在化学探究教学的公开课中出现学生化学实验合作探究只进行了几分钟就开始发言，学生根本没有时间对问题做认真的思考，完全是一种虚设的教学形式。有的即便是给了一定的小组活动时间，也是以学优生的活动为主，没有起到互相切磋合作学习的作用，学困生动手做实验和发言的机会很少，常常处于被忽略的地位，造成"以学生为教学活动中心"的理念只落实在少数学习能力较强的学生身上。这些情况表明，要使探究教学进一步深入开展，还需要明确小组合作对学生探究学习的重要性，并研究促进小组成员有效合作的具体措施。

从群体动力的角度看，小组合作可以增进成员间的相互依靠，为个人学习提供动力，有利于互助、互爱、互勉；在群体探讨解决问题时，其知识是群体成员所拥有知识的函数，而不是简单的加和，因为具有不同的智慧水平、知识结构、思维方式、认知风格的成员可以在互补中更好地发展。可见，小组合作学习是促进每一个学生全面发展的有力手段，可以充分发挥学生的学习能动性，是探究学习不可缺少的环节。

结合群体动力学理论及探究教学实践，下列措施能促使学生在小组合作学习中积极参与，提高合作学习的有效性。

(1) 组建异质性学习小组。每小组由4～6名学生组成，组员的学习成绩、实验动手能力、思维特征、家庭及社会背景等方面应具有异质性，因为各种差异互补有利于化学探究活动的展开，可以促进组内每个成员的认知、社会交往、个性和积极情感的全面提高。

(2) 根据探究内容给予相应的互动时间。教师认真观察学生的实验技能、实验现象，不失时机地鼓励学生表达自己的观点并在交流中学习他人的长处，鼓励学生之间的互动，养成既合作又竞争、既独立思考又资源共享的个性品质，在互动中掌握化学知识技能，培养化学学习方法、情感态度和价值观。

(3) 进行小组间的竞赛。如，在探究活动后，由某一小组主持，对探究过程的操作、现象、原因等提出不同的问题，指define某小组分别进行回答，在其他同学的评价中得出探究结论，对小组整体表现好的给予奖励，激励小组成员互相帮助，齐心协力。

以上措施能在生—生和师—生的互动、反思及评判中增进每一位学生对化学探究方法和过程的理解。

3. 学生探究方案设计的指导不到位

关于化学探究教学的文献很多,从文献中看到,有学者认为学生设计的方案只要有新意、有思维过程就可以,方案在探究过程中是否有可行性无所谓;也有学者提出,学生提出假设的环节即使有也只是走过场。这种想法导致探究教学设计中对学生的方案设计缺乏恰当的指导。例如:学生设计的实验装置出现从一般的玻璃管加入铜片的操作,这显然是不能成功的,教师没有对其进行指导修正,这势必造成学生的探究活动因为某些细节问题而得不到预期的结果,导致探究活动的失败。长此以往,不但会影响化学探究活动的质量,还会挫伤学生进行探究学习的信心。

学生的实验方案设计是化学探究能力要素的重要组成部分,是学生灵活运用各种知识和技能进行创新思维的重要环节,它直接影响着化学探究活动是否成功。由于学生知识面的局限,所设计的问题解决方案可能存在某些不足甚至是错误,教师若不给予指导,学生会因为探究方案的不合理性而导致探究结果的屡屡失败,进而丧失探究的信心,出现"习得性无助"心理,体会不到学习的快乐,也影响了学生对化学知识的正确理解,失去探究教学的价值。所以,对合理性欠缺的化学实验探究方案,教师应该在集体讨论中引导学生进行必要的修改,帮助学生找出目标明确、简单而易操作、绿色化的最佳方案。这有利于培养学生严谨的科学态度,提高化学探究活动的质量。

4. 化学探究活动的评价过程缺乏

许多教师在探究教学实践中也忽略了活动评价这一过程,只重视学生的自我探究,缺乏有针对性的问题分析与评判,学生对自己学习的思维过程和结果是否完整不确定,不足之处不能得到及时补救,这是造成探究教学耗费的时间多,学生化学成绩反而下降的重要原因。

引导学生对探究过程和结果的回顾、分析和整理,在典型的问题分析和评判中明确评价标准,有利于学生的自我调控,进行知识的自我建构,这是提高化学探究教学效果不可缺少的重要环节。教师在实施探究教学时应该结合相应的化学学习内容和学生探究活动的具体情况做好化学探究活动过程的评价。例如,在教学"化学反应速率与反应限度"时,学生用实验探究温度、催化剂、浓度对过氧化氢分解反应速率影响后,组织学生讨论,自我评价或相互评价实验过程和结果,教师指导学生用表格建构因果关系得出结论,对照检查每个小组的实验情况,肯定学生的探究成果,鼓励学生及时修正不足之处。在回顾与评价中达到整理学习思路、发展探究技能的目的。

第八节 化学教学有效性诊断

核心概念

◆有效教学 ◆诊断标准 ◆三重表征 ◆编码系统

化学有效教学是指化学教学中能够有效地促进学生的发展,有效地实现预期教学目标的教学活动。正确的教学目标、融洽的师生关系、高效利用时间、促进学生进步与发展是有效教学区别于低效、负效、无效教学的独特象征和标志。构建化学有效教学的诊断标准、开展化学教学有效性诊断是本节研究的主要内容。

一、化学教学有效性诊断标准

化学有效教学包含三个方面的内容：(1) 有效果，即对教学活动结果与预期教学目标的吻合程度的评价。(2) 有效率，即教学活动是一种精神性生产活动，教学效率可表达为：教学效率＝教学产出(效果)/教学投入＝有效教学时间/实际教学时间。(3) 有效益，即教学收益，教学活动的价值实现。[①]

有研究者从基础性和发展性两个维度概括了我国有效教学标准的研究成果，[②]其中有效教学的发展性已成为教育界研究和探索的主旋律(如表4-58所示)。

表4-58 有效教学标准的两个维度

基础性	发展性
① 是否能把握教学内容的定位	① 是否能灵活运用、选择和编制教学计划
② 是否注重个别差异	② 是否运用启发式使学生积极投入课堂教学(如开放性提问，适当的幽默，鼓励冒险精神等)
③ 教师的表述是否清晰，包括言语概念式表述、案例领悟式表述和图式结构式表述	③ 课堂教学能否体现互动和开发的要求，教师能否尊重学生，唤起学生的自律意识，能否容许学生个体专长的课外开放
④ 是否有效地使用教育资源	④ 是否具有科学思维和创造性

根据张璐的研究[③]，我们构建了"化学教学有效性诊断指标"。该诊断指标包括一级指标5项，二级指标27项，每一项二级指标包括"不合格""一般""良好"和"优秀"四个层次水平的定性描述。5项一级标准分别是：教学目标(二级指标包括价值体现，高期望，清楚、具体、可操作等)；教学活动(二级指标包括设置教学情境，活动目标明确，与学习内容一致等)；教学能力(二级指标包括清晰准确地交流，运用提问与讨论技术，经常变换教学方法等)；教学反馈(二级指标包括为学生提供反馈，与家庭的沟通与交流，课堂评价等)；教学组织与管理(二级指标包括明确的课堂纪律，有效分配、利用课堂时间等)。

二、化学教学有效性诊断案例

显然，化学教学有效性越高，表明教师教学的有效程度越大，表示该教师的教学为高效的教学。但在实际化学教学中，存在着课堂教学效率低下，教师传授的知识(包括方法类知识)学生并未真正理解并活化为有效知识，有的教师抱怨学生：讲过的知识不能掌握，学过的知识不会运用，做过的习题一错再错。这其实就是教师教学有效性差、效率低的表现。一些教师习惯于把责任推到学生的一方，而很少评价自己的教学有效性，或者在教学有效性的认识上存在一些误区。运用诊断学方法，化学教师应反思教学有效性问题。

(一) 教学没有化解学生理解化学三重表征的困难

化学三重表征可分为三重外部表征和三重内部表征。其中三重外部表征指的是化学宏观知

[①] 张联合. 新课程理念下化学有效教学的建构[J]. 课程·教材·教法, 2005(1): 62-66.
[②] 孙亚玲. 课堂教学有效性标准研究[D]. 上海: 华东师范大学博士学位论文, 2004: 106-110.
[③] 张璐. 略论有效教学的标准[J]. 教育理论与实践, 2000(11): 37-40.

识、微观知识和符号知识外在的呈现方式,化学中常见的外部表征有文本、图表、动画模拟等表征形式,是静态的。三重内部表征指的是化学宏观知识、微观知识和符号知识在学习者头脑中的加工和呈现方式,既有动态表征过程的含义,如信息的输入、编码、转换、存储和提取等,也有作为表征结果的静态含义,如概念、命题、认知结构、心智模型等。因此,化学三重表征指的是宏观知识、微观知识及符号知识的外在呈现形式和在头脑中的加工与呈现形式。

学生在理解三重表征上的困难主要是由以下三方面原因造成的:微观世界抽象而又无法可见;学生思维受到他们已有的宏观经验的强烈影响,从而无法理解微观表征;学生有限的概念性知识和贫乏的空间可视能力,使其不能将一种表征转化为另一种表征。研究也显示,很多高中教师在教学中没有联系三重表征,在不同表征间转换时没有点明它们之间的内部联系。[①] 从有关相异构想的研究文献中我们可以看出,微观表征是化学学习中的关键内容,但是由于微观表征的抽象和困难,学生对微粒、原子结构、化学反应、溶液等特定内容存有一定的相异构想。微观表征的相异构想严重阻碍了学生对化学三重表征的整体建构,因此在解释宏观的化学现象或者解决化学问题时,学生会出现各种各样的障碍。例如,很多学生不能同时在宏观和微观水平上表征化学概念,不能通过观察方程式看到其蕴涵的微观本质和相互作用的动态本质,不能通过二维的结构图看到三维的图像。

【案例2】 图4-29所示某硅氧晶体平面示意图,它实际上是立体的网状结构,其中硅、氧原子数之比为_____,Si—O 键之间的夹角为_____。

[诊断] 不少学生受平面二维结构图定式干扰,机械地回答为 $3:5,90°$。正确的思路是:通过硅氧晶体的平面示意图,可以看出 1 个硅原子周围有 4 个氧原子,1 个氧原子周围有 2 个硅原子,所以在二氧化硅晶体中,硅原子与氧原子的最简单整数比为 $1:2$,它实际是石英晶体的结构示意图,Si—O 键之间的夹角为 $108°28'$。

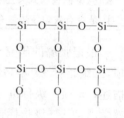

图 4-29

学习化学是一项复杂的认知活动。为了将宏观现象和微观本质联系起来,学生需要具有想象微观世界的能力,需要具有建构和操控符号的心理表征能力。化学教育中的微观表征关注的是原子、分子和电子等微粒,这是一个人类肉眼不可视的世界,只能通过想象来触及。想象是化学研究的一个重要工具,同时也是丰富学生理解的重要一环,所以它的重要意义不能被低估。然而,仅靠想象是远远不够的,在化学教学中,一个非常有效的方法就是合理使用微观模拟,以增强微观世界的可视化,从而增强学生对微观表征的理解。

现代认知心理学日益强调知识的结构观与认知的过程观,认为学习是通过对外部信息的转换、加工来建构心理表征的过程,重视学生对知识建构过程的理解。从表征的视角来看,知识的组织方式与学生的认知方式一致,可以减轻学生的认知负荷,促使学生从对知识的机械接收转换为意义理解。奥苏贝尔认为,渐进分化与人们获得认知领悟和认知精致化的自然顺序相对应,也与人脑表征、组织与贮存知识的方式相对应。在化学教学中将培养思路教学作为知识体系教学的前提,把知识的处理方式展现给学生,按照渐进分化的原则组织结构性的知识,有利于学生对知识建构形成脉络化和规律性的认识。例如,在碳酸氢钠化学性质的教学中,采用注重表征、注

---

① 张丙香,毕华林.化学三重表征的含义及其教学策略[J].中国教育学刊,2013(2):73-76.

重过程的教学方式,从分析碳酸氢钠的结构特征出发,取得了较好的教学效果。表 4-59 是从表征的视角对碳酸氢钠的化学性质进行渐进分化的加工及多重表征。[①]

表 4-59　$NaHCO_3$ 化学性质的渐进分化加工

微粒	信息(结构特征)	信息加工(推测化学性质)
Na^+	强碱阳离子	焰色反应呈黄色
HCO_3^-	弱酸根离子(CO_3^{2-})	沉淀反应
HCO_3^-	弱酸酸式根离子(HCO_3^-)	加强酸生成弱酸、加碱转化成正盐、加强酸生成弱酸
$NaHCO_3$	强电解质	完全电离 $NaHCO_3 \rightleftharpoons Na^+ + HCO_3^-$
$NaHCO_3$	强碱弱酸盐	水解呈碱性 $HCO_3^- + H_2O \rightleftharpoons H_2CO_3 + OH^-$
$NaHCO_3$	弱酸酸式盐	加热分解 $2NaHCO_3 \xrightarrow{\Delta} Na_2CO_3 + H_2O + CO_2\uparrow$

从诊断调查表明,在高中不同阶段的化学教学中,仅有约 60% 的教师能实现多重表征的教学,在"出声思维"的测查中发现,约有 24% 的学生能全面而准确地对"碳酸氢钠"化学性质进行渐进分化加工和多重表征。

(二) 教学中学生学习活动知识创新存在基础性障碍

在化学教学中,如何让学生实现知识创新,培养学生创新能力?研究表明,并不是任何知识都有助于学生的创新,必须选择最适于创新的知识。在知识结构中,体现创新知识的指标主要有知识的高丰度、结构化、方法化、现代化、综合化等五项。对任何一门学科知识的掌握,必须形成高效、有序的知识结构,形成井然有序的知识体系,并独具慧眼地发现各门学科知识之间的规律性联系,才能达到在知识创新过程中运用自如的境界。美国心理学家布鲁纳认为,务必使学生掌握每门学科的"基本结构",即各种基本概念、基本原理以及它们之间的联系,这样有利于他们在解决课堂外所遇到的问题时,创造性地运用所学的知识。在教学实践中,我们发现学生在知识创新活动中存在基础知识和科学方法上的基础性结构缺失,从而造成知识创新的障碍。

现以新教材《化学 1》中"钠的氧化物"为例,用表 4-60 说明在化学教学中实施知识创新的科学探究过程及诊断性测验结果。

表 4-60　化学教学中知识创新的探究过程及诊断结果[②]

创新层次	创新内容	注释	得分率
课本知识	过氧化物与 CO_2、H_2O 的反应: $2Na_2O_2 + 2CO_2 == 2Na_2CO_3 + O_2$ $2Na_2O_2 + 2H_2O = 4NaOH + O_2\uparrow$	基础性知识:储备知识,知识创新的"基石"	98.2%
拓展知识	由课本知识类推出超氧化物、臭氧化物的反应: $4KO_2 + 2CO_2 == 2K_2CO_3 + 3O_2$ $4RbO_3 + 2H_2O == 4RbOH + 5O_2\uparrow$	拓展性知识:更新知识,增加贮备知识的广度	70.7%
方法知识	用示踪原子法探究过氧化物与二氧化碳反应: $2Na_2{}^{18}O_2 + 2CO_2 == 2Na_2CO{}^{18}O + {}^{18}O_2$	方法类知识:经历和体验科学探究,提高科学素养	50.4%

[①] 严惠芬,王后雄.化学教学中知识表征在信息组织中的应用[J].中学化学教学参考,2007(11):5-8.
[②] 王后雄.论化学教学中创新知识标准及知识创新探究模式[J].化学教育,2003(3):5-7.

(续表)

创新层次	创新内容	注释	得分率
信息知识	经测定,H_2O_2 为二元弱酸,其酸性比碳酸弱,若向 Na_2O_2 中通入干燥的 CO_2,Na_2O_2 并不反应。由此推知 Na_2O_2 和潮湿的 CO_2 反应的方程式为: $Na_2O_2 + CO_2 + H_2O \Longrightarrow Na_2CO_3 + H_2O_2$ $2H_2O_2 \Longrightarrow 2H_2O + O_2 \uparrow$	信息迁移型知识:认识到科学探究既需要观察和实验,又需要进行推理和判断	43.1%
综合知识	在长期载人太空飞行的宇航器中,每个宇航员平均每天需要消耗 0.9 kg 氧气,呼出 1.0 kg 二氧化碳。为了能保持飞船座舱内空气成分的稳定,宇航科学家提出"金属过氧化物处理系统"。有关反应的化学方程式为_____,将处理后的气体充入座舱时应注意采取的一项措施是_____。	化学、生物学综合知识:探究性课程,融入科学、技术和社会实践课题,培养科研能力	36.5%

知识和科学方法是学生一切发展的基础,也是学生创新的基础,强调这种基础,并不是要增加知识教学的内容和时间,而是要根据创新教育的目的重新审视中学化学已有的教育内容及其结构,改革传统的教学方法,培养学生综合运用知识的创新意识和能力。

(三) 教学中没有给学生提供实现知识迁移的"活化"知识

教学研究表明,经过活化的"知识",已不再是一个个孤立的、缺乏活力的学科概念、原理和知识点,也不再仅仅是进行高一级学习的基础,而是构成学生认知结构、能力结构和形成健康情感的有生命力的信息组块。它们是全面的化学教育所包含的各种教育的生长点,又是接受各种外在信息的具有活性特征的基地。这种"双基"具有有效知识的功能,它不同于过去课本教条的知识,这种称为有效知识的"知识"具有迁移力、再生产力、结合力等特征。

有效知识是指经过思考、理解、融会贯通,进而能灵活运用的知识,这时知识就由课本知识转化为自己的心理品质、自己的"血肉",也就是内化的知识。这种知识属于手到自来的能"自由出入"、合理迁移的有效知识。一个学生拥有的有效知识量越大,智力水平就越高,知识的迁移力也就越强。

【案例3】 根据图 4-30 的实验填空和回答问题:

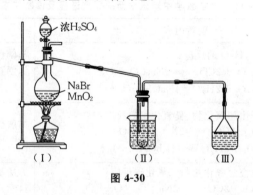

图 4-30

(1) 烧瓶中所发生的主要反应的化学方程式是_____,装置(Ⅱ)的烧杯中冰水所起的作用是_____,装置(Ⅲ)的烧杯中液体的作用是_____。

(2) 进行此实验时,烧瓶内的橡皮塞最好用锡箔包住,用橡皮管连接的两玻璃管管口要紧靠,这是因为_____。

(3) 装置(Ⅲ)的烧杯中使用倒置漏斗可防止液体倒吸,试简述原因。

[诊断] 本题思维要求较高,学生对大脑中储存的有效知识,必须进行思维加工,将有效知识作合理迁移,适当延伸或扩展,形成答题点。诊断测试结果:平均得分率为 57.3%。

延伸知识是指在已有知识的基础上拓展出的新知识,这是知识迁移的更高形式。以延伸知识为依据,借助知识的再生力,可以开发出新知识的生长点。

表 4-61　化学有效知识的迁移与拓展

有效知识	迁移与扩展
(1) $NaCl + H_2SO_4(浓) \xrightarrow{\triangle} NaHSO_4 + HCl\uparrow$ $MnO_2 + 4HCl(浓) \xrightarrow{\triangle} MnCl_2 + Cl_2\uparrow + 2H_2O$ 生成的 Br_2 的性质 (教材知识) 已学过的装置原理(教材知识) (2) 橡胶的结构特点、性能和溴的性质 (教材知识) (3) "……在水面倒扣一个漏斗,既可使 HCl 充分吸收,又不会发生倒吸现象"(教材知识),若平时学习中注重探明原因,则很容易形成答题点。	$2NaCl + 3H_2SO_4 + MnO_2 \xrightarrow{\triangle}$ $2NaHSO_4 + MnSO_4 + Cl_2\uparrow + 2H_2O$ 第二次迁移、扩展: $2NaBr + 3H_2SO_4 + MnO_2 \xrightarrow{\triangle}$ $2NaHSO_4 + MnSO_4 + Br_2\uparrow + 2H_2O$(答题点) 冷凝(答题点) 吸收未冷凝的气体(答题点) 溴蒸气会腐蚀橡皮塞和橡皮管(答题点) 当气体被吸收时,液体上升到漏斗中,由于漏斗的容积较大,导致烧杯中液面明显下降,使漏斗口脱离液面,漏斗中的液体又流回烧杯中,从而防止了倒吸。(答题点)

【案例 4】 除去高压锅炉水中溶解的氧气,常用的试剂有 N_2H_4(肼)、Na_2SO_3。
(1) 写出两种试剂和 O_2 反应的化学方程式:① _____;② _____。
(2) 除去等质量的 O_2 所耗 N_2H_4(32 g/mol),Na_2SO_3(126 g/mol)质量之比为_____。
(3) 和 N_2H_4 相比,用 Na_2SO_3 的缺点是_____。

[诊断] 解答本题,若没有延伸知识作依托,则很难使知识具有再生力。诊断测试结果:得分率 70.5%。解答本题的思路:

课本知识:① $2H_2S + O_2 == 2S + 2H_2O$;② $2SO_2 + O_2 == 2SO_3$。

信息知识:N_2H_4、Na_2SO_3 能除去溶解在水中的 O_2。

延伸知识:① $N_2H_4 + O_2 == N_2 + 2H_2O$;② $2Na_2SO_3 + O_2 == 2Na_2SO_4$。

[答] (1) 见延伸知识。(2) 8∶63。(3) Na_2SO_3、Na_2SO_4 为电解质,对锅炉材料有腐蚀作用(或加速了电化学腐蚀)。

信息型知识是指通过相关的试题自我获取新信息,将新信息与原有的知识有机结合以及对新信息进行分析、综合、筛选和应用的能力。

【案例 5】 三聚氰酸 $C_3N_3(OH)_3$ 可用于清除汽车尾气中的氮氧化物(如 NO_2)。当加热至一定温度时,$C_3N_3(OH)_3$ 发生如下分解:$C_3N_3(OH)_3 == 3HNCO$。HNCO(异氰酸,其结构是 H—N=C=O) 能和 NO_2 反应生成 N_2、CO_2 和 H_2O。

写出 HNCO 和 NO_2 反应的化学方程式。分别指明化合物中哪种元素被氧化,哪种元素被还原,标出电子转移的方向和数目。

[诊断] 题中涉及了一些中学生不熟悉的新物质、新化学反应,解题的关键是从题示信息中

提炼有用的信息——异氰酸的结构式,再根据化合价定义确定新物质中各元素的化合价。诊断测试结果:得分率 74.6%。

表 4-62 题示信息与解题思维

有用的信息	原有的知识	结合与推断
异氰酸的结构式: H—N=C=O(其他信息是与解题无关的信息)	① 结构式表示法:一对共用电子用单键表示,两对共用电子用双键表示。(高中知识) ② 化合价标定:在共价化合物里,元素化合价的数值,就是这种元素的一个原子跟其他元素的原子形成的共用电子对的数目。电子对偏向哪种原子,哪种原子就显负价;电子对偏离哪种原子,哪种原子就显正价。(初中知识)	异氰酸中, H 为 +1 价 O 为 -2 价 C 为 +4 价 N 为 -3 价 (解题的关键)

[答]
$$8HNCO + 6NO_2 = 7N_2 + 8CO_2 + 4H_2O$$
(失 $8 \times 3e^-$,得 $6 \times 4e^-$)

HNCO 中的氮元素被氧化,NO_2 中的氮元素被还原。

(四)教学中训练了一类题无法解答一道变式题

经常有这样的教师责备学生:讲解了同类题,为什么还不能正向迁移?这一现象确实值得教师思考,问题的症结仍然应从"训练效率的有效性"去分析。

在习题课教学中,教师还应该借助能体现"热点"和"难点"知识的典型习题,组织学生进行"变式"训练。通常采用三种"变式":一是改变或放宽习题条件,或转换成另一种题型,以提高学生纵向发散思维的能力;二是变换习题条件和结论,变已知为未知,变所求为已知,以扩展学生逆向思维的能力;三是将原题的具体条件字母化,以发展学生抽象思维的能力。

解题要取得良好的效果,关键在于必须总结解题思路,反复琢磨,看还有没有更好的方法,这种方法还能不能用于解其他问题,取得"做好一道题,解决一类题"的效果。下面举例说明。

例如,1999 年全国高考题第 33 题可以作如下变换:

变换一:以氧化镍作载体,将原题条件和结论、已知和未知对换,增大试题难度,培养学生逆向思维能力。

【案例 6】 (1) 中学教材上图示了 NaCl 晶体结构,它向三维空间延伸得到完美晶体。NiO(氧化镍)晶体的结构与 NaCl 相同,测知 NiO 晶体密度为 6.2 g/cm³,计算 Ni^{2+} 与最邻近 O^{2-} 的核间距离(已知 NiO 的摩尔质量为 74.7 g·mol^{-1})。

(2) 天然的和绝大部分人工制备的晶体都存在各种缺陷,例如在某种 NiO 晶体中就存在如图 4-31 所示的缺陷:一个 Ni^{2+} 空缺,另有两个 Ni^{2+} 被两个 Ni^{3+} 所取代。其结果晶体仍呈电中性,但化合物中 Ni 和 O 的比值却发生了变化。某氧化镍晶体中 Ni^{3+} 与 Ni^{2+} 的离子数之比为 6:91,试计算该氧化镍的化学式。

变换二:以氧化铁作载体,改变或放宽习题条件,或转换成另一种题型,提高学生纵向发散思维能力。

【案例 7】 晶体具有规则的几何外形,晶体中最基本的重复单位称为晶胞。NaCl 晶体结构如图 4-31 所示。已知 Fe_xO 晶体晶胞结构为 NaCl 型,由于晶体缺陷,x 值小于 1。测知 Fe_xO 晶体密度

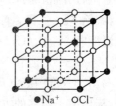

图 4-31 NaCl 晶体结构图

为 $\rho=5.71\ g/cm^3$，晶胞边长为 $4.28\times10^{-10}\ m$。

(1) Fe_xO 中 x 值(精确至 0.01)为_____。

(2) 晶体中的 Fe 分别为 Fe^{2+}、Fe^{3+}，在 Fe^{2+} 和 Fe^{3+} 的总数中，Fe^{2+} 所占分数(用小数表示，精确至 0.001)为_____。

(3) 此晶体化学式为_____。

(4) 与某个 Fe^{2+} (或 Fe^{3+})距离最近且等距离的 O^{2-} 围成的空间几何形状是_____。

(5) 在晶体中，铁元素的离子间最短距离为_____ m。

[诊断] 诊断测试结果：案例6得分率 31.8%，案例7得分率 25.4%。问题解决迁移能力差。跳出"题海"，变换有限量的习题的能力层次，发展学生的多极思维，能有效地提高学生的解题能力。

(五) 教师有时提出的结论使学生一筹莫展

从学生学习化学的心理状态来看，学生易于并愿意接受化学规律的共性，而往往忽视化学规律中的特殊性。教师所用明确肯定或否定的信息比暧昧不明、模棱两可的信息，对于学生常常更具有吸引力和说服力，他们希望教师教给的规律或结论是一种绝对肯定或否定的信息，这是学生愿意花时间去掌握的。

然而，值得教师注意的是，在教学中使用"绝对""一定""肯定不会"等判断时，也许学生开始会半信半疑，但接触多了他们就会接受这些判断，并使之绝对化。从学生记忆的心理特征来讲，尽管有积极的一面，但是从科学角度看是错误的，从思维角度看是有害的，它限制了学生的发散思维，势必对学生的学习产生桎梏性的思维定式，不利于学生能力的培养。

比如教师在讲授改变反应物浓度对反应物转化率的影响时，常常引用下面一道题目作示范。

【案例8】 在一定条件下建立如下平衡：$2SO_2+O_2 \rightleftharpoons 2SO_3$，在温度、体积不变时，再通入氧气，达到新的平稳时，氧气的转化率比原平衡氧气的转化率(　　)。

A. 减少　　B. 增大　　C. 不变　　D. 无法比较

教师经过论证确定正确答案为 A。并以此为契机得到如下规律：平衡体系中，增大某反应物的浓度，达到新平衡时，该反应物转化率比原平衡时转化率小。当学生应用此规律解答案例8问题时，会毫不犹豫地运用演绎法选择答案 A。

【案例9】 在一密闭容器中充入 1 mol NO_2 气体，建立如下平衡：$2NO_2 \rightleftharpoons N_2O_4$，测得 NO_2 的转化率为 $a\%$。在温度、体积不变时，再通入 1 mol NO_2，待新平衡建立时，测得 NO_2 的转化率为 $b\%$。a 与 b 的关系是(　　)。

A. $a>b$　　B. $b>a$　　C. $a=b$　　D. 无法比较

由题意知，可将问题转化为等效平衡问题进行分析：

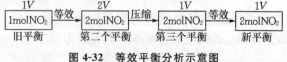

图 4-32 等效平衡分析示意图

由图 4-32 所示直接比较第二、第三两个平衡，知：压缩使平衡 $2NO_2 \rightleftharpoons N_2O_4$ 右移而使转化率 $b\%>a\%$，即 $b>a$。正确答案为 B。

由此看来，当教师把某些一般规律绝对化后，如果"问题"刚好涉及特殊性，负迁移的结果会使教师的努力适得其反。

演绎法是重要的科学方法,在运用时也要注意到中学化学知识的局限性。中学化学知识的某些大前提并不很深刻,再加上往往不介绍一些特殊性问题的知识规律,所以演绎就不能无所顾忌,否则会出现"牵强附会"的现象,甚至出现错误。学生往往希望在化学里找到一些"万能公式"以便套用。事实上化学本身对世界的研究比数学晚得多,不能一切都用公式、规律推导,甚至有许多问题还处于研究争议阶段,一切都演绎和推理是不现实的。因此在中学化学里的演绎范围要小些,才可能演绎出正确的结论。

(六) 教师有时猜中的题目并未获得预期效果

教师的示范性操作在模拟条件下都能获得预期的迁移效果吗?回答应该是:不一定。一些从事毕业班教学的教师,习惯于平时或考前作预测,进行模拟性考试,一旦考试题与教师预测相同或相似,教师及学生则会兴奋不已,并预期考试会取得可喜的成绩,但现实时常对他们的预期说"不"。至今有的教师和学生仍不明白,考试前猜准并训练过的题目与他们的考试成绩为什么相去甚远?为了论证这一客观事实,下列一道诊断性试题可作为佐证(此题为教师考前预测并训练过的)。

【案例10】 在25℃时,将两个铜电极插入一定质量的硫酸钠饱和溶液中进行电解。通电一段时间后,阴极上逸出 a mol 气体,同时有 W g $Na_2SO_4 \cdot 10H_2O$ 晶体析出。若温度不变,剩余溶液中溶质的质量分数为(   )。

A. $\dfrac{W}{W+18a} \times 100\%$;

B. $\dfrac{W}{W+36a} \times 100\%$

C. $\dfrac{7100W}{161(W+36a)}\%$

D. $\dfrac{7100W}{161(W+18a)}$

[诊断] 电解发生的电极反应:阳极为 $Cu-2e^- == Cu^{2+}$,阴极为 $2H^+ + 2e^- == H_2\uparrow$。电解总化学方程式:$Cu + 2H_2O \xrightarrow{电解} Cu(OH)_2\downarrow + H_2\uparrow$。阴极逸出 a mol H_2,水被电解了 $2a$ mol,根据溶解度知识,不难计算出答案为 C。

一周后,在大型考试中出现了下列一道"相似"题,师生兴奋不已。然而,考后的统计结果是,尚未训练过上例的班级学生在"相似"题中得分率反而比训练过上例的班级学生要高。

【案例11】 在25℃时,将两根铂电极插入一定质量的硫酸钠饱和溶液中进行电解,当阴极逸出 a mol 气体时,溶液中析出 m g $Na_2SO_4 \cdot 10H_2O$ 晶体。若温度不变,在剩余溶液中溶质的质量分数为(   )。

A. $\dfrac{m}{m+18a} \times 100\%$

B. $\dfrac{m}{m+9a} \times 100\%$

C. $\dfrac{7100m}{161(m+18a)} \times 100\%$

D. $\dfrac{7100m}{161(m+9a)} \times 100\%$

[诊断] 考试题是用铂做电极电解硫酸钠的饱和溶液,则电解的总反应式为:$2H_2O \xrightarrow{电解} 2H_2\uparrow + O_2\uparrow$,阴极逸出 a mol H_2,水被电解了 a mol,其答案为 D。可谓一字之差("铜"与"铂"),天壤之别。

上述教学有效率低的原因主要有:一是教师讲解示例属低层次的,没有在"一题多变"上做文章,只注重知识的迁移,忽视了方法和能力的迁移。学生从知到懂要经过思考,懂不等于会,懂和会没有必然联系的因果关系,它们之间要经过练习或实践这个"桥梁"。二是学生只注重思维"相似块",忽视了"思维相似剩余块",以至于命题者将题目中的"铜"换成"铂",而学生因盲从而视而不见,疏忽对条件的分析。盲目和粗心往往导致失误。

(七) 教师强调并训练十余遍的知识不一定具有迁移力

知识和能力的结合处理不当,往往产生负效应。强调知识忽视能力,或一味地强调能力而忽视知识,其后果都可能导致知识和能力的降低。比如不少学生知识面广,学得扎实,用起来快捷,其能力是很强的。相反有些学生知识学得似是而非,连课本上的东西都知道得不全不准,却想在"题海"中练能力,结果,"题只会正向做不会逆向、侧向做",遇到问题找不到运用知识的思路。我们注意到,受片面追求升学率的影响,教师围绕考点精雕细刻反复练习,不断地用"题海"去磨炼学生,使师生都筋疲力尽。而高一级学校要选拔学生就不得不力求避开"题海",使试题标新立异,试题的题型及难度与化学"本来面目"相悖。这些畸形做法的结果使"题海"越来越大,学生的负担也越来越重,整天在"题海"里挣扎。因"题海"是用题带知识,实际上知识不可能带全,也不易形成完整的学科主干系统,以致学生练了一百道题,但遇到第一百零一道题时却束手无策。

例如,中学教师都知道有这样的一个重要规律:由较强的酸可制得较弱的酸。鉴于其重要性,教师都通过不同方式对学生进行了有针对性的强化训练,且不同学习阶段各类题型的训练不少于 10 次,然而下面一道广东省考题答题情况却给部分教师当头一击。

【案例 12】 针对下列 A—D 四个涉及 H_2O_2 的反应(未配平),填写空白:

A. $Na_2O_2 + HCl \longrightarrow H_2O_2 + NaCl$

B. $Ag_2O + H_2O_2 \longrightarrow Ag + O_2 + H_2O$

C. $H_2O_2 \xrightarrow{\Delta} H_2O + O_2$

D. $H_2O_2 + Cr_2(SO_4)_3 + KOH \longrightarrow K_2CrO_4 + K_2SO_4 + H_2O$

(1) H_2O_2 仅体现氧化性的反应是(填代号)_____,该反应配平的化学方程式为_____。

(2) H_2O_2 既体现氧化性又体现还原性的反应是(填代号)_____。

(3) H_2O_2 体现酸性的反应是(填代号)_____,其理由为_____。

[诊断] 试卷分析说明,本题得分率最低的为第(3)小题,仅为 35.8%。错误的根源在于学生不能把反应 A 看成是由强酸(HCl)制取弱酸(H_2O_2)的具体案例,特别是在大脑中将 H_2O_2 "定式"为中性物质,把中性物质与酸性物质绝对化,大脑拒绝接受"H_2O_2 为(或'视为')弱酸"这一结论,这是缺乏思维"相似剩余块"的典型表现。此外,学生对大前提的理解并不深刻,既然"由强酸制取弱酸"成立,则"则强酸制取中性物质"必然成立。

解析第(3)题的思维模式实际是演绎法。大前提(由强酸可制弱酸或中性物质)指知识的普遍性和一般性,小前提指需要解决的具体知识。在小前提符合大前提的条件下才能作出推理。前提与结论间有必然联系或蕴涵关系时的推理才是符合逻辑的推理。在中学化学教学中,运用概念和理论去解释、预测某些具体物质的结构或性质常带有演绎的性质,它要求对大、小前提有相当深入的认识,否则很难做出正确的推理和判断。侧重于应试训练而形成的一些知识,由于对知识理解得很肤浅,知识质量不高,这样的学生在新的情境下很难说是否一定具有知识迁移力。

(八) 教师有时交给学生的是一个不好的编码系统

化学教师要善于把握对学生实施全面教育的关节点或各种教育"产生式系统"的生长点,在学生认知结构中形成活化的"知识组块"。这些活化的组块就是各种产生式系统的基础。同时,在活化组块的前提下,应结合典型实例着力于对学生的"产生式系统"(可看成思维方法、学习方法、探究方法、解题方法的集合)做训练和优化。一方面教师应通过"一题多解"养成学生多向思维的习惯;另一方面要引导学生在多解中寻找解决问题的捷径。编码好的"产生式系统"的标准是:一要以自然科学方法论为依据,用科学探究方法发展学生的科学素养;二要有利于学生理解和记忆,有利于构建多维的认知网络和能力结构。然而,在中学化学教学中存在着不重视"产生式系统"编码优化的状况,教师传授给学生的方法不利于学生理解和记忆,或将简单的问题复杂化,单纯的训练模式把学生当成盛装知识的容器,采取盲目的、多次的、简单的重复练习。这种训练难以得到认知层次上的提高,更难以完成大纲所规定的要求。有些方法训练即便重复多次,学生仍然会"一错再错"。现以下面一道计算题为例来说明。

【案例 13】 称取金属钠、铝、铁各 m g 在室温下分别与 V L 4 mol/L 的盐酸充分反应。试推断:在下列三种情况下,V 值的取值范围(用含 m 的表达式表示)。

(1) 铝与盐酸反应放出的氢气最多;

(2) 钠与盐酸反应放出的氢气最多;

(3) 铝、铁分别与 V L 盐酸反应产生的氢气一样多。

[诊断] 处理此题时,教师多采用常规的分段讨论法。

解法一 凡是没有说明反应物的用量,或是用字母代替这些数字的时候,不能认为都是足量或适量,要自行确定范围,分段讨论。解此类范围讨论题的关键是:审清题意、准确划定各段范围。分段讨论法的步骤为:选点—分段讨论—归纳—回归答案,非常繁杂。

有经验的教师会发现,用分段讨论法解答示例,即使训练后再讲,考试后再讲评,在以后的测验中仍有相当一部分学生会出现错误。问题的关键是教师教给学生的是一种编码不好的"产生式系统",而学生重现(练、评、考、思)的次数尚未达到掌握该"产生式系统"所需要的重现次数的要求,学生思路会因遗忘而出现障碍。

这里提供一种编码较好的"产生式系统",即图解法,其步骤为:建立坐标—作图—形成答案。

解法二 坐标法则能简化讨论。由方程式:$2Na+2HCl =\!=\!= 2NaCl+H_2\uparrow$ 知,当 $m/23=4V$ 时,亦即 $m=92V$ 时恰好反应生成 $2V$ mol H_2,由方程式 $2Al+6HCl =\!=\!= 2AlCl_3+3H_2\uparrow$ 知,当 $m/27\times 3=4V$,亦即 $m=36V$ 时恰好反应生成 $2V$ mol H_2;由方程式 $Fe+2HCl =\!=\!= FeCl_2+H_2\uparrow$ 知,当 $m/56\times 2=4V$ 时,亦即 $m=112V$ 恰好反应生成 $2V$ mol H_2。以 H_2 的物质的量 $n(H_2)$ 对金属的质量(m)作图,得到图 4-33。

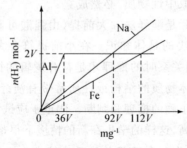

图 4-33

(1) 当 $m>92V$ 或 $V>m/92$ 时，Al 放出的 H_2 最多；

(2) 当 $m>92V$ 或 $V<m/92$ 时，Na 放出的 H_2 最多；

(3) 当 $m\geq112V$ 或 $V\leq m/112$ 时，Al、Fe 放出的 H_2 相等。

我们曾将示例的两种解法("产生式系统")对学生记忆产生的影响作了调研。其结果统计如下(见表 4-63)：

表 4-63　不同解题方法隔时得分率统计表

正确率　　方法选择　测验	解法一得分率	解法二得分率	
	隔日	隔日	隔周
未讲先做	6.8%	2.2%	/
评后再测	45.6%	69.1%	60%
评后二测	70.1%	88.5%	94.3%
评后三测	90.4%	96.2%	99%

统计结果显示，编码好的"产生式系统"(解法二)有利于学生理解、记忆和应用迁移，并获得如下启示：(1) 当教师责备学生"一错再错"时，应当反思我们交给学生的产生式系统是否优化合理。(2) 记忆"产生式系统"比"知识组块"需要更多的重现时间，因此须提供多种方式让学生重视。(3) 学生对"产生式系统"的记忆仍遵循记忆规律和遗忘规律，方法类知识的习得主要依靠理解记忆的方法。(4) 不要指望教师提供的任何一种解法技巧可一步到位，没有 5～8 次重现是难以牢固掌握的。(5) 学生学习的困难主要不是记忆"知识组块"，而是将知识组块组织起来的程序("产生式系统")的记忆。(6) 在实际教学中，让学生冷处理的效果并不亚于趁热打铁的效果，因此学习既要重视即时巩固，也要重视延时巩固。

本章思考题

1. 化学课堂教学诊断有什么意义？实施诊断应遵循哪些基本原则？应该从哪些方面进行分析诊断？新课程改革中教学诊断应注意哪几个问题？

2. 通过实地调研，了解目前中学化学课堂教学诊断是怎样进行的，从中你受到什么启发？

3. 阅读下列教学片断，试回答有关问题：

某教师在讲授"氯气的化学性质"时，先通过实验引导学生学习氯气与金属、非金属、水和盐溶液的有关反应。

接着，学习氯气与碱溶液的反应。教师把氯气和石灰乳的反应写在黑板上：$2Cl_2 + 2Ca(OH)_2 = Ca(ClO)_2 + CaCl_2 + 2H_2O$，然后叫学生反复记忆。甲学生举手提问："这个化学方程式有什么作用？"教师说："这是工业上制造漂白粉的反应原理。"乙学生接着问："氯气和石灰乳反应为什么会生成这些产物呢？"教师说："不要寻根问底了，把它背下来熟记就行了。"

(1) 以上教学片断中，该教师的教学违背了哪些教学原则？试作简要诊断。

(2) 如果要你回答乙学生提出的问题，请你结合有关知识给出必要的回答。

4. 有人认为多主体诊断会带来许多混乱和麻烦，得不偿失。你怎样认识这一问题？你认为实施多主体诊断可能出现的最大障碍或最大问题是什么？克服这一障碍或解决这一问题的策略是什么？写一份有关学习化学教学诊断的心得体会。

第五章 化学课程学习诊断

化学是一门在原子、分子水平上研究物质的组成、结构及其变化规律的学科。这一学科的定位决定了化学课程学习具有显著的学科特性。学习是教学的根本，化学教学是教学育人、促进学生全面发展的过程。在这个过程中，如果不尊重学生的学习规律，要想取得理想的教学效果是不可能的。因此，教师既要重视如何教，更要研究学生如何学，既要学会诊断教学，也要学会诊断学生的学习。

第一节 化学课程学习诊断工具

核心概念

◆质性诊断　◆评估准则　◆探究性学习　◆实验认知能力

随着新课改的推进，教学诊断的理念和方法在发生变化，诊断的目的也由"甄别与选拔"转向"诊断与改进""促进学生的发展"。传统的教学诊断是在课程实施后对学生学习情况进行量化的、审查式的总结性诊断。这种诊断方式虽然具有简明、精确、公正的优点，但它无法全面考查学生的学习能力、批判思维能力、问题解决能力等高阶思维能力。其实，学生的知识与技能的获得情况、思维能力与方法、学习态度与情感价值观等都能体现在学习过程中，因此要想全面诊断学生，对学生的学习过程进行诊断将是无法回避的，而且教师要实现诊断与改进教学计划的目的，也离不开对学生学习过程的质性诊断。个性化、情境化的过程性质性诊断可以弥补量化诊断的不足，描述学生的学习过程与发展趋势，及时为教师和学生提供反馈信息，凸显教育诊断的诊断与改进功能。

一、化学课程学习过程质性诊断

化学学习过程的质性诊断是以目标与过程并重为价值取向，在课程实施过程中运用测量、观察、访谈、分析笔记等多种方式获得有助于了解学生状况、学习效果，判定教学现状的数据资料，并在对这些数据资料分析的基础上适时调整教学计划，及时解决学生学习过程中出现的问题的过程。为此，可以从学习效果、参与情况、学习态度、学习能力和合作与交流五个维度构建化学学习过程诊断的指标体系。每个维度下又设定了能反映该维度的具体指标项以及权重。学习效果指标可以反映出学生知识与技能维度的教学目标；学习能力和合作与交流维度的指标能够体现过程与方法的教学目标；参与情况和学习态度维度的指标则能够体现出情感态度与价值观维度的教学目标。

对同一层次的各元素相对于上一层次中相应准则的重要性进行两两比较，构建判断矩阵。本书采用萨蒂（T. L. Satty）的1～9标度法和Delphi法确定判断矩阵中各元素的数值，并且通过文献资料的分析，加以平衡后最终确定各指标的数值。最后分别以"学生学习过程诊断标准A""学习效果""参与情况""学习态度""学习能力""合作与交流"为准则得到6个判断矩阵。对构建的六个判断矩阵分别求出最大特征根和特征向量，将特征向量归一化后得出每个矩阵的相对权重向量，也就得到了每项指标相对于上层因素的相对权值W，这一过程为层次单排序。但是层次单排序得出的结果是否基本合理，需要对判断矩阵进行一致性检验。

现选取某校初三(1)班的十名学生为诊断对象，以某节化学课堂的学习过程为例，通过课堂观察、讨论、提问、分析作业和学习笔记等方式对其学习过程进行了诊断。实践结果表明，该质性诊断量表能够全面收集反映学生学习过程的数据信息，对诊断学生的学习过程、及时调整教学和学习计划具有重要作用。下面以学习者A的诊断结果为例进行说明分析（学习者A的诊断结果见表5-1）。[①]

表5-1　学习者A的诊断结果

目标层A	准则层B	指标层C	诊断方法	等级	单项分值	各项的总分值
学生学习过程诊断标准	学习效果 0.0624	识记事实性知识的情况 0.1638	能否清楚准确地记忆事实性知识，如概念、方程式等	4	0.6552	3.4794
		理解概念性知识的情况 0.2973	能否运用自己的话去解释表述概念性知识的意义，并形成自己的观点	4	1.1892	
		应用程序性知识的情况 0.5390	是否能够应用程序性的知识解决具体问题	3	1.6170	
	参与情况 0.0986	举手发言的情况 0.1638	课堂上是否积极举手发言、回答问题	2	0.3276	3.0872
		提问并发表见解的情况 0.2973	遇到不明白的问题时是否大胆主动向教师提问，并发表自己的观点	2	0.5946	
		参与课堂任务的情况 0.5390	是否积极参与课堂任务	4	2.1560	
	学习态度 0.4162	学习笔记的记录情况 0.3677	是否有该课程的笔记本，在课堂学习过程中遇到重要知识点或自己不懂的问题时能否及时记录下来	4	1.4708	3.7005
		学习计划的确定情况 0.2995	能否积极认真地制订学习计划，制订的学习计划是否合理	3	0.8985	
		作业的完成情况 0.1598	在学习过程中，对教师布置的作业能否按时完成，作业内容是否准确，书写是否清晰工整	4	0.6392	
		克服学习难题的意志与自信心 0.1730	遇到学习难题时，能否克服烦躁抵抗心理，能否积极自信、坚持不懈地分析问题或请教他人	4	0.6920	

[①] 郭炯，霍秀爽.学生学习过程质性评价工具的开发与应用研究[J].电化教育研究，2012(7)：80-84.

(续表)

目标层 A	准则层 B	指标层 C	诊断方法	等级	单项分值	各项的总分值
学生学习过程诊断标准	学习能力 0.2618	知识迁移的能力 0.5390	能否将学过的知识与当前问题联系起来,综合所学知识解决问题	4	2.1560	3.5393
		运用学习策略的能力 0.2973	是否能运用一定的学习策略提高自己的学习效率,能否根据学习情况不断调节自己的学习策略和学习方法	3	0.8919	
		反思学习的能力 0.1638	在学习过程中是否不断反思总结自己的学习方式、学习方法和解题的思路等,能否从反思中发现问题并作改进	3	0.4914	
	合作与交流 0.1611	承担组内个人任务的能力 0.0736	在进行小组学习时能否按时、高质量地完成自己的任务	4	0.2944	2.3187
		客观进行自我诊断和他人诊断的能力 0.1715	在进行合作学习时,能否客观地诊断他人的观点并进行自我诊断	3	0.5145	
		运用交流与沟通技巧进行合作的能力 0.4709	在合作交流时能否认真听取他人观点,并运用一定的技巧使合作愉快顺利地进行	2	0.9418	
		解决组内观点分歧的能力 0.2840	能否客观地根据所学知识,利用个人沟通技能解决组内观点分歧的问题	2	0.5680	
总计						3.3617

由表 5-1 中的数据可以看出该生的学习状况比较理想。在学习态度上,该生有学习的愿望与兴趣,能承担起学习的责任,克服学习难题的意志和自信心较高,在课堂学习中能及时认真地记录学习笔记,但对学习的进程、内容、重点等都没有进行个人计划,只是跟随教师的思路和教材学习目标中已知的重难点进行学习,学习的自我管理意识不强。教师应该就此采取相应的提升策略,如可以通过提问该生关于其学习计划的问题,"通过这节课你准备掌握哪些具体的知识点?""在课堂中的自由学习阶段,你有向老师提出的问题吗?"等等。然后可通过布置作业的形式要求其写一份下节课的课堂学习计划。

二、化学课堂学习诊断评估准则

随着新课程改革的推进,提倡重视过程与发展性的诊断工具在我国不断涌现,例如成长记录袋(portfolios)、轶事记录(anecdotal notes)、检核表(checklists)等,各种方法和工具的多样综合,有效地促进了课堂教学改革的发展。诊断评估准则作为其中的一员,以其清晰明了的事前学习指导和丰富具体的事后信息反馈,成为近年来在国外教学实践领域备受推崇的一种诊断工具。

诊断评估准则是一种用文字说明的评分指引,与其他诊断工具最大的不同点在于,它明确列出了学习表现的每一项诊断标准,并清晰地表述了每项标准的不同层次水平,从高水平一端延续到低水平一端。因此,它不但可以帮助教师考察学生的学习过程、学习进展以及最终的学习结果,同时还清楚地告知了学生定义学业表现优异的具体诊断标准,是一种非常有效的课堂学习诊断工具。[1]

诊断评估准则表是一个二维表格,包括诊断标准和掌握水平两个部分,如表 5-2 就是化学学科的问题解决诊断评估准则。诊断评估准则各项目水平的确定主要视学生学习情况的区分程度而定,并没有一个固定的模式,通常可以有 3~5 个等级,根据需要,有时也可以用"A、B、C、D"或"优秀、良好、可接受、不满意"这些等级评分和类别评语来表示。

表 5-2 化学问题解决诊断评估准则表

水平 标准	水平 4	水平 3	水平 2	水平 1
问题的理解	能够完整和全面地理解问题,而且具有问题之外的领悟见解	能够完整和全面地理解问题	能够部分地理解问题,但还需要教师帮助清理	需要教师的帮助才能理解问题
计划的设计	能够提出各种精巧的策略,并能有效地应用	独立选取合适的策略,并能有效地应用	具有一定的计划,并使用了一种策略,但策略的应用可能有效,也可能无效	在教师的帮助下选择一种策略;策略的应用是任意随机式的
问题的解决	提供正确和完整的解答,而且能使用一种以上的解决方法	独立提供一种正确和完整的解答	解答中出现了一些细小的错误,导致结论错误或者不完整	即使在得到指导的情况下也不能给出正确的解答;出现很多的错误
结论的表述	能够清晰、连贯地进行推理解释,深刻把握问题的本质	能够独立进行有组织的、合理的推理解释	在教师的帮助下给出了问题的答案并尝试进行推理解释	作出的推理解释杂乱无章,很难使人明白

从适用范围来看,评估准则还可以分为一般型评估准则(generic/general rubric)和任务指向型评估准则(task-specific rubric),前者在相似的学习任务中是通用的(如表 5-2),后者只能适用于一种特定的学习任务(如表 5-3)。[2]

表 5-3 科学探究诊断评估准则表

等级评语	水平描述
表现优异	能够提出假设,制定清晰的研究步骤,准确完整地收集资料,有逻辑地分析数据,所得结论简洁明了,与证据和假设相符;能够对研究设计和过程进行反思,提出合理的改善建议
表现尚可	能够提出假设,制定研究步骤,详细地收集资料,对资料进行分析,得出合理的结论;在研究过程中出现了少量错误,对研究结果的科学性造成一定的影响
有待改进	能够陈述研究目的,制定研究步骤,收集资料,但研究结果仅仅是重述观察所得资料,无法得出规律和结论;在研究过程中出现比较多的错误,影响了研究结果的科学性

值得注意的是,从本质上讲,两种类型的评估准则之间并没有优劣之分,关键的是哪一种类型更符合教学的实际需要。在设计具体的评估准则的时候,教师首先要明确的一点就是诊断的目的——是侧重整体认识还是信息反馈,在综合考虑任务性质、时间等条件的基础上,选择相应的诊断评估准则类型,然后确定诊断的标准和表现水平。

---

[1] Montgomery, K. Classroom Rubrics: Systematizing What Teachers Do Natally[M]. The Clearing House, 2006(6): 73.

[2] 钟媚,高凌飚. 评估准则:一种有效的课堂学习评价工具[J]. 全球教育展望,2006(3):71-74.

案例研讨 5-1

以下是针对课堂教学过程中的学生学习的一种课堂观察框架与工具。

课堂观察——学生学习[①]

```
              ┌ 学生课前准备了什么？是怎样准备的？
        准备 ─┤ 准备得怎样了？有多少学生作了准备？
              └ 学优生、学困生的准备习惯怎么样？

              ┌ 有多少学生能倾听教师的讲课？能倾听多长时间？
        倾听 ─┤ 有多少学生能倾听同学的发言？
              └ 倾听时，学生有哪些辅助行为(记笔记/查阅/回应)？有多少人？

              ┌ 有哪些互动行为？学生的互动能为目标达成提供帮助吗？
  学         │ 参与提问/回答的人数、时间、对象、过程、质量如何？
  生   互动 ─┤ 参与小组讨论的人数、时间、对象、过程、质量如何？
  学         │ 参与课堂活动(个人/小组的人数、时间、对象、过程、质量如何？)
  习         └ 学生的互动习惯怎样？出现了怎样的情感行为？

              ┌ 学生可以自主学习的时间有多少？有多少人参与？学困生的参与情况怎样？
        自主 ─┤ 学生自主学习形式(探究/记笔记/阅读/思考)有哪些？各有多少？
              │ 学生的自主学习有序吗？学生有无自主探究活动？学优生、学困生情况怎样？
              └ 学生自主学习的质量如何？

              ┌ 学生清楚这节课的学习目标吗？
        达成 ─┤ 预设的目标达成有多少证据(观点/作业/表情/板演/演示)？有多少人达成？
              └ 这堂课生成了什么目标？效果如何？
```

试说明如何运用这一工具对学生的课堂学习开展诊断。

三、化学探究性学习诊断工具

探究性学习对诊断过程提出了新的要求，对改善现行的诊断实践提出了许多挑战。由于探究性活动往往是以学生为中心的真实任务驱动的过程，探究的结果也往往是作品、调查报告、实验观察报告等，因此，探究性学习的诊断不仅要求对传统的诊断方法，包括测验、作业等进行改造，更需要发展一些关注学习过程表现的新诊断方法(工具)。

量规(Rubric)便是其中一种有效的探究性学习诊断工具。我们以"金属锈蚀的条件"为例，在探究过程中对如何运用量规进行了诊断尝试(见表5-4)。

- 第一阶段：学生课外搜集资料，课堂讨论分析金属锈蚀的条件，课后完成实验设计方案；教师针对学生设计的方案，给予一定的诊断反馈，再次讨论确定合理可行的实验方案。
- 第二阶段：教师发给学生一些必要的实验用品和药品，布置学生在课外进行有关金属锈

[①] 沈毅，林荣凑，吴江林，崔允漷，等.课堂观察框架与工具[J].当代教育科学，2007(24):18.

蚀条件的实验,学生观察金属锈蚀的过程,按时记录并完成实验报告。

表5-4 "金属锈蚀的条件"探究活动诊断表

探究过程		诊断信息来源	诊断信息处理(工具)		
第一阶段	提出问题	(1)课堂观察 (2)实验设计方案	关注过程产品的诊断量规	关注直接行为表现的诊断量规	关注一般过程表现的诊断量规
	搜集资料、处理信息				
	设计实验				
第二阶段	实施实验	(1)课堂观察 (2)实验报告	关注终端产品的诊断量规		
	观察和记录				
	解释实验结果				
	合作交流,与他人交往				

(一)关注一般过程表现的诊断量规

探究性学习诊断关注过程,也特别要求诊断随时并频繁地进行。这在学习过程中,要求教师对学生进行适当的提醒,以便他们能自觉地运用量规来衡量自己的表现。在诊断学生探究性活动一般过程的表现时,我们运用了如下量规表(见表5-5)。

表5-5 化学探究性学习诊断量规表

项目	4	3	2	1
问题意识	学生围绕一个主题,自己确定问题	给出主题后,学生自己确定问题	学生在教师的帮助下确定问题	教师给出问题
信息意识	通过多种渠道收集信息,具有针对性,并对资料进行整理和充分利用	通过多种渠道收集信息,但缺乏对资料的整理利用,信息针对性不强	从有限的渠道收集信息,虽对资料进行整理,但针对性不强	从有限的渠道收集信息,不对资料作进一步的整理,针对性不强
探究意识	分析问题,作出合理的假设,设计方案,按计划实施,圆满完成探究任务	作出初步的假设,设计初步的探究方案,实施过程作一些变动才完成任务	方案有一定的可行性,是在教师的帮助下才完成任务	方案缺乏可行性分析,在实施探究活动时不断改变计划
分析意识	学生分析信息,得出了自己的结果	学生分析信息,在教师的指导下得出结论	学生在教师指导和分析下得出结论	分析信息得出结论存在困难
群体意识	探究活动中表达自己、倾听他人意见;承担责任,各方面表现积极主动	探究活动中,能偶尔表达自己、倾听他人意见;偶尔能承担责任	探究活动中,只会表达自己,很少承担责任,帮助他人困难	探究活动小组中各方面表现被动

(二)关注直接行为表现的诊断量规

探究性学习过程中还要求针对学生在探究活动中的直接行为表现进行诊断,如探究活动中的小组合作表现。但由于探究活动往往在开放的场景中进行,如探究金属锈蚀实验要求学生在课外进行,倘若要求教师一一观察每个学生的行为表现进行诊断,这很难实现。因此,在诊断学生实验观察能力和群体合作能力这种直接行为表现时,我们采用了同伴和自我诊断。在制定合理的诊断量规基础上,把量规表的考核权转给学生自己或实验同伴,学生通过诊断自我、诊断同伴,与同伴相互督促,并反省自己的实验观察和合作过程,从而发现自己的优势和不足,明确改进的目标和途径,在学习和发展中不断进取,在探究中同样能起到较好的诊断效果。

以下仅举两例:实验观察的诊断量规表和小组合作的诊断量规表。

(1) 实验观察的诊断量规表（见表5-6）

表5-6 化学实验观察诊断量规表

项目	诊断标准 （4＝总是；3＝基本上；2＝有时；1＝很少）	自我诊断	同伴诊断
目的	观察目的明确		
计划	会制定观察程序，确定观察的阶段和逻辑顺序		
操作	会选择观察的工具，了解工具的使用方法和注意事项		
记录	能抓住事物本质，会做观察记录，了解记录的内容和方法		
质疑	观察中有创造性，能够发现新的问题		
比较	能够准确地观察，发现事物间的微小差异		
分析	能够迅速地观察，抓住事物的主要特征		
概括	能对观察的事物进行概括，得出正确的结论		
全面	能够仔细全面地观察，不遗漏主要细节		
品质	对复杂事物能耐心持久地观察，较好地完成观察任务		
迁移	能够把对某一事物的观察方法运用于解决其他问题		

(2) 小组合作的诊断量规表（见表5-7）

表5-7 小组合作的诊断量规表

诊断标准		说明	可能的分数	诊断的结论	
				自我	同伴
沟通	表达	(1) 把自己的想法和意见清楚地展示给大家 (2) 基本上把自己的想法和意见告诉给大家 (3) 表达含糊			
	倾听	(1) 小组讨论时，认真听取同学的发言 (2) 会听，但不认真 (3) 只关心自己发言，不在乎别的同学的发言			
互动	帮助	(1) 主动帮助 (2) 会帮助 (3) 只关注自己的学习行为，不帮助他人			
	承担责任	(1) 能自己分析并承担自己的过失 (2) 指出错误时，能虚心接受 (3) 不承认错误			
诊断	诊断他人	(1) 能客观正确诊断别人，并能总结得失 (2) 基本能作出诊断，但主观意愿较多 (3) 出现不礼貌的举止，瞧不起有进步的同学			
	诊断自己	(1) 正确分析自己的表现和优缺点，并能作客观诊断 (2) 能分析，但不能客观诊断 (3) 不能正确分析，也不能客观诊断			

(三) 关注探究过程产品的诊断量规

过程产品指学生在从事探究性学习的活动过程中产生的一切"中间产品"或"典型工作样品"。包括确定探究主题的分析报告、收集资料整理后的分析报告、针对整个探究活动确立的研究方案,正式探究过程中的调查记录、实验观察日志、表现性作业、阶段性成果等。这就要求教师根据过程产品,推断学生对知识和技能建构的过程,从而对学生的回答做出稳定而可靠的诊断。在诊断学生的实验设计方案时,我们运用了诊断量规表(见表 5-8)。

表 5-8 关注探究过程产品的量规表

教师诊断	标准	自我诊断
0,5,10	确定可通过探究回答的问题	0,5,10
0,5,10	说出与问题有关的背景知识	0,5,10
0,5,10	作出一种可检验的假设	0,5,10
0,5,10	明确实验目的	0,5,10
0,5,10	列出重要的器具和材料	0,5,10
0,10,20	列出重要步骤	0,10,20
0,10,20	明确自变量和因变量的关系	0,10,20
0,5,10	描述观察或测量变量的方法	0,5,10
	总分	

(四)关注探究终端产品的诊断量规

终端产品指学生在规定的探究时限内提交的最终研究成果,终端产品可以体现为文字性的书面材料,如调查报告、实验报告、论文,也可以是非文字性的手工制作、实验用具、结构模型等。在诊断学生的实验报告时,我们运用了如下诊断量规表(见表 5-9)。

表 5-9 关注探究终端产品的诊断量规表

教师诊断	标准	自我诊断
0,5,10	明确实验目的	0,5,10
0,5,10	列出重要的器具和材料	0,5,10
0,5,10	列出重要步骤	0,5,10
0,5,10	描述所进行程序	0,5,10
0,5,10	正确进行观察与测量	0,5,10
0,10,20	组织并记录结果	0,10,20
0,5,10	发现有意义的关系	0,5,10
0,5,10	确定数据中的缺陷	0,5,10
0,5,10	得出有效的结论	0,5,10
	总分	

量规是一种具有很强实用性与操作性的诊断工具,它为我们在设计诊断工具时提供了一种新的思路。但是,要想设计出一个好的量规需较多的时间与经验,即使从大量量规资料中选择合适的量规也不是很容易的事,还需要教师有敏锐的眼光判断所选择的量规是否能诊断出学生作业的最重要部分,是否表达了被衡量的教学效果,如果量规包含了不相干的事情,往往只能修改这个量规或选用其他量规。[1]

---

[1] 张亦飞,等.量规表:一种可资借鉴的科学探究性学习评价工具[J].生物学通报,2005(7):35-36.

四、化学探究式学习诊断案例

探究式学习是新课程所倡导的一种学习方法,具有自主性、开放性、实践性、综合性、生成性等特点。就其内涵来说是指从学科领域或现实生活中选择和确立主题,在化学教学中创设探究的情境,学生独立自主地发现问题、实验、操作、调查、收集与处理信息、表达与交流等探索活动。它是倡导学生主动参与的一种积极的学习过程,主要指的是学生在化学课中自己探索问题的学习方式。

化学探究式学习诊断是诊断者(教师、学生等)对诊断对象(学生)在化学学科领域的主题探究性学习过程及效果的定性或定量的评定和发现探究式学习存在的问题。以下是以学生基本概念知识的学习、实验设计和操作知识的掌握与问题解答知识的应用为探究专题,运用认知心理学原理,依据现实性、有效性和可操作性等原则,采取对高中学生化学探究性学习进行诊断的具体案例,以期可以提高诊断的有效性并进一步促进学生的有意义学习。[①]

(一) 基本概念知识的探究式学习诊断

化学概念、原理知识是进行识别、判断和计算的基础。其中,清晰的概念是正确思维的前提,是建立原理、规则的基础。把学生探究式学习过程中亲历概念的产生、发展的过程都纳入诊断范围;把学习探究过程、交流与合作过程纳入诊断的视野;把学生在探究过程中的具体表现作为诊断内容。

【案例1】 在"基本概念"探究式专题中以"氧化还原反应"的探究为例,从知识内在结构出发制定诊断量化表,进行过程诊断分析,提高诊断的有效性(见表5-10)。

表5-10 基本概念知识的探究式学习诊断量表

诊断项目	诊断内容	诊断标准	评分	自诊	互诊
创设情境	列举两个以上生活中氧化反应或还原反应案例	1. 创设问题情境合理,适合研究 2. 创设问题情境有一定道理,但不适合研究 3. 创设情境不合理,但积极与人合作	12~15 9~11 6~8		
符号理解	清楚元素、化学式等符号,写出初中化学学过的氧化反应和还原反应的化学方程式	1. 回顾旧知,准确理解它们的概念,能举多例说明,正确写出其方程式 2. 回顾旧知,理解概念,举例说明,基本正确地写出其方程式 3. 回顾旧知,理解概念,基本能举例说明,不能写出方程式	12~15 9~11 6~8		
变化理解	知道氧化反应和还原反应同时发生的反应称为氧化还原反应	1. 准确把握定义,明确氧化反应和还原反应同时发生的对立统一性,能结合生活,提供实例 2. 能把握定义,理解反应的同时发生,能举例说明 3. 把握定义,基本理解反应同时发生,不能举例说明	14~15 12~13 9~11		

---

① 王霞,王后雄.高中化学新课程探究式学习评价的案例研究[J].中学化学教学参考,2010(8):6-10.

(续表)

诊断项目	诊断内容	诊断标准	评分	自诊	互诊
特征掌握	知道有元素化合价升降的化学反应都是氧化还原反应	1. 准确理解定义,正确判断元素化合价有无变化及各变化多少,能在教辅书中迅速找出典型习题,并熟练解决问题 2. 基本理解,找出一定的习题,能够解答 3. 理解,找出一般简单问题,解答不熟练	13～15 10～12 6～9		
本质理解	知道有电子转移(得失或偏移)的反应是氧化还原反应	1. 准确理解定义,正确判断元素有无电子转移及转移多少,能在教辅书中迅速找出典型习题,并熟练解决问题 2. 基本理解,找出一般简单问题,能够解答 3. 理解,找出一般简单问题,解答不熟练	13～15 10～12 6～9		
意义理解	广泛地存在于生产和生活之中	1. 提供生活实例,准确理解化学变化的正、负两方面影响,清晰解释其应用及危害,提供合理防治建议,趋利避害 2. 举例说明,基本理解,给出一定的解释,提供部分建议 3. 举例说明,部分理解,能简单解释,建议不合理或没有	13～15 10～12 7～9		
加分	1. 小组成员通过研究和教师的指导,感到当新知识不能纳入原有知识结构的系统时,新知识的学习采取"观察实例—分析共性—归纳猜想—形成概念—进行验证"的模式 2. 小组成员积极主动参与,注重联系生活,有创新		3～5 3～5		
总评	优(100～80分)	良(80～70分)	中(70～60分)	需要努力(60分以下)		

以适当的等级诊断为主,重视学生的探究过程,运用认知心理学原理引导学生准确地把握概念的内涵和外延,掌握概念研究性学习的过程和方法,深刻体会学习新知识的方法途径,更好地掌握学习规律。

(二) 实验设计和操作技能的探究式学习诊断

实验设计和操作技能是应用概念和规则的"办事"能力。实验的设计应从实际问题情境出发,以学生原有知识为基础,在相关问题的真实情境中促进学生化学知识的理解和应用。运用归纳和类比及思维迁移的方法,由现象得出相应的合理的解释,由原理和规则进行正确的计算或操作,从而锻炼学生规范的表达与科学理解的能力。但是要牢固地掌握基础知识和基本技能,还要借助于各种化学能力,而能力是通过实践才能获得的,因此在学生的化学研究性学习过程中,不仅要诊断原有的化学能力,而且要诊断从探究中培养起来的能力。

【案例2】 在"实验设计和操作"探究式专题中以"氨的化学性质"设计为例,从学生化学探究式学习能力要素出发建立诊断量化表,进行诊断分析(见表5-11)。

表 5-11 实验设计和操作技能的探究式学习诊断量表

能力要素	诊断指标	诊断标准	评分	自诊	互诊
实验设计能力	联想扩散力	1. 对氨的化学性质实验设计,有较大改进,引入了新想法,基本上是个全新的设计,且有根有据 2. 有所改进,但基本框架没变 3. 基本照搬课本方案与步骤,没有改进	9～10 7～8 4～6		
研究和收集信息能力	收集和加工	1. 收集大量与课题相关的信息 2. 收集一些基本的、大部分与课题相关的信息 3. 收集少量的、和课题部分相关的信息	13～15 11～12 8～10		
展示理解能力	聚合思维力	1. 语言简明,讲解清晰,原理正确,理解深刻,触类旁通 2. 能给出一定的信息解释其设计的意图和内容 3. 给出部分信息,参与少量展示	9～10 6～8 3～5		
动手操作与观察能力	规范度和洞察力	1. 规范、娴熟,观察入微 2. 较熟练操作仪器,偶有不规范之处,能留心观察 3. 不会操作或有较多的错误或不规范之处,基本不能留心观察	13～15 9～12 6～8		
论证与形成结论的能力	迁移推理力	1. 迅速提取、有效运用已有知识结构,论证简洁、科学,并对可能性做出预测 2. 能够联系已有知识经验,解释基本合理 3. 很少联系旧知,基本不能合理解释	13～15 8～12 5～7		
对实验的建议能力	解决问题能力	1. 阐述探索中出现的大部分问题,提供大量建议或方案 2. 阐述部分问题,提供一些建议 3. 没有阐述或仅能介绍存在的少量问题	13～15 8～12 5～7		
反思和诊断能力	反思与诊断	1. 自我反思研究活动过程,能发现自己的优点和不足,能对他人的探究活动作出诊断,提出合理建议 2. 反思活动过程,对他人进行诊断,但反思深度不够,建议不够合理	7～10 4～6		
表达交流能力	口头表达与交流	1. 流利说出研究活动的过程,提出自己的见解,并能认真听取他人的发言,积极与他人探讨有关问题 2. 简单说出探究过程,结构基本合理,能参与到讨论与交流中	4～5 2～3		
	书面表达与交流	1. 书写出完整的研究性学习报告 2. 研究性学习报告不够完整	4～5 2～3		
加分		当新知识可以纳入原有知识结构的系统时,新知识的学习采取"寻找新知识与原知识的联系,将新知识转化为旧知识,用原知识去探索新知识"的模式	3～5		
总评	优(100～80分)	良(80～70分)	中(70～60分)	需要努力(60分以下)	

(三) 问题解答技能的探究式学习诊断

问题解答是回答怎么办的知识,个人或小组运用已有知识经验探究真实问题,找出科学合理的方法进而予以解决的过程,相当于智慧技能和动作技能。以往对"问题解答"探究式学习的诊断主要是采取"检验、检查"方式,易于操作但效果不明显,经过对化学问题的深入分析,才逐步明确解题思路,对学生问题解答探究式学习诊断才有了进一步的领悟。

【案例 3】 在"问题解答"探究式专题中,以"化学反应守恒问题"为例,主要参照"学会解题的四步骤程序"制定诊断表,对学生进行综合诊断,促使学生学会解题,提高学生的化学思维品质(见表 5-12)。

表 5-12 问题解答技能的探究式学习诊断量表

一级诊断指标	二级诊断指标	三级诊断指标	评分	自诊	互诊
认知行为层面	简单模仿	习题问题 1:"已知等式 $aMnO_4^- + bH_2O_2 \longrightarrow cMn^{2+} + dO_2\uparrow + eH_2O$,求 a、b、d 和 e 的值"会用电子得失守恒求解	2~3		
		习题问题 2:"已知在 $FeCl_3$ 溶液中放入 Cu 片,求其对应的离子方程式"会用电荷守恒求解	2~3		
		习题问题 3:"将 5.21 g 纯铁粉溶于适量稀 H_2SO_4 中,加热条件下,用 2.53 g KNO_3 氧化 Fe^{2+},充分反应后还需 0.009 mol Cl_2 才能完全氧化 Fe^{2+},求 KNO_3 的还原产物氮元素的化合价"会用守恒法求解	2~3		
		习题问题 4:"将 3.84 g 铜粉与一定质量的浓硝酸反应,当铜完全作用时,收集到气体 2.24 L(标准状况下),求所消耗的硝酸物质的量"会用守恒法求解	2~3		
	变式训练	类似问题 1:"$aMnO_4^- + bFe^{2+} + cH^+ \longrightarrow dFe^{3+} + eMn^{2+} + fH_2O$,求 a、b、c、d、e 和 f 的值"	3~5		
		类似问题 2:"已知在一定条件下,$RO_3^{n-} + 6H^+ + 6I^- \longrightarrow R^- + 3I_2 + 3H_2O$,求 RO_3^{n-} 中 R 的化合价"	3~5		
		类似问题 3:"已知某强氧化剂 $[RO(OH)_2]^+$ 能被亚硫酸钠还原到较低价态,如果还原含 2.4×10^{-3} mol $[RO(OH)_2]^+$ 的溶液到低价态,需 12 mL 0.2 mol/L 的亚硫酸钠溶液,求 R 元素的最终价态"	3~5		
	自发领悟	有提取和加工已有相关问题认知意识:化学方程式既然能够表示出反应物与生成物之间物质的量、质量、气体体积之间的数量关系等,那么就必然能反映出化学反应前后原子个数、电荷数、得失电子数、总质量等都是守恒的	3~5		
		有试图通过适当变形,用化合价升降的总数,反应物和生成物的总质量,各物质中所含的每一种原子的总数,各种微粒所带的电荷总和等手段探求解法的意识	3~5		
		变形:写出各问题相关的正确离子方程式或物质各元素前后变化对应的形式及数量关系,并设求的未知数	3~5		
		上述等式左右两边或反应前后各物质:根据化合价规则确定氧化剂、还原剂、氧化产物、还原产物的化合价,进一步根据各守恒要素列出相应的等式关系	3~5		
		解方程确定未知数	3~5		

(续表)

一级诊断指标	二级诊断指标	三级诊断指标	评分	自诊	互诊
认知行为层面	自觉分析	对解题过程有自觉反思的意识	3～5		
		注意到各题中都发生了氧化还原反应,变形写出对应的正确离子方程式或各元素前后变化对应的形式及数量关系	3～5		
		意识到化合价升降的总数等于得失电子总数的原理	3～5		
		挖掘条件:化合价升降的总数,反应物和生成物的总质量,各物质中所含的每一种原子的总数,各种微粒所带的电荷总和等,都必须守恒,根据氧化还原反应中得失电子总量相等列出关系式	5～7		
		探究出此类型解法:用守恒法,设未知数	5～8		
情感层面	情感	主动参与怎样学会解题活动,查找信息表现出旺盛的求知探究欲	2～3		
		相互协作,主动帮助他人,有较强的合作精神	2～3		
	态度	认真领会和实践"学会解题的四步骤程序"	2～3		
		重点要加强"自觉分析"步骤的分析研究	2～3		
	价值观	把"解题活动"作为研究对象,学会"数学的思维",促进自身发展	2～3		
		学会怎样解题,具有成就自己、服务社会的意识	2～3		
加 分		思维敏捷、善于探索科学方法、利用发散聚合思维促进问题解决	3～5		
总 评		优(100～80分)	良(80～70分)	中(70～60分)	需要努力(60分以下)

从以上的研究可以看出,探究式学习诊断不仅可以定量地考查学生的学习效果,而且关注诊断的教育功能,促进了学生的有意义学习及教学质量的提高,在诊断类型上更加注重形成性诊断、确立多元的诊断标准。

五、化学实验认知能力诊断

化学实验能力是学生运用化学实验手段认识和探究化学物质的组成、结构、性质及其变化规律的能力,包含操作成分、观察成分和认知成分。此处认知的含义和思维的含义等同,即学生运用表象和概念进行推理、分析、综合、抽象、概括、判断等认识活动的过程。"实验认知"是指个体凭借已有的化学知识经验,对有关化学实验呈现的信息进行分析综合、抽象概括等一系列复杂的加工处理,以理解实验课题、形成实验方案。获得化学概念、认识物质性质、揭示化学规律等的内在过程。"实验认知"贯穿于实验活动的全过程,是化学实验能力的核心成分。

正是由于实验能力的复杂性,我们难以对其进行直接考查和测量,而是需要通过一定的作业行为表现去间接推论和诊断。化学实验操作能力和化学实验观察能力需通过活动表现诊断方法来考查,"化学实验认知能力"则可通过纸笔测验来诊断。

(一)基于Rasch模型测量建构"四基石"框架

Rasch模型(Rasch,1960)透过受试者的作答反应,得到客观等距的量尺,以克服经典测验理论(Classical Testing Theory,简称CTT)"工具依赖"和"样本依赖"的缺点,试图为社会科学领域的测量建立起一套客观和可靠的标准(Bond & Fox,2007)。在Rasch模型中,只有当测验所获数据拟合理论模型时,才能更准确地预测个体的心理特质或能力。因此,这就要求测验工具在开发、设计时应尽可能地科学、客观、有效,充分满足Rasch的要求。

基于Rasch模型的原理,威尔森(Wilson,2005)提出了测量建构"四基石"方法(如图5-1所示)作为测量工具开发、设计的框架。

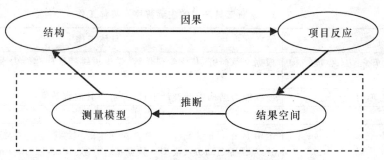

图 5-1　测量建构"四基石"框架

由图 5-1 可见,利用学生在项目上的反应推断其心理结构,并非是一个直接、单向的联系,需要经过两个中间过程——结果空间和测量模型。本研究中,基本按照这四个环节来设计、检验、修正测验工具,实施测量和诊断。

(二) 化学实验认知能力诊断研究的过程

1. "化学实验认知能力"水平的构建

在分析化学课程的学科传统、国内外科学课程标准对"实验"的学段要求以及学生的化学思维特征等要素的基础上,结合对化学专家教师的访谈,反复推敲,形成了"化学实验认知能力"由低到高发展的四个水平,作为后续测量工具编制、评分标准制定、数据分析与讨论的理论框架和重要依据。[①]

水平 1:实验基本操作的识别和描述。在此水平上,学生能识别常用化学仪器的名称,会画简单的化学仪器,识别化学品安全使用标识;能描述常用化学仪器的主要用途及使用时的注意事项;能描述实验室一般事故的预防和处理方法;能描述化学实验基本操作方法及注意事项等。

水平 2:化学实验事实的加工和处理。在此水平上,学生能描述所观察到的主要元素化合物、有机物性质实验的现象,知道主要实验事实及结论;能从实验事实或现象中概括出化学概念、规律或得出物质的有关性质或组成;能根据实验事实及物质间的转化关系选择合适的方法和试剂检验与鉴别物质、除去杂质和分离混合物;能运用表格、线图等对实验所获数据进行简单的处理,并能初步分析数据规律等。

水平 3:化学实验原理的理解和运用。在此水平上,学生能运用有关化学概念、化学基础理论等原理性知识对实验现象进行预测或对实验事实进行分析解释;能根据反应原理和操作原理分析选择制备及性质实验方法;能运用原理对实验中的反常现象、实验误差作合理的分析和解释,对实验数据进行分析和处理;能根据反应原理、仪器原理、操作原理分析选择定量实验方法。

水平 4:化学实验方案的设计和评价。在此水平上,学生能设计简单实验方案验证和解释物质的组成、性质和变化等;能运用控制变量的方法设计对比实验解决化学问题;对化学实验方案进行评价和改进;能根据给出的小课题,设计完整的探究方案。

2. "化学实验认知能力"诊断工具开发

基于威尔森(Wilson,2005)的测量建构"四基石"框架,建立了本研究诊断工具开发及优化的

---

① 王祖浩,杨玉琴. 基于 Rasch 模型的"化学实验认知能力"测验工具编制及测评研究[J]. 化学教育,2012(9):95-99.

程序,如表 5-13 所示。[①]

表 5-13 诊断工具开发的主要程序及具体工作

程序	具体工作
1. "化学实验认知能力"心理结构模型的建立	根据文献研究、化学学科传统、学生思维特征构建能力水平(如前所述)
2. 设计预试测验项目	根据能力结构模型设计项目,并考查其内容效度
3. 进行试测	施测样本的选取,样本代表性,样本数量等
4. 工具质量分析	运用 Bond&Fox Steps 1.0.0 对学生的作答考查被试及项目难度(Measure)、误差(Error)、模型—数据拟合指数(Model-Date-Fit)、分离度(Separation)、信度(Reliability)等质量指标
5. 重复 1—4,直至测验数据符合 Rasch 模型预期	根据第四步的测验工具质量分析调整能力结构,修改项目,再测,直至形成符合 Rasch 模型质量要求的测验
6. 大样本测试	扩大样本量施测,对高中生"化学实验认知能力"进行诊断

根据所规定的"化学实验认知能力"由低到高四个水平及其行为表现,我们编制了"化学实验认知能力"的试测工具,共 26 道题,包括 19 道选择题(PE1～PE19)和 7 道建构反应题(E20～E26)。

对于选样题而言,每一题均包含 4 个选项,有且只有 1 个正确选项;对于建构反应题而言,则采用等级评分。以下选择了"化学实验认知能力"诊断测验水平 2、水平 4 中 2 个项目进行分析。

【案例 4】(PE11) Fe^{3+} 的盐溶液遇 KSCN 溶液时变成红色,而 Fe^{2+} 无此性质。① 在盛有 2 mL $FeCl_3$ 的溶液中加入适量铁粉,充分振荡后滴入几滴 KSCN 溶液,溶液不变红;② 在①中滴入几滴氯水振荡后,溶液颜色变红。由此,下列判断不正确的是( )。

A. ①说明 Fe^{3+} 具有氧化性

B. ②说明 Fe^{2+} 既有氧化性又有还原性

C. ①和②说明 Fe^{3+} 和 Fe^{2+} 之间在一定的条件下可以相互转化

D. ②说明 Cl_2 可作为氧化剂

说明:该题属于"水平 2:化学实验事实的加工和处理"能力的考查内容,旨在考查学生能否从实验事实中概括出某物质的化学性质。学生正确回答该题,必须能从题给信息①所提供的实验事实中概括出 Fe^{3+} 在铁粉的作用下转化成 Fe^{2+},化合价降低,故 Fe^{3+} 具有氧化性,从②所提供的实验事实中概括出 Fe^{2+} 在氯气作用下转化成 Fe^{3+},化合价升高,故 Fe^{2+} 具有还原性,同时,在此变化中,Cl_2 起到了氧化剂的作用。

【案例 5】(E20) 三草酸合铁酸钾晶体 $K_3[Fe(C_2O_4)_3] \cdot 3H_2O$ 可用于摄影和蓝色印刷。某小组将无水三草酸合铁酸钾在一定条件下加热分解,对所得固体产物中铁元素的存在形式进行实验和探究。通过查阅资料后推知:固体产物中,铁元素不可能以三价形式存在,而盐只有 K_2CO_3。请利用实验室常用仪器、用品和以下限选试剂完成验证和探究过程。

[①] Wilson M. Constructing Measures: An Item Response Modeling Approach[M]. New Jersey: Lawrence Erlbaum Associates, 2005: 228.

限选试剂：浓硫酸、10 mol/L HNO_3、1.0 mol/L HCl、1.0 mol/L NaOH、3% H_2O_2、0.1 mol/L KI、0.1 mol/L $CuSO_4$、20% KSCN、蒸馏水。

① 根据题示信息，对于固体产物中铁元素的存在形式你可以提出哪些假设？
② 设计实验方案证明你的假设。

按下表（表5-14）的格式写出实验步骤、预期现象与结论（表格分栏不够可自己添加）。

表5-14 实验步骤、预期现象与结论

实验步骤	预期现象与结论
步骤1：取适量固体产物于试管中，加入足量蒸馏水，充分振荡使碳酸钾完全溶解。分离不溶固体与溶液，用蒸馏水充分洗涤不溶固体	固体产物部分溶解，溶液为 K_2CO_3 溶液
步骤2：	
步骤3：	
……	

说明：该题属于"水平4：化学实验方案的设计和评价"能力的考查内容，是一道开放题，采用等级评分。此问题的解决，学生首先能根据题给信息提出合理假设。设计实验时，则需根据单质铁和氧化亚铁的性质差异，并且考虑可能存在的相互干扰，选择题干中所给出的限选试剂及设计合理的实验步骤进行验证。本题充分考查了学生的高层次实验思维能力，能力水平越高的学生越能够对所有的可能性提出假设，并设计出完善的实验方案。

3. 诊断测验的过程

本研究共进行了三轮测验，被试组成如表5-15所示。第一轮试测用于初步考查四个测验工具的质量，经过Rasch模型检验分析后，对测验工具进行修改，再进行第二轮试测，根据第二轮试测结果的质量分析决定修改后的测验能否用于大样本测试。因第一轮、第二轮试测主要用于考查测验工具的质量，所用样本较小，也不从高三年级中选择被试。大样本测试采取分层抽样的形式，在某省选取了三所不同层次的中学作为样本来源学校，分别在高一、高二、高三年级随机抽取被试。修改后的测验工具及其难度平均值如表5-16所示。

表5-15 研究被试的组成

测验	年级			性别		合计
	高一	高二	高三	男	女	
第一轮试测	52	56	—	66	42	108
第二轮试测	55	57	—	67	45	112
大样本测试	254	256	226	454	282	736

表5-16 E诊断测验各级水平难度平均值

水平	项目及其难度	难度平均值
1	E01(−1.67)；E02(−1.56)；E03(−1.91)；E04(−1.30)；E05(−0.36)；E06(−1.09)	−1.32
2	E07(−0.56)；E08(−0.75)；E09(−0.60)；E10(−0.27)；E11(−0.18)；E12(−0.02)	−0.40
3	E13(0.58)；E14(0.18)；E15(1.57)；E16(0.79)；E17(1.82)	1.00
4	E18(0.93)；E19(2.09)；E20(2.30)	1.77

(三) 化学实验认知能力诊断结论

本研究的被试样本中,高一、高二、高三3个年级测验的平均分值分别为0.92,1.00,1.18,由表5-16可知,可以认为高一年级学生的平均"化学实验认知能力"达到了水平2(化学实验事实的加工和处理)、接近水平3(化学实验原理的理解和运用);高二年级学生的平均分正好在水平3上;高三年级学生的平均"化学实验认知能力"则在水平3之上,离水平4尚有一定的差距。3个年级在不同能力水平上的人数及比例如表5-17所示。

表5-17　各年级学生不同层次E能力水平人数及比例

	高一	高二	高三	合计
水平1	11(4.3%)	1(0.4%)	3(1.3%)	15(2.0%)
水平2	131(51.6%)	147(57.4%)	78(34.5%)	356(48.4%)
水平3	91(35.8%)	90(35.2%)	101(44.7%)	282(38.3%)
水平4	21(8.3%)	18(7.0%)	44(19.5%)	83(11.3%)
合计	254(100%)	256(100%)	226(100%)	736(100%)

由表5-17可见,各个年级中,皆有能力值高于1.77即达到水平4的学生,高一、高二、高三中达到水平4(化学实验方案的设计和评价)的学生占该年级总人数的比例分别为8.3%、7.0%、19.5%,高三年级明显居高;高一、高二年级达到水平3的人数比例较为接近,高三年级达到水平3的比例为44.7%(超过高一、高二约10%);高一年级中尚有4.3%的学生只达到水平1(实验仪器及操作的识别和描述),高二、高三的比例很低。3个年级"实验认知能力"处于不同水平学生的比例如图5-2所示。

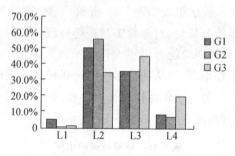

注:L表示水平,G表示年级

图5-2　3个年级"化学实验认知"不同能力水平的学生比例

从以上分析可知,高中生总体的"化学实验认知能力"主要位于水平2～水平3上;高一、高二学生在水平2左右;高三学生明显地高于高一和高二。从数据分布可知,高中生对实验仪器和基本操作的认知能力水平较高,具备了基本的对实验事实加工和处理的能力,但对实验原理的理解和运用能力一般,实验方案的设计和诊断的能力较弱。由以上研究也可知,高中生的"化学实验认知能力"在"实验原理的理解和运用"和"实验方案的设计与评价"两个水平上显得较为薄弱。化学实验作为一种能动的实践活动方式,不仅是一种感性活动过程,更重要的是一种理性思维过程,本质上是理性思维的物化。实验的方法、步骤、现象等都是一定化学原理的体现,实验原理是实验的灵魂,所以学生对"实验原理的理解和应用"显得尤为重要。在实验教学中,教师应围绕实验原理引导学生深入本质进行思考。让学生不仅"知其然"而且"知其所以然",这样才能做到举一反三,有利于学生实验思维的迁移和应用。

第二节 化学课程学习水平诊断

核心概念

◆学习水平　◆学习困难　◆微观水平　◆符号水平

在过去几十年里,许多国外化学教育研究者广泛关注的领域是学生在宏观、微观和符号三种水平上理解化学知识的情况。约翰·斯通首先用一个三角形描述了化学学习的三种水平,其他学者也相继对此进行了不同程度的研究,并取得了一定成果。

一、化学课程学习水平的含义

(一) 约翰·斯通的研究

1982年,苏格兰格拉斯哥大学科学教育中心的约翰·斯通教授首先提出了化学学习的三种水平。他认为,我们至少应在三种水平上来看待化学这门学科,即:(1)描述的和功能的(descriptive and functional);(2)表征的(representational);(3)解释说明的(explanatory)。在第一种水平上,我们可以观察和触摸到物质,对于一种物质转化成另一种物质以及相应引起的性质变化,我们也给予了特别的关注;在第二种水平上,我们用化学式表征化学物质,用化学方程式表征这些物质发生的变化,这是化学学科所特有的、高度发展的语言;第三种水平是原子和分子层次上的,在这种水平上,我们试图解释化学物质以它们的方式存在和变化的原因。我们引用分子、原子、离子、结构体和聚合体等来引导我们的思维,并对前面提到的描述水平进行推理。约翰·斯通用图5-3来表示这三种水平。①

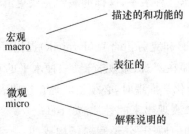

图5-3　化学学习的三种水平

虽然约翰·斯通没有分析这三种水平间的关系,但显然,他认为这三种水平是彼此联系的。而且,表征水平既有宏观含义,又有微观含义,是连接宏观与微观的中介。这是化学学习三种水平的最初表示方法。

1991年,他把最初的三种水平(描述的和功能的,表征的,解释说明的)进行了修改,改称为宏观、微观、符号,认为化学学习要从这三种水平上来进行。② 首先是宏观水平,它是用来描述可观察的现象的(如水中可以溶解多少盐);其次是微观水平,它是用来处理微粒的;再次是符号水

---

① 毕华林,黄婕.国外关于化学学习水平的界定与研究进展[J].全球教育展望,2007(1):90-95.
② A. H. Johnstone. Notes and Correspondence[M]. Macro and Microchemistry,1982(12):377-379.

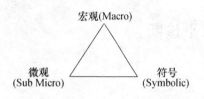

图 5-4 化学学习的三种水平

平,它是根据化学式和化学方程式[如 $NaCl(s) \longrightarrow Na^+(aq) + Cl^-(aq)$]来表征化学的。这样从化学学科特点的角度更全面、准确地概括了化学学习的三种水平,并且用一个三角形来表示,从而更清楚地阐明了三种水平间的关系,如图 5-4 所示。[①]

约翰·斯通认为在三种水平上理解化学并不奇怪,这如同在生物和物理上普遍地使用专业术语一样。和最初的研究相比,约翰·斯通更深层地认识到了化学学习三种水平的价值。刚学习化学的学生面临着怎样把描述化学反应过程的符号与化学式所提供的定量信息联系在一起。很多学生都没有认识到分子与原子、反应物与产物等之间存在化学计量关系的原因。他认为,为了避免这种情况,学生必须掌握化学概念的三种水平以及它们之间的联系,将有助于学生完成化学学习中所需要进行的转换。特别是,学生必须首先充分理解如何将符号转换成它所表征的富有意义的信息。

1993 年,约翰·斯通在已有研究的基础上,进一步从课程组成的角度,在《化学教学的发展》一文中指出,新化学应有三个基本组成部分:可触摸、可见的宏观化学;原子、分子等微观化学;符号、方程式、计量学、数学等的表征化学,也用一个三角形来表示,如图 5-5 所示。[②]

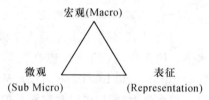

图 5-5 化学学习的三种水平

纵观约翰·斯通的研究成果,可以看出,他对化学学习三种水平的研究是不断丰富发展的。他对三种水平的理论认识发展主要表现在两方面:(1) 三种水平的界定:由最初的描绘的和功能的、表征的、解释说明的逐渐转化为宏观、微观、符号三种水平,这种变化充分体现了化学学科的特点。将化学学习与化学学科的特点联系起来,充分说明约翰·斯通对三种水平的范围及特点的认识逐步走向清晰。(2) 三种水平的关系:约翰·斯通在以后的研究中,一直都是用一个三角形来表示三种水平,这样的表示方式更清晰地阐明了三者间的关系。

(二) 其他学者的研究

1994 年,纳赫利赫(Nakhleh)和克劳伊奇克(Krajcik)提出了一种不同的观点,认为化学学科中有四个互相联系的表征系统,即在宏观、微观、符号三种水平的基础上又增加了第四种水平——代数水平。他们认为学生在进行化学推理时,必须不断地在这些表征系统之间进行转换。

- 宏观系统:物质集合起来表现出来的性质,如 pH;
- 微观系统:物质是由运动的原子、分子和离子构成的;
- 符号系统:用方程式、图表和分子结构式来表示物质和化学反应;
- 代数系统:用公式和图解来表示和处理物质的相互关系。

对于化学学习不同表征水平的研究,人们更倾向于接受约翰·斯通的观点,并在以后的研究中基本达成共识,把纳赫利赫的代数系统划入符号水平内,仍然从三种水平上来进行研究。

1999 年,昂约德琼(Onno de Jong)和简瓦德耳(Jan Varl Driel)提出,帮助学生在学习化学时将宏观现象、微观粒子和符号表征联系起来,是科学教育的重要目的。

[①] A. H. Johnstone. Why is science difficult to learn? [J]. Journal of Computer Assisted Learning,1991(7):75-83.

[②] A. H. Johnstone. The development of chemistry teaching: A changing response to changing demand[J]. Journal of Chemical Education,1993(9):701-705.

- 宏观领域：主要指物质及其性质、科学过程和现象；
- 微观领域：主要指微观模型，如分子、原子和离子；
- 符号表征：主要指化学式、化学方程式等。

昂约德琼(Onno de Jong)和盖尔·彻特博鲁斯(Gail Chittleborough)指出，通过联系物质在三种水平上的表征，可以实现有效理解。这三种水平是：

- 宏观水平：包括学生的日常生活经验；
- 微观水平：包括微粒水平，其可以描述电子、分子、离子或原子的运动；
- 符号水平：包括大量的图形表征、代数式、计算式。

他们认为，学习化学并不简单，良好的教学训练，如加强描述化学现象的三种水平（宏观、微观、符号）间的联系，是确保学生不发生固有错误概念所必需的；另外，解决概念问题时也需要学生在三种水平的表征之间置换。

我国台湾学者吴心楷也多次提到这三种水平，她认为化学学习包括建立宏观、微观和符号表征之间的关系。在宏观水平，化学是可以观察的，如融化黄油，蜡烛燃烧。为了更好地解释这些现象，化学家发展了原子和分子的概念和模型。在微观或分子水平，蜡烛的碳原子和空气中的氧分子反应，生成二氧化碳分子。另一种表征这个过程的方法就是用化学方程式等符号表示，例如 $C(s)+O_2(g) \longrightarrow CO_2(g)$。正如这个例子中显示的那样，化学家用原子和分子表征感观经验，并把其置换成符号。

邦斯(Bunce)和加贝尔(Gabel)对来自 10 所不同学校的学生进行了教学研究。他们对实验班从三种水平上向学生介绍化学概念：宏观上演示论证，接着用微观解释刚才看到了什么，然后用化学式、化学方程式来呈现化学符号；而控制班的教学只从两种水平进行（宏观和符号水平）。经过 6 周的教学实验，发现实验班的成绩明显提高了。这说明在教学中向学生同时渗透介绍三种水平，有利于学生学习和理解化学。另外，实验班和控制班的区别在于是否向学生介绍微观表征，这一方面说明了微观表征的独特价值，另一方面也说明了化学学科的特点决定了三种水平应充分结合。忽视了任何一种水平，都会影响到学生对化学知识的理解。[①]

从以上分析我们不难看出，不同学者虽然对化学学习不同水平的界定，特别是符号水平的界定尚存在分歧，化学学习水平的数目也尚未完全，但仍有两点可以说是达成了共识：(1) 化学学习中，要将各个水平予以结合；(2) 符号水平集宏观、微观、化学计量于一身，是连接宏观水平与微观水平的桥梁。

二、化学课程学习困难诊断

尽管三种水平在化学学习中的作用是至关重要的，但大量研究显示，学生理解它们有困难，他们并没有理解构成化学学科基础的一些基本思想，虽然在宏观上似乎没有什么大的问题，但是在微观和符号领域，学生有着更多的困难。如韩丁(Hinton)和纳赫利赫曾做过一项调查，发现 6 名被试学生都能成功地确认化学反应的宏观现象，却没有一个学生能够说明反应的微观本质。大多数学生凭日常生活经验来理解化学，他们更倾向于停留在感观水平，而不能解释和想象分子和符号水平。而且，即使学生能够使用和理解一种或多种化学表征，他们可能也不理解每种表征

---

① Dorothy L. Understanding the Particulate Nature of Matter[J]. Journal of Chemical Education, 1987(8):695-697.

是怎样与其他表征相联系的。[①]

(一) 学生理解微观水平的困难

很多研究显示,学生不能像科学家那样理解微观水平,谢波德·瑞那(Shepherd Renner)从微观角度调查了学生对物质状态的看法,结果发现,在他们的调查对象中,没有一个中学生对气体、液体、固体的微观本质有一个正确的理解,只有43%的学生对此有部分的理解。

邦斯和史密斯(Smith,1987)报道,学生对离子键和共价键的结构也存在混淆。在他们研究的26位学生中(12年级),有10个学生指出在固体氯化钠中存在分子;一些学生认为钠原子和氯原子通过共价键结合在一起。只有四个学生清晰地理解了氯化钠的三维结构。

本-兹维等(1982,1987)的研究显示,学生(15岁)对于化学反应的动态过程和微粒本质的理解存在困难,他们把化学反应看做是一个加和而不是相互作用的过程。比如,当 H_2 和 O_2 混合反应时,认为 H_2 和 O_2 相加,而没有发生 H_2 和 O_2 的键的断裂,他们把化学反应看做是一个加和或粘合反应物以形成产物的过程,而不是旧键断裂新键形成的过程。

加贝尔和塞缪尔(Samuel)设计了14个题目来考查大学生对事物微观本质的理解情况。题目用不同大小和形状的圆圈来描述分子、原子,要求学生在物质发生物理或化学变化后再画一幅新的图画。为了综合系统地研究学生的回答情况,他们从9个方面来考虑学生的图形:① 微粒守恒;② 微粒的靠近程度;③ 微粒的排列次序;④ 微粒在容器中的位置;⑤ 微粒的大小和形状;⑥ 微粒的组合情况;⑦ 化学组成;⑧ 产物排列;⑨ 键。分析结果令人吃惊,第一,有50%的学生忽视了微粒守恒和微粒的排列次序;第二,尽管学过化学的学生比没学过化学的学生回答得要好,但这种差别并不显著。这表明,尽管化学课程在一定程度上要涉及物质的微观本质,但通过微观本质的学习并没有使学生较好地理解化学。

另外,学生的回答中普遍出现的错误有:① 当液体变成气体时,原子被画大,而不是原子间的距离变大;② 用线条表示液体的水平面,而不是用顶层的微粒来暗示表面;③ 气体分子排列有序;④ 在分子分解之后,仍用完整的单位来描述微粒,而不是用更小的原子等单元表示。

研究还发现,学生倾向于把宏观和微观水平相混淆。很多学生认为,一个分子或一个原子具有和宏观物质一样的性质,如水分子是湿的,碳原子是黑的,等等。大卫(David)等人也提出相似的观点,认为学生们通常把一种物质的宏观性质与微观粒子的性质相混淆,因为硫是黄色的,所以学生认为硫原子也是黄色的。安德森(Anderson,1990)指出,学生有这种认识并不令人惊奇,因为课本上就是用黄圆圈这种图形来表征硫原子的。

以上研究显示,这些错误都是由于学生缺乏对物质的微观本质的理解而造成的。

(二) 学生理解符号水平的困难

学生不仅对宏观和微观水平的理解存在困难,而且对用来表征宏观和微观的符号意义也不理解。本-兹维(1998)探查了学生对化学式如 $Cu(s)$,$H_2O(l)$,$Cl_2(g)$ 做出的描述水平(如宏观水平,原子、分子等微观水平等)。尽管大多数学生能够做出一些宏观描述,如一种化合物的物理性质,但他们用来解释现象的分子原子模型却不恰当。[②] 这说明学生所做的解释与描述依赖的仅仅是他们对原子和分子的直觉认识,而没有把化学式看做是表征原子概念的一种微粒或其集合体。甚至一些

[①] Michael E. Students Microscopic and Symbolic Representations Chemical Reactions[J]. Chemical Education,2000(4):158-167.
[②] Ben-zvi, et al. Theories Principles and Laws[J]. Education in Chemical,1988(5):117-120.

学生即使在接受化学教育后,仍把化学式看做是命名的缩写而不是表征其组成或结构的方法。

另外,许多调查还发现,即使学生能够写出化学方程式中的化学式,也能够准确无误地配平,但仍不能根据符号表征的微观粒子来理解化学式的含义。亚罗克(Yarroch,1985)曾访谈过一些高中生,当要求他们配平化学方程式 $N_2+3H_2 \Longrightarrow 2NH_3$ 时,14 位学生全部正确,但当要求其中 12 人用符号画出 N_2 和 H_2 结合成 NH_3 的过程时,有 7 人做错了。最典型的错误如图 5-6 所示。这些学生虽然能准确地表示出原子个数,但不理解分子中原子的正确联系,所以不能正确地表示出带计量数的分子,把 $3H_2$ 表示成〇〇〇〇〇〇,而不是〇〇 〇〇 〇〇。正如克劳伊奇克(1991)所认为的,很多学生只是把化学方程式看做是一个数学题目,而没有将其看做是表示动态的相互作用过程的符号表征。

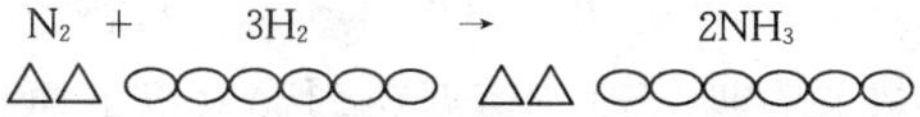

$$N_2 \quad + \quad 3H_2 \quad \rightarrow \quad 2NH_3$$
△△　　〇〇〇〇〇〇　　△△〇〇〇〇〇〇

图 5-6

本-兹维等在研究中让学过半年化学的 10 年级学生解释以下两个方程式的含义。

$$2KF(l) \longrightarrow 2K(s) + F_2(g) \quad Cu^{2+}(aq) + 2e^- \longrightarrow Cu(s)$$

他们发现有些学生认为"K"前面的计量数"2"并不代表任何意义,它只是用来配平方程式的。众多的研究结果表明,许多学生将配平化学方程式的过程看做是解决数学问题的过程。

(三) 学生难以在不同水平间转换

专家可以在三者之间随意转换,而且可能并没有意识到是在进行转换。而很多研究显示,学生并不理解化学的这三种水平,而且也不能轻易地从一种水平转换到另一种水平,甚至在大学后从事化学方面工作的学生,也缺乏相应的理解。在许多学生的头脑中,即使他们知道表征化学知识的每一种水平,却不知道或无法建立起彼此间的联系。

尼科尔(Nicoll)于 2003 年探查了大学生如何在微观和符号水平间进行转换,以及学生是如何想象微观世界的。调查项目共两个题,第 1 题给出学生甲醛的分子式,要求他们画出其路易斯结构;第 2 题要求学生用模型粘土和不同长度的小木棍来构建甲醛的分子模型。调查结果反映了四个问题:① 学生无法确定原子在一个具体的分子中是如何排列的;② 大量学生颠倒了原子、离子的大小变化趋势,不能把这些在课堂上教过的趋势应用于具体问题;③ 学生在认识分子模型时没有注意到化学键的问题,很多学生都没有体现出单键和多键的强度区别,也几乎没有学生考虑到键长的问题;④ 随着化学知识的学习,学生们对某些概念的理解并没有得到改善,尽管教育水平在不断提高,但学生的微观模型难以改变。[①]

1994 年,纳赫利赫和克劳伊奇克对学生关于酸、碱、pH 概念的理解情况进行了调查,研究发现,学生在理解化学问题时,用到的宏观表征的数目多于微观表征数目,而用化学符号来说明或解释问题的更是微乎其微。这说明学生对化学的理解主要集中在宏观系统。他们认为,造成这一现象的原因是学生的思维强烈地依赖于宏观感知信息,因为学生用他们的已有理解来构建新的理解,所以学生将首先在他们最熟悉和最易接受的宏观系统构建他们新的理解。

1998 年,加贝尔发现初学者理解化学概念时有困难,原因是:(1) 化学教学中教师简单强调

---

① Gayle Nicoll. A Qualitative Investigation of Undergraduate Chemistry Students' Macroscopic Interpretations of the Submicroscopic Structure of Molecules[J]. Journal of Chemical Education,2003(2):205-212.

符号水平和问题解决而不重视宏观现象和微观水平;(2)化学教学中不能很好地结合宏观、微观和符号水平,使学生长时记忆中的信息分散零乱,不能系统全面地对化学知识进行理解;(3)片面机械地强调宏观、微观和符号三种水平,而不能够将其与学生的日常生活联系在一起,学生无法达到深刻的理解。

第三节 化学课程学习态度诊断

核心概念

◆学习态度 ◆学习知能感 ◆情感体验 ◆行为倾向

2001年,我国颁布了《基础教育课程改革纲要(试行)》(以下简称《纲要》)。《纲要》指出:改变课程过于注重知识传授的倾向,强调形成积极主动的学习态度,使获得基础知识和基本技能的过程同时成为学会学习和形成正确价值观的过程。同时,新课程把发展的内涵定义为"知识与技能""过程与方法""情感态度与价值观"三维目标的整合。在"情感态度与价值观"中"学习态度"是一个重要的成分。

"学习态度"是指学生在学习生活中表现出来的一种较抽象、较综合、较宏观的精神现象,是学生对学习及其学习情境所表现出来的一种比较稳定的心理倾向。在化学课程学习中,往往表现出趋向与回避、喜爱与厌恶、接受与排斥等,从而影响学生的学习。由于"学习态度"是不可观察的一种假设结构,它必须通过学生作出的积极或消极反应结果来测量诊断。依据心理学家对态度提出的三维结构,态度可以分为三个组成部分,分别是:情感体验、认知水平和行为倾向。

一、化学课程学习态度诊断

研究所采用的"初中学生化学学习态度现状研究"的调查共设有3个维度,8项诊断指标,25个诊断项目(如表5-18所示)。[①]

表5-18 化学学习态度的诊断指标

	情感体验	认知水平	行为倾向	
			考试	不考试
理论	Ⅰ.理论学习的情感体验	Ⅱ.理论学习的认知水平	Ⅲ.理论考试内容的行为倾向	Ⅳ.理论不考试内容的行为倾向
实验	Ⅴ.实验学习的情感体验	Ⅵ.实验学习的认知水平	Ⅶ.实验考试内容的行为倾向	Ⅷ.实验不考试内容的行为倾向

(一)城市学生与农村学生的学习态度比较

表5-19结果显示:城市学生的总体学习态度高于农村学生,两者之间存在差异,但差异并不显著($T=-1.873, P=0.065>0.05$)。在化学知识类别方面:(1)城市学生对于化学理论的学习态度高于农村学生,两者之间存在差异,且差异显著($T=-2.196, P=0.031<0.05$)。(2)城市学生对于化学实验的学习态度高于农村学生,两者之间存在差异,但差异并不显著($T=$

[①] 于立,林承志.初中生化学学习态度的调查研究[J].化学教育,2011(4):52-54.

$-0.940, P=0.350>0.05$)。在测量诊断方式方面：(1)城市学生对于考试内容的行为倾向高于农村学生，两者之间存在差异，且差异显著($T=-2.163, P=0.033<0.05$)。(2)城市学生对于不考试内容的行为倾向高于农村学生，两者之间存在差异，但差异不显著($T=-0.352, P=0.726>0.05$)。在态度内容方面：(1)城市学生在情感体验方面高于农村学生，两者之间存在差异，且差异显著($T=-2.621, P=0.011<0.05$)。(2)城市学生在认知水平方面高于农村学生，两者之间存在差异，但差异不显著($T=-0.543, P=0.588>0.05$)。(3)城市学生在行为倾向方面高于农村学生，两者之间存在差异，但差异不显著($T=1.549, P=0.125>0.05$)。

表5-19 城市学生与农村学生的学习态度比较($M\pm SD$)

		城市(50人)	农村(34人)	T	P
化学知识类别	化学理论	23.3800±4.20830	21.3235±4.21915	−2.196	0.031
	化学实验	16.2800±2.68814	15.7353±2.47789	−0.940	0.350
测量诊断方式	考试行为倾向	9.4800±2.15936	8.4118±2.31094	−2.163	0.033
	不考试行为倾向	6.2800±1.72662	6.1471±1.65387	−0.352	0.726
态度内容	情感体验	12.8333±2.04721	14.4524±1.65577	−2.621	0.11
	认知水平	9.2143±2.03069	10.1663±1.46365	−0.543	0.588
	行为倾向	14.5000±3.75630	16.0476±3.11528	−1.549	0.125
	学习态度总分	39.6600±6.22572	37.0588±6.27618	−1.873	0.065

表5-20结果显示：女生的总体学习态度高于男生，两者之间存在差异，且差异极其显著($T=-3.131, P=0.002<0.01$)。在化学知识类别方面：(1)女生对于化学理论的学习态度高于男生，两者之间存在差异，且差异极其显著($T=-2.850, P=0.006<0.01$)。(2)女生对于化学实验的学习态度高于男生，两者之间存在差异，且差异极其显著($T=-2.837, P=0.006<0.01$)。在测量诊断方式方面：(1)女生对于考试内容的行为倾向高于男生，两者之间存在差异，但差异不显著($T=-1.853, P=0.068>0.05$)。(2)女生对于不考试内容的行为倾向高于男生，两者之间存在差异，但差异同样不显著($T=-1.767, P=0.081>0.05$)。在态度内容方面：(1)女生在情感体验方面高于男生，两者之间存在差异，且差异极其显著($T=-3.985, P=0.000<0.01$)。(2)女生在认知水平方面高于男生，两者之间存在差异，且差异显著($T=-2.466, P=0.016<0.05$)。(3)女生在行为倾向方面高于男生，两者之间存在差异，且差异显著($T=-2.055, P=0.043<0.05$)。

表5-20 男生与女生的学习态度比较($M\pm SD$)

		男生(42分)	女生(42人)	T	P
化学知识类别	化学理论	21.2619±4.59087	23.8333±3.62186	−2.850	0.006
	化学实验	15.2857±2.83089	16.8333±2.11748	−2.837	0.006
测量诊断方式	考试行为倾向	8.5952±2.59511	9.5000±1.81121	−1.853	0.068
	不考试行为倾向	5.9048±1.77804	6.5478±1.54923	−1.767	0.081
态度内容	情感体验	14.1200±1.78016	12.9412±2.17341	−3.985	0.000
	认知水平	9.7800±1.90905	9.5588±1.70900	−2.466	0.016
	行为倾向	15.7600±3.46740	14.5588±3.51784	−2.055	0.043
	学习态度总分	36.5476±6.78665	40.6667±5.15925	−3.131	0.002

由以上分析可以看出：

（1）城市学生的学习态度在各个维度上均高于农村学生。T检验结果显示：城市学生与农村学生的总体学习态度并不存在显著差异，只在化学理论、考试内容、情感体验这三个项目上存在显著性差异。

（2）女生的学习态度在各个维度上均高于男生。T检验结果显示：男生和女生的总体学习态度存在差异，且差异极其显著。两者在大多数项目上存在显著性差异，只在考试方式这一维度上差异不显著。

（二）化学学习态度差异原因分析

影响学生化学学习态度的原因有内因与外因两种。从这两个角度出发，分别讨论化学学习态度差异的原因。

首先，从学生的自身情况来分析。一是初中阶段的学生更容易接受直观性知识，而非化学理论这样的抽象知识。二是我国目前仍在实施应试教育，使得学生在考试内容上承受着巨大的心理压力。三是初中学生是否对化学学习产生积极的情感体验，在一定程度上取决于自身的多元智能情况。

其次，从学生所处的环境来分析，且只讨论家长与教师对学生产生的影响。一是家长的影响。社会心理学研究表明，家长对科学文化知识的态度，对子女学习的重视程度，在很大程度上影响他们子女的学习态度。由于城市学生的家长与农村学生的家长相比较，大多具有较高的学历，更重视文化知识的修养，并且对子女升学的期望率很高，能够对孩子的学习态度和学习行为不断给予指导、检查和鼓励。因此，城市学生受到家长的影响，能够更好地面对化学学习，重视化学学习。二是教师的影响。教师对化学这门学科的态度，对化学教学过程的设计，以及与学生相处的融洽程度等都会影响学生的学习态度。目前，我国虽然非常重视农村地区的义务教育，但农村学校的师资力量还无法达到城市学校的水平。大多数城市教师毕业于高等师范院校，受过专业化的高等教育，有着浓厚的教育理论功底，能够在教学中灵活运用各种教育理论，将化学知识以易于学生接受的方式呈现，并注意教学情境的设计和师生关系的培养；而农村学校的教师在这些方面相对薄弱。

以上原因导致城市学生在化学理论、考试内容、情感体验这三个项目上的学习态度易于向积极的方向转变，从而优于农村学生。

导致男生与女生化学学习态度存在显著性差异的原因有：一是男女学生智能发展速度不同。在初中阶段，女生的生理发展较快，比男生提前进入青春期。由于生理发展的速度不同，造成了大脑分化、发育的速度不同，同时也使大脑的结构和功能发生了差异。大脑结构和功能的差异又造成了男女学生在智力上发展速度和结构水平的不同。因此，在初中阶段女生的智能发展速度快于男生。二是男女生的智能差异层次不同。一些学者调查表明：从智能总体水平上看，两性智能具有平衡性，不存在性别优劣。但男性智力发育很优和很差的两端都比女性多，即男性智力发展较悬殊，而女性的智力发展则较平衡。三是性别角色刻板印象的影响。人们普遍认为在初中阶段成绩优异的基本为女生，而到高中阶段成绩优异的则基本为男生，再强的女生也不如男生，特别是学习化学这门学科。于是，有些男生就会认为在初中阶段化学知识简单学学就行了，成绩不好也不是他们自身的原因，等到高中以后，只要稍加努力，成绩自然会优于女生。因此，有这种想法的男生就会在初中阶段消极面对化学学习,这也是初中男女学生化学学习态度存在显著性差异的一个原因。

(三) 培养良好的学习态度的教学建议

1. 关于"化学理论"层面的教学建议

将化学理论融于化学实验。化学是一门以实验为基础的学科,化学实验是化学学科赖以形成和发展的基础。而且,化学实验本身的实践性和生动性有助于培养学生良好的学习态度。五彩缤纷的实验现象以及学生可以动手实验的实践机会,都对学生具有独特的吸引力。

将化学理论与生活实际相联系。化学可以说是一门来源于生活并且应用于生活的学科。在学生的日常生活中,化学制品随处可见,化学理论的应用更是体现在方方面面。如果教师能够适当地从学生熟悉的生活中引出化学理论,再引导学生将化学理论重新应用于生活,那么,化学理论的学习就不会那么枯燥无味了。

2. 关于"考试内容"层面的教学建议

有相当一部分学生非常惧怕考试,当他们了解到某些知识属于考试内容时,就会本能地产生退缩、不自信、甚至排斥等现象。基于此,教师有必要在开课前使学生了解:考试内容大多难度不大,易于学生接受与掌握,并且与学生熟悉的生活密切相关。此外,建议教师多与学生交流,多谈论化学的奇妙,多搞一些讲座、比赛、游戏等。如果条件允许,也可以让家长参与进来。让学生在轻松愉快的氛围中体验学习化学的乐趣,减轻学生的心理负担。做到寓学于乐,乐中有学!

3. 关于"情感体验"层面的教学建议

苏联心理学家科瓦列夫认为情感是个性的稳定的结构或特征。而情绪是情感所表现出来的过程,情感的独特功能对学生良好学习态度的培养具有独特价值。因此,在化学教学中要注意调动学生的情绪情感,不断强化学生的积极情感体验,并通过教师的情感去影响、改变学生的情感,达到情绪控制的效果。例如,在教学中,教师要多引导学生了解教材中科学家探求真理的艰辛,多给学生介绍化学史上的生动事例和化学对社会发展与人类文明的重要意义。充分挖掘化学教学中的教育因素、心理因素,注重理论联系实际也是培养学生良好学习态度的重要方法。

4. 关于"男女学生学习态度差异"的教学建议

针对初中阶段男女学生由于生理、心理发展不平衡导致的学习态度差异显著这一情况,建议采用因性教育。① 多设置一些与男生思维相适应,能够引发男生化学学习兴趣的情境,鼓励男生参与化学活动,增加他们的自信心,激发他们的拼搏心。② 组织男女生互动学习小组,利用女生的学习热情带动男生。③ 教师与家长携手做学生的思想工作,让学生认识到"我行!我能行!";让学生感受到教师与家长对他们的殷切期望,但决不能让这种期望成为学生的负担,这种度的把握是非常重要的。

二、化学课程学习理智感诊断

为顺应国际化学教育的动向,我国化学教育的目标确定为"为所有学生的化学教育""让学生认识和赞赏化学"以及"让学生学会应用化学"。颁行的《全日制义务教育化学课程标准(2011年版)》和《普通高中化学课程标准(实验)》从知识与技能、过程与方法、情感态度与价值观三个方面对课程目标进行了规定,情感是其中重要的目标之一。而理智感就是一种情感体验。化学学习中的理智感对于中学生和谐健康地发展和成长有着极其重要的作用。然而,目前教师和学生对理智感的认识却存在不足。

(一)理智感的内涵和类型

理智感是人们在智力活动中所表现出的态度体验,是人们在判断事物是否符合个人认定真理时的情感体验。一个具有高尚理智感的人能控制自己的情绪,保持良好的人际关系,保持良好的学习动机,有承受挫折和应变的能力。理智感同道德感、美感并称为人类的高级情感,它强调的是人对知识和探求真理需要的满足,强调的是人在积极体验认识和探求过程中,内心所获得的最美好、最深刻的情感。[①]

根据理智感的内涵,可将中学生的理智感归纳为以下几种类型:① 中学生在认识客观世界中,有所发现,有所创造时所产生的欢喜与自豪。② 突然遇到与熟知的规律相矛盾的事实时所产生的怀疑与惊讶。③ 在探索未知事件时所表现出的求知欲望和期望。④ 诊断事物时坚持己见的热情和执著。⑤ 解决问题时由于条件不足产生的烦躁与不安。⑥ 对真理的追求和对科学的热爱。⑦ 对偏见、迷信、谬误的憎恨。

(二)化学学习理智感诊断方法

根据理智感的七种类型进行调查,李俊等分别调查了年级、性别、化学成绩对理智感水平的影响以及目前中学生理智感水平的总体情况。

本研究采用了问卷调查的方法。问卷主要采用利克特量表,封闭式的答案,矩阵式设计。问卷在理智感的每个方面都设计了5道题,总共为35道,每道题都设置了5个不同程度的选项:"完全符合、比较符合、有点符合、比较不符合、完全不符合",根据这五种回答,依次记分为:5分、4分、3分、2分、1分。并随机把35道题目中的13道题改成反向选择题。回答不变,只是记分按照上面回答依次为:1分、2分、3分、4分、5分。满分为5分,4分为优,3分为一般,低于3分时理智感水平就比较低了。

研究采用封闭式问卷、不记名填写、当场发放当场收回的方式,共发放问卷600份,回收问卷600份,回收率100%;其中有效问卷为585份,有效率为97.5%。问卷调查的结果采用SPSS 17.0进行了统计处理。

(三)化学学习理智感诊断结果

1. 从年级来看理智感差异

从表5-21可以看出在理智感的七个类型中除了求知欲望这一项,其他6项,都是高二年级的理智感水平明显高于高一年级。所以总的理智感水平高二年级明显高于高一年级。唯一差别不大的是第三项,在探索求知事件时所表现出的求知的欲望,高一年级和高二年级基本一样,这说明在对知识的渴求方面两个年级差不多,但分数同时也基本是七个类别中最低的一个,说明目前的高中学生整体都陷入了一个误区:仅仅为了考试而学习,而不是为了兴趣。

---

① 李俊,等. 高中化学学习中学生理智感水平的调查与思考[J]. 化学教育,2011(4):55-58.

表 5-21　从年级来看理智感差异统计表

研究对象	平均值		标准差	
理智感分类	高一	高二	高一	高二
欢喜自豪(1)	15.14	16.69	3.494	3.270
怀疑惊讶(2)	16.23	17.56	3.376	3.434
求知欲望(3)	14.80	14.77	3.547	3.757
坚持己见(4)	13.80	17.06	3.462	2.573
烦躁不安(5)	15.07	17.28	3.460	3.608
追求真理(6)	15.77	17.75	3.562	3.838
憎恨迷信(7)	15.20	16.35	3.242	3.292
总的水平	108.58	116.51	18.657	15.103

注：高一人数 $N=288$；高二人数 $N=297$。

2. 从性别来看理智感差异

从表 5-22 可以看出，整体上来说，男生得分为 112.23，女生得分为 113.42。性别对中学生化学学习理智感整体水平的影响基本不存在。然而也可以看出，虽然整体水平差异不大，但是其中某些方面男女生还是存在着差异。在第三项求知欲望，第五项烦躁不安这两个方面，女生优于男生。在第六项追求真理这个方面男生优于女生。这是男女生的性别差异造成的。高中阶段的女生普遍要比男生沉着、冷静，在学习上比男生认真，也没有男生那么贪玩。但男生在认真钻研知识的时候比女生钻研得透彻，思考得深入。

表 5-22　从性别来看理智感差异统计表

理智感分类	平均值		标准差	
	男	女	男	女
欢喜自豪(1)	16.05	15.82	3.684	3.149
怀疑惊讶(2)	16.89	16.97	3.605	3.282
求知欲望(3)	14.51	15.15	3.780	3.453
坚持己见(4)	16.73	16.75	3.250	2.752
烦躁不安(5)	15.80	16.80	3.821	3.469
追求真理(6)	17.00	16.56	4.054	3.482
憎恨迷信(7)	15.74	15.90	3.359	3.260
总的水平	112.23	113.42	17.592	16.992

注：男生人数 $N=338$；女生人数 $N=247$。

3. 从化学成绩来看理智感水平差异

从表 5-23 可以看出：中学生化学学习的理智感水平越高，他们的化学学习成绩越好。从理智感七个类型来看，化学成绩差的学生理智感水平基本都是 13~14 之间，化学成绩一般的学生理智感水平基本都在 16~17 之间，化学成绩优的学生理智感水平基本都在 19~21 之间。在这七个方面中第三项求知欲望比其他六个方面要低许多。

表 5-23 从化学成绩来看理智感差异统计表

理智感分类	平均值			标准差		
	差	一般	优	差	一般	优
欢喜自豪(1)	12.89	16.39	19.10	2.536	2.716	2.577
怀疑惊讶(2)	14.31	17.39	19.41	3.185	2.890	2.607
求知欲望(3)	12.22	14.81	18.17	3.365	2.876	2.635
坚持己见(4)	14.47	16.98	19.24	3.060	2.311	2.119
烦躁不安(5)	13.45	17.01	18.24	3.532	3.043	3.097
追求真理(6)	13.38	17.22	20.51	3.451	2.535	2.491
憎恨迷信(7)	13.44	15.98	18.61	2.968	2.527	2.932
总的水平	93.16	115.36	133.29	11.752	8.087	8.456

注：成绩差人数 $N=191$；成绩一般人数 $N=235$；成绩优人数 $N=159$

4. 被试理智感的总体情况

从图 5-7 和表 5-24 可以看出：大部分学生的化学学习的理智感水平在 90～135 之间。高中学生整体的理智感水平的平均分仅为 112.74 分(满分是 175 分)，最高分是 150 分，最低分是 60 分，可以看出当前高中学生化学学习的理智感整体水平还比较低，个体差异比较大。表 5-25 先假设学生的理智感水平的总体分布与正态分布无显著差异。表中概率 P 值为 0.514 大于显著性水平(0.05)，因此不能拒绝假设，可以认为学生的理智感水平的总体分布与正态分布无显著差异。

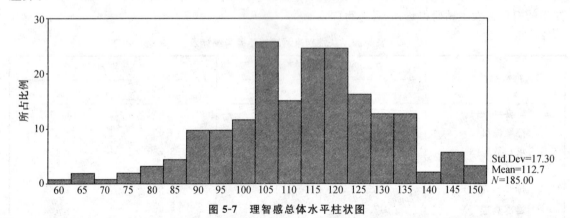

图 5-7 理智感总体水平柱状图

表 5-24 被试理智感的总体情况统计表

		所占比例/%			理智感平均水平		
	男	优	一般	差	优	一般	差
高一		28.4	38.9	32.7	135.4	113.3	93.1
	女	优	一般	差	优	一般	差
		25.4	41.5	33.3	130.4	114.3	90.7
高二	男	优	一般	差	优	一般	差
		27.8	35.8	36.4	134.8	116.1	94.8
	女	优	一般	差	优	一般	差
		26.4	47.2	26.4	133.4	116.7	102

表 5-25 单样本 K-S 检验表

理智感分类	欢喜自豪	怀疑惊讶	求知欲望	坚持己见	烦躁不安	追求真理	憎恨迷信	总的水平
学生总数	585	585	585	585	585	585	585	585
平均值	15.95	16.92	14.78	16.74	16.23	16.81	15.81	112.74
标准差	3.458	3.462	3.649	3.040	3.698	3.817	3.309	17.302
P 值	0.203	0.116	0.117	0.065	0.094	0.083	0.228	0.514

5. 化学学习理智感的诊断结论

通过调查及分析，可以得出如下结论：(1) 从年级来看，高二年级学生在化学学习中所表现出来的理智感水平明显高于高一年级学生，但在探索未知事件时所表现出的求知欲望都较差。(2) 从性别来看，就整个理智感水平来说，男女性别之差对理智感水平高低基本无影响。但是对于理智感所包含的一些小方面，男女还是有比较明显的差异。(3) 从成绩来看，高中学生化学学习的理智感水平越高，他们的化学学习成绩越好。成绩好的学生理智感水平比成绩差的学生理智感水平要高。(4) 总体来说，目前整个高中学生化学学习的理智感水平不高。

(四) 提高化学学习理智感的教学建议

1. 通过扩大学习化学的空间来增加学习的激情

从调查中发现，高二学生的理智感水平普遍都要比高一学生的高一些，这说明学生对化学知识掌握的多少对于他们的理智感有着直接的影响。在不给学生增加额外负担的前提下，为了能增加他们学习化学的空间，增加学习化学的激情，应该在化学课堂中增加有意义信息的输出量，通过创设现实的、有趣的、具有挑战性的问题情境，激活学生已有的生活经验和化学知识，这样可以培养学生憎恨偏见、迷信、谬误的理智感。同时，教师要尊重学生的主体地位，让学生自主学习、观察、思考、想象、讨论和探索，多提一些发人深思的问题，多涉及一些与学生紧密相关的生活情境，充分发挥学生的想象力、观察力、创造力，以开阔学生的思路，提高学生学习化学的兴趣，充分展示教师和学生的智慧。

2. 培养男生处理困惑和女生追求真理的理智感

学生在学习过程中往往会碰到各种各样的困难，若退却就会半途而废。因此，教师要注意磨炼他们的意志，培养他们的毅力和恒心。男生在冷静处理困惑方面的理智感要比女生差得多。因此，教师要在教学中培养男生面对困惑冷静处理的理智感。例如，在研究银镜反应的最佳实验条件时，面对实验中各种需要控制的因素，要分析处理数据，有些学生经过数次试验仍理不出头绪时，便泄气了。这时可以给他们讲述英国化学家拉塞姆如何在恒温室里使用微量天平和望远镜进行实验，经过百次失败，最后成功地测定了氦的相对原子质量的故事。最后再和学生一起分析实验中的问题、修饰实验方案、最后取得实验的成功。

学生面对困惑时一般都不爱动脑筋，去深入地思考问题，尤其是女生。教师同样可以在化学实验中有意识地训练女生这方面的心理素质。在实验中要严格要求学生做到认真操作，一丝不苟，要教育学生尊重实验事实，不能想当然。如在高一鉴别 SO_4^{2-} 离子时，有的学生以为在试液中只要滴入氯化钡溶液和稀硝酸，凡产生白色沉淀，就证明试液中含有 SO_4^{2-} 离子。这时应该告诉学生轻易下结论是不可取的，并可以向学生讲述李比希由于错过溴的发现而造成终生遗憾的故事，指导学生去认真地思考这个问题，最后就可以得到令人满意的结论。

3. 通过提高学生的学习成绩增进理智感水平

从调查结论来看,理智感水平越高的学生化学成绩越好。学生化学学习成绩也是化学教师教学成果的直接体现。提高学生成绩的方法和经验有很多种,中学教师要从理智感的视角去提高学生学习成绩。

4. 创造条件培养学生对化学求知欲的理智感

从总的结论来看,目前中学生的理智感水平较低,尤其是求知欲这方面的理智感。教师要创造条件,给学生营造一个生动活泼的化学学习环境,要用化学这门学科的内在因素去激发学生学习化学的兴趣,培养他们对化学强烈的求知欲。如借助于生动形象、活泼风趣的语言和实例,唤起学生的学习激情,使学生主动愉快地掌握知识。通过精彩的演示实验和让学生动手做一些和生活息息相关的实验,激发学生的求知欲,让他们产生愉悦的情感,思维活跃地投入学习。也可以利用黑板报、手抄报等形式出版化学专刊,举办化学讲座,指导学生阅读科普杂志。另外,还可以组织化学趣味晚会,搞系列实验研究,撰写小论文,帮助厂商解决化学物品的储存和生产中出现的问题,参观化工厂,调查学校周围的资源污染情况等,这些活动都可以培养学生学习化学的兴趣。兴趣有了,理智感水平自然而然就提高了。

第四节 化学课程学习心理诊断

核心概念

◆学习心理 ◆认知心理 ◆认知障碍 ◆心理障碍

在化学教与学的过程中,常常发现一些学生对学习往往无准备或准备不充分,对重点信息给予的注意较少或根本无法找出,对所给材料无法进行加工或进行了错误加工,不会针对认知过程和结果进行反馈及调节,等等,导致他们在内心深处对化学问题产生惧怕和自卑,不愿多动脑对所学化学材料进行加工并获得有价值的信息,表现出一定的认知心理障碍。本节主要研究中学生化学学习中的心理问题,探究在学习中消除学生认知心理障碍,提高学生认知能力的解决策略。

一、化学课程学习认知心理诊断

李少兰、吴星从化学学科实际出发,在查阅了有关认知心理研究成果以及多次征询专家学者的基础上,编制了《中学生化学学习认知心理调查问卷》,分别从加工障碍、注意障碍、准备障碍等方面设计测试题9道,并选择江阴市祝塘中学2011级高一年级部分学生作为研究对象进行问卷调查,共发出调查问卷255份,收回有效问卷249份,其中男生148人,女生101人。问卷中所有的数据均使用SPSS 11.0进行分析和处理,最后针对调查分析的结果,探究在实践中消除学困生认知心理障碍,提高学困生认知能力的解决策略。[①]

(一)化学学习认知心理调查问卷结构分析

通过对有效问卷进行收集、整理、统计后,首先运用SPSS 11.0对问卷的信度进行分析。

---

① 李少兰,吴星.高一化学学困生认知心理现状调查与分析[J].化学教与学,2013(8):76-78.

1. α 一致性信度检验

为了考查问卷的可靠性,首先要计算问卷各维度及总问卷的同质性信度系数 α,测试得到的一致性信度系数如表 5-26 所示。

表 5-26 调查问卷中各因素及问卷内在一致性

	加工障碍	注意障碍	准备障碍	认知障碍
信度系数	0.7439	0.7803	0.7819	0.8322

从表 5-26 中的数据来看,问卷各维度的 α 一致性信度较好,总量表 α 一致性信度高,所以认为该问卷基本达到了作为本研究的一个测量工具的要求,具有一定的可靠性。

2. 相关分析

由 Spearman 积矩相关统计得出了各维度及总问卷的相关分析,结果如表 5-27 所示。

表 5-27 调查问卷中各因素与总问卷的相关分析

	加工障碍	注意障碍	准备障碍	认知障碍
加工障碍	1.000			
注意障碍	0.454**	1.000		
准备障碍	0.434**	0.587**	1.000	
认知障碍	0.755**	0.847**	0.835**	1.000

注:* 表示达到 0.05 显著水平;** 表示达到 0.01 显著水平,后同。

从表 5-27 的统计结果来看,问卷中加工障碍、注意障碍、准备障碍等各因素与总问卷之间均存在极其显著的相关性。且各维度间的相关均低于各维度与总问卷的相关。这表明:各维度既能对总问卷作出贡献,同时各自又基本具有一定的独立性;本问卷具有一定的结构效度。因此,本研究中对高一学生化学学习认知心理障碍维度的分析是可靠的。

(二)高一化学学困生认知心理的现状调查与诊断

在运用 SPSS 11.0 对问卷的信度进行分析,并获得一定可靠性的基础上,运用 SPSS 11.0 对高一学生化学学习认知心理障碍各维度进行了差异性比较分析。

1. 高一学生化学学习认知心理的描述性统计分析

要弄清楚高一学生尤其是化学学困生学习认知心理的现状,我们首先对高一化学学习认知心理障碍各维度进行了描述性统计分析,分析结果如表 5-28 所示。

表 5-28 高一学生化学学习认知心理障碍基本情况统计表

要素	最小值	最大值	平均分	标准差
加工障碍	3.00	12.00	8.20	1.5257
注意障碍	4.00	12.00	8.22	1.5341
准备障碍	4.00	12.00	8.10	1.5561
认知障碍	14.00	35.00	24.53	3.7704

由表 5-28 统计结果可知:认知心理障碍中的加工障碍、注意障碍、准备障碍等各维度的统计结果整体呈正偏态分布。在认知障碍维度设计的 9 道测试题中,满分为 36 分,学生的平均分达

到了 24.53 分,不难看出学生普遍存在一定认知心理障碍。如对问卷中"准备障碍"测试项第 8 题"上化学课或做化学实验前,我总是抽出时间来做好预习工作"的统计发现:学生选完全符合或基本符合的仅占 28.3%。这可能主要是因为高一学生刚跨入高中的校门,他们对学习的认识还停留在初中阶段,老师说什么就是什么,老师让学生记什么,学生就记什么,根本不会自学。但在高中学习中,学生的主体性作用的发挥非常重要,而高一学生一时无法适应这种学习方式。

2. 高一化学学困生认知心理与学习成绩相关性分析

为了分析高一学生化学学习成绩与化学学习心理障碍各维度的关系,我们根据高一学生第一学期期中、期末的化学成绩得分(满分 120 分)高低将高一学生分成了 3 个不同组别(学优生:25 人,104~120 分;中等生:202 人,52~103 分;学困生:28 人,40~51 分),用 t 检验考查了学生化学成绩对高一学生化学学习认知心理障碍的影响,结果见表 5-29。

表 5-29　学生的认知心理和兴趣等因素与化学成绩的相关性分析

	加工障碍	注意障碍	准备障碍
学生成绩	−0.468**	−0.447**	−0.401**

由表 5-29 可知,各项认知心理障碍与化学学习成绩都呈现显著负相关,即学习心理障碍越大,化学成绩越低。根据表 5-29 结果,我们发现认知心理障碍对化学学习成绩有较大影响。从相关性系数数据的大小可以看出各维度认知心理障碍对化学成绩的影响差别不大,但加工障碍略显突出,这是因为在化学学习中准备和注意习惯较容易养成,而对所学知识的加工则需要较长久的养成。

3. 高一化学学优生与学困生认知心理障碍各维度差异比较

用方差分析不同层次的学生在认知心理障碍的各维度的差异,通过学优生和学困生的各项学习心理障碍的差异比较,可以更好地说明学困生在学习心理各维度上所存在的障碍(见表 5-30)。

表 5-30　高一化学学优生与学困生在认知心理障碍各维度的差异比较

要素	等级	最小值	最大值	平均分	标准差	F	P
注意障碍	学困生	6.00	12.00	9.08	1.317	14.48	0.000
	中等生	4.00	12.00	8.24	1.489		
	学优生	4.00	10.00	7.20	1.549		
加工障碍	学困生	7.00	12.00	9.31	1.305	19.21	0.000
	中等生	4.00	12.00	8.19	1.472		
	学优生	3.00	9.00	7.17	1.424		
准备障碍	学困生	7.00	12.00	8.69	1.431	12.29	0.000
	中等生	4.00	12.00	8.16	1.536		
	学优生	5.00	11.00	7.00	1.350		
认知障碍	学困生	23.00	35.00	27.08	3.018	23.17	0.000
	中等生	14.00	35.00	24.60	3.678		
	学优生	15.00	27.00	21.37	2.961		

表 5-30 显示,不同层次的学生在化学学习心理障碍中都存在显著性差异,尤其是学困生和学优生之间存在较大的差异,高一学困生平均得分 27.08 分,学优生平均得分 21.37 分。可见:

在认知心理障碍维度上,学优生与学困生存在显著性差异,尤其是在加工障碍维度。由表中加工障碍的数据可知:高一学困生得分9.31分、高一学优生得分7.17分,学优生比学困生有更明显的优势,学优生对已有材料的加工能力更强,这也是学生认知能力的区分点。化学学习中学困生通常不是不具备一些基础知识,而是缺乏对这些知识的归类、整理、加工能力,不能把所学新知识纳入已有知识体系,导致不会灵活运用。

在认知障碍的注意障碍与准备障碍两个维度上,学优生与学困生的差异也是存在的,只是相对而言没有加工障碍那么大。这可能是因为注意和准备这两种认知能力较容易养成,所以在培养学困生认知能力上,我们不妨先从培养学困生的注意和准备能力入手,在取得一定成效后,再进行加工能力的提高。本次调查诊断使我们对高一年级部分学生化学学习认知心理有了较为清晰的了解,尤其是通过将学困生与学优生认知心理进行对照性分析后可以看出:高中生在学习化学过程中确实存在一定程度的认知心理障碍;从化学学科成绩来看,不同等第层次的学生在化学学习认知心理障碍方面存在显著性差异,其中学困生和中等生之间的差异不是很大,但学困生和学优生之间却存在较大的差异;通过问卷调查测试分析,学困生在认知心理方面表现为一定的注意障碍、准备障碍、加工障碍,其中以加工障碍尤为明显。

二、化学实验学习中恐惧心理诊断

恐惧是人类的原始情绪之一,是有机体在面临并企图摆脱某种危险情境而又无能为力时产生的情绪体验(朱智贤,1989)。[①] 已有的研究认为,恐惧心理一方面会引发人们的逃避行为,另一方面也会提高人的反应能力。但在教学实践中,许多教师将恐惧心理作为不良实验心理对待;文献显示,许多研究者更强调化学实验学习中学生恐惧心理产生的负面效应。为此,吕琳等以高一学生为研究对象,力求全面地考查"恐惧心理"对高中生化学实验学习活动的影响。[②]

(一)诊断的实验设计与实施过程

恐惧属于一种情绪,对于情绪的研究必须创设引发个体真实情绪的情境,为此,进行了如下的设计:

选择了一组对比实验:实验1为H_2SO_4和$BaCl_2$的反应;实验2为苯酚与溴水的反应。之所以选择这两个实验,是因为其现象、所用仪器和操作步骤均相似,可排除被试操作技能水平和观察能力的差异对实验结果造成影响。但实验1所用药品毒性小,实验2所用药品——溴水和苯酚具有较大毒性(由于实验操作简单,不会造成安全问题)。如在实验前告知学生两组实验在毒性方面的差别,结合访谈的方式,可确认学生是否在实验2中产生恐惧心理,并要求学生口头报告自己在实验中的感受,研究者再通过观察法,即可初步了解恐惧心理对学生实验学习中行为的影响。

在被试学生(以下简称被试)的选择方面,本研究在江苏省扬州市生源相差较大的两所中学的高一班级,请班主任挑选了性格相似、成绩相当的男女生各2名(两所学校共8名)进行了测试。之所以选取高一学生为被试,是为了排除已有知识经验的干扰,因为高一学生还没有学到有关苯酚的性质。

[①] 朱智贤.心理学大词典[M].北京:北京师范大学出版社,1989:72.
[②] 吕琳,等.高中生化学实验学习中恐惧心理的多重影响[J].化学教学,2013(4):65-67.

在实施时,我们首先让学生阅读实验内容和要求,并进行安全提示,然后让被试动手操作,并让他们在实验过程中说出自己的想法。观察、记录被试在实验活动中的行为、表情、语言。为了解学生产生这些行为、表情、语言的真实原因,实验结束后对被试进行了访谈。

(二) 诊断研究的现象及结论分析

观察显示,被试在操作具有危险性药品时,不管男生还是女生都会产生恐惧心理,这种心理对他们的实验行为产生了多重影响。

1. 化学实验恐惧心理会引发学生的畏难情绪和逃避行为

观察表明,在得知药品有毒时,部分被试有畏难情绪,他们不愿意做此类实验,实验时站得远远的,只看别人做而自己不动手,过分依赖他人,即使动手也是缩手缩脚、超常预防,一旦出现实验事故,便不知所措。如有 2 名女生由于害怕药品沾到手上而不愿做此类实验,想让别人代替;有 4 名学生在向试管中滴加溴水时,试管尽量远离身体,不是滴加而是注入,其原因是"赶快做完就不用再碰这些有毒的东西了";另有 3 名学生在做第二个实验时振荡幅度明显减小,次数也减少,观察时身体离试管较远;实验完成后不愿意冲洗试管,因为"药品有毒,感觉有点害怕"。

表 5-31 呈现的是 2 名被试(一男一女)在操作 2 组实验时的部分行为、表情和语言,从中可以看出学生在化学实验中的恐惧心理所引发的畏难情绪和逃避行为。

表 5-31　2 名被试在化学实验中的部分行为表现

实验任务	行为、表情、语言
实验 1:在稀 H_2SO_4 中滴加 $BaCl_2$ 溶液	B:向试管中慢慢倒入 $BaCl_2$ 溶液,离身体较近,观察次数不多,向试管中滴加稀硫酸溶液时未逐滴加入而是注入,振荡幅度较大。及时记录实验现象,实验结束后能主动清洗试管。 G:向试管中慢慢倒入 $BaCl_2$ 溶液,离身体较近,逐滴滴加稀硫酸溶液,观察较仔细,振荡操作规范,态度认真。
实验 2:在苯酚溶液中滴加溴水	B:一副无所谓的样子,提醒同组女生别怕。同时问"有没有橡皮手套和保护眼睛的东西?"对苯酚感到好奇,仔细观察,用手轻轻扇闻气味,并提问:有毒的一般不都有气味吗?这怎么没有啊?向试管中倾倒苯酚时小心翼翼。不小心溅到手上,立即跑到水池边冲洗。对溴水好奇,向试管中滴加溴水时,滴管伸入试管里,刚开始逐滴加入,边滴加边振荡,振荡幅度减小,并且胳膊伸得很直。怕药品溅出,想方设法阻止这种情况再度出现。观察较仔细,观察距离近,还问:怎么还没有现象?奇怪,刚加入时有沉淀,摇摇怎么又没了?反复几次后,一次性加入量较多,看到沉淀不再消失,开心地笑了,并向同学展示。忘记记录实验现象。 G:滴咕万一碰到手上怎么办?表情紧张,表现出不愿意做的表情,让同组男生来取溶液。先在旁边观看别人的操作,确认没有危险后自己开始动手。向试管中倾倒苯酚时小心谨慎,动作规范,离身体较远。滴加溴水溶液时远离身体,一次加入量较多。振荡幅度明显减小,次数也少。边滴加边观察,观察距离稍远,时间较短,发问:"沉淀在哪?"看到有沉淀出现后不再滴加,并与实验 1 中的沉淀做比较。及时记录实验现象,不愿清洗试管,让男同学代替。

注:B 代表男生;G 代表女生

对待学生的这种心理和行为,教师首先要明白这是人面对危险情境时的一种正常的反应,"恐惧情绪是诱发逃避行为的动机因素,能引发人们的回避反应"[1],所以不应求全责备。其次,要对学生进行正确的疏导,不要过分夸大危险的程度,让学生明白只要正确进行操作就不会出现

---

[1] Smith, J. E. & Levis, D. J. Is fear present following sustained asymptotic avoidance responding? [J]. Behavioral Processes, 1991(24):37-47.

危险。另外,在平时的教学中还要有意识地进行科学精神和科学态度的教育,逐渐培养学生的自信心和勇于探索的精神。

2. 化学实验恐惧心理会激发学生开展探索与创新行为

前人研究结果表明:对未知事物的恐惧、对危险的恐惧都是构成个体恐惧的因素(Oliendick,1983)。① 苯酚和溴水对于大部分高一学生来说都是陌生的,都是第一次接触,在实验中究竟会发生什么对于他们来说也是未知的,这些原因导致他们在实验过程中产生恐惧情绪。

通过观察和访谈进一步了解到,学生虽有些紧张,但"感到很新鲜,能够接触到有毒的药品,又惊又喜,很想亲自动手尝试下","感觉有点害怕,但还是想亲自动手做一下,看到底是什么……"中学生正处于思维活跃、好动好胜的年龄,正是实验中的危险和药品的特殊性质使他们感到新鲜刺激、有挑战性,激发他们去思考,去提出问题,并试图改变实验仪器或步骤,激发出一定的探索和创新行为。如在得知第二个实验所用药品有毒后,一些学生十分兴奋,跃跃欲试,不仅积极动手,而且思维活跃,在实验过程中与其他同学进行交流,不断地提出问题:"有毒的(药品)一般不都有气味吗?这怎么没有啊?""怎么还没有现象?奇怪,刚加入(溴水)时有沉淀,摇摇怎么又没了?"一名女生边滴加边观察,并且与其他同学的实验现象做比较。另有1名学生提出要改进实验:"能不能将苯酚和溴水加水稀释后再用,这样毒性肯定会变小,危险就会减小。"可见,对药品的恐惧虽然使他们本能地产生"逃避"的心理,但当实际情况无法逃避时他们会想办法尽力减小危险。

研究中也发现,有的学生虽然积极性很高,不怕危险,敢于冒险,但他们的兴趣主要停留在观察实验药品的颜色、气味和一些明显的实验现象上,注意力容易被一些非本质的现象所吸引,一旦实验成功,便感觉大功告成,对自己头脑中闪现出的一些想法和实验中的问题不进行深入的思考,结果实验后收获甚微。

可见,正是这种"既害怕又喜欢"的心理状态促使学生主动地动手操作、探究,学生问题意识增强,思维的敏捷性和深刻性提高,探究问题的意识增强。但这种心理状态也会随着实验的结束而结束。因此,教师如果能够了解学生的这种心理状态,及时地进行启发和引导,必定能够收到良好的实验教学效果。

3. 化学实验恐惧心理会促使学生遵守实验规范及安全意识

通过研究发现,适度的恐惧情绪也可以起到正面的影响,这种正面的影响除能激发学生的探究行为外,还能促使学生遵守实验规范,增强实验安全意识。

与第1个实验相比较,在第2个实验中,大多数学生能够自觉规范自己的实验操作,不会乱摸乱碰,态度也较为端正。他们取药品时都会小心翼翼,不会像平时那样随意倾倒药品;由于怕液体溅出沾到手上,振荡的动作也比较规范;在药品的用量上也不像实验1那样随意地多次滴加,并且能够及时地记录实验现象。另一方面,实验前几乎所有的学生都会问有没有橡皮手套以及保护眼睛的"东西"。实验过程中,不小心把苯酚溶液沾到手上,立即跑到水池边冲洗,实验结束后,能按规定处理废液而不是随意地倒进水池。

可见,实验中的恐惧情绪在一定程度上有利于提高学生的操作技能和安全意识,教师可针对

---

① Oliendick, T. H. Reliability and Validity of the Revised Fear Surrey Schedule for Children (FSSC-R)-Behavior Research and Therapy,1983(21):686-692.

学生的这种心理状态因势利导,促进学生实验操作技能的提高和实验安全意识的加强。

三、化学学习中"高原反应"诊断

化学学习中的"高原反应"表现为学习效率递减和知识积累上的"减速"现象:大脑中储存的知识量随学习的发展而增加,当知识总量基数较小时,较小的知识增幅也能使人产生明显的进步感;当知识总量基数较大时,即使较大的知识增幅也难以让人产生显著的进步感。学习中的"高原反应"主要表现为:当学习主体对化学知识的学习深入到一定程度,或初步掌握了化学的基础知识和基本技能后,要想进一步深钻细研和探索创新,就会感到大脑疲劳和精力不支,发现学习效率降低、进步速度减慢、学习特别吃力,处于一种"停滞或半停滞"状态,尽管每天都在勤奋学习,但收效甚微。研究化学学习中的"高原反应"是化学教育工作者的一项新的课题。

(一)化学学习中的"高原反应"的表现

学习中的"高原反应"在化学学习上表现得非常明显。例如,学生学习酸、碱、盐之间的相互转化关系后,总结出"酸性氧化物+碱→盐+水""碱性氧化物+酸→盐+水"这一规律,而且对初中所涉及的反应实例无一例外,学生感到规律性强,学习轻松;而当学生在高中学习中涉及:$SiO_2 + 4HF =\!=\!= SiF_4 \uparrow + 2H_2O$,$Al_2O_3 + 2NaOH =\!=\!= 2NaAlO_2 + H_2O$ 等知识时,规律的特殊性与一般性出现心理交锋,加之受学习中"记忆与遗忘交互作用规律"的支配,一些原来已经记住的知识变得陌生或记不准确;规律的例外、规律"失灵",使大脑所需加工的各种知识、信息大大激增。也就是说,在学习的深入发展阶段,既要下大力巩固原有的学习成果,又要下工夫扩大新知识、新信息之间的联系和运用方法,必然会使人感到精力不够,学习比原来吃力。学习中的"高原反应",其实质是由于知识的无限扩增对大脑学习和接受能力构成挑战,以及大脑神经细胞即脑容量在理论上的巨大潜力与潜能实际开发上的生理限制构成的矛盾所导致的。因此,学习中的"高原反应",本质上是由于大脑对知识信息加工、整合、编码的生理心理机制及能力上的有限性,与知识信息扩展的无限性之间的矛盾所引起的。

(二)化学学习中"高原反应"的诊断

学习的发展过程可以分为三个阶段,即初步掌握阶段(入门阶段)、"高原反应"阶段和创新超越阶段。一般来说,入门阶段可能比较轻松,而当学习深入到一定层次出现"高原反应"时,要想有较大的突破则比较困难。由于对学习的生理心理机制认识不足,"高原反应"往往使人产生沮丧心理和急躁情绪,甚至使人灰心和失望,在不知不觉中陷入"灰心生失望、失望生动摇、动摇生失败"的怪圈。实际上,"高原反应"阶段是学习和创新的关键阶段,突破这一阶段就能顺利进入创新超越阶段。要使自己在学习中顺利进入创新超越的境界,就必须冷静地分析产生"高原反应"现象以及出现"高原反应"的原因,有针对性地找到克服障碍的突破方法。可以从以下几个方面诊断形成"高原反应"的原因。

(1)动力因素诊断。从客观上分析自己学习的目的是否明确,动机是否强烈,信心是否坚定。如果学习目的不明确,对自己要求不高或缺乏浓厚兴趣,就会导致学习动力不足,就会感到学习枯燥无味,最终失去学习动力而产生厌学情绪,在"高原反应"的挑战面前产生自动退缩的畏难心理。

(2)知识因素诊断。分析自己在深入学习时,所需相关学科知识是否得到及时的丰富和扩展,知识结构是否合理、高效。如果知识面过窄、知识视野过于狭小、相关知识欠缺,就会使学习的深入和突破发生困难,进而引发"高原反应"。

(3) 生理因素诊断。分析自己是不是由于长时间过度用脑造成暂时性疲劳而导致大脑思维迟钝,学习效率下降。不懂时间运筹艺术,违背科学用脑规律,长时间过度用脑,往往会加重"高原反应"。

(4) 心理因素诊断。分析学习动机是否端正,面对知识经济社会的激烈竞争尤其是升学就业的竞争压力,是否做好了心理准备。功利思想是否过重,是否因为急于求成而导致浅尝辄止、时冷时热或心浮气躁。学习中的不良心态既会诱发"高原反应",也会影响到对"高原反应"的超越和突破。

(5) 思维因素诊断。分析是否由于习惯于机械记忆的学习模式,导致思维僵化形成严重的思维定式,思维缺乏激活知识的能力。落后的思维方式无法适应迅速理解新知识、新信息、新内容等新的学习要求。思维活力不足是引发"高原反应"的重要原因。

(6) 迁移因素诊断。由于头脑中原有的旧知识、旧经验、旧信息等发生负迁移作用,对新知识的学习产生干扰、阻碍作用。原有知识和学习方法的负迁移作用,也会影响突破"高原反应"的进程。

(7) 方法因素诊断。面对飞速发展的知识创新型社会,不善于探索新的学习方法,不善于分析自身的学习特点和需要,东施效颦、邯郸学步式地生搬硬套或简单移植别人的学习方法,导致学习质量不高、效率下降。方法不当是诱发"高原反应"的原因之一。

(8) 环境因素诊断。学习过程中环境、条件发生变化,学习中的竞争对象出现新的特点,自己一时难以适应新的环境而影响学习质量和效率。环境挑战是诱发"高原反应"的原因之一。

信息时代,新知识的激增和建立在信息化、网络化基础上的全球性知识实时共享,使置身激烈竞争的学生所应学习的新知识、所应掌握的新信息呈指数级增幅,如果不能突破化学学习中的"高原反应",就会在知识创新竞争中失去优势。实际上,学习中的"高原反应"是一种很正常的现象,学习主体关键是要善于发现适合自身特点的突破方法。

四、化学学困生学习障碍诊断

20世纪90年代有文献指出,学困生问题是世界上每一个实施教育的国家普遍存在的问题。学困生已成为各个学校中一类特殊的"弱势群体",在各个年龄段、各个年级都有一个相当稳定的比例,尽管各国报道的数字不尽相同,但据调查这个比例大致保持在10%左右。[1] 2007年安徽省级课题组张家忠等人在研究中指出:我国农村的初中学困生占34.7%。[2] 每个学科的学困生比例并不一样,本部分主要研究化学学科的学困生。

(一) 化学学困生的概念及确定

化学学困生是指智力正常,但学习效果低下,达不到国家课程标准规定要求的学生。这一定义包含了三层含义:① 学困生的智力是正常的,即使有些学生的智力偏低,但仍在正常范围之内,学困生身心的生长发育处于正常范围之中;② 由于种种原因,学困生的学习成绩长期达不到

---

[1] 钟启泉. 差生心理与教育[M]. 上海:上海教育出版社,1994:254.
[2] 张理. 新课程视野下学困生转化研究综述[J]. 中国校外教育:基教版,2009(1):113.

课程标准所要求的水平;③ 学困生之间存在差异。[①]

根据正态分布原理,一个班的优等生是少数,学困生也是少数,中等生居多。学生的实习工作安排在某农村中学的初三两个班级,共60名学生,任务是初三上学期化学教学,根据学困生概念的含义,我们从开学初一直到期中考试为止,对学生每一次的课堂学习表现和化学作业进行详细的记录,把形成性测试和期中考试成绩作为依据,确定了学习成绩长期不能达到课程标准要求的12名学生为化学学困生,占全年级总人数的20%,符合正态分布原理。在此,隐去12名学生的姓名,编为1~12号。张婉佳、邓文英在教育心理学理论的指导下,对他们学习困难的原因进行分析,研究问题解决的对策和措施。[②]

(二) 化学学困生学习障碍诊断分析

在前期观察、交流和调查的基础上,结合有关文献资料,将这12名学生的化学学习困难原因归纳为表5-32中几种类型。

表5-32 化学学困生的类型及其主要表现

编号	类型	主要表现
1号	自卑型	性格内向,心理敏感、脆弱,每次因考试成绩不好而产生的挫折感使其缺乏学习信心,在同学面前有压抑感,学习上不懂之处不愿与他人交流,暗暗努力,但效果不佳
2~3号	基础差	学习基础不扎实,对新开的化学课感觉陌生、无所适从,不能按部就班地完成学习任务,实验观察不仔细、课堂活动不积极,学习上很难集中注意力,学习毅力不够
4号	缓慢型	上课能认真听讲,但思维不够活跃,学习速度慢,所学的内容还没来得及消化,新的一课又来了,夹生地勉强跟着学,以致恶性循环
5~9号	惰性型	缺乏学习的自觉性,教师或家长抓紧了就学一学,不愿意克服学习困难,平时怕吃苦,作业拖拉,在学习上有惰性
10~11号	逆反型	曾经受到家长或教师的批评、指责,对家长或教师不满,产生逆反心理而赌气不学,上课不是瞌睡就是发呆,作业基本上不做,考试随便应付
12号	骄娇型	因为从小就生活在比其他同学优越的生活环境中或家长宠溺,养成了骄气或娇气,学习成绩不好就怪教师,不从自身找原因

以上各种类型的原因使得这些学困生学习化学的动力不足,学习兴趣不浓,缺乏学习的主动性,严重影响了其化学学习效率。要提高他们学习化学的能力,教师就必须对应实际情况,采取有效的对策和措施进行引导和督促。

(三) 提高化学学困生学习质量的对策

对于大多数学生来说,学习困难不是与生俱来的,而是由于各种原因造成的。布卢姆的"掌握学习"理论认为95%以上的学生能够学习任何学科,并达到高水平的掌握。本课题的研究结果说明,对学困生的教育转化,需要一个漫长的过程,教师需要认真指导,耐心等待,摸清他们的底细,确定恰当的方法,坚持做到学生反复不放弃,问题严重不急躁。只有在学困生身上多花力气、多动脑筋、多想办法,有一点出成绩的可能,都不要放过,才能帮助学困生在原有基础上逐步提高学习质量,使素质教育得到更好的落实。

---

① 吴庆麟.教育心理学[M].上海:华东师范大学出版社,2003:24.
② 张婉佳,邓文英."学困生"学习化学的障碍分析及对策的研究[J].上饶师范学院学报,2012(3):81-85.

1. 帮助学困生克服不同类型心理障碍

从表 5-32 中的学习困难原因分析可知,大多数学困生的学习困难主要是由其心理障碍造成,少数学困生是原有的知识储备不够或学习方法不当造成,所以,我们认为:应该从帮助学困生克服心理障碍入手,并在教学中采取不断激励的机制,来增强他们的学习动机,培养良好的学习习惯。

2. 运用成功教育增强学困生的学习信心

对学习态度消极的学困生来说,要提高他们的学习信心,关键是营造成功的心理和氛围。[①] 给学困生创造"学习成功"的机会,可帮助学生找回自信心,消除自卑心理,形成积极的学习状态。打破成功的神秘感是走向成功的开始,在教育中多表扬,少批评,不歧视,引导学困生不断发现自身的闪光点,鼓励他们扬长避短,不断进步,这可以帮助学困生在成功的心理体验中逐步走向成功。

3. 运用兴趣教学使学困生乐于学习

美国心理学家布鲁纳指出:"学习的最好动力就是对学习材料产生兴趣。"现代心理研究也表明:兴趣能引起学生的求知欲,而求知欲可以打破原有的心理平衡,促进心理活动的加速。学困生之所以成绩差,一个非常重要的原因就是对学习不感兴趣,厌恶学习。因此,要提高学困生的学习效率,就应该注重"兴趣教学",多角度、全方位地激发学困生的学习兴趣,吸引他们乐于学习化学。教师在教学中应尝试用各种有趣的小问题和鲜明的实验现象来激发学习兴趣。

4. 教会和训练学困生科学的学习方法

由于学困生大部分志向水平较低,不能科学有效地利用时间,没有良好的学习习惯,自控能力比较差,因此,教师要帮助他们纠正不良的学习习惯,并定期根据不同的学习内容作学习方法上的指导。初三的教材中每章每节都有读一读、想一想、做一做、讨论等,这些安排都是编者独具匠心的,教师在教学中特别注意利用这些内容。例如,我们按教材中的这些内容拟好学习纲要,要求学生按纲要顺序预习、思考,课后鼓励某个学困生下节课回答指定的问题,并帮助他做好预习,以此培养他们做好课前准备的习惯;课堂上根据预习的问题引导观察、组织探讨,进行有层次的互动,帮助学生得出科学的结论,养成他们有序的思维方式;然后让学生在练习中小结这一堂课学习了哪些内容,重点是什么?在这些学习过程中了解化学学习的规律,引导、督促他们把握学习方法,知道如何才能学好化学。

5. 与家长一起共同关心学困生的成长

在学困生的教育上,教师应勤与家长沟通,让家长及时了解孩子的学习表现、心理状况和存在的问题,协助教师有针对、有重点地帮助学困生"转化"。初三阶段的孩子正处于青春萌动期,虽然在认识、情感、意志上都有一定的发展,但他们情绪不够稳定,变化强烈,经常有冲动性,而且有较强的反叛精神,意志脆弱。要求家长主动地了解孩子,关心孩子,并尊重他们的人格,与教师一起帮助学困生迅速成长。

---

① 王秀辰.成功心理氛围是转化学困生的关键[J].教育实践与研究,2002(8):6-7.

第五节 化学课程学习思维诊断

核心概念

◆思维方法 ◆思维模型 ◆思维"相似块" ◆思维水平 ◆负迁移

学生的学习活动是一种思维活动,思维贯穿于学习活动的始终。离开了思维活动,任何能力都难以形成和发展。从学习能力在学习活动中的表现形式分析,思维能力是学习能力的核心。学生通过思维获得的知识的概括性程度越高,越有利于学习能力的发展。化学科学方法和教育科学方法是化学教材的方法论基础。化学知识就其性质来说有不同的类型,各种类型的知识在学习过程中需要运用不同的思维方法,如学习化学事实性知识(主要指元素化合物知识)要遵循结构→性质→用途、保存、检验、制备这一内在联系,让学生养成化学学科特有的思维方式;学习概念原理知识就要考虑这些理论各自的内在逻辑结构,以免人为地将理论知识繁杂化。研究学生的化学学习,就必须总结教材中的方法论因素和化学学科思想,揭示学生的思维方法在化学学习中的作用特点及其思维障碍,提高化学课程学习的质量水平。

一、化学学习中思维模型诊断

人的大脑中存在着"相似块",学生在学习、实践活动中使大脑得到了许多组成知识的记忆单元"相似块",这些相似块其实就是思维模型,这为以后分析和解决问题创造了丰富的联想基础。学生对化学知识之所以能进行划块分类,是因为头脑中先已贮存了经验,即思维"相似块"。学生根据这些"相似块"去对照、分析、比较、鉴别那些纷繁的客观事物的属性,再把反映到大脑里来的信息进行过滤,然后用联想、类比的形象思维方法和归纳、演绎的逻辑思维方法来进行分类,或进行归类,总结出规律,这是以后解题分析的基础。这里所说的"相似块",是指人脑中已经具有的某种知识,它表示头脑中已有知识和新提到的外界信息之间的关系。如在解题分析中,有的学生由题目中关键"题眼""化学符号""图示"等关键信号的启示,回忆起有关此方面的知识;有的学生通过题目提问方式或图示、表格的诱发,想到了原来做过的类似题目,并以此同类习题作为中介又想到了某种方法和技巧;有的学生由选项提到的内容联想到已贮存在头脑中相似的知识……进行分析。可见,知识的获得或解题分析都离不开相似原理和思维模型。

(一)化学学习中思维模型的作用

化学思维模型是将相似或相关的结构,糅合在一起,创设一个具有类比启发的智能知识结构。化学中很多思维模型是通过类推方法提出来的。类推的特殊作用是提供假设,启迪思维,它是人们获得新知、创造知识、解决新问题的工具,是发现真知的一种辅助方法。思维模型的最大优点是能将抽象思维和形象思维有机结合起来,使复杂问题简单化,抽象问题具体化,还能丰富学生的想象力,提高学生的思维素质。

例如,有关化学反应规律的学习,可运用思维"相似块",采用类比、相似联想、归纳的方法,建立思维模型巧记化学方程式,如表 5-33 所示。

表 5-33　思维"相似块"及思维模型在学习化学方程式的应用

相似原型	$H_2O + H_2O \rightleftharpoons H_3O^+ + OH^-$ (H^+ 传递)	类推原理
相似联想 1	$NH_3 + NH_3 \rightleftharpoons NH_4^+ + NH_2^-$ $H_2SO_4 + H_2SO_4 \rightleftharpoons H_3SO_4^+ + HSO_4^-$	简单类推
相似联想 2	$2C_2H_5OH \rightleftharpoons C_2H_5OH_2^+ + C_2H_5O^-$	深层类推
相似拓展 3	$BrF_3 + BrF_3 \rightleftharpoons BrF_4^- + BrF_2^+$ (F^- 传递) $SO_2 + SO_2 \rightleftharpoons SO_3^{2-} + SO^{2+}$ (O^{2-} 传递)	创新类推
模型（规律）	离子电荷的自身传递	归纳总结
课本原型 1	$Na_2CO_3 + 2HCl \rightleftharpoons 2NaCl + CO_2\uparrow + H_2O$	类推原型 1
课本原型 2	$Ca(ClO)_2 + CO_2 + H_2O \rightleftharpoons CaCO_3\downarrow + 2HClO$ $C_6H_5ONa + CO_2 + H_2O \longrightarrow C_6H_5OH + NaHCO_3$	类推原型 2
相似联想 1	$Na_2SiO_3 + CO_2 + H_2O \rightleftharpoons Na_2CO_3 + H_2SiO_3\downarrow$ $NaAlO_2 + CO_2 + 2H_2O \rightleftharpoons NaHCO_3 + Al(OH)_3\downarrow$ $2CH_3COONa + H_2SO_4 \rightleftharpoons Na_2SO_4 + 2CH_3COOH$	简单类推
相似联想 2	$2\,\text{C}_6\text{H}_5\text{—SO}_3\text{H} + Na_2SO_3 \longrightarrow 2\,\text{C}_6\text{H}_5\text{—SO}_3\text{Na} + SO_2\uparrow + H_2O$ $2KAlSi_3O_8 + 2H_2CO_3 + 9H_2O \rightleftharpoons 2K^+ + 2HCO_3^- + 4H_4SiO_4 + Al_2Si_2O_5(OH)_4$	深层类推
相似拓展	$Na_2O_2 + CO_2 + H_2O \rightleftharpoons Na_2CO_3 + H_2O_2$	创新类推
结论（规律）	由较强的酸能制得较弱的酸	归纳总结

但是，滥用"相似块"或者不适度地运用"相似块"导致思维"相似块"应用紊乱，在化学学习中时有发生。

（二）化学学习中缺乏思维"相似块"的诊断

学习系统与环境的相互作用具有一个显著特征，即是"耗散结构"。系统要维持自己的存在并正常地发挥功能，就必须维持自己的稳定，而要做到这一点，必须保持自身的高度有序。许多学生在学习化学时，不善于发挥"相似块"作用，大脑只是机械地贮存一些没有一定结构的知识体系，即缺少组成知识的记忆单元的"相似块"，这些零散的知识容易遗忘（不能总结规律，就无法科学记忆），难以综合，因而无法正常发挥其知识迁移功能和再生功能。

在学习中，建立"相似块"切忌"大而空"，"大而空"的系统表面上看似乎强大，但往往深入不下去，遇到具体问题时显得实用性不强。对于某些问题可以建立起小系统，"短兵相接"容易见效。这些小系统是分散知识的小综合，不同于讲授新课时的系统。比如对漂白、脱色构成的知识系统为：

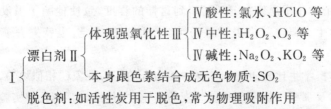

系统中Ⅰ、Ⅱ、Ⅲ、Ⅳ分别表示相似程度逐渐增强，共性成分逐渐增加，括号中的物质为相似迁移。

例如,下列一道陌生的情景式问题需借助"相似块"解决。

【案例 6】 有一种模拟电化学方法处理废水的微型实验,其基本原理是在电解过程中使低价金属离子 M^{n+}(例如 Co^{2+})氧化为高价态的金属离子,然后以此高价态的金属离子作氧化剂把废水中的有机物氧化分解成 CO_2 而净化。该电化学净化法又称间接电化学氧化。其阳极反应式为:$M^{n+} - e^- \longrightarrow M^{(n+1)+}$。若现在按图 5-8 进行实验,试回答下列问题:

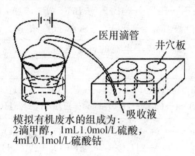

图 5-8

(1) 井穴板穴孔内应盛放_____溶液以便检验电解时产生的 CO_2 气体,现象是:_____。

(2) 写出电解过程中的电极反应式:阳极_____;阴极_____。

(3) 写出 $M^{(n+1)+}$ 氧化有机物(以甲醇为代表)的离子方程式:_____。

[分析] 在案例 6 中,相似原型为:① CO_2 气体的检验方法;② $Fe^{2+} - e^- =\!= Fe^{3+}$;③ 电解的基本原理;④ 氧化还原反应方程式的配平。借相似原型迁移可得答案:(1) 石灰水;生成白色沉淀。(2) 阳极:$Co^{2+} - e^- =\!= Co^{3+}$;阴极:$2H^+ + 2e^- =\!= H_2\uparrow$。(3) $6Co^{3+} + CH_3OH + H_2O =\!= CO_2\uparrow + 6Co^{2+} + 6H^+$。而缺乏思维"相似块"的学生是难以实现上述迁移的。

(三)化学学习中思维"相似块"膨胀的诊断

人的头脑中只有"相似块"行不行呢?不行。因为"相似块"只能理解与人脑中已有相似知识的现象,而不能理解与之不相似的现象,即相似剩余现象。因为我们在接触到的现实中的许多化学问题中还包括"相似剩余":①(已经观察到的)和头脑中已有知识相异的现象;② 尚未观察到的现象;③ 和头脑中已有知识既有相似成分又有不相似成分的混合现象。看来,人脑中除了装着"相似块"之外,必须还装着"相似剩余块",这是因为只有把握相似剩余现象,人类才能有所发现,有所前进。对学生来说,只有把握"相似剩余块"才能解决在现实生活中与已知知识不相似的实际问题。假如某个学生中思维"相似块"多到这样的程度,致使他脑子里没有了"相似剩余块"存在的余地,这个学生大概也就失去了对任何新鲜信息的感觉,也就失去了任何创造性思维能力了。

进行化学实验时,学生比较重视与教材中相吻合的实验现象("相似块"),不重视实验时渐进变化和突然变化,以及那些不够明显且易忽视的变化,尤其是放弃与教材实验现象不吻合("相似剩余")现象的记录和分析。例如在做金属钠跟硫酸铜溶液反应时,观察到钠熔成小球,浮于水面,不停游动,发出"嘶"声,产生蓝色絮状沉淀等,若仔细观察还可以看到在接触钠球的蓝色沉淀上出现了黑色斑痕,应启发学生进一步思考,这是由于氢氧化铜热分解得到黑色氧化铜的结果:$Cu(OH)_2 \stackrel{\triangle}{=\!=\!=} CuO + H_2O$。

又如,学生对倒立式漏斗(图 5-9)防倒吸在大脑中已"固化",而对一些非常规的变式或改进装置能起到相同的作用的认识则会形成障碍。图 5-10 所列装置都能吸收溶解度较大的气体并能起到防倒吸的作用。

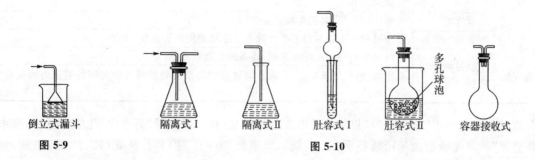

图 5-9　　　　　　　　　　　图 5-10

有些学生在形成思维"相似块"时,不注意知识的内涵和外延,把有些知识(或规律)绝对化,在解决一些"探究式"问题时显得束手无策。因此,学生在有贮存知识的"容器"时,还应有已有"容器"装纳不下的知识,即"相似剩余块"。亦即选择一种比较明智的方法:第一,承认自己头脑中的"相似块"的局限性,很多外界对象不能纳入到自己头脑中的"相似块"中来处理;第二,除了充分运用头脑中的"相似块"来认识客观对象外,还需要找到一种处理那些处在自己头脑中"相似块"之外的对象的方法,即善于运用"相似剩余块",修正、完善大脑中原有的"相似块"。

二、化学学习中思维水平诊断

学科知识、学科能力以及学科思想是学科体系的三个要素,而学科思想是一个学科的灵魂。对于化学学科而言,学生需在化学学科思想的支配与指导下通过具体化学知识的学习、理解、掌握和运用,形成特有的化学学科能力。"化学守恒"是高中化学学科思想之一,学生"化学守恒"的思维水平影响着学生相关化学问题的解决。龚伟、王祖浩、钱智涌通过研究揭示不同学生群体"化学守恒"水平的具体差异以及初步探究形成差异的原因。[①]

(一)"化学守恒"思维水平诊断设计与实施

1. 诊断设计

"化学守恒"作为一种化学学科思想,具有概括性和层次性等鲜明特点。在中学化学知识体系中,"化学守恒"的内涵在不同领域具有相当丰富的表现,而且学生对"化学守恒"思想的认识水平也是由低到高逐步发展起来的。为保证研究结果的全面性和准确性,研究采用文献调研和专家访谈的方法,将"化学守恒"的内涵具体化和层次化,建立如表 5-34 所示的考查指标体系。

---

① 龚伟,王祖浩,钱智涌.高中生"化学守恒"思维水平状况的调查分析[J].化学教育,2012(6):49-52.

表 5-34　高中生"化学守恒"思维水平考查指标体系

一级指标	二级指标	水平表现
物质守恒	电荷守恒	电中性分子中,正负化合价代数和为零;原子团中,正负化合价代数和为原子团所带电荷
		电解质溶液中,阴、阳离子所带电荷总和为零
		离子方程式等号左右,反应物中各微粒所带电荷的总和等于生成物中各微粒所带电荷的总和
	元素守恒	化学反应前后,某元素的质量守恒
	电子得失守恒	反应过程中氧化剂得电子总数等于还原剂失电子总数
能量守恒	化学反应能量守恒	任何一个封闭的反应体系中,体系的总能量守恒
		在恒温、恒压的条件下,生成物能量总和与反应物能量总和之间的差值为该反应的反应热

研究针对高中生"化学守恒"思维水平考查指标体系,自行编制了"高中生'化学守恒'思维水平测验题"。该测验题由单项选择题(1~8题)、填空题(9~11题)和计算题(12、13题)组成,试题满分100分,试题具体组成与分值见表5-35。

表 5-35　高中生"化学守恒"思维水平测验题试题组成与分值

一级指标	二级指标	试题条目
物质守恒	电荷守恒	1题(6分)、4题(6分)、6题(6分)
	元素守恒	2题(6分)、3题(6分)、5题(6分)、11题(9分)、12题(12分)、13题(16分)
	电子得失守恒	7题(6分)、9题(5分)
能量守恒	化学反应能量守恒	8题(6分)、10题(10分)

2. 研究实施

研究采取整群抽样的方法,选取了上海市某重点中学高二年级同一教师任教、教学进度相同的3个平行班的学生进行测试。测试于2011年4月进行,共发放测试卷93份,收回测试卷93份,其中有效测试卷89份,有效回收率为95.7%,有效测试卷的被试构成见表5-36。对学生答题情况进行分析与赋值后,所得数据采用SPSS 16.0进行统计分析。

表 5-36　有效测试卷的被试构成/人

被试人数	学生群体			总计
	学优生	中等生	学困生	
男生	9	29	10	48
女生	3	31	7	41
总计	12	60	17	89

注:*学生群体的划分方法是将学生高二上学期期中和期末考试化学成绩取平均分后换算成标准分,标准分大于1个标准差的为学优生,小于负的1个标准差的为学困生,其余均为中等生。

(二)"化学守恒"思维水平诊断结果与分析

1. "化学守恒"思维水平测试成绩总体分布

图5-11是全部有效测试卷中各分数段人数统计,图5-12是各二级指标所对应试题的得分率。

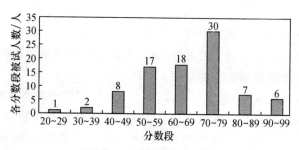

图 5-11　各分数段人数统计

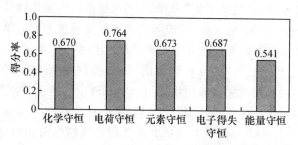

图 5-12　化学守恒总得分率及各二级指标得分率

由统计结果可知,大部分被试的得分集中在 70~79 分这一分数段,成绩分布符合正态分布;最高分 96 分,最低分 27 分,平均分 67.0 分,及格率为 68.5%;被试在电荷守恒题目上的得分率最高(0.764),元素守恒和电子得失守恒题目的得分率相当(分别为 0.673、0.687),而能量守恒题目得分率最低(0.541)。

2. 不同学生群体"化学守恒"问题解决表现差异

将被试成绩进行统计后发现:① 全部有效被试中有 53.9% 的学生得分在 60~79 分之间,表明高中生化学守恒问题解决能力处于中等水平;② 学优生中没有学生化学守恒问题解决能力处于较差水平,学困生中没有学生化学守恒问题解决能力处于优秀水平;③ 中等生中有 19 人化学守恒问题解决能力处于较差水平,这在很大程度上影响了整体化学守恒问题解决能力水平的分布。

(1) 不同学生群体电荷守恒问题解决表现差异

研究将文献中的"化合价守恒"与"电荷守恒"统称为"电荷守恒"。化合价守恒是让学生根据"在化合物或混合物中正负化合价总和的绝对值相等"这一原则来推断不常见元素的化合价或常见元素的不常见化合价。测验结果显示,高二学生已经完全理解"化合价守恒"的内涵。

对于电荷守恒而言,92.1% 的学生已经理解"离子方程式反应物中各微粒所带电荷的总和等于生成物中各微粒所带电荷的总和";但题目情景的复杂性增加,会使得学生很难找出解题依据,如 62.8% 的学生(主要为中等生和学困生)还需考虑弱电解质的电离情况而没有认识到"电解质溶液中正负电荷代数和为零"。学优生在解决涉及电荷守恒的几道试题上正确率是比较高的,可推测学优生的知识结构完备,在解决问题时能够有效调动自己已有知识、顺利实现知识迁移从而正确解决问题。①

(2) 不同学生群体元素守恒问题解决表现差异

元素守恒是"化学守恒"中最重要的部分,研究在宏观和微观两个层次上从定性和定量的角度来考查学生在元素守恒问题解决上的表现。

在考查学生设计实验验证"质量守恒定律"时发现,有15.7%的学生没有意识到验证"质量守恒定律"需要保证体系的密闭性;甚至有两名学困生还无法复述出质量守恒定律的确切内容,想当然认为"该反应有气体生成,质量增加"。进一步考查学生对元素守恒的理解发现,有14.6%的学生不从元素守恒的角度来分析化学反应,而根据已有知识确定"石蜡中仅有碳氢元素"。随后,测试卷设计一道以"化学平衡"为背景、利用质量守恒定律计算的选择题,绝大多数学生(91.0%)没有受到"化学平衡"的干扰,这表明了学生有关质量守恒简单定量计算掌握得较好。

测试卷中还设计3道综合题从宏观和微观两个层次上考查学生对元素守恒的理解。以其中一道"工业上燃烧硫矿石生产硫酸"的计算题为例,89名被试中有74人在解题时能够列出解题依据,其中48人直接根据硫元素守恒列出从FeS_2到H_2SO_4的转化关系等式(一步守恒),26人还需借助化学方程式或转化式才能列出从FeS_2到H_2SO_4的转化关系等式(多步转化)。除15名被试无法列出解题依据(TM1)外,其余被试并不是均对该题作出正确解答,还有32人次在解题过程中出现其他错误致使无法正确解答,主要的错误有反应过程中的损耗关系没有厘清(TM2)、以"物质的量"为核心的计算体系与以"质量"为核心的计算体系没有统一(TM3)、单位换算出现错误(TM4)、多步转化中由FeS_2到H_2SO_4之间量的关系错误(TM5)、计算错误(TM6),各错误类型比例见图5-13。由图5-13可见,"能否找出反应物与生成物之间量的关系""能否厘清反应过程中量的关系"以及"能否正确使用'物质的量'为核心的计算系统"是影响学生正确解答该题的关键因素。

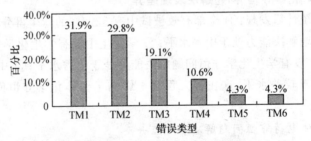

图5-13 被试在解决某道元素守恒综合题时的错误情况

(3) 不同学生群体电子得失守恒问题解决表现差异

研究根据氧化还原反应中电子得失守恒规律设计了2道试题,一道是确定某氧化还原反应的还原产物中某元素的化合价(选择题);另一道是利用电子得失守恒来配平化学方程式(填空题)。从测验结果来看,氧化还原配平题的得分率(0.878)远高于另一道试题(0.528)。通过分析上海市教育委员会教学研究室编写的《化学学科教学基本要求》(简称"基本要求")和试后访谈,不难理解这一结果:氧化还原反应方程式的配平是上海化学高考必考题目,甚至在历年的高考化学试卷中处于同一位置,这导致教师在平时教学中格外重视"氧化还原反应"配平的教学,高考复

---

① 金洪源.学科学习困难的诊断与辅导[M].上海:上海教育出版社,2004:29-61.

习时更是给予学生大量练习;而基本要求中对氧化还原反应的量化计算没有作出相关要求,教师在平时的教学中不够重视。

(4) 不同学生群体能量守恒问题解决表现差异

能量观是中学化学学习的核心观念,能量观的构建有利于学生形成从能量的角度研究物质及其转化的思维方法。研究设计了一道在饱和溶液中加入溶质来让学生判断能量变化的试题。大部分学生常常在从宏观向微观迁移时感到困难,倾向于用物质的宏观性质来解释微观性质,因而有46.1%的学生没有认识到"'溶解'与'结晶'同时发生,而且在这一过程中能量是不发生变化的"。再从宏观角度来考查学生对"热化学方程式"相关知识的掌握情况发现,47.1%的被试能够从能量的角度判断反应是吸热还是放热,但只有23.5%的被试在书写热化学方程时将热量的符号表示正确。

由此可见,中学化学能量的教学还存在着很大问题:(1) 教师在教学过程当中忽略从能量的角度来解释化学反应,而学生也无法正确理解化学反应中的能量变化,如有学生会将"吸热反应"与"加热反应"等同起来;(2) 热化学方程式中的各符号均有特殊的含义,如能量数值前面的"+"或"−"表明该反应是放热或吸热,教师在教学过程中直接让学生强记符号的意思而不引导学生思考,以至学生不能正确认识化学符号的意义;(3) "热化学方程式书写"属于程序性知识,需要在整个高中化学教学过程中不断地去练习而完善学习而不是在新课和复习时才予以重视,而新课程教学"突出学习的过程,注重探究性学习、自主学习",在这里更需要在教学中将程序性知识教学作为首要目标。

(三) "化学守恒"思维水平诊断结论

研究结果表明:(1) 高中生"化学守恒"思维水平处于中等水平,学生对"守恒"思想的运用仍是机械应用水平,并没有理解其实质并灵活迁移;(2) 高中生对"物质守恒"的理解明显优于对"能量守恒"的理解,这与学生在平时学习中没有建立起"从能量角度来分析化学变化"有关;(3) 与简单的数学运算不同,化学中的守恒计算均是在定性理解的基础上进行的,因而学生在解题过程中表现出定量计算能力较定性分析能力弱;(4) 高考内容在一定程度上制约着高中化学教学的内容,这不仅不利于学生的全面发展,也会对学生既有知识的学习产生一定的负面影响;(5) 在测试过程中还发现很多学生解题格式较不规范,部分学生的解题过程显得"杂乱无章",这不仅直接影响了学生的得分,而且在一定程度上反映了学生的思维进程混乱。

三、化学学习中负迁移诊断

教育心理学研究表明,在学习活动和教学实践中,经常会出现以前的学习会对当前的学习产生积极的或消极的影响,同时当前的学习也会对以前的学习产生积极的或消极的影响,这便是学习迁移。学习迁移(transfer of learning)简称迁移,它是已获得的知识、技能、策略或学习态度对学习新知识、新技能和解决新问题所产生的一种影响,学生将学得的经验有变化地运用于另一情境之中,就发生了学习迁移。[1] 学习的迁移现象多种多样,按性质可将其分为正迁移(positive transfer)和负迁移(negative transfer)。正迁移是指一种经验的获得对另一种学习起促进作用。负迁移也称干扰,是指一种经验的获得对另一种学习起干扰或阻碍作用。

---

[1] 丁家永.现代教育心理学[M].广州:广东高等教育出版社,2004:154-171.

（一）化学学习中负迁移的特征

中学化学学习中的负迁移现象是一个复杂的人类心理和认知现象。其具有以下特征：（1）广泛性。主要体现在三个方面：第一，内容的广泛性。学生在学习元素、化合物、物质结构、化学反应原理等很多内容上都存在负迁移现象。第二，负迁移反映在不同年龄阶段或同年龄阶段不同层次的学生中，会产生不同形式的负迁移。第三，就某一具体的化学负迁移而言，它往往是学生中普遍具有的。（2）肤浅性。中学化学学习中由于负迁移造成的错误，大多是由于学生思维流于表面，不做深度研读，最终导致错误的发生。讲课过程中，一经教师的提示或启发，学生往往会立刻领悟相关的道理。（3）顽固性。负迁移是日常生活经验和观察对化学现象的直觉认识，是受到先期学习的影响，它们在学生头脑中潜移默化地形成，在日常的生活中慢慢积累，是学生头脑中强烈具有的一种稳定的认知结构，不易消解。负迁移一旦形成，就会在人的思维中形成定式，因此在中学化学学习中经常会出现对同一个问题"屡犯屡错，屡错屡犯"的现象。（4）自发性。自发性是指负迁移往往使人自然而然、不知不觉地这样或那样地解释或理解对象。学生在中学化学学习中的负迁移完全是自发的，没有人教他这个问题该是这样或那个问题应该是那样的，而是站在自己的立场上，以自己的感情色彩去描绘世界的化学图像，凭着自己的感性经验在头脑中进行自我建构。（5）特异性。由于每个学生的生活环境、活动范围等不同，对同一类化学现象的认识、感受也不完全相同，表现出"相异构想"的多样性。我们经常会看到不同的学生对同一化学现象的解释是不同的，这是因为不同的学生会以不同的方式内化外部经验来建构他们的思维体系，从而就导致了负迁移的特异性。（6）表象性。表象是从感性知识上升到理性知识的中介，是先前的感知在人脑中留下的印象，仍然属于感性知识的范畴。在中学化学学习过程中，学生首先针对各个化学学习情形建立一些个别表象，如果直接以个别表象为感性材料进行抽象思维加工，则将导致错误概念，产生负迁移。（7）隐蔽性。化学学习中的负迁移是学生内隐的思维结果，是潜移默化形成的。因此，它是以潜在的形式存在，平时并不表现出来。其表现带有隐蔽性，同时负迁移还有一种思维惯性，学生自己也很难发现。当学生对某一类化学现象形成观念时，由于学生年龄和思维能力的限制，这种观念通常处于一种模糊状态，它是学生心理的一种朦胧意识，学生往往难以用自己的言语表达清楚。[①]

（二）化学学习中负迁移种类及诊断

通过对中学化学学习过程的微观分析可知，形形色色的定式干扰是负迁移产生的原因。下面结合化学教学中常见的负迁移现象，通过典型负迁移案例的分析，对中学化学教学中的负迁移种类进行归类诊断。

1. 记忆定式

记忆定式的特征是印象重叠或混淆记忆，即认知结构中记忆牢固的旧知识严重干扰了相关的其他知识。例如，在熟悉原电池的工作原理之后学习电解池，两者的电极反应容易出现混淆。记忆定式可分为知识记忆定式、方法记忆定式和结果记忆定式。

（1）知识记忆定式。化学学习中，相似、相近、相关的化学概念很多，如果不善于对比新、旧知识，不找出它们的异同，就容易形成知识记忆定式。如：无机化学中所学的化合反应会对有机化学中加成反应的学习产生干扰；无机化学中同素异形体概念的学习会对有机化学中同分异构

[①] 王世存,王后雄.中学化学学习中负迁移成因及教学对策[J].课程·教材·教法,2012(1):101-105.

体的学习产生干扰。

(2) 方法记忆定式。方法记忆定式主要表现在化学规律产生的定式和旧的解题方法对新的解题方法的定式干扰。如：在高一的化学学习中，根据下列反应：$NaAc+HCl=\!=\!=NaCl+HAc$，$Ca(ClO)_2+CO_2+H_2O=\!=\!=CaCO_3\downarrow+2HClO$ 等，学生总结出强酸制弱酸的规律。然而，当把这一规律应用于判断 $CuSO_4$ 溶液与 H_2S 是否作用时，有些学生就会根据上述规律判断该反应不会发生。这就是化学规律的定式干扰发生负迁移作用造成的。

(3) 结果记忆定式。结果记忆定式是指学生在对已有知识和经验概括总结得出的结果（包括答案），用到特定问题的学习时产生的负迁移现象。如：在一未知溶液中加入硝酸酸化的 $BaCl_2$ 溶液，有不溶于稀硝酸的白色沉淀生成，部分学生根据这一表面观察到的现象，判断未知溶液中一定有 SO_4^{2-}，而忽视了 Ag^+ 或 SO_3^{2-} 存在的可能性。

2. 思维定式

所谓思维定式，是指人们从事某项活动时的一种预先准备的心理状态。先前形成的知识、经验、情景、习惯都会使人们形成认知的固定倾向，从而影响后来的分析、判断，形成思维定式。思维定式具有两重性，有积极的一面，也有其消极的一面。如：图 5-14 是三支高度不同燃着的蜡烛，当用一个透明的大玻璃筒倒扣住三支燃烧着的蜡烛时，所观察到的现象是_____，原因是_____。

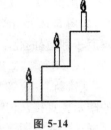

图 5-14

测试结果显示，有 70.5% 的学生回答结果是：（现象）从下至上，三支蜡烛依次逐渐熄灭；（原因）CO_2 的密度比空气大，且既不能燃烧，也不支持燃烧。进一步问卷调查显示，这一错误结果，在错答的学生中有 95.5% 的学生解题思维是受初中阶段的思维"相似块"负迁移引起的，这种"相似块"见下例。

若按图 5-15 所示装置进行正确实验操作，则应该看到的现象是：_____。该实验说明两点分别是：_____；_____。

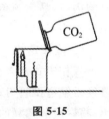

图 5-15

[答案] 从下至上蜡烛先后熄灭。① 二氧化碳的密度比空气大；② 二氧化碳既不能燃烧，也不支持燃烧。

两道题之间情景相似、物质相同、实验装置相似、问题几乎相同，因而解题过程中很少有学生能深层次思考：一种装置用玻璃筒罩住，而另一种装置则为开放体系，前者因热量扩散较难，热的 CO_2 上升，从上至下逐渐充满玻璃筒，故现象为从上至下，三支蜡烛依次逐渐熄灭。

3. 理解定式

理解定式是对某些概念、原理在内涵理解上的偏差或适用范围不清而产生的负迁移现象。如：有的学生认为既能与酸反应，又能与碱反应的物质都称为"两性物质"，而 SiO_2 有下述反应：

$$SiO_2+4HF=\!=\!=SiF_4+2H_2O \quad SiO_2+2NaOH=\!=\!=Na_2SiO_3+H_2O$$

据此判断 SiO_2 是两性氧化物。上述负迁移现象的产生是学生概括的大前提有明显缺陷，判断两性物质涉及的反应仅限于复分解反应，且生成物只为盐和水的反应。

4. 类比定式

类比定式常由类比不当引起，其特征是模仿类推、思维固化。当两个对象之间存在明显的相似或相同之处时，往往容易掩盖其相异点。而类比的属性又恰好为该相异点，则推理结果导致逻辑错误。这就是类比的"或然性",也是化学学习过程中因方法、思维定式而经常产生的一种负迁移情形。如:Fe^{3+}、Al^{3+}溶液和S^{2-}溶液发生双水解反应,部分学生根据Al^{3+}和S^{2-}溶液的双水解反应规律类推出Fe^{3+}和S^{2-}溶液的反应:$2Fe^{3+}+3S^{2-}+6H_2O=\!=\!=2Fe(OH)_3\downarrow+3H_2S\uparrow$。

上述负迁移现象的产生是由类比定式造成的。此案例中的学生忽略了Fe^{3+}的氧化性,正确的反应方程式为:$2Fe^{3+}+S^{2-}=\!=\!=2Fe^{2+}+S\downarrow$。

5. 直觉定式

直觉定式的产生与学习者缺乏周密的思考和科学的判断有关,常常在面临新的问题情境时凭借直觉或局部线索,不假思索地迅速作出推论,正好进入命题者设计的"圈套之中"。直觉定式的发生大多来源于某一直觉中十分有把握的观念的驱使,使其思维"固化",这种影响一般是暂时的,一经提示或启发,学生往往会立刻领悟有关的道理。

【案例7】 最近科学家发现一种由钛原子和碳原子构成的气态团簇分子,如图5-16所示。顶角和面心的原子是钛原子,棱的中心和体心的原子是碳原子,则它的化学式是( )。

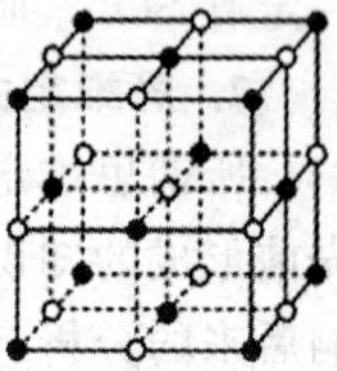

A. TiC   B. Ti_6C_7 C. $Ti_{14}C_{13}$ D. $Ti_{13}C_{14}$

图5-16

[诊断] 解答此类问题,学生受直觉定式的干扰,忽视了题中"团簇分子"的暗示。直接从记忆库中提取丰富的晶胞原型,并与之匹配。原型可以是《物质结构与性质》教科书——人教版第66页、山东科技版第85页、江苏教育版第32页都提供了晶胞切割计算方法。晶胞内:1,晶胞顶角:1/8,晶胞棱上:1/4,晶胞面心上:1/2,结果错答A的学生约占67%,本题正确答案为C。

6. 操作定式

操作定式常常在试验中表现出来,由动作定向不当或夹带某些习惯操作引起。如:滴液时滴管经常触碰试管口;手拿试管一把抓;倾倒液体时不考虑标签的位置;天平称量时直接用手取砝码;将一般酸稀释的方法用于处理浓硫酸的稀释;将溶解后的溶液直接由烧杯倒入容量瓶;等等。上述负迁移现象的产生是由操作定式造成的。学生在进行化学实验操作时,必须规范行为,按照要求,正确操作。

7. 图示定式

图示定式是指在学习化学用语、化学图像、实验装置时,由于某些思维习惯或倾向引起的一种定式。图示定式可分为化学用语的定式、化学图像的定式和实验装置的定式三种类型。

(1) 化学用语的定式。化学用语定式是指在学习化学用语时,由于某些思维习惯或倾向而引起的一种定式。在学习过程中,学生经常喜欢"先入为主",把一些物质的最先接触的写法当做习惯,从而形成定式,产生负迁移。如:学生从熟知的结构简式:$HCOOCH_3$,很容易辨认出是甲酸甲酯,而变形的结构简式CH_3OCHO,学生就很难辨认为甲酸甲酯。

(2) 化学图像的定式。学生在日常的化学学习中,把书上、习题中的表述当成了习惯,认为考试中化学图像都像平常做题那样把变量放在同一个位置,从而形成化学图像定式。在处理具体问题时,也不仔细审题,导致负迁移现象的产生。如:学生平时学习溶解度曲线,均是以溶解度为纵坐标,温度为横坐标,则溶解度曲线的线上方、线中、线下方分别表示过饱和溶液、饱和溶液、不饱和溶液。而溶解度曲线的表达方式一旦变化,定式干扰就会起作用。

【案例8】 如图5-17表示某物质的溶解度曲线,曲线上A点表示的意义是_____。

[诊断] 测试结果表明,有40.5%的学生受定式作用产生负迁移,最终错答为"过饱和溶液"。

(3) 实验装置的定式。化学是一门实验学科,实验的开发和创新是开展研究性学习的重要内容,部分学生不重视实验的作用,看实验、背实验、不联想、不动手,造成处理问题定式化,最终导致此类负迁移现象的发生。如:要求学生分析:图5-18装置,从实验原理和方法上讲,该装置有哪些用途?有的学生对教材中集气瓶的用途已"牢固"掌握了,能很快答出:向上排空气法,用作洗气瓶。测试结果表明,能回答出5种以上用途的学生仅占20%左右,有80%左右的学生不能突破实验装置的定式。

上述各种消极定式的产生虽然各有缘由,但其共同点是与学习者对新旧学习材料之间异同点的认识不足有关。化学教学过程中,教师应该从创设认知冲突、加强概念教学、概念转变学习、构建知识体系和重视方法教学五个方面制定对策,减少负迁移现象的发生。

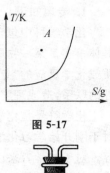

图 5-17

图 5-18

第六节 化学课程学习困难诊断

核心概念

◆知识类型 ◆学习困难 ◆记忆困难 ◆产生式系统

在中学化学教学中,总是有一些学生认为化学难学而不能学好化学,成为化学学科的"学困生"。调查表明,对化学"是难学还是易学"这一问题的回答,在不同学校以至同一学校的不同班级的学生之间差异很大。教师为了科学地组织教学,就有必要探究学生学习化学困难的根源。

一、化学知识学习困难诊断

中学生在化学学习过程中往往产生某些学习困难,主要表现为学生难以将化学知识建立起内在的联系,缺乏对化学知识的深刻理解,在解决实际问题时对化学概念和原理缺乏迁移性。导致中学生化学学习困难的因素很多,本节从化学学科知识的角度分析学生的化学学习困难,并依据知识学习的信息加工理论分析导致学生产生化学学习困难的认知过程。

(一) 化学学习困难的知识类型

化学教学中教师能够根据自己的教学经验了解学生的一些学习困难,但很少从知识的角度来认识和把握这些学习困难。结合化学学科的特点,卢珊珊、毕华林认为导致学生产生化学学习困难的知识包括专属知识、惰性知识、抽象知识和陌生知识四种类型,下面将分别结合具体实例进行阐释。[1]

---

① 卢珊珊,毕华林.中学生化学学习困难的知识类型及认知分析[J].化学教育,2013(6):7-9.

1. 专属知识

化学学科中包含与物质的存在、制法、保存、用途、检验和反应等多方面的事实性知识,有些具体事实是某一物质或化学反应特有的内容,具有很小的迁移价值,这些内容被称为特定化学物质或化学反应的"专属知识"。学习这类"专属知识"时,学生没有足够的知识基础与之产生实质性的联系,造成理解和记忆的困难。

化学符号是化学学科特有的语言体系,学生需要在化学符号与化学物质之间建立起联系。对于刚开始学习化学的学生来说,化学符号的识别和书写往往成为他们产生学习困难的主要内容。对于初学者来说,化学符号就是认识化学物质的专属知识。另外,某些化学反应的特殊现象或化学物质的特性也属于这类知识。

专属知识的迁移性较小,但是随着学生知识经验的不断丰富,这些专属知识也会与其他知识建立起比较稳固的联系。要突破专属知识对学生学习产生的困难,在化学教学中教师应努力引导学生建立起专属知识与其他知识之间有意义的联系。

2. 惰性知识

化学是一门以实验为基础的科学,包含大量的化学反应,涉及的元素及其化合物的种类较多,内容相对零散庞杂,这些知识容易被理解,但是常常在学生头脑中无条理地堆积,当面对新情境时很难检索提取出来,这类知识被称为"惰性知识"。"惰性知识"之间的关系错综复杂,学生若不能及时地建立起较系统的知识结构,很容易遗忘,并且随着惰性知识的增多,越不利于学生提取应用,于是这些惰性知识在学生头脑中就变成了僵化、死板的知识,难以用其解决实际问题。

这类知识主要包括主族元素、副族元素及其化合物、各类有机物及其代表物,以及这些物质之间的反应。这些事实性知识在中学化学学科体系中分布较广,同时存在着某种程度的内在联系。例如,同种元素的物质其性质、存在、制法、用途之间是相互制约的;不同元素的物质其性质会呈现一定的周期性规律;同一类的物质往往具有某些相似的性质。

美国心理学家布鲁纳认为,人类记忆的首要问题不是储存而是检索,而检索的关键则在于结构组织。[①] 惰性知识涉及的内容庞杂,但它们并不是孤立的知识点,它们之间存在着各种联系。在化学教学中教师要善于将这些惰性知识组织成有意义的结构,引导学生及时归纳、整理,并创设多种情境引导学生提取并应用这些知识,从而提高对惰性知识检索的效率。

3. 抽象知识

化学从分子、原子水平上揭示物质及其变化的本质属性和内在规律,形成了有关物质组成、结构、性质和变化的理论性知识,这些知识是从丰富的具体事实材料中抽象概括出来的,具有高度的抽象性,这类知识被称为"抽象知识"。受认知水平及抽象概括能力等的限制,学生学习某些抽象知识时只能去背诵、记忆,往往难以形成对这些知识的深刻理解,造成一定的学习困难。

抽象知识反映物质及其变化的本质和规律,在中学化学知识体系中是以概念和原理的形式呈现,包括有关物质组成、结构、性质和变化的化学概念,以及物质结构理论、电离理论、化学平衡等化学原理。例如,"电解质"是中学生容易产生学习困难的概念,这个知识需要学生通过感性认识概括出酸、碱、盐及某些氧化物在水溶液中或熔融状态下都能够导电,进而提炼抽象出这类物质所共有的关键特征——电离本质。这类知识对抽象概括能力不强的学生来说往往造成理解的困难。

---

① 张大均.教与学的策略[M].北京:人民教育出版社,2003:207.

抽象知识具有高度的概括性，需要学生通过积极的思维活动，对各种事实材料进行分析、概括，抽象出同类事物的关键特征，从而理解物质及其变化的本质。教师在教学过程中应设计有思考价值的问题，引导学生通过积极的思考对事实材料进行抽象概括，体验化学概念原理知识的获得过程，增进学生对知识的理解。

4. 陌生知识

化学学科中还有一类知识也容易造成学生学习的困难，这类知识的学习往往与学生已有的认识方式或思维方式发生冲突，让学生感觉到比较陌生，有时甚至让学生无法识别，我们称之为"陌生知识"。"陌生知识"与之前的化学知识体系所要求学生认识物质的方式是不同的，这就要求学生在学习这类知识时要摆脱原有的认识方式，这对那些已经习惯了已有思维方式的学生来说造成了学习的困难。

例如，"物质的量"作为一个基本的物理量，普遍被认为是高中化学学习的难点。"物质的量"及其衍生概念是高中化学定量计算的基础。"物质的量"这个术语的含义很难与学生已有的语言系统进行融合，从微粒的个数到微粒的集合体在学生的已有知识、经验和观念上都存在困难。[①] 初中阶段形成了以质量为基础的计算体系的思维模式，高中以"物质的量"为基础进行计算对学生来说是陌生的，容易造成学生认识上的困难。

陌生知识的学习需要学生根据新的情境努力转变原有的认识方式，学生对这类知识的学习往往在初始阶段感觉到困难，然而一旦形成了新的认识事物的方式，可能会较容易地理解和应用这类知识。

（二）化学学习困难的认知因素诊断

中学生化学学习困难的产生受多种因素的影响，其中认知方面的因素是引起学生化学学习困难的主要原因。依据知识学习的信息加工理论，我们认为导致学生化学学习困难的认知因素主要包括学生的抽象概括能力不足、缺乏定量的思维方式、认知超负荷和技能尚未自动化等。

1. 抽象概括能力不足

学生对化学概念和原理的学习，是建立在对具体事实的感性认识上，通过分析、综合、抽象、概括，归纳出其共同的本质特征，进而由感性认识上升到理性认识。另外，学生通过抽象概括能够在获得的"惰性知识"之间建立起内在的联系，并在头脑中形成稳固的知识网络。如果学生的抽象概括能力不足，面对丰富的具体事实往往不能概括出共同的本质特征，也难以发现其内在联系，于是只能机械地背诵、记忆这些知识。这些孤立、零散、缺乏内在联系的知识，不但阻碍学生对新知识的学习，同时造成学生问题解决的困难。

例如，对"氧化还原反应"知识的学习，要求学生首先认识到日常生活和社会生产中广泛存在的氧化还原反应，如钢铁生锈、煤和石油的燃烧、次氯酸杀菌消毒等。在对这类反应形成感性认识的基础上，结合学生熟悉的化学反应概括出这类反应的特征是有化合价的变化。然后将这些特征进一步抽象和概括，提炼出氧化还原反应的本质特征是有电子的转移。然而，学生并不能观察到这些氧化还原反应中的电子转移，必须借助逻辑推理将这些事实与已有的认识之间形成实质的联系，对于抽象概括能力不足的学生来说，只能去记忆氧化还原反应的定义，难以形成深刻的理解并加以灵活的应用。

---

① 陈献忠. 浅谈"物质的量"教学难点及处理[J]. 中学化学教学参考, 2009(9): 13-14.

2. 缺乏定量的思维方式

化学学科的学习不仅要求学生对化学物质及其变化有定性的认识,同时要求学生能够从定量的角度把握物质及其反应之间的关系,形成定性与定量相结合的思维方式。化学学习的不同阶段要求学生认识物质及其变化的方式是不同的,从定性到定量实现了对物质深入而全面的认识。然而,在实际的学习过程中,学生较容易从定性的角度去认识物质及其变化,往往缺少定量意识来认识物质的性质。这种定量思维方式的缺乏导致了学生对事物的认识停留在定性的描述阶段,不能通过数量之间的关系预测物质的结构及可能的性质,在分析问题和解决问题的过程中会造成一定的困难。

通常,学生对一些明确的定量计算,往往可以很好地解决,如有关"相对原子质量""溶液质量分数""物质的量"等化学计算题。但是在具体情境中解决化学问题时明显缺乏定量意识,特别是对复杂的溶液体系。例如,在高中必修阶段学生能够从宏观的角度认识化学反应,并借助对微观粒子的定性认识来理解电解质在水溶液中的行为;然而在高中选修阶段,学生一般较难从电解质在水溶液中的存在形式(分子、离子)及其相对大小的定量角度来认识电解质在水溶液中的行为。实践研究发现,当学生判断溶液的酸碱性时,多是从物质类别的角度去分析,如有的学生认为醋酸钠水解时产生了醋酸,溶液应该是呈酸性,明显缺乏通过定量比较 H^+ 和 OH^- 物质的量浓度来判断溶液酸碱性的意识。

3. 认知超负荷

认知负荷理论(Cognitive Load Theory,简称 CLT)是 20 世纪 80 年代由教育心理学家约翰·斯威勒(John Sweller)等人提出并加以发展的一种理论,该理论认为在真实的复杂学习环境中,学习内容通常具有丰富的信息,各个信息之间的关系是复杂的,在学习过程中施加在学习者工作记忆上的认知负荷就会增加。[1] 如果学习信息超过了学生工作记忆的加工容量就会造成认知超负荷,学生在有限的时间内无法将这些信息进行有意义的加工,造成记忆的困难,并且影响学生对新知识的学习和理解。

当前的化学课堂教学为了让学生掌握更多的化学知识,教师在有限的时间内为学生呈现大量的事实性知识,化学课堂教学追求高密度、快节奏,超出了学生的认知负荷。在这种情况下,学生来不及对大量的信息进行加工整理,无法把握各种信息之间的内在联系,这些信息只能以孤立事实的形式储存在学生头脑中,容易造成遗忘并且不利于迁移应用。另外,在实验教学过程中,特别是教师的演示实验,实验仪器、药品、操作、现象等丰富的信息,都会对学生的学习产生刺激,教师在教学过程中若不能明确实验的目的,指导学生有计划、有步骤地观察和思考,学生的实验观察缺乏选择性,大量的实验信息容易造成学生的认知超负荷,并且偏离重点内容的学习,造成化学学习的困难。

4. 技能尚未自动化

化学教学中包含化学用语、化学实验等技能性知识,技能性知识的学习一般要经过认知、联系形成和自动化的过程。[2] 学生若处在技能性知识学习的认知阶段或联系形成阶段,尚未达到自动化的水平,那么将会导致学生对其他化学认知任务学习的阻碍。

---

[1] 赵立影,吴庆麟.基于认知负荷理论的复杂学习教学设计[J].电化教育研究,2010(4):44.
[2] 邵瑞珍.教育心理学[M].上海:上海教育出版社,1997:163-164.

例如,化学用语是中学化学基础知识的重要组成部分,化学用语的书写是化学学习的一项基本技能,使学生熟练地掌握化学用语,达到会读、会写、会用,这是中学生学习化学知识的关键和基础。[①] 如果学生对化学用语理解不透彻、掌握不熟练,没有形成相应的技能,就会形成审题和解题的思维障碍或心理障碍,影响化学问题的解决。[②] 初中是学生学习化学用语的重要阶段,元素符号、化学式、化学方程式的书写这些技能性知识的熟练程度及自动化水平将会影响学生的后续学习,必须引起教师的高度重视。

在化学教学中,教师要通过对教材内容和学生基础的深刻分析,准确了解产生化学学习困难的知识类型及认知因素,[③]进而采取有针对性的措施突破学生学习的难点。

二、化学知识记忆困难诊断

在中学课程设置上,语文、数学、英语、物理、化学、生物、政治、历史、地理等交叉进行,加之年、月、日的时间节奏,使得大脑对知识信息的摄入、理解、存储(记忆)、加工是随机的、动态的和非完全连续的,存在着一定的时间间隔,时段性非常突出,而与时段性密切相关的记忆—遗忘交互作用规律也表现得非常明显。以致出现"翻开化学书什么都懂,合上书什么都记不住"的无记忆现象。与数学、物理等理科课程相比较,化学需要记忆的知识要多一些。在学习中常听到学生谈论化学难记,并戏称化学为"第二外语"。教学实践表明,化学基本概念和元素化合物知识是中学生感到最难记忆的内容,其次是化学用语。对化学基础理论、化学实验、化学计算则较少出现记忆上的困难。因此,中学生必须掌握若干记忆方法。这里有必要介绍几类化学记忆方法,以利于对学生的记忆方法进行诊断研究。

1. 识记的方法

第一类:思维类记忆法。具体分为:① 特征记忆法;② 选择记忆法;③ 理解记忆法;④ 规律记忆法;⑤ 归类记忆法;⑥ 相联记忆法;⑦ 联想记忆法。

理解的知识一般不易遗忘。如果能有意识地将学生理解的知识最大限度地为学生的记忆服务,则会形成一个良好的循环:

$$理解 \underset{加深}{\overset{帮助}{\rightleftharpoons}} 记忆$$

如:F、Cl、Br、I 的非金属活动性依次减弱,其单质跟 H_2 化合时的反应条件就表现出明显的不同,反之这些反应条件的记忆又可以帮助学生理解非金属活动性和原子结构与化学性质之间的内在联系;卤代烃的物理性质与晶体类型、相对分子质量之间的关系;卤化物的俗名跟它的性质、状态或用途、来源之间的关系。理解记忆法是中学化学最重要的记忆方法。

再以联想记忆法为例,说明化学中一种常用的记忆方法。联想是由某一问题引发思考另一问题的心理过程,是客观事物之间的联系在人们头脑中的反映。课堂教学中充分引导学生进行联想,不仅能够活跃学生的思维,而且能够增加知识的有序性,形成牢固的知识网络,提高记忆效率,培养学生的发散思维能力。表 5-37 是"二氧化硫"的复习课中的有关联想。

---

① 毕华林,于清江,等.化学教学原理与方法[M].青岛:中国海洋大学出版社,1998:325-326.
② 刘知新,等.中学化学[M].济南:山东教育出版社,1999:132.
③ 沈理明,等.化学教育的目标、学习困难及其对策——IUPAC教育委员会主席 Peter Atkins 教授对化学教育的独特见解[J].化学教育,2006(11):63-64.

表 5-37　运用联想记忆法学习"二氧化硫"

二氧化硫的某些性质	联想有关知识（中学范围）
SO_2 水溶性	常见气体溶解性：　NH_3＞HCl＞SO_2＞Cl_2＞CO_2 （通常状况下）　　700　　500　　40　　2　　1
SO_2 毒性	有毒气体：Cl_2、Br_2、F_2、HF、NO、CO、NO_2、SO_2、H_2S
SO_2 的还原性	具有还原性的气体：CO、H_2、SO_2、H_2S、NH_3、HBr、HI
SO_2 实验室制法	用相同的发生装置制取的气体：H_2、CO_2、NO_2
SO_2 使品红溶液褪色	具有漂白性的物质：SO_2、HClO、$Ca(ClO)_2$、Na_2O_2、O_3、H_2O_2
SO_2 易液化	易液化的气体：Cl_2、SO_2、NH_3、NO_2
SO_2 水溶液显弱酸性	水溶液呈弱酸性的气体：H_2S、HF、CO_2、SO_2
SO_2 使酸性 $KMnO_4$ 溶液褪色	能使酸性 $KMnO_4$ 溶液褪色的物质：SO_2、H_2S、HI、C_2H_2、C_2H_4…
浓 H_2SO_4 干燥 SO_2	能用于 SO_2 的干燥剂：浓 H_2SO_4、P_2O_5、无水 $CaCl_2$、硅胶

第二类：音韵类记忆法。具体分为：① 谐音记忆法；② 口诀记忆法；③ 同音沟通法。

心理学研究表明，要记住"若干个"不连贯字（信息量），比背诵由这些字组成的"诗"要困难得多，为此，我们可以把一些必须牢固掌握的基础知识，以通俗易懂、朗朗上口的歌诀、口诀或顺口溜等形式表达出来，以帮助记忆。例如记忆金属活动顺序表，可采用五字断句：钾、钙、钠、镁、铝、锌、铁、锡、铅、氢、铜、汞、银、铂、金。从记忆规律看，信息量的比特数（信息量的一种单位）不变，但新的编码组块数减少，短时记忆是容易记住的。

第三类：简化类记忆法。具体分为：① 联合记忆法；② 表格记忆法；③ 首字记忆法；④ 图示记忆法；⑤ 略语记忆法。

以略语记忆法为例，"简缩"可提高记忆效率。例如，过滤操作的注意事项可用"一角二低三碰"简缩编码把六个关键处进行很好的组合；炼铁知识点可归纳为"八个五"，"八个五"：炼铁原理五句话，五种铁矿石，五种主要原料，五个主要反应式，高炉组成五部分，高炉五个进出口，生铁中五种主要合金元素，提高生产效率的五种新技术。

化学概念总是与其他概念有密切联系，运用联系对比的方法，有利于学生加深对概念内涵和外延的理解，有利于学生形成概念的网络，达到强化记忆的目的。许多概念的建立就是在对比中产生的，例如氧化与还原、电解质与非电解质、强电解质与弱电解质、混合物与纯净物、碱性氧化物与酸性氧化物等等。还可以将中学里常见气体按难溶、微溶、可溶、易溶排列成序，将盐的溶解性按组成盐的金属离子和酸根离子的不同归类记。总之，将需要记忆的知识根据其特点进行归类或对比，利用科学的方法加强记忆就可以不断开发记忆的潜能。如"五同"概念（见表 5-38），学生往往张冠李戴、模糊不清。教师可引导学生进行异同对比，同中求异，异中求同，列表对照，强化记忆的准确性和持久性。

表 5-38 "五同"概念对照表

概念＼项目	所指的物质的类别	同的含义	同中之异	实例
同位素	原子	核电荷数或质子数相同	质量数(中子数)不同	$_1^1H,_1^2H,_1^3H$
同素异形体	单质	元素种类相同	结构或原子个数不同	O_2 和 O_3
同系物	有机化合物	结构相似,通式相同	分子式不同	CH_4,C_2H_6,C_3H_8 等
同分异构体	有机化合物	分子式相同	分子结构不同	$CH_3—CH_2—CH_2—CH_3$ 与 $CH_3—\underset{\underset{CH_3}{\mid}}{CH}—CH_3$
同一物质	物质	分子组成、结构完全相同	无	$H—\underset{\underset{Cl}{\mid}}{\overset{\overset{Cl}{\mid}}{C}}—H$ $Cl—\underset{\underset{Cl}{\mid}}{\overset{\overset{H}{\mid}}{C}}—H$

第四类:感官类记忆法。具体分为:① 形象记忆法;② 协同记忆法;③ 运动记忆法。

第五类:时间类记忆法。具体分为:① 及时记忆法;② 择时记忆法;③ 间时记忆法。

2. 综合的方法

第一类:提纲网络法。即从分散的知识中找出内在联系,理出纵横脉络,按照其逻辑关系串联成链,形成知识网络。例如氧化还原反应概念多、关系复杂,可以从氧化还原反应的有关概念是互相对立、又互相依存的关系形成有序的知识结构体系(图 5-19)。

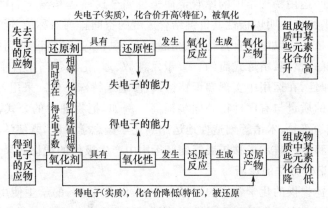

图 5-19 氧化还原反应知识提纲网络记忆法

第二类:发散思维法。即从某一知识点或信息源出发,同时向各个方向、各种渠道发散的方法。具体又分为材料发散、穷举发散、组合发散、功能发散、构造发散、演绎发散六种类型,例如运用穷举发散可归纳出盐类水解的十大应用。

第三类:判断推理法。即从一个已知的结果出发推出一个新的结果的判断方法。例如,根据氧化还原反应中氧化剂的氧化能力大于氧化产物的氧化能力的结论,可以将中学阶段常见的氧化剂的氧化能力强弱顺序排列如下:

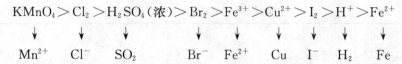

据此顺序可以解释某些氧化还原反应的问题。

第四类：图解序化法。对比较复杂的化学基本原理或对某一单元内容进行归纳推理，可采用图解序化法。如"根据实验数据，确定有机物的分子式"是中学有机化学的重要内容之一，但教材将其分散到各有关章节学习，学生感到散乱。教师应该以习题引路，讲清解题思路，指导学生分析归纳，使之系统化。这类题的解题步骤和解题规律如图5-20所示。

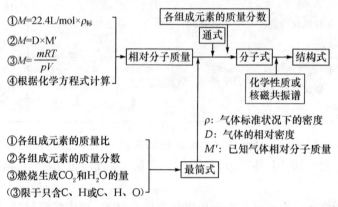

图 5-20　确定有机物分子式与结构式的思路图

第五类：学科渗透法。化学与其他学科中的观点、成果和理论相互借鉴、相互运用，使之渗透和结合的方法。例如，运用物理学中的库仑定律来说明金属晶体和离子晶体熔、沸点的高低；用物理学中共点力的平衡来说明以极性共价键结合成键的空间排列对称的分子为非极性分子。

第六类：互补移植法。以适合自身特点的独特记忆风格，通过自己独到的理解和创新思考，对所学知识进行提炼式整理、精炼式简约。善于发现数、理、化等各门学科中原理、定律、公式之间的内在联系的规律性，在运用中实现知识移植式、渗透式特殊序化。采用各种方法进行互补序化，使记忆知识信息的质量与有序性得到同步提高。例如，把物理中的公式、定律巧妙地运用到化学知识中，或把数学符号、术语等创造性地运用到化学概念学习中，既使学习增添许多妙趣，又使知识信息在渗透、移植、焊接、横移扩展等创新运用中产生极佳的记忆效果。

3. 中学生化学记忆方法的诊断

调查表明，在上述提供的化学常用的记忆方法中，仅有5.6%的学生使用过上述各类记忆方法，有37.8%的学生使用的记忆方法不到上述方法的10%，有40.5%的学生从未系统学习过"由化学教师教授的记忆方法"。

进一步研究表明，在化学学习成绩不良的学生中，有42%左右的学生是因记忆障碍造成的。这提醒化学教师要加强记忆方法的指导，根据记忆规律和学科特点构建一套学科知识网链的有序知识结构体系，最大限度地帮助学生记忆系统化、有序化知识。通过学生的大脑思维有意识地对所学知识进行融会贯通式、综合集成式系统掌握——整体序化，养成学生使零碎的知识不断系统化、有序化的治学品格。

三、化学产生式系统学习困难诊断

化学学科知识组块是信息量的一个单位,是测量人的短时记忆的最小单位。能够迅速接通长时记忆中的信息的索引项,通常称为组块(Chunk)。一个索引项可以展开许多内容,一个化学知识组块应是多大并非固定不变的。一个专业术语(如分液、取代反应等),一个化学用语(如CO_2的化学式、电子式、结构式等),一种图像(如实验室制取氨气的装置图,苯酚的球棍模型,炼铁高炉模型图,溶解度曲线等)等等都可以是一个化学知识组块。学习化学,首先得要懂科学语言,在大脑里有一套物理符号系统,亦即掌握一定数量的知识组块。1956年米勒通过心理学实验发现,测量人的短时记忆的最小单位是组块。组块是信息量的一个新的单位。米勒测量的结果是,人的短时记忆的容量为7 ± 2个组块。人记忆的信息量,不能仅仅用比特数(信息量的一种单位)来说明,更重要的是看信息是如何编码的,是如何组合的。

在解决实际问题的过程中,仅仅在记忆中贮存一定数量的组块(信息)还不够,还必须有产生式系统,即必须有把组块组织起来的若干程序。产生式系统提供了控制思维顺序的灵活方法。每一个产生式都包括两个部分:条件和动作。根据一定条件作出一定动作,这就是一个产生式。例如,给一道选择题:

【案例9】 已知某强氧化剂被亚硫酸钠还原到较低价态。如果还原含2.4×10^{-3} mol $XO(OH)_2^+$的溶液至较低价态,需用30 mL 0.2 mol·L^{-1}的Na_2SO_3溶液,那么X元素的最终价态为( )。

A. +2   B. +1   C. 0   D. -1

[诊断] 在案例9中,由给出的条件,就要想办法求出X元素的最终价态,这是动作。于是,学生先要把贮存在大脑长时记忆中的有关组块选出来,按一定的逻辑思维顺序思考:(1) 设未知数(X最终价态);(2) 根据化合价规则确定氧化剂、还原剂、氧化产物、还原产物的化合价;(3) 根据化学反应中物质的元素化合价升降总数等于得失电子总数的原理,确定得失电子数;(4) 根据氧化还原反应中得失电子总量相等列出关系式;(5) 解方程确定未知数。显然用组成上述五个程序中的若干知识组块,可以有许多组合排列顺序,但均是不可取的,因为无程序的知识组块不能保证问题按一定的思维程序解决。可见贮存的知识组块必须与产生式系统紧密结合,才能有效地应用。知识组块与产生式系统是不能截然分割的。

在化学教学中,教师只重视组块的教学,而忽视产生式系统的教学,是目前中学化学教学普遍存在的问题。这是导致学生学习心理状态上的知识组块"易学"、产生式"难学"双重性特征的主要原因之一。从信息加工角度研究学生学习化学"难""易"心态,为我们提供了关于化学教与学速率的初步定量数据(见表5-39)。

表5-39 化学教与学速率的初步定量数据

时间	知识组块(一般视为知识点)	产生式系统(方法类知识的知识)
4年(按现有中学三·三制)	1600~2400个组块	150~200个产生式
1年(1年学习10月)	400~600个组块	35~50个产生式
1月(1月10课时)	40~60个组块	8~10个产生式
1课时(40~45 min)	10~15个组块	近1个产生式

* 有的产生式在不同的课时教学中呈递进式重现。

1983年，西蒙来华讲学，给出如下数据（见表 5-40）：

表 5-40 短时记忆、长时记忆知识组块存贮与提取时间

	短时记忆	长时记忆
容量	4~5 组块	∞
存贮时间	0.5 s/组块	8 s/组块
提取时间	150 ms/组块	2 s/组块,200 ms/组块

从信息加工角度研究认知心理学所得到的一系列数据，对于教与学的理论和方法有以下启示。

（1）人脑记忆的效率是有可能大大提高的。一个组块从短时记忆贮存到长时间记忆中，最少需要 8 s。那么贮存 10~15 个组块在长时记忆中，总共需要 1 min 20 s~2 min，取上限仅为 2 min，可是在学习记忆时，却用了 1 课时。以此数据计算，大脑的记忆效率很低，$\alpha = 2$ min/45 min$= 4.4\%$，可见，大脑记忆的效率是有提高余地的。如果学习记忆效率提高一倍，则可节省一半的学习时间。此外，如果我们把中学化学教材中的组块分为三类：第一类是必须熟记的组块（如元素符号、1~18 号元素名称）；第二类是一般了解的组块（如煤的干馏、贮气瓶等课程标准中只做了解的知识）；第三类是不用记忆，能查找到的组块（如浓盐酸的质量分数，铁的密度，在酸、碱、盐溶解性表里，教材尚未涉及的有关物质的溶解性）。不同组块区别对待，则学习记忆效率还可大大提高。从另一个角度，我们可以这样看：10~15 个组块贮存长时记忆中至少约需 2 min，可是要达到真正掌握，牢固记住，则需要反复 20 次，才能贮而能用。这表明孔子所说的"学而时习之"是非常必要的。

（2）教学中应当注意减轻学生短时记忆的负担。人的短时记忆能贮存 4~5 组块，如果我们要求学生解答一个问题，其短时记忆负担大大超过 5 个组块，这样的要求就不太合理。

例如要求学生回答下列问题，对于一个高中学生并不困难。

【案例 10】 在含有酚酞的 0.1 mol·L^{-1} 氨水中加入少量的 NH_4Cl 晶体，则溶液颜色（ ）。
A. 变蓝　　　　B. 变深　　　　C. 变浅　　　　D. 不变

解答这道题目包括三个知识组块：（1）酚酞在碱性溶液中变红；（2）氨水存在着电离平衡：$NH_3 \cdot H_2O \rightleftharpoons NH_4^+ + OH^-$；（3）浓度对电离平衡移动的影响。显然，学生解答此题不超过短时记忆的负担，能迅速作出判断。

如果要求学生短时判断下列问题，则会加重学生短时记忆负担。

【案例 11】 硫在加热时能被 N_2O 氧化成 SO_2。现用 3.2 g 硫粉和 224 mL（标准状况）N_2O 在加热条件下充分反应，反应结束后气体混合物在标准状况下的体积为（ ）。
A. 112 mL　　　B. 224 mL　　　C. 336 mL　　　D. 448 mL

要解答这道题，短时记忆的组块数已大大超过五个。当然计算是不难的，正确解析本题至少要四个产生式系统（见表 5-41）。

表 5-41 案例 11 解题思维中的产生式系统分析

序号	操作
产生式系统 1	将有关量换算成物质的量： $n(S) = \dfrac{m(S)}{M(S)} = 0.1 \text{ mol}$　　$n(N_2O) = \dfrac{0.224 \text{ L}}{22.4 \text{ L·mol}^{-1}} = 0.01 \text{ mol}$
产生式系统 2	将题示信息转换成化学方程式：$S + 2N_2O \xrightarrow{\triangle} 2N_2 \uparrow + SO_2 \uparrow$
产生式系统 3	判断哪种反应物过量,确定计算依据。 经判断硫过量,应以不过量的 N_2O 作计算依据。
产生式系统 4	计算并确定最后答案： 　　　　　　$S + 2N_2O \xrightarrow{\triangle} 2N_2 + SO_2$ 　　　　　　　　0.01 mol　0.01 mol　0.005 mol $V = n \times 22.4 \text{ L/mol} = 0.336 \text{ L} = 336 \text{ mL}$ 答案为(C)。

掌握了这四个产生式,这类题目,无论多繁,原则上都可以逐步解答出来。要善于教和善于学,其方法之一就要善于选择好的编码和好的组合,减轻学生短时记忆的负担,从而提高学习的效率。

(3) 在教学中要注意记忆一个组块和学习一个产生式所平均需要的最少时间。呈现一个组块让学生记住总的时间不得少于 8 s,即是说一次呈现 2 s,就是呈现 4 次。我们平时所说教材中的"边角知识",一般都是学生对知识组块呈现的次数太少的知识,如纤维素的结构简式[$C_6H_7O_2(OH)_3$]$_n$,若只呈现一两次,在长时记忆中贮存肯定是不牢固的。若一次呈现的时间少于 0.5 s,连短时间记忆也贮存不进去,总的时间若少于 8 s 是不能很好地贮进长时记忆的。这对于化学教与学是有意义的。学习一个产生式平均需一课时,这也很有教学上的意义。现在化学教学存在的一种通病恐怕就是学习一个产生式系统平均时间过少。教师在一课时内讲了 4~5 道不同的产生式系统的例题,从表面上看,充分利用了 45 min 的时间,而且学生也似乎学会了,然而一段时间后呈现类似产生式问题的题目,学生掌握得并不怎么好,教师责怪学生,学生叹息化学难学。实质上,化学"难学"原因出在教师,因为教师每一次给学生学习一个产生式的时间都小于学习一个产生式所需的实际时间(一课时),那么,用于学习的时间必然浪费不少,下次再学又得从头开始,这是教学中常出现的情形。要注意一次学习时间至少应教完一个产生式系统。例如,教师要求学生学习"粒子半径大小比较规律"的解题思路与方法,可选用一课时来学习这一产生式系统。

(4) 教师的教学不仅要让学生有足够时间去记忆知识组块,而且要让学生有足够时间去思考、理解和创造产生式系统。教师提出一个问题,一定要留足够时间让学生思考。学生从长时记忆中提取组块,第一个组块需要 2 s,接着的组块提取出来也需要 200 ms,总之,贮存信息是需要一定时间的,提取信息也是需要一定时间的。从信息加工的观点看学习过程,既要贮存一定量的组块,又要建立一定量的产生式。中学化学中的重要的产生式系统有 150~200 个。孔子说:"温故而知新",通过方法类知识的传授和学习也能建立新的产生式系统。机械记忆式的学习和理解创造式的学习应当有机地结合起来,当学生没有贮存足够的基本的知识组块数量时,要强调机械记忆式的学习;当学生已贮存足够的基本组块时,要强调理解创造式的学习,从而建立完整的产生式系统,提高学生的能力。

要解决一个较复杂的化学问题,学生大脑中必须贮存并能提取若干知识组块和产生式系统,而掌握一个产生式系统要比掌握一个知识组块需要更多的时间和更多的重现次数。目前的中学化学教学存在着重知识组块(教科书若干知识点)的教学,轻视了产生式系统(解决问题的方法类知识)的教学,这就是学生深感化学"难学"的根源。

第七节　化学提问意识及水平诊断

核心概念

◆提问意识　　◆提问水平　　◆问题类型　　◆主体因素

在现代化学课堂中,教师教学效率的高低,大部分可以从教师和学生交互作用中提问的意识、提问的性质和提问的水平考查出来。在化学教学中,问题可以由教师提出,也可以在教师创设的问题情境中由学生提出,教师是问题情境的创设者,是学生问题意识的发展者和指导者,是学生思维发展的促进者。本节主要从学生化学学习中提问意识和提问水平进行诊断研究。

一、化学课堂学生提问意识诊断

韦斯林等通过大量开放式调查、访谈、查阅文献,以及征求一线教师的意见,广泛收集影响高中生问题意识的主体因素的一手资料,在此基础上进行提炼、分类和概括,设计成调查问卷。问卷结构分三个部分,第一部分包括1个题项,要求学生评估自己的问题意识情况;第二部分包括1个题项,罗列出经前期探索而得的多个主体因素,要求学生根据自身情况作出选择;第三部分就各因素设计相应问题,具体调查学生的各主体因素状况,辅以说明。研究者亲自进入调查现场进行说明解释,指导作答。[①]

分层抽取广西某市 3 所有代表性的中学(重点、普通、乡镇)共 358 名高中生进行了调查,回收 350 份,有效问卷 336 份,有效率为 96%。其中高一 89 人,高二 129 人,高三 118 人;男生 182 人,女生 154 人;重点中学 120 人,普通 112 人,乡镇 104 人。

(一)高中生提问意识的现状诊断分析

第1题调查学生的问题意识状况。研究人员在向学生充分解释"问题意识"含义的基础上要求学生对自己的问题意识状况进行自我评估,调查结果如表 5-42 所示。当前绝大多数高中生的问题意识处于中等水平,问题意识较强的学生比例极低。随着年级递增,学生问题意识呈下降趋势,其中高二下降非常明显。高二问题意识较强的学生比例较之于高一低 11.3%,问题意识较弱的学生比例较之于高一多 5.4%、较之于高三多 7.6%。从男女生各问题意识水平的比例上看,"较强"的男生比女生多 5.3%,"一般"的女生比男生多 6.6%,"较弱"的基本相当(见表

[①] 韦斯林,王祖浩,贾远娥.影响高中生问题意识的主体因素调查与分析[J].教学与管理,2009(2):34-36.

5-43)。可见,总体上男女生的问题意识水平差异不明显,"高端"上男生稍占优势。

表 5-42　高中生提问题意识现状统计

问题意识	较强	一般	较弱
高一	17(19.1%)	61(68.5%)	11(12.4%)
高二	10(7.8%)	96(74.4%)	23(17.8%)
高三	11(9.3%)	95(80.5%)	12(10.2%)
合计	38(11.3%)	252(75.0%)	46(13.7%)

表 5-43　男女生提问意识现状统计

问题意识	较强	一般	较弱
男	25(13.7%)	131(72.0%)	26(14.3%)
女	13(8.4%)	121(78.6%)	20(13.0%)
合计	38(11.3%)	252(75.0%)	46(13.7%)

(二) 影响高中生提问意识的主体因素

1. 各主体因素频数统计

第2题"你认为影响你的问题意识的因素有哪些"。要求学生根据自己的实际情况,在所提供的备选因素中选择符合自身实际的因素或写出未曾列出的因素。我们以各因素的"点击率"来反映其影响的程度及主次关系,结果如图 5-21 所示。

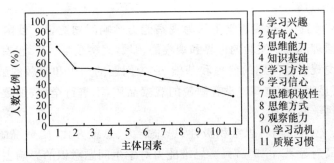

图 5-21　影响高中生提问意识的各主体因素

2. 影响提问意识的主体因素分析与诊断

根据各因素的性质可将它们分为六类。以下结合调查数据和深度访谈,予以一一诊断。

(1) 学习动力。学习兴趣是影响学生问题意识的首要主体因素,位居所有因素之首,占 74%。兴趣是引燃问题的火花。问题源于兴趣,只有对学习感兴趣,才会勤于观察,乐于思考,主动质疑,积极发问;如果缺乏学习兴趣,学生只能是被动接受知识,机械地记忆、重复、再现所学知识,不求甚解,更不会主动问为什么,自然不可能具备较强的问题意识。然而进一步调查发现,仅有 25.8% 的学生对学习"很感兴趣",67.2% "一般",6.06% "不感兴趣"。可见当前学生的学习兴趣水平不高,这极大地影响着学生问题意识的培养。因此,要培养学生的问题意识,首要的关键问题是培养学生的学习兴趣。

好奇心是影响问题意识的第二大主体因素,占 54%。好奇心是产生一切问题的根源,是问题意识的种子。强烈的好奇心会增强学生对外界信息的敏感性,易于发现问题,激发思考,引发探索欲望;缺乏好奇心,对外界信息的反应较迟钝,对一些有价值的现象常视若无睹。很难意识问题所在。调查显示,46.2%的高中生好奇心"较强",48.2%"一般",5.6%"较弱"。可见部分高中生仍保持着一定的好奇心,但半数以上其好奇心已大为削弱。因此,要提高学生的问题意识,保护好学生天生的好奇心甚为重要。

学习动机的类型也影响问题意识。学习是出于内部动机,如认识兴趣、求知或自我提高需要等,就会主动学习、积极思考,其问题意识就会更强。如果是外部动机,如升学、父母期望、教师要求、不被他人瞧不起等,学习就会显得被动,虽然可能会产生问题,但却容易滑向被动应付、流于表面,或者急功近利,自然不会深入钻研、追求真理。调查显示,27.0%学生学习是为了"获取知识,认识世界""实现自我提高",65.8%"升学需要""不辜负父母和老师的期望",7.1%"不清楚"。可见绝大多数学生学习仍出于外部动机,半数以上学生则是为了升学。因此,增强学生的问题意识,需要加强其内部学习动机的培养。

(2) 知识基础。50.4%的学生认为知识基础影响问题意识。统计发现,问题意识较强组中,知识基础较好的比例较高(占76.4%);而问题意识较弱组中,知识基础较为薄弱的比例较高(占79.2%)。可见这两者有着密切的联系。知识是思维的载体,是个体认知加工的"原料",是人的心智活动得以进行的工具。问题意识必然不是空中楼阁,它需要一定的知识储备。问题意识的产生源于已有知识经验和新知识、新情境间的矛盾、冲突,源于已知、未知之间的鸿沟或障碍。访谈中我们也发现,知识丰富、勤奋刻苦、成绩良好的学生,通常问题较多,且常能提出较高质量的问题。可见,知识是形成问题意识的基础,也是提出问题的关键,学生学习的过程同时也是问题意识不断培养、增强的过程。

(3) 观察能力。调查中,近四成学生认为观察能力影响问题意识。俄国著名科学家门捷列夫曾说过:"科学的原理起源于实验的世界和观察的领域,观察是第一步,没有观察就不会有接踵而来的前进。"所以说观察是问题的前提和基础,它为问题的产生和问题的解决输送"原材料"。在自然科学中,观察显得尤为重要。没有敏锐的观察品质,不进行全面、细致、客观的观察,是很难发现问题并提出科学问题的。

(4) 思维品质。这里我们将思维积极性、思维能力、思维方式、质疑习惯统称为思维品质。其中思维能力影响最为显著,占53.7%。思维能力对学生问题意识的影响主要体现在对刺激情境的敏感性,对问题的感知、深入洞察和批判,以至于形成强烈的认知冲突。善于思考的学生往往善于捕捉问题,善于积极调动头脑中已有的知识经验作用于新信息,善于运用思维方法发现问题和表征问题,觉察出矛盾、困惑之所在。

思维方式反映学生思考问题视角的独特性和丰富性、角度转换及思维方法的灵活性。四成学生认为思维方式影响问题意识。调查发现,问题意识强的学生通常能够变换不同角度思考问题,而问题意识弱的学生常常采用的是固定、单一、常规、趋同的思维方式,发散、求异、跳跃思维欠缺,从而削弱了对问题的敏锐性和洞察力。

质疑习惯主要体现为思维的求异性、批判性,它与问题意识密切相关。质疑既是问题意识形成的前提,也是问题意识的具体体现。理论上,质疑对问题意识的产生无疑有着重要的影响。然而,只有27.4%的学生认为质疑习惯对其问题意识产生影响。经过深入访谈,我们认为这可能因为多数学生平时不经常有意识、自觉地质疑,从而容易忽视。有意思的是,常质疑的学生的比例与问题意识较强的学生比例(11.3%)几乎一致,这进一步证实了上述观点。

(5) 学习方法。50.4%的学生认为学习方法影响问题意识。调查表明,6.8%的学生常采用"主动探索"学习知识,62.5%"理解消化",30.7%"接受记忆"。对问题意识强、中、弱三组学生的学习方法进行统计,发现问题意识强的学生中,94.7%采用"主动探索""理解消化"的学习方法;问题意识较弱的学生中,多是采用"接受记忆"的学习方法,占67.4%。

人的行为活动既受一定意识观念的影响和支配,同时也成为培养和形成某种意识观念的载体和温床。采用主动探索和理解消化的学习方法的学生能够积极主动地学习,能通过自己的理解、实践和探索掌握新的知识和方法,亲自去摸索和发现概念、原理和解题方法,显然这也是问题意识孕育、强化的过程。而单纯采用接受记忆、死记硬背进行学习的学生,形成了接受、记忆现成结论的习惯,长期一味地被动应付、机械训练、简单重复,严重扼杀了其好奇心和创造性,问题意识受到严重抑制和削弱。

(6) 学习信心。49.3%的学生认为学习信心影响问题意识。自信的学生自我效能感强,学习兴趣浓厚,思维积极,有强烈的进取心、批判精神和创新精神,不迷信权威,坚持自己独特的问题视角和理解方式,喜欢用自己所掌握的知识审视、质疑周围的人或事,喜欢问为什么,表现出强烈的问题意识。缺乏信心的学生,在学习和生活中表现出懒惰、厌学、犹豫、退缩等特点,常怀疑自己的判断,不敢质疑书本和教师的结论,丧失进取心和探索的勇气,遇到复杂或较难问题时,通常消极回避或抵触,从而阻碍了问题意识的发展。

值得一提的是,有人认为性格也影响问题意识。我们对问题意识强、中、弱三组学生的性格特征(偏内向、偏外向)进行统计,发现比例十分接近。问题意识"较强"组,偏外向52.6%,偏内向47.4%,"一般"组分别为50.7%、49.3%,"较弱"组分别为50%、50%。表明不同性格学生的问题意识没有明显的差异。因此,常有人认为性格内向、胆量小、不爱说话的学生发问少、问题意识也不强。这种观点颇值我们反思。

二、化学课堂学生提问水平诊断

培养学生提出问题的能力是教育教学改革关注的一个热点问题,而研究当前学生提出问题的已有水平,是制定科学合理的培养方案和策略的基础。高俊明等对初三学生化学学习提问水平进行了诊断研究。[①]

(一) 化学问题的分类及水平划分

从不同的角度可以对化学问题进行不同的分类,其中较有代表性的几种如表 5-44 所示。

表 5-44 各种化学问题的分类及水平划分

问题类型	水平(低→高)	备注
呈现	"是什么"型,"为什么"型,"怎么办"型	3个水平
清晰度	结构良好的问题,结构不良的问题	2个水平
实质	呈现型,发现型,创造型	3个水平
认知阶段	知识水平,理解水平,应用水平,分析水平,综合水平,评价水平	6个水平

---

① 高俊明,等.初三学生化学学习提问水平研究[J].现代中小学教育,2006(4):39-40.

(二) 学生提问水平的调查与诊断

1. 资料的收集

依据编制的"学生提出化学问题记录单"(见表 5-45)记录了某校初三学生在每个单元学习中提出的问题的来源以及具体问题,并分析学生提出问题的水平(每个类型有不同的水平)。

表 5-45 学生提出化学问题的记录表

问题来源	问题	问题水平			
		问题的呈现 (3个水平)	问题清晰度 (2个水平)	问题实质 (3个水平)	认知阶段 (6个水平)
教材知识内容和教师讲授内容 实验探究 习题 课外经验					

2. 资料的分析与整理

(1) 从问题的呈现角度分析,"是什么"型问题占 42％,"为什么"型问题占 43％,"怎么办"型问题占 15％。该校初三学生提出化学问题的水平绝大多数分布在"是什么"和"为什么"型问题,"怎么办"型问题较少。

(2) 从问题给定状态和目标状态清晰度的角度分析,结构良好的问题占 77％,结构不良的问题占 23％。该校初三学生提出化学问题的水平绝大多数是结构良好的问题。

(3) 从问题的实质角度分析,呈现型问题占 69％,发现型问题占 25％,创造型问题占 6％。该校初三学生提出化学问题的水平绝大多数是呈现型问题,只有个别问题处于高水平。

(4) 从认知水平上分析,知识水平问题占 38％,理解水平问题占 27％,应用水平问题占 13％,分析水平问题占 10％,综合水平问题占 9％,评价水平问题占 3％。该校初三学生提出化学问题的水平绝大多数分布在知识水平、理解水平、应用水平上面,只有个别学生能够提出综合和评价水平问题。

从以上分析可知,该校学生目前只能提出一些简单的、思维层次较低的问题,对自己的疑问还不能准确清晰地表达出来,而且提出的问题也大多是就事论事,很少是通过深入钻研、独立思考后提出一些有一定深度和难度的问题。

另外,所有问题中来自教材知识内容和教师讲授内容的问题占 40％,实验探究中提出的问题占 19％,习题中提出的问题占 29％,针对课外经验提出的问题占 12％。而且学生提问的来源主要是针对阅读教材或课堂上、测试题中一些未曾学过的概念或未弄懂的概念进行提问。

(三) 影响学生提问水平的因素分析

通过访谈发现,该校初三学生提出化学问题的水平较低的原因主要有以下几方面。

(1) 不敢问。往往感觉到自己拿不准是"真问题"还是"伪问题",有时又怕教师指责不认真听讲。

(2) 没机会问。有时候碍于课堂纪律,无法及时提出;做练习或看书时发现问题后又不能马上见到教师,等见到教师时又"没问题"了。

(3) 不知道怎样问。由于传统的教学中,学生很少有机会主动地提出问题,所以即使遇到问题也无法用准确的语言和适当的方式提出来,只是在解答习题时才会问:"这题该怎么做?"

(4)不屑问。有部分学生学习积极性不高,"这个问题不懂也没关系"。

学生的这些提问情形受到多种因素的影响,主要影响因素来自于观念障碍、教师权威障碍、信息障碍和技能障碍。

(1)观念障碍。提问往往是教师的专利,整个教学只需有目的、有计划、有组织地按照教师的设计实施就可以了。教师往往由于怕"误事"、怕"难堪"等原因而在教学中较少给学生提出问题的机会。

(2)教师权威障碍。教师在教学中的权威指导必不可少,但教师作为教室中唯一由制度赋予权威的人物,使教师在知识传播中往往很武断,不容学生提出质疑;认识过程中常采用自己认为是正确合理的道路,而对学生的经验和理解能力重视不足,或不根据学生的差异加以不同的引导。这种教师绝对权威的课堂状况使得学生在课堂上不敢提出问题和质疑,只能被动地听、记、背、练,也就逐渐地成为"没有问题的学生"。

(3)信息障碍。在教学中,往往由于阻隔了知识间的联系;不注意训练学生信息储存的方法,信息处于无序状态;学生积累了一定的信息后,看待一切问题都习惯成自然,视而不见。加上人的惰性心理,问题即使萌芽,也只是昙花一现,而不予深究。传统的课堂教学只重视训练听觉接收信息的功能,其他感觉系统的过度闲置也影响到信息的接收。

(4)技能障碍。问题意识是可以培养的,现在的学生对自己所学的某些学科有浓厚的兴趣,对一些理论和现象也有自己的看法,但是他们缺乏提问的技能,想提问但不知怎么问,缺乏一定的思维方法和语言表达能力。

在化学教学中培养学生提出问题能力的策略多种多样,但教师无论实施什么策略都要着力改变"自己是权威"的传统观念,要鼓励学生提问,促进学生发挥想象力。要培养和保护学生的"好奇心",平等地与学生探讨解决问题的方案,学生只有在教师不断地情感激励下,才能形成真正强烈的提问欲望,才能不断提高提问的水平。

第八节 化学课程概念学习诊断

核心概念

◆概念学习 ◆迷思概念 ◆"过渡性"概念 ◆概念发展水平

概念学习是中学化学课程学习的主要内容,诊断学生在化学概念学习和掌握过程中的认知和发展差异,从中寻找有效的教学方法和措施,具有非常重要的现实意义。

一、化学"迷思概念"诊断

迷思概念是人们在正式学习科学之前,就已具有描述及解释科学现象的系统架构,这些系统架构常与科学家的观点不同,并且在传统的教学环境下不易被改变。化学学习包括宏观、微观、符号三种水平,在化学学习中,学习者需要在心理上形成对物质及其变化的三种表征形式:宏观表征、微观表征和符号表征,并在三者之间进行心理转换。学生对物质的微粒性感到难以理解,同时在对化学符号进行解释时也遇到困难,这就成为化学难的一大原因。[①]

初三学生刚刚接触化学,由于物质的粒子观、化学符号观还没有成熟,一些片面、不完整的生活经验时常造成迷思概念的出现。"溶液"单元中学生的迷思概念尤为明显。因此,本研究希望诊断学生关于"溶液"的迷思概念,并试图设计"宏观—微观—符号"三重表征教学法促进学生溶液迷思概念转变。为了充分了解初三学生关于"溶液"迷思概念及其成因,叶静怡采用问卷调查及半结构访谈两种方法进行研究。[②]

(一) 问卷调查

为了较大范围探查初三学生关于"溶液"的前概念,采用问卷调查法。

1. 问卷设计

(1) 问卷涉及的主要内容

初三学生在学习"溶液"单元之前,对"溶液"并不是一无所知的,通过生活经验还是习得了不少关于"溶液"的前概念,但这些前概念当中,学生可能有一部分存在迷思。不少研究对学生的"溶液"迷思概念进行探查,其中涉及的迷思概念集中在溶液的基本特征、溶解后溶质是否还存在、物质溶解的限度、溶解度受什么因素影响等方面。[③]

人教版教材中"溶液"单元的课题中主要涉及几个概念:"溶液的基本特征""饱和溶液""不饱和溶液""溶解度及其影响因素""溶质质量分数"等几个概念,除了"溶质质量分数"的计算以外,这些概念都与学生所持有的前概念密切相关。

综合先前研究及人教版教材中"溶液"单元的课题内容,本调查确定以"溶液"单元前两个课题"溶液的形成""溶解度"两大部分中的内容为核心设计调查问卷。

(2) 问卷题目的形式

目前对迷思概念的研究中,问卷调查多采用二段式(two-tier)诊断工具[④],第一阶段是判断题或者单一选择题形式,第二阶段为理由选项。这样的问题设计相对来说有利于对学生的迷思概念有个较完整的了解。但也有局限,比如说,对第二阶段的理由选项,问卷的设计需要考虑得非常周全,否则有可能出现问卷中没有学生脑海中的理由,导致学生乱选而影响研究结果。所以,本次问卷调查主要以判断题形式出现,而对理由的描述,将在半结构访谈中完善。

参考相关文献,调查问卷拟定迷思概念探查问题共 15 道,以判断题的形式提问,以方便数据处理及量化调查结果。

2. 调查对象

2013 年 1 月,选取广州市一所学校初三年级两个普通班共 95 名学生作为问卷调查对象。这两个普通班在年级排名中等,较能代表学习成绩中等的学生的水平。

(二) 半结构访谈

通过问卷调查无法获知学生对命题判断的理由,故有一定的局限性。研究通过半结构访谈

[①] Keith Taber. Chemical misconceptions:Prevention, diagnosis and cure[M]. Royal Society of Chemistry, 2002:7.
[②] 叶静怡. 初三学生"溶液"迷思概念的调查与研究[J]. 化学教学, 2013(8):17-19.
[③] 陈淮璋, 黄万居, 赖文荣. "国小"学童对水溶液概念的认知与迷思概念之初探[J]. 科学教育研究与发展季刊, 2012(29):1-16.
[④] Reston. Professional standards for teaching mathematics[M]. National Council of Teachers of Mathematics, 1991:89.

进一步了解学生做出判断的原因,从而能比较全面地分析迷思概念产生的来源。

1. 访谈提纲

访谈提纲以问卷调查中出现较多问题的内容为主:(1)纯水是溶液吗?为什么?(2)你认为"糖水的下部比上部甜一些"吗?为什么?(3)你认为"溶液应该是颜色均一的"吗?为什么?(4)如果一种固体物质未能完全溶解于水,那么它属于溶液的一部分吗?为什么?(5)你认为物质溶于水以后,形成新物质了吗?为什么?(6)你认为不同的物质在一定量的水中溶解的量一样吗?为什么?(7)你认为升高温度能使所有的物质在水中的溶解量增加吗?为什么?

以上问题,主要让学生从宏观和微观的角度来解释自己的想法,同时也会记录交流中一些提纲中没有列出的但是学生提到的内容。

2. 访谈对象

在问卷调查后,每班选取3名调查问卷中错答率较高(约70%以上)的学生为访谈对象,了解其想法与科学概念不同的原因。

(三)诊断结果与分析

1. 问卷调查结果

本次调查共发放问卷95份,回收有效问卷90份,问卷回收率94.7%,问卷题目及调查结果见表5-46。

表5-46 初三学生"溶液"迷思概念的问卷调查结果

课题	问题	题号	题目	正确判断	错答人数(人)	错答率(%)
溶液的形成	溶液的组成	1	纯水是溶液	×	13	14.44
		2	盐水是溶液	√	13	14.44
	溶液基本特征	3	溶液一定是无色的	×	0	0.00
		4	溶液一定是透明的	×	4	4.44
		5	糖水的下部比上部甜一些	×	53	58.89
		6	溶液应该是没有沉淀的	√	57	63.33
		7	溶液应该是颜色均一的	√	37	41.11
溶解度	溶解时的吸热或放热现象	8	物质在溶解的时候,热量不会增加也不会减少	×	30	33.33
	溶质溶解度	9	一杯水能无止境地溶解食盐或者砂糖	×	3	3.33
	不同物质的溶解度比较	10	一定量的水中,最多能溶解相同质量的食盐和糖	×	14	15.56
	一种物质的饱和溶液是否还能溶解其他物质	11	如果一杯食盐水出现食盐沉淀,它也不能溶解蔗糖	×	10	11.11
	搅拌对溶解的影响	12	搅拌可以加快物质溶解的速率	√	0	0.00
		13	搅拌可以增大物质溶解量	×	9	10.00
	温度对溶解的影响	14	升高温度能加速物质的溶解	√	0	0.00
		15	升高温度能使蔗糖的溶解量增多	√	6	6.67

从以上数据可以看出,总体而言,初三学生在学习"溶液"的科学概念前已经对其有一定的认知,关于溶解度的题目大部分错答率均低于20%。因生活上经常遇到需要增大物质的溶解量、

溶解速率的情况,学生已经对相关概念有一定的了解。对于溶解时放热或者吸热的现象,学生比较少接触到,错答率约为33.33%。题目中错答率较高的有三道,分别是第5、6及第7题,均是涉及溶液的基本特征。可见,虽然初三学生在日常生活中遇到不少的"溶液",但是对其了解只是片面的。

2. 访谈结果

访谈以调查问卷中的问题为纲要进行,由此获得了不少有价值的信息。通过访谈得出学生对自己所持有的迷思概念的解释,归纳如下:

认为"纯水是溶液"的学生认为液体就是"溶液",因为它是"100%的水溶液"。这明显是并未了解"溶液是包括溶剂和溶质的混合物"的科学概念所致。

认为"糖水的下部比上部甜一些""溶液应该不是颜色均一的""因为未溶于水的食盐也属于食盐水的组成部分,而且由于盐或者糖等物质比水重,所以它们会下沉,导致下部的溶液浓度更大,所以下部的糖水比上部甜,如果是有颜色的溶液,其颜色就不均一"。

认为"物质溶于水后生成了新物质""因为CO_2溶于水会与水反应生成H_2CO_3,故糖溶解于水,应该也会发生同样的情况"。

认为"不同的物质在一定量的水中溶解的量是一样的","其实也不知道是否一样,只是猜的"。

认为"升高温度能使所有物质的溶解量增大",因为煮糖水的时候往往加热后本来还没有溶解的糖也溶解了,对于其他物质也该是这样的。

有趣的是,一位被访学生认为"物质溶解后就消失了",但是当被问及溶液的质量的时候,该受访学生则认为应该是等于被溶解的物质加上水的质量,显然,这与他的"物质消失论"是矛盾的,但迷思概念依然存在。

3. 诊断结果分析

从问卷调查中可知,初三学生由于具有一定的生活经验,对"溶液"单元的部分知识具有较好的认知,但是也对某些问题存在迷思概念,从访谈中可以了解学生产生这些迷思概念的原因。结合访谈中可以看出:

(1) 学生在接受溶液的科学教育之前,基本上对这个概念只有宏观上而没有微观上的认识,基本上没有人能从微观的角度来解释或者描述他们自己的"溶液"概念。类似"物质溶于水是以离子或是分子的形式存在""溶液在形成的过程中物质的粒子会在溶剂中扩散""溶液中的离子或者分子是均匀分布在水分子的间隙中"等这些微观概念还没有形成,从而才会存在"溶液应该不是均一的"等迷思概念。

(2) 生活经验也会影响学生对概念的理解,例如他们会认为"糖水的下部比上部甜",也会认为"溶液应该是没有沉淀的"是错误的,学生是将还没有混合均匀的糖水视作溶液、将没有溶解于水的沉淀也当做是溶液的一部分。学生这些迷思概念源于不完整的经验,同时也是没有对宏观现象进行合理的微观表征所致。

(3) 对于"溶液的形成"概念及被访者对自己所持概念的原因解释,可发现一个明显的特点,就是他们习惯将自己学习过的知识扩大到对所有关于"溶液"概念的理解。例如,"对物质溶于水是否形成新物质"的问题,学生趋向以CO_2溶于水的这个例子作解释,认为形成了新物质,实际就是根据之前所学知识对新命题进行推论判断,这是学生常见的思维模式,以偏概全。

结合研究的结论,教学中可以从以下几方面努力:第一,通过多呈现各种微观图示,指导学生从微观的角度看待溶液的构成;第二,通过微观图示的绘制,让学生体会并描述溶液形成的过程;第三,通过对溶解度曲线图线的分析,学生可了解物质溶解度是有限的,不同物质在相同溶剂中的溶解度是不同的,且会随着温度变化而变化;同时,学生能发现,并不是所有物质的溶解度都随着温度升高而增大,这样能够引发认知矛盾,从而促进原本迷思概念的转变。

二、化学"过渡性"概念学习诊断

所谓化学"过渡性"概念是指在一定学习阶段,根据课程总体目标只需要作某种常识性了解,或根据课程学习需要,为支撑一些重要化学知识的学习或解释某些化学事实现象而必须引入,但受学生学习基础、学习能力制约而难以按照化学概念认知标准实现其科学完整的认知目标,需要在初中之后的化学学习中不断补充、调整和完善的一类概念。该类化学概念往往在概念名称、定义方式、认知表征形式上存在不规范、不严谨、不完整甚至科学性不足等问题。[①]

(一)化学"过渡性"概念学习诊断

1. 概念名称生活化

对于一些在现阶段暂时不需要学生掌握,但为了支撑相关重要化学知识的学习或解释某些化学过程与现象不得不引入的化学概念,为避免学生理解上的困难和错误,在概念名称的表述上没有使用科学的化学概念专有名称,而是一种学生更容易直接理解接受的生活化词语名称,其目的不在于概念本身的认知,而是通过这种词语名称达到理解某些化学过程或现象。例如在进行酸碱概念的学习时,把"电离"称之为"解离",使学生一看就明白是怎么回事,知道其有分开之意;如果直接给出"电离"名称,则与学生已有的生活概念大相径庭,因为初中化学还没有"电解质"的相关知识介绍,所以学生很难理解,容易产生错误认识。

2. 概念表述例证化

从思维特征来看,初中阶段的学生思维正是从具体形象思维向抽象逻辑思维的转变时期,但学习上仍然是形象思维占主导地位;从学生的学习基础来看,化学作为初中启蒙学科,学生的化学事实知识积累非常有限,通过归纳法抽象出化学概念比较困难。基于此,初中化学的许多概念在定义方式上,采取了例证式表述方法,如"酸"的定义表述为"像盐酸、硫酸这样在水溶液中能解离出 H^+ 和酸根离子,即在不同的酸溶液中都含有相同的 H^+"。类似的还有诸如碱的定义、氧化反应、还原反应等概念的表述等。这种结合例证的概念表述形式,不仅有利于增强学生对概念的直观感知与理解,而且可以解决学生因为概念外延知识缺乏、归纳抽象思维能力不足而造成的概念形成困难。

3. 概念认知表观性

基于学生思维特征和认知基础的初中化学概念认知表征的另一个显著特点就是概念认知的表观性——即对于概念事物对象外部特征的认知,是一种形象化的表象表征。如化合价——"表示原子之间相互化合的数目",这与高中"原子之间相互化合时得失或转移的电子数"在概念的认知表征上就有本质的差异,前者是对概念对象集合的宏观外部特征的概括,后者是对概念对象集合的微观本质原理的描述;类似的还有诸如氧化反应和还原反应(显性的外部特征)、饱和溶液

[①] 王胤琪.中学化学"过渡性"概念的建构特征及教学策略[J].现代中小学教育,2013(6):41-44.

(静态的外部特征)等概念认知。其实,初中对基本化学反应的分类(四大反应类型)本身就是一种表观形式的分类。

4. 概念认知局限性

在人教版初中化学教科书中,有相当一部分概念的认知是不完整的,甚至是不科学的。如酸(碱)的概念在定义中就没有指出电离出的阳(阴)离子"全部"是H^+(OH^-);又如燃烧的概念——"可燃物与氧气发生的一种发光、放热的剧烈氧化反应",其中把助燃剂限定在"氧气"范围内,使得概念的外延大大缩小,其认知的局限性可想而知。再如把氧化反应和还原反应这一同时发生、互依共存的对立统一体孤立起来进行认知,虽然说这里有概念认知的条件性制约,但其认知方式的科学性明显不足。

5. 概念认知模糊性

初中化学概念的模糊性表现在两个方面:一是概念表述内容的模糊性;二是概念学习情境与概念表述内容之间的逻辑模糊性。

前者如"元素"——"具有相同核电荷数(即核内质子数)的一类原子的总称",其概念的表述与教科书中提供的教学情境和例证(没有涉及同位素概念)并不完全匹配,即定义是针对本质属性的描述,而例证却是非本质属性的体现(或本质属性模糊),很难实现对于概念本质内涵中"一类原子"的真正理解,造成学生概念模糊——学生认识的仍然是"一种原子"而非"一类原子"。后者如"化合价"——"表示原子之间相互化合的数目"。对于初中学生来讲是很费解的,从概念表述来看,它反映的其实是物质中不同元素之间的化合价关系,如K_2O和CaO,其概念应用的基础是必须知道部分元素的化合价。

(二)化学"过渡性"概念教学策略

对"过渡性"概念的认识不足,是当前初中化学概念教学中普遍存在的问题,反映在概念的具体教学中常常出现两种极端行为,并由此产生一些不易觉察的教学后果:一是漠视这些概念的教学,造成对其他重要化学知识的学习支撑不够;二是追求概念教学目标的一步到位,造成学习困难,甚至产生概念模糊。

基于初中化学"过渡性"概念特征和教学中存在的问题,教师充分认识、区别对待和灵活实施"过渡性"概念的教学,应该把握以下策略。

1. 正确认识概念"过渡性"认知的合理性与必要性

教师必须清醒地认识到,教科书的编制是一项具有很强科学性的系统工程,初中化学概念的这些"过渡性"认知有其合理性与必要性。一是教科书是依据课程标准编写的,初中化学概念的这种"过渡性"理解并不影响培养普通公民科学素养的课程功能;二是某些概念往往是作为支撑一些重要化学知识的学习而引入的,对于其概念本身的认知往往不是主要目的,其主要作用在于为一些重要化学知识的学习或解释某些化学事实现象"铺路搭桥";三是初中学生的思维特征与认知基础决定了其认知方式的独特性和认知程度的有限性,在此阶段难以实现对于这些概念的科学、完整、准确认知;四是同一版本的基础教育化学教科书,在设计上是整体规划的,具有较好的衔接性,教师大可不必忧心。

2. 在概念教学中不要强行将概念教学目标一步到位

如同概念具有发展性一样,概念的学习也具有发展性和阶段性,教师要全面了解不同学习阶段化学概念的呈现特征及其认知发展规律,根据学生的认知基础与课程总体目标和各部分的具体认知目标,合理定位初中化学概念教学的内容与目标。

如关于"酸"和"碱"的概念,从教材对于酸和碱的定义表述中不难看出,概念定义的准确性、完整性与否并不重要,重要的是通过概念让学生理解酸和碱的共性及其成因,教学中如果刻意将概念认知一步到位地理解为"在水溶液中解离出的阳离子全部为 H^+"或"在水溶液中解离出的阴离子全部为 OH^-",则会由于学生的认知局限性,对于为什么一定是"全部"产生更大的疑惑,因为还有一类诸如 $NaHSO_4$ 的物质,在水溶液中完全解离成 Na^+,H^+ 和 SO_4^{2-},虽然水溶液中存在 H^+,溶液呈酸性,但根据物质的分类应该属于盐。当然这在学生现有的知识水平阶段还暂时不可能解释清楚。但是如果在元素概念教学中引入同位素概念,既造成学生课堂学习负担增加、学习难度加大,同时使学生对已建立的相对原子(分子)质量概念理解和使用元素周期表制造了更大的困惑。

3. 在实际概念教学中不要随意违背教材意图

不可否认,概念学习作为化学课程学习的主要内容,其掌握的程度直接影响化学课程目标达成的质量,但我们必须清醒地认识到:同一学段的不同化学概念或同一化学概念在不同学段的课程功能体现是不同的。教师要站在课程标准的高度及课程本身的宏观角度来领会教材设计,准确把握概念的课程功能定位,教学中不要随意违背教材意图。

如在氧化反应、还原反应概念教学时,许多教师往往将概念学习扩大化,并试图用更加抽象化的得氧、失氧去定义概念和进行反应的系统归类与具体判断,这有违背教材意图之嫌。其一,从概念背景来看,初中氧化反应和还原反应并不是以分类概念形式出现的,而是针对具体物质性质的描述理解出现;其二,从概念功能来看,氧化反应、还原反应概念的主要作用在于引出氧化性、还原性概念,继而支撑具有重要生活与生产意义的化学物质——氧气、一氧化碳、氢气及金属等物质主要化学性质(即氧化性或还原性)的总括认知,前者只是手段,后者才是目的;其三,从概念认知方式上来看,初中氧化反应和还原反应是孤立认知的,用得氧、失氧这种方法去划分化学反应本身并不科学,因为在一个化学反应中,有失去氧的就必然有得到氧的,只是针对不同的反应物而已,学生又该如何判断、作何理解?

4. 遵循学生的认知特点和概念教学阶段性

以前述"元素"概念为例,人教版初中化学实验教科书对该概念教学内容的编写就存在着较大的灵活空间。如果按照教材中的定义表述,则必须引入"同位素"概念或相关概念事实,才能达成对其本质属性中"一类原子"的真正理解,如果仅仅从教材情境和例证出发而不引入"同位素"概念或概念事实,要达成对于"一类原子"的理解,那么,让学生能够接受的"元素"概念理解是否可以表述为以不同形式(指游离态与化合态或单质与化合物,如 H_2 和 H_2O 中的"H")存在于不同物质(如存在于 O_2 和 CO_2 中的"O")中的一类原子的"总称"呢?虽然是一种非本质的表观性概念理解(其实初中化学概念的定义方式中有许多是表观定义法,如前述"化合价""氧化反应""还原反应"等概念),但至少在概念例证情境与概念表述上的因果逻辑关系是吻合的,也是学生在此阶段易于接受的一种理解方式。

事实上,学生对于概念的理解是一种对于概念的解释,而概念的解释是基于概念情境或例证的,当获得的事实情境或例证与概念表述出现差异或逻辑冲突的时候,也就无法获得对于概念意义的真正理解,造成概念模糊。这也正是关于概念教学生成性目标所提倡的"避免概念表述的唯一性,注重以学生为本的'变通性'理解表述"和"让学生用自己所理解的方式表述概念内容或概念定义"之目的所在。在教学中,一定要把握好概念教学的阶段性、系统性,讲清概念的内涵和外延,体现概念的变化发展过程。应把握好教学的"度",以免"欲速则不达"或造成学生认识上的思维定式,给教学带来困难。

总之,充分认识"过渡性"概念特征及其课程功能定位,准确把握"过渡性"概念教学的深广度,避免概念教学因为追求一步到位而造成学习困难,或因为淡化概念教学而制造认识盲区,既是初中阶段化学概念教学的一个基本特征,也是一个教师普遍感觉比较疑惑的问题,需要广大化学教学工作者在充分理解课程标准精神的前提下,切实加强教材概念内容体系和学生认知发展的研究,统筹化学概念教学指标体系和不同阶段化学概念的呈现特征与具体教学目标,才能有效达成概念教学与学生认知的有序推进和课程目标的合理实现;同时,正确认识初中化学"过渡性"概念特征,也有利于高中化学概念教学的有效衔接。

三、化学概念学习认知诊断

一般来讲,优秀生的成绩要好于落后生,但是造成该状况的原因何在呢(排除智力迟滞因素)?男女生在概念获得过程中是否有所不同呢?教育教学如何弥补这些认知差异呢?丁伟、王祖浩对此开展了研究。

(一)研究对象

研究对象为上海市某区重点高中一年级学生。在任课教师评定学生的智力水平正常的条件下,按照学生入学、期中和平时的化学学习成绩排序,取前27%的学生组成优秀生组,取后27%的学生组成后进生组,每组40人。

(二)研究工具

"氧化还原反应"是中学化学知识系统中非常重要的核心概念,是学生学好化学知识的关键内容之一。研究者以氧化还原反应作为研究化学概念的一个代表性内容,自编测量学生对概念进行辨别和判断能力的《判断测验》、测量对概念间关系进行分析和推理能力的《分析测验》,其题目内容和认知水平遵循《上海市中学化学课程标准》和《2005年全国普通高等学校招生统一考试上海卷考试手册》的要求,具有较高的内容效度。

(三)实验设计

实验为2(学习程度:优秀生、后进生)×2(性别:男、女)×2(测验:《判断测验》《分析测验》)多因素设计。以研究对象的测验成绩为因变量。

(四)研究过程

在学生学习完有关氧化还原反应的初步知识后,进行《判断测验》和《分析测验》。

对研究对象的任课教师进行调查访谈,记录教师对学生的评价意见及影响学生认知发展相关因素的分析意见。[①]

(五)数据处理

对每份测验进行细致评估,利用统计软件SPSS 11.0进行数据处理。

---

① 丁伟,王祖浩.高中化学概念学习的认知研究[J].上海教育科研,2007(4):88-90.

（六）研究结果与分析

1. 优秀生和后进生测验成绩的差异

（1）学习程度因素的影响

统计结果显示：学习程度不同的学生的平均分在《判断测验》和《分析测验》上都表现显著性的差异，优秀生成绩在两个测验上都显著高于后进生。该研究结果与学生的入学、期中和平时成绩表现一致。

（2）优秀生和后进生测验成绩的差异分析

结合测验卷面分析，研究者认为，优秀生和后进生在氧化还原反应概念判断上存在的主要差异体现在对氧化还原反应概念的本质理解和认识上。

优秀生能够运用氧化还原反应及相关概念的本质特征对相关测验项目进行准确判断，认知结构较为牢固和稳定，知识联结网络配置合理，易于提取相关知识。而后进生则倾向于用一些氧化还原相关概念的非本质特征进行判断。如在判断"$2NaCl + H_2SO_4（浓） \xlongequal{\triangle} Na_2SO_4 + 2HCl\uparrow$"是否属于氧化还原反应时，则凭借浓硫酸具有特殊的强氧化性，因此它肯定是氧化剂，"有氧化剂参加的反应就是氧化还原反应"这样的经验知识来判断该化学反应，而没有根据反应前后元素的化合价是否发生变化，"电子是否发生转移（或者有电子对偏移）"的本质特征进行判断，因此判断结论发生错误。究其原因，存在以下几种可能：

① 没形成判断氧化还原反应的本质特征的认知结构；

② 形成的认知结构不稳定、不牢固，提取时发生困难；

③ 没形成运用该知识进行解决具体问题的程序性知识，如判断氧化还原反应的步骤是："把反应前后中各物质中元素的化合价标示出来→看反应前后同种元素的化合价有否变化，如果元素的化合价在反应前后发生变化→那么该反应就是氧化还原反应"。该产生式的形成是把惰性知识转化为有用知识的关键环节。

2. 男女生成绩的差异

（1）性别因素对测验的影响

统计结果显示：

① 男女生在《判断测验》上表现出显著性的差异，女生的测验成绩显著高于男生。统计结果表明，由于存在学习程度与性别的交互作用，还需要继续进行简单效应的统计分析，找出男女生的差异具体体现在哪些方面。

② 在《分析测验》上，虽然女生的成绩略高于男生的测验成绩，但并没有表现出显著性的差异。

（2）学习程度与性别的交互作用对测验的影响

对学习程度与性别的交互作用的简单效应统计结果（见图5-22、图5-23）显示：

① 优秀生组的男女生之间的成绩，无论在《判断测验》上还是《分析测验》上的差异都不显著；

② 后进生组中男女生之间的《分析测验》成绩不具有显著性差异；

③ 后进生组中男女生之间的成绩在《判断测验》上的差异显著，女生成绩高于男生。

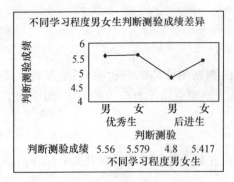

图 5-22　男女生在《判断测验》上的成绩差异

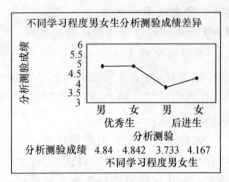

图 5-23　男女生在《分析测验》上的成绩差异

（3）男女生成绩的差异原因分析

在《判断测验》上,后进组女生的成绩显著好于男生。经卷面分析认为,女生对氧化还原反应概念掌握得比男生要好,反映了女生的记忆力好于男生,认知结构清晰且提取迅速,能较好辨别、区分关键性知识与非关键性知识。

在《分析测验》上,女生的成绩与男生的成绩之间没有显著性差异,但男女生的成绩低于《判断测验》测验成绩。分析认为,男女生处理《分析测验》的认知水平都较低,运用已经学习过的知识还不能有效地分析和处理相关问题,在认知迁移和灵活解决问题方面都处于较低认知水平。

与研究对象的任课教师的访谈结果表明,后进生中男生学习自主性不强,在学习过程中对自己的管理和监控不如女生好。

分析认为,男生元认知水平的发展可能比同龄女生要稍微迟缓,随着成熟和发展,男女生的元认知水平会趋向一致。元认知是主体对自身认知活动的反省认知。知识的有效获得要求学生不仅要知道"是什么""为什么",而且知道"有什么用"和"如何用",只有能把所学知识用来有效地解决新问题,才算是"有效"获得。相关研究表明,元认知能够促进知识的有效获得,元认知的欠缺会影响学习效果。

3. 学生判断能力和分析能力的差异

（1）研究结果

统计结果显示,学生《判断测验》的成绩显著高于《分析测验》的成绩。学生的认知复杂性处于较低层次。

（2）原因分析

学生《分析测验》成绩低于《判断测验》成绩,体现了学生对概念间关系的推理和分析的能力不如对概念的辨别和判断的能力。学生分析问题的能力还有待于提高。

如学生回答下面问题:已知 Co_2O_3 在酸性溶液中易被还原成 Co^{2+},Co_2O_3、Cl_2、$FeCl_3$、I_2 的氧化性依次减弱。试判断反应 $2Fe^{2+}+I_2 \longrightarrow 2Fe^{3+}+2I^-$ 在水溶液中是否能发生,并说明理由。

诊断得出,学生的典型错误认知是:由已知条件"$FeCl_3$、I_2 的氧化性依次减弱",所以 I_2 具有氧化性,而 Fe^{2+} 又具有还原性,所以 Fe^{2+} 和 I_2 能够发生氧化还原反应。

学生没有运用氧化性和还原性的判定标准:"氧化剂的氧化性＞氧化产物的氧化性,还原剂的还原性＞还原产物的还原性"来形成正确的产生式,没有形成运用关键知识链进行推理的能力。

由辨别判断到分析推理,学生认知复杂性水平由低到高,这是一个认知发展的过程。实现这一飞跃的必要途径就是学生要清晰地理解知识的本质内涵和牢固掌握知识使用条件,在不同任务情境中运用该知识并进行系统操作训练,使整个程序自动化联结,内化成自己随时可以提取的有用知识。

（七）诊断结论

（1）优秀生能够依据概念的本质特征等关键性知识进行辨别判断,而后进生倾向于用概念的非本质特征等非关键性知识进行辨别判断。

（2）后进生中男生比女生对知识结构和关键性知识把握得差。促进有效教学的行为是多样化教学和引导学生自主学习。

（3）学生认知复杂性水平处于较低层次,联结低认知水平到高认知水平的关键环节是学生掌握程序性知识和条件性知识去解决具体任务的操作过程的训练。促进有效教学的行为是引导学生投入任务学习过程。

研究反映学生应用知识解决问题的能力处于较低层次,还不足以应付较高能力层次的任务。因此,引导学生投入任务学习过程,也是教师有效教学的关键行为之一。任务学习就是学生通过学习和解决典型的具体学科问题,在复杂情境中,辨析、梳理、选择可利用的条件,运用所学知识处理问题的过程。让学生在不同的任务情境中,就某知识内容进行操作、思考和探询,在具体问题的解决过程中,理解知识的本质、应用条件和运用程序,激发高层次的思维活动,在做中学。

四、化学概念发展水平诊断

为了诊断学生化学概念发展过程中存在的问题,张莉娜、王磊通过对 422 名高中生化学概念发展水平的测查[①],研究发现,学生概念发展过程中存在两个问题:(1) 不能从多角度认识事物;(2) 认识水平较低。这阻碍了他们对化学概念的理解。

（一）认识角度尚待丰富

[任务] 以概念图的形式画出自己对"化学反应"的认识。

[表现] 高一到高三学生关于化学反应的认识角度呈现不同的层次和水平,具体认识角度见表 5-47。

表 5-47　学生关于化学反应的认识角度

类型	认识角度
1	四大基本反应类型(化合反应、分解反应、置换反应、复分解反应)
2	氧化还原反应
3	反应类型——有机反应与无机反应
4	反应机理——可逆反应与化学反应的限度

高一学生大多持有 1、2 类认识角度,且能够将这 2 个角度整合。高二学生大多持有 3、4 类认识角度,且能够将这 2 个角度整合。高三学生大多持有 1、2、3 类认识角度。持有第 1 类认识角度的人数较多;一些学生能够从多种角度认识化学反应,甚至将物质与反应结合起来。

[诊断] 通过学习,学生对化学反应的认识角度丰富了,这表现在高三年级学生的认识角度较为丰富。但学生的认识角度较他们学习过的内容而言尚有缺失。比如,3 个年级的学生都学

---

① 张莉娜,王磊.促进学生化学认识方式发展的"过程与方法"维度教学目标设计[J].化学教育,2008(8):13-15.

过化学反应与能量的相关内容,高二学生还学过化学反应原理模块,他们对化学反应与能量的认识应该比高一学生更为深入,但很少有学生能够从这个角度认识化学反应,仅有部分高三学生能够从能量的角度认识化学反应。

这次测查我们让学生做"创造型"概念图,即仅给出关键词"化学反应",让学生自主建构其头脑中的认识。在这种情况下,学生能够写出来的应该是他熟悉的内容;试卷上呈现出的认识角度应该是学生的优势认识角度。然而学生学过一些内容,却不能主动地从这些角度认识化学反应,这应该与教师对教学内容的挖掘程度有关。

(二) 认识水平尚需提高

1. 微观认识水平尚需提高

[任务] 判断 CH_3CH_2OH、无水 $CuSO_4$、蔗糖、Cu、熔融 NaCl 能否导电并解释。

[表现] 关于 Cu 和熔融 NaCl 能导电,学生呈现出四种典型解释,见表 5-48。

表 5-48 四种典型认识

类型	典型解释
1	Cu 能导电因为它是金属;熔融 NaCl 能导电因为它是电解质
2	Cu 能导电因为其中有自由移动的电子;熔融 NaCl 能导电因为它是电解质
3	Cu 能导电因为它是金属;熔融 NaCl 能导电因为其中有自由移动的 Na^+ 和 Cl^-
4	Cu 能导电因为其中有自由移动的电子;熔融 NaCl 能导电因为其中有自由移动的 Na^+ 和 Cl^-

第 1 类学生持有典型的宏观认识;第 4 类学生持有典型的微观认识;第 2、3 类学生其认识方式既有宏观的认识又有微观的认识。

[诊断] 化学是在原子、分子水平上研究物质的组成、结构、性质及其应用的一门基础自然科学,其特征是研究分子和创造分子。从微观的视角认识物质的组成、性质、变化是化学学习过程中应该形成的一种典型的认识方式。通过学习,学生应该能够从微粒(电子、离子)及其定向移动的角度认识物质导电的实质,而不仅仅是从定义的角度进行判断或者简单记忆某些事实。

2. 定量认识水平尚需提高

[任务] 判断将 $NaHSO_4$ 溶液逐滴滴入相同物质的量浓度 $Ba(OH)_2$ 稀溶液中有什么现象,并用离子方程式解释。

[表现] 学生在此任务中呈现出两种典型认识,见表 5-49。

表 5-49 两种典型认识

类型	典型解释
1	$H^+ + OH^- + Ba^{2+} + SO_4^{2-} == H_2O + BaSO_4 \downarrow$
2	存在 $NaHSO_4$ 不足($H^+ + OH^- + Ba^{2+} + SO_4^{2-} == H_2O + BaSO_4 \downarrow$)和过量/适量($2H^+ + 2OH^- + Ba^{2+} + SO_4^{2-} \longrightarrow 2H_2O + BaSO_4 \downarrow$)两种情况

[诊断] 第 1 类学生忽视了用量问题。学生对物质及其反应的认识是一个逐步深化的过程,从定性的认识到定量的认识是这一过程的重要组成部分,而诊断结果表明:一些学生尚未形成定量的认识方式。

3. 动态相互作用认识水平尚需提高

[任务] 判断 NH_4Cl 固体溶于水这一过程发生了哪些变化,并用文字、化学符号(如电离方程式、离子方程式等)配以图示进行解释。

[表现] 多数学生忽略了水的电离。

[诊断] 在水溶液体系中,溶质和溶剂之间存在动态的相互作用。在多溶质的复杂水溶液体系中,还存在溶质之间的动态相互作用。这种动态的相互作用观始于化学平衡,体现在水溶液体系的三大平衡——电离平衡、水解平衡、沉淀溶解平衡。水解本身就蕴涵着水的电离过程。而相关教学没有帮助学生建构起动态相互作用观。学生不能从电解质在水溶液中的存在形式(分子/离子)及其相对大小的角度认识电解质在水溶液中的行为,这表现在他们只是机械地判断存在 NH_4Cl 的电离和水解却不能解释其过程。

通过诊断,我们发现:学生概念认识角度尚待丰富;大批学生没有形成微观、定量、动态相互作用的认识方式,学生的认识水平尚需提高。学生之所以学过一些概念之后没有丰富其相应的认识角度,形成相关的认识方式,其原因可能与概念教学的侧重点有关。如果概念教学仅关注具体概念的掌握,学生将很难通过概念学习丰富认识角度,形成认识方式。因此,从促进学生概念发展的角度出发,突破单纯注重具体概念掌握的桎梏,从帮助学生丰富认识角度、形成认识方式的角度出发进行教学设计是必要的。

五、元素化合物学习简单认知诊断

从认知心理学视角来看,元素化合物知识的学习主要涉及"简单认知"。"简单认知"是指对基础知识的低层次认知,可分为识记、简单应用和近迁移三个维度。"识记"是指记忆层面的认知,如化学方程式的书写,有色离子的鉴别等;"简单应用"指知识在简单情境中的应用,如除去 Fe^{3+} 中的 Fe^{2+} 等;"近迁移"是指由已学知识到陌生知识的简单迁移,如由铝的性质判断锌的相关性质等。由元素化合物知识学习现状的调查可知,学生常常感到易学难记、易懂难学。多数学生认为元素化合物知识繁、杂、多、散,无规律可循,所学内容易混淆,反应条件张冠李戴,这对元素化合物知识的学与教提出了挑战。罗美玲对高中生在元素化合物知识学习的"简单认知"的规律进行了诊断研究,同时探讨了不同类型学生在"简单认知"层面上学习的差异,[1]为改进元素化合物知识的教学提供了有益启示。

(一)元素化合物知识简单认知诊断过程

1. 诊断工具

在钻研苏教版必修教材《化学 1》以及《普通高中化学课程标准(实验)》的基础上,以铝、铁及其化合物为代表,编制了"元素化合物知识'简单认知'测试题"(初稿)。初稿共有 10 道题,其中 1—4 题考查学生的"识记"能力,5—8 题考查学生的"简单应用"能力,9—10 题考查学生的"近迁移"能力。

经过小范围试测,根据结果修正了考查"识记"能力的试题难度。经过专家鉴定,对研究各维度试题的分布及"近迁移"试题的难度进行了修正,最后形成正式版"元素化合物知识'简单认知'测试题"作为研究工具。

---

[1] 罗美玲.高中生元素化合物知识学习的"简单认知"研究[J].化学教学,2013(1):19-21.

2. 被试选取

选取江苏省某中学高一学生 119 人作为被试。其中男生 52 人,占 43.7%,女生 67 人,占 56.3%。根据先前两次测验成绩的平均值进行排序,划分前 27% 的学生(32 人)作为学优生,后 27% 的学生(32 人)作为学困生,其余学生(55 人)为学中生。运用 SPSS 11.0 软件对三类学生两次测验成绩进行多重比较,其结果见表 5-50。

表 5-50　三类学生两次测验成绩的多重比较检验

组别(I)	组别(J)	均数差值(I-J)	P
学优生	学中生	8.2060	0.000
学中生	学困生	13.5520	0.000
学优生	学困生	21.7581	0.000

由表 5-50 可知,学优生与学中生、学中生与学困生实验前两次测验成绩的平均分之间的差异均非常显著,说明三类学生的化学知识水平和学习能力上存在明显差异。可见,这三类学生(学优生、学中生、学困生)的划分是合理的。

3. 诊断方法

发放测试题 119 份,对被试进行团体测试。测试前告知被试本测试仅为研究所用,与学习评价无关。测试时间为 30 分钟,被试独立完成测试。回收测试题 119 份,回收率为 100%。测试结束后,分别选取测试题 4(识记)、6、7(简单应用)、9(近迁移),对部分学优生和学困生进行单独访谈。

(二) 元素化合物知识简单认知诊断分析

1. 数据分析

三类测试题总分均为 10 分,运用 SPSS 11.0 对测试结果进行描述性统计和方差分析,其结果见表 5-51。

由表 5-51 可知,三类学生在"识记"元素化合物知识上水平相当,不存在显著差异。从"简单应用"和"近迁移"测试的平均分来看,学优生与学中生的均分都在 8.8 分以上,说明这两类学生在元素化合物知识的"简单认知"上表现尚可,不存在认知障碍。而学困生均分在 6.0 分以下,说明学困生在元素化合物知识的"简单应用"和"近迁移"上存在一定的认知困难。

表 5-51　"简单认知"测试的统计结果

变量	组别	平均分	F	p
识记	学优生	6.8025	2.991	0.104
	学中生	6.2642		
	学困生	6.1862		
简单应用	学优生	9.2472	2.7852*	0.032
	学中生	8.8213		
	学困生	5.4722		
近迁移	学优生	9.0394	1.309*	0.014
	学中生	8.8471		
	学困生	5.9034		

(* 显著水平 < 0.05)

从表 5-51 可知,三类学生在元素化合物知识的"简单应用"和"近迁移"上的认知水平呈显著性差异。因此,对三类学生"简单应用"和"近迁移"测试的统计结果进行多重比较,结果如表 5-52 所示。

表 5-52　三类学生在"简单应用"和"近迁移"上的多重比较结果

变量	组别(I)	组别(J)	平均差值(I-J)	p
简单应用	学优生	学中生	0.38363	0.221
	学中生	学困生	0.3028*	0.048
	学优生	学困生	0.29032*	0.037
近迁移	学优生	学中生	0.32745	0.421
	学中生	学困生	0.51986*	0.045
	学优生	学困生	0.94731*	0.038

(* 显著水平<0.05)

从表 5-52 可知,在"简单应用"与"近迁移"上,学中生与学困生,学优生与学困生显著性水平(p 值为 0.048,0.037,0.045,0.038)均小于 0.05,因而存在显著差异,即学优生、学中生明显优于学困生。而学优生与学中生在"简单应用"与"近迁移"上显著性水平(p 值分别为 0.221,0.421)均大于 0.05,因而两者之间不存在显著性差异。又由表 5-51 的结果分析可知,在"识记"上学优生与学中生之间不存在显著性差异。因而学优生与学中生在元素化合物知识的"简单认知"上不存在显著性差异,故在分析学困生与学优生、学中生学习差异的成因时,以学优生为代表。

2. 访谈分析

借助对部分学优生和学困生关于元素化合物知识"简单认知"部分测试题的访谈,发现不同类型学生在元素化合物知识的"简单认知"上主要存在如下差异。

(1) 转化为长时记忆的方式不同

学困生在长时记忆的转化上通常采取复述形式,而学优生主要采取精加工和组块的方式。下面列举一个访谈的片段。

研究者:对于铁与水反应的化学方程式(测试题 4),你们是怎么记忆的?

学困生:先记下笔记,然后多看几遍多写几遍,就记住了。

学优生:认真听老师的课堂讲解,结合演示实验的现象,分析产物的由来,再整合下整个化学方程式(自己写一遍),基本当场就记住了。

研究者:那你们在这个方程式的记忆上使用了什么技巧吗?

学困生:没有,主要是多背多写。

学优生:(铁与水反应)这是一个置换反应,生成的单质是氢气,根据元素种类守恒,化合物应是铁的氧化物,而铁的稳定氧化物是四氧化三铁,所以这个反应方程式很快就记住了。

由此可见,虽然学生都记住了相关知识,但他们的记忆方式是不同的。学困生通常采取机械记忆,而学优生则善于利用课堂学习的相关情境进行精加工,或赋予它某种意义进行知识组块式记忆。因此,建立在长时记忆基础上的"简单应用"与"近迁移",学优生成绩明显优于学困生。

(2) 在知识的整合上存在差异

学困生不注意知识的整合,所掌握的知识是孤立的、分散的,而学优生懂得原有认知结构的利用,注重新旧知识的联系。在此也列举一个访谈片段。

研究者:对于如何除去 $FeCl_3$ 中的 $FeCl_2$(测试题 7),你是怎么思考的?

学困生:不会,没学过。

研究者:Fe^{2+} 的性质学过吗?

学困生:学过,有氧化性也有还原性,但主要体现还原性。

研究者:那么 $FeCl_2$ 与 Cl_2 能反应吗?

学困生:会的,生成 $FeCl_3$……我知道了,这题应该是通入 Cl_2。

学优生:这个问题比较简单,要除去 $FeCl_3$ 中的 $FeCl_2$,就是要除去 $FeCl_2$,但又不带入新的杂质,最理想的办法就是将 $FeCl_2$ 转化为 $FeCl_3$,而根据 Fe^{2+} 的性质,它以还原性为主,所以通入 Cl_2,就可以跟它反应生成 $FeCl_3$。

从上述访谈片段可知,学困生所持有的各知识之间是无关联的,需要提示或引导才可以顺利进行知识的应用或问题解决。而学优生则善于知识的同化与顺应,懂得新旧知识的融合及问题的转化,因而在知识的"简单应用"及"近迁移"上显得得心应手。从而也说明了(研究结果中)在元素化合物知识的"简单应用"上为什么学优生明显优于学困生。

(3) 在知识规律的摸索与总结上存在差异

学优生更注重知识的总结及规律的摸索,而学困生在这方面的意识则比较弱。例如,如何最简洁有效地鉴别溶液中的 Fe^{3+}(测试题 6),两类学生分别回答如下:

学优生:根据 Fe^{3+} 的性质,我把它的鉴别方法总结成了如下四种,分别为直接观察溶液颜色;利用显色反应(与硫氰化钾溶液反应);利用沉淀反应(与 NaOH 溶液反应);利用 Fe^{3+} 的氧化性。但最有效最简洁的应该是利用显色反应(与硫氰化钾溶液反应)。

学困生:(老师说是)与硫氰化钾溶液反应是鉴别溶液中 Fe^{3+} 的最好方法。

由此可知,不同类型学生在知识规律的摸索与总结上存在的差异也直接导致了知识能否灵活应用及问题解决能否顺利进行。因此,在元素化合物知识的"简单应用"与"近迁移"上,学优生与学困生存在显著性差异。

(三) 元素化合物知识简单认知诊断结论

从研究结果来看,学困生在元素化合物知识的"简单应用"和"近迁移"上存在一定认知困难。其主要原因在于学困生在长时记忆的转化上采取复述形式,主要是机械记忆;所持有的知识是孤立、分散的,需要提示或引导才能完成问题解决;不懂得原有认知结构的利用,不注重经验的总结与规律的摸索。显然,学困生学习元素化合物知识的方法有待改进。然而,要实现学习的华丽转身,就要学会知识的迁移与应用。"为迁移而教"是教育界的共识,也是学生学习新知识的根本目标。通过对"近迁移"测试结果及对学生访谈的分析,可得出有关学习迁移的三点启示。

(1) 领会相关的原知识

学习迁移是已经获得的知识、动作技能、情感和态度对新的学习的影响。[①] 其前提在于学生必须领会了已习得的知识,否则迁移也成了无源之水。

例如,本研究中的"近迁移"测试题[测试题 9(2)]已知 Co 与 Fe 的性质相似,写出 Co 与盐酸反应的化学方程式。这是一道简单的迁移题,能否成功解决取决于学生能否顺利写出已学过的

---

① 李其维. 认知心理学研究[M]. 杭州:浙江人民出版社,1998:106.

Fe 与盐酸反应的化学方程式。

根据罗耶(J. M. Royer)的认知迁移理论,迁移的可能性取决于在记忆搜索过程中遇到相关信息或技能的可能性。[①] 所以,学生充分领会已习得的相关信息或技能是成功迁移的必要条件。

(2) 懂得将当前问题与相关原知识进行类比

问题解决过程中的一个关键就是通过对当前问题的合理表征,将这种生成的问题表征与已有的知识经验中的问题类型进行类比,然后将已有的知识经验具体运用到当前问题情境中,这种问题的类化和已有知识经验的具体化过程即为迁移的过程。

例如,本研究中的"近迁移"测试题[测试题 9(1)]已知 Co 与 Fe 的性质相似,判断 $CoCl_2$ 露置在空气中能否稳定存在。显然,$CoCl_2$ 的性质对学生来说是陌生的,但由已知信息 Co 与 Fe 的性质相似,从而可知 $CoCl_2$ 的性质可类比于 $FeCl_2$,由于 Fe^{2+} 具有较强的还原性,露置在空气中容易被氧化,因而 $FeCl_2$ 露置在空气中不能稳定存在,从而判断 $CoCl_2$ 露置在空气中不能稳定存在。

显然,要使迁移得以实现,学生必须懂得类比的使用,把新旧两个问题(或课题)相互联系起来,使它们包含在一个统一的分析与综合过程中。

(3) 形成系统的认知结构

根据布鲁纳的学习理论,学习是认知结构的组织与重新组织。认知结构的形成是进一步学习和理解新知识的重要内部因素和基础。

例如,"近迁移"测试题 9(1)中的五道判断题,分别建立在以下知识的基础上:Fe^{2+} 具有较强的还原性,Fe^{3+} 具有较强的氧化性;$FeCl_2$ 露置在空气中易被氧化;Fe 与 Cl_2 反应生成 $FeCl_3$;Fe 与 S 反应生成 FeS。学生原有认知结构中铁及其化合物的相关性质直接影响着钴及其化合物性质的判断。

显然,原有认知结构不仅决定新的学习能否产生,而且决定了它的保持和在新情境中的迁移。学生认知结构中如果存在一些错误概念或不清晰概念,则直接影响着学生的迁移效果。为此,要积极促进学生的知识迁移,夯实习得的原有知识,构建相关图式,形成稳定的认知结构是关键,尤其是对学困生的关注与方法的指导应成为教学的一个重要部分。

综上所述,学困生与学优生(以及学中生)在元素化合物知识的学习上存在着不同的认知特征,因而在"简单应用"与"近迁移"上呈现显著性差异。教师在元素化合物知识的日常教学中应尽量分层教学,因材施教,积极促进学生知识的迁移与应用,尤其是学困生的转化。

第九节 化学课程符号学习诊断

核心概念

◆符号学习 ◆三重表征 ◆符号表征

化学诺贝尔奖获得者霍夫曼(Roald Hoffman)指出,化学即表征。从某种意义上讲,化学就是一门表征的学科,表征是化学学习的一种必需工具。从认知心理的角度分析,学生对化学概念

[①] 李其维. 认知心理学研究[M]. 杭州:浙江人民出版社,1998:106.

的理解就是学生对化学概念形成了恰当的心理表征。而化学学习有三大领域:可观察现象的宏观世界;分子、原子和亚原子微粒构成的微观世界;化学式、方程式和符号等构成的符号与数学世界。化学学科的内容特点决定了化学学习中存在着三重表征:宏观表征、微观表征和符号表征。因此,研究化学符号学习是化学教学诊断的一个重要课题。

一、化学反应三重表征诊断

已有的研究表明,中学生对于化学的三重表征存在着较多的困难。张丙香、毕华林以化学反应学习为例,研究了中学生三重表征的困难,并分析其形成的原因。[①]

(一) 化学反应三重表征的困难

1. 不能从微观水平上理解化学反应

相关文献综述表明,很多研究者对学生是否在分子水平上理解了化学反应进行了探查。研究发现,学生即使能正确配平化学方程式,也不能在微观上理解化学反应,这可能与用数学化的方式配平化学方程式有很大关系。国外对这个问题的探查多是结合画微粒图和访谈等方法进行的。例如,盖贝尔(Gabel)等设计了14个题目来考查大学生对事物微观本质的理解情况。题目用不同大小和形状的圆圈来描述分子、原子,要求学生在物质发生物理或化学变化后再画一幅新的图画。分析结果令人吃惊:第一,有50%的学生忽视了微粒守恒和微粒的排列次序;第二,尽管学过化学的学生比没学过化学的学生回答得要好,但这种差别并不显著。这表明,尽管化学课程在一定程度上涉及物质的微观本质,但通过微观本质的学习并没有使学生较好地理解化学。另外,学生的回答中普遍出现的错误有:(1) 当液体变成气体时,原子被画大,而不是原子间的距离变大;(2) 用线条表示液体的水平面,而不是用顶层的微粒来暗示表面;(3) 气体分子排列有序;(4) 在分子分解之后,仍用完整的单位来描述微粒,而不是用更小的原子等单元表示。这表明,尽管化学课程在一定程度上涉及物质的微观本质,但通过微观本质的学习学生并没有较好地理解化学。再如,亚洛克(Yarroch)要求成绩中等以上的高二学生配平给出的化学方程式,并根据方程式画出微观图像,以探查学生对化学方程式的理解。结果显示,60%的学生能够配平化学方程式却不能解释方程式的意义。[②] 这说明学生没有从微观水平上理解化学反应。

可以看出,学生不能像化学家那样进行微观表征,对学生而言,微观表征复杂而抽象,这可以从学生对原子结构、化学反应、溶液等特定内容存在一定的相异构想中窥见一二。在过去的三十年里,文献中关于化学相异构想的研究可谓数不胜数,其中相当部分的内容就集中在微观表征上,这就反映出学生在微观表征方面的困难。对于化学反应,学生也存在这样的困难。

2. 不理解化学方程式的符号含义

化学方程式既可以表征宏观水平的物质变化,也可以表征微观水平上的粒子行为。符号表征指向的这种模糊性提供了一种思维转换的流动性,即借助于符号表征,思维可以很方便地在宏观表征和微观表征间转换,这为交流和传播解释提供了强有力的工具。符号表征在任何时刻都具有特定的含义,这在专家看来是非常明确的,但对于学生而言,恰恰是符号表征指向的模糊性

[①] 张丙香,毕华林.中学生化学反应三重表征的困难及原因分析[J].教育科学研究,2013(6):68-70.

[②] Devetak I. Vogrinc. Assessing 16-year-old students' understanding of aqueous solution at submicroscopic level[J]. Research in Science Education,2009(9):157-179.

增加了学生的认知负担,学生必须能利用上下文和背景知识来明确符号表征的指向。

化学方程式隐含着丰富的信息,对化学方程式的理解也包含着多重含义:明确化学式和各个数字及箭头的含义、理解化学反应过程中键的断裂和形成、考查化学变化的定量关系等。研究发现,学生对化学方程式的理解存在困难。如桑格(M. J. Sanger)让学生根据微粒图书写化学方程式,他发现44%的学生对下标和计量数的理解有不同程度的混淆,有的学生将C_3书写成3C,学生只知道下标表示某分子中的原子个数,却不知道下标可以表示组成物质的元素比例;约翰·斯通等人研究发现,离子方程式中没有参与反应的离子、氧化数和离子电荷给学生造成了最大的障碍;巴克(Barke)探查德国学生对镁条燃烧的理解,他对八、九、十年级的272名学生进行了测验,结果显示,30%的学生能正确写出反应方程式,并能正确进行微观表征,70%的学生只能记住方程式而不能正确理解其微观含义,巴克由此得出结论,单纯使用化学符号不能帮助学生理解化学反应。

3. 难以在不同表征水平间进行转换

化学概念在本质上是多重表征的,成功的化学学习应该建构三重表征的整体模型,在三重表征之间实现思维的自由转换。现已公认化学教学经常包含宏观表征和微观表征间的转换,用微观表征解释可观察的宏观现象,然而对学生而言,这种不同表征间的转换是困难的,这不仅因为微观世界的抽象本质,还因为对学生来说转换本身可能就是挑战。[①] 教师与学生在知识和经验背景方面存在鸿沟,教师已经能很流畅、很容易地实现不同表征间的思维转换,而学生对物质不是很熟悉,当这种转换发生时,学生可能会经历激烈的认知冲突才能实现。作为宏观水平和微观水平中介的符号水平不仅增加了学生学习的复杂性,而且由于它指向的模糊性,增加了初学者在宏观表征和微观表征间讨论的困惑。

已有大量研究发现,很多学生能正确回答谈话性的测试题目,然而进一步测试表明,他们不是真的理解了概念,很多学生能够解决计算问题,而不能解决概念性问题。例如,研究发现,学生成功配平化学方程式并不能保证他们能用图表的形式准确表征相应的化学反应。[②] 我们对这一发现的解释是,能够配平化学方程式是符号水平的理解,然而画微粒图的能力是微观水平的理解,学生在联系两种表征水平方面存在困难,难以实现不同表征水平间的思维转换,因此不能成功地解决问题。再如,对于化学平衡,即使是高等化学专业的学生也存在三重表征转换的困难。研究发现,食盐溶于水,达到平衡状态即饱和时,很多学生会认为反应结束了,即将"平衡"等同于"结束"。这说明学生对平衡的动态性缺乏理解,无法建立宏观表征与微观表征的联系。还有很多学生认为,当溶液达到平衡时,化学方程式左边的物质数目就等于右边的物质数目,换句话说,学生经常将化学反应中的"="理解为"等于",即如果达到化学平衡就意味着反应物浓度等于生成物浓度。这种相异构想可能缘于等号的应用,也说明学生没有将符号表征和宏观表征、微观表征建立起联系。

专家可以在三重表征之间随意转换,而且可能是自发进行的,而学生的三重表征转换就困难得多。尽管如此,由于三重表征提供了科学概念不同水平上的信息,对概念理解是极其重要的,学生应努力建构起三重表征的内在联系,增进对科学概念的理解。

---

① Gilbert J. K. Multiple Representations in Chemical Education[M]. The Netherlands: Springer, 2009:75-109.

② Yorroch W. L. Student understanding of chemical equation balancing[J]. Journal of Research in Science Teaching, 1985(5): 449-459.

（二）化学反应三重表征困难的诊断

本节主要讨论化学反应三重表征困难产生的外部因素，这是因为外部因素可以在教学实践中进行可行性设计，对教学实践更有启发意义。

1. 微观世界的抽象性

微观表征关注的世界是一个不可视的世界，只能通过想象来触及。由于学生已有的知识经验有限，缺乏空间想象能力，对微观粒子的表征就很困难，很容易将宏观性质直接迁移过去，如，认为微观粒子有颜色、是连续的、有生命、不同状态下质量不同大小可变等。由于缺乏宏观经验的支持，学生的微观表征就显得异常困难。尽管存在各种模型和动画模拟等可视化教学的帮助，但大量研究显示，学生对微观世界的理解还是存有大量的相异构想，过去二十年间化学教育文献的研究热点就是对学生相异构想的探查。其中相当部分的内容集中在微观表征上，由此可见，学生微观表征的困难程度。

现代化学的重要特征之一，就是将微观粒子间的相互作用模型作为解释理论的基础，这些粒子带有科学猜想的性质。对学生来说，粒子这个词有一定的误导性，学生可能把糖和盐的细粒当做教师提到的粒子，而不是相当小空间水平内的假定粒子。这些微观水平上的粒子是分子、原子和电子等。这些粒子存在空间如此之小以致量子效应（对可以直接观察的粒子来说是微不足道的）变得非常显著，这些"量子物质"拥有属性的方式和我们熟悉的宏观粒子拥有属性的方式有很大不同，它是解释化学的微粒模型的一个有力证据。量子物质不是坚硬的难以穿透的有锋利边缘的实体，而是带有量子规则模型化了的属性的很多模糊区域。对化学反应宏观表征的解释都是借助于这些微观粒子的行为来解释的，在科学上，微粒模型具有真实的和重大的解释价值。

众所周知，这种微观表征模型的使用对许多学生来说具有很大的挑战性，他们不能完全理解量子物质显著不同于熟悉的宏观粒子属性，学生通常采用一种虚假的解释，这可能与中学生理解科学模型和科学本质的水平有限有关系，即使是大学生也可能没有形成有效思考微观世界所需的心智模型。

2. 教材编制的局限性

教材的编制和内容呈现具有一定的局限性，这严重影响了学生对化学反应三重表征的建构。

首先，教材对有些知识的论述不是很明确，如对原子的论述就是典型的例子。没有人能说明原子是什么或者原子像什么，虽然通过原子级显微镜我们看到了金色的原子一个挨着一个——但是原子级显微镜的输出结果是它自己的模型应用的结果。很多教科书回避了原子是或像什么这个尴尬问题，只给出了关于原子性质的论述，那么，学生很容易认同教材中画出的原子图像就是原子本来的样子。对化学反应过程的描述也存在类似的局限性。

其次，文本、图表或图形的使用存在问题。如，教材中有的图是这样画的：在一烧杯水中仅画了几个液态水分子，这会使得学生认为一烧杯水中只含有那么多个水分子，而这种理解在学生看来是很自然的，因为他们看到的就是这样，和宏观经验是吻合的。在印刷的纸张上不能描绘一烧杯水中大量的水分子，这是文本编制与生俱来的问题。如果文本不对此作说明或解释，那么，学生就很容易产生相异构想。

再次，教材内容不能很好地体现微粒的立体性和化学反应的动态性。化学微粒是立体的，化学反应是动态的，但是落实到教材文本中，只能以二维的和静态的方式呈现，这是教材文本印刷难以克服的局限性。

3. 化学符号的复杂性

符号表征包含着大量的信息,初学者对其理解起来非常困难,对于化学反应更是如此。我们通常用化学方程式来表征一个化学反应,这个方程式里含着大量的信息,包括一些抽象的概念,如元素、化合价、电负性、化学反应、能量等,还包括一些普适性的书写规则,如分子式的书写规则、方程式的配平规则、离子式的书写规则等。化学符号本身就是人为表征的,因此,对学生而言,它更像是一些无意义的音节,要熟记这些复杂的符号系统,的确是非常困难的。更何况,化学符号表征的还是一些学生本身就觉得学习困难的知识。

为了使符号表征有意义,教师必须花费大量时间让学生熟知符号的含义,熟练掌握化学方程式的书写规则,从一开始就注重从三重表征的角度建构符号表征的意义。符号表征的意义在于,它是一种非常有利的交流工具,一旦建构起正确的符号表征,就会便利我们快速地、有效地交流,并有助于我们在三重表征间的思维转换。

因此,在教授符号表征的时候,教师应清晰地认识到:(1) 和专家相比,学生的符号表征能力不如专家有效;(2) 使用符号表征的方式可能增加感知的复杂性和任务认知需求的复杂性;(3) 考虑化学符号指向对象是否是模糊的,如果真是这样,要明确符号在任一点(元素、物质、分子、原子等)上的含义,注意方程式中符号使用的一贯性。

4. 化学三重表征教学的困难性

化学教育的一个难题是,宏观表征模型本质上是连续性的,而微观表征模型本质上是分离的,如,气体的流动宏观来看是连续的,而从微观本质上看气体分子的行为是分离的。建立宏观表征和微观表征的联系需要理解微观世界的粒子是极小的。对于"粒子""微粒"这样的主题词,学生早就接触过,因此,学生会借助已有的理解解释微观世界中的粒子行为。教师如果不注意联系学生的已有经验,借助于宏观表征和微观表征的联系进行教学,很容易造成学生理解上的困惑。

如,对于化学反应的判断标准是有新物质的产生,对于什么是新物质是从微观水平上进行判断的,是我们应用了微观模型的结果。而从可观测的宏观表征上来看,新物质就是明显不同于原来的物质,对于学生来讲,冰融化为水也是一种新物质,尽管化学上它们具有相同的结构,但宏观来看,物理变化产生的新物质就像一些化学反应产生的新物质那样引人注目。很多化学方程式对于学生判断是化学变化还是物理变化是有帮助的,因为它们可以揭示物质的微观粒子的行为,但文献显示,也有很多化学方程式对于学生的判断帮助不大。如,对于碳酸钙加热生成氧化钙和二氧化碳的反应而言。很多学生不认为这是一个化学反应,因为碳酸钙没有和任何物质反应。另外,一些学生将加热看做是一种物质,认为碳酸钙和热发生了反应。这可能是日常生活中"反应"的意思对于理解化学术语的不利影响。

有研究者总结了化学教学导致三重表征的困难表现为三方面:(1) 化学教学中教师简单强调符号表征和问题解决而不重视宏观现象和微观表征的联系;(2) 化学教学中教师不能很好地结合宏观、微观和符号表征,使学生长时记忆中的信息分散零乱,不能系统全面地对化学知识进行理解;(3) 片面、机械地强调宏观、微观和符号三种表征,而不能够将其与学生的日常生活联系在一起,学生无法达到深刻的理解。

5. 化学方程式配平的数学化

对于中学阶段化学反应的学习而言,熟练配平化学方程式是学生要达到的一个重要学习目标。为了实现这一目标,教育工作者研究了很多方法帮助学生熟练配平方程式,其中很多方法就是借助于数学或计算机程序。如,布拉克利(Blakley)证明了几乎每一个化学方程式都能用线性代数的 Fortoan 程序配平。尽管用数学的方法能正确地配平化学方程式,但正如科尔布(Kolb)所说,反应物和产物在化学上真的是不同的物质,化学方程式不像一个数学表达式,因此,它们不能在数学的感觉上等同起来,忽略数学上和化学方程式之间的细微差别增加了概念性错误的可能性。① 已有研究表明,学生即使正确地配平了化学方程式,他们也不一定理解已配平的化学方程式的含义。用数学方式配平化学方程式导致了学生对化学反应本质的忽略,从而导致了学生的很多相异构想的产生。出于对这种状况的反思,很多研究者认为,教师要帮助学生理解化学方程式的意义,让学生学会用化学的方式正确配平化学方程式。目前,国外在这方面的研究大都集中在探查学生配平化学方程式过程中出现的错误及其相关教学建议上。

国内有关配平化学方程式的教学研究主要是总结化学方程式配平的方法,或针对某类特定的化学反应方程式的配平进行具体研究。目前,我国化学教学中仍然随可见各种各样配平的口诀。可以说,我国在配平化学方程式的教学上,许多教师并不以理解化学反应为基础,而是以数学的方式配平,训练学生配平技巧的成分很大。如此导致的结果是,学生可能会用数学化的方法配平化学方程式,但不理解化学方程式所代表的含义,从而出现对化学方程式本质的理解困难。

二、化学符号学习诊断

和初中相比,高中化学符号由于指称对象的复杂性,导致形式多样、数量繁多、抽象性强、意义丰富,且学习要求在深度、广度上也发生了较大的变化,因而许多高中生存在化学符号学习困难,为此,吕琳等通过问卷调查、出声思维、访谈等多种方式,探查了高中生化学符号学习现状,为提出有针对性的化学符号教学策略提供参考。②

(一)诊断的设计和实验

本课题的研究分为三个阶段:第一阶段,对江苏省某高二的 12 位学生展示 1 组化学式和结构、1 组化学方程式、1 组工业流程图,要求学生将其观察和表征化学符号的思维过程用口语报告出来,并要求学生采用化学符号将工业流程图中包含的内容加以表达,以初步了解高中生化学符号的认知过程。

第二阶段,设计和编制了《高中生化学符号学习情况调查问卷》,以诊断学生的化学符号学习水平、学习兴趣、学习方式和学习难点等。其化学符号学习水平的诊断指标体系如表 5-53。

表 5-53 高中生化学符号学习水平诊断指标

一级	二级	三级
化学符号学习水平	符号的辨识	辨识的全面性
		辨识的正确性
	符号的理解	理解的正确性
		理解的深广度
	符号的应用	用化学符号表示物质组成和结构的正确性
		用化学符号表示物质变化的正确性

---

① Hinton M. E. Students' microscopic, macroscopic and symbolic representation of chemical reactions[J]. The Chemical Educator,1999(4):158-167.
② 吕琳,等.高中生化学符号学习现状的探查[J].化学教育,2013(8):50-53.

在问卷中笔者呈现了不同类型的化学符号,要求学生尽可能全面地阐述符号表达的含义,以此了解学生化学符号的辨识和理解状况。而问卷中要求学生用化学符号表示化学流程图的过程,则可了解学生化学符号应用水平。

第三阶段,调查结束后,选取典型被试进行访谈,以深入了解高中生化学符号学习现状及学习难点。

三个阶段的探查于2012年2月逐步展开,探查对象为江苏扬州地区具有代表性的3所中学的350名高二学生,涵盖各种化学学习水平的学生,男女生人数相当。问卷中所有数据均使用SPSS 17.0进行分析和处理。

(二) 诊断的结果及分析

1. 高中女生化学符号学习水平优于男生

将问卷中学生辨识、理解化学符号所呈现的信息赋分,然后算出其总分,将总分在性别维度上算出得分率,发现女生的化学符号学习水平优于男生。我们在性别维度上进一步检验了总分的差异性,数据显示女生在化学符号的应用方面显著高于男生($p=0.009$),在符号的辨识和理解方面则不存在显著差异(见表5-54)。

表5-54 高中男女生化学符号学习水平各维度差异分析

	性别	得分率/%	标准差 S	F	p
符号的辨识	男生	61.01	0.87	1.858	1.198
	女生	66.46	0.93		
符号的理解	男生	55.48	2.62	0.103	0.193
	女生	58.83	2.50		
符号的应用	男生	44.43	4.55	1.599	0.009*
	女生	52.10	4.16		

(注:$p \leqslant 0.05$,说明存在显著性差异)

为了深入了解符号学习水平在性别上存在差异的原因,研究中对学生在各种不同类型符号上的应用情况做了进一步分析,见表5-55。

表5-55 高中男女生各类化学符号应用水平的差异分析

	F	p
物质组成和结构符号的应用	0.011	0.598
物质变化符号的应用	0.314	0.014

(注:$p \leqslant 0.05$,说明存在显著性差异)

由表5-55可以看出,男女生在"物质变化符号的应用"方面存在显著差异($p<0.05$)。分析问卷,发现男生对化学反应方程式的信息获取全面性不够,用化学方程式表达物质变化的准确性不高。这种显著差异是由男女生的知觉差异导致的。女性直觉较好,有助于她们对人对事物的观察;女性心细,善于注意细枝末节,使她们能发现别人所忽视的细微症结。而和女性相比,男性对事物倾向于从大的方面去观察,细枝末节常常忽略或根本不愿注意。化学方程式包含反应类型、反应物、生成物、反应条件、箭头等信息,信息量较大,男女生更容易表现出这种差异。

调查还显示,无论是男生还是女生,表示物质组成的符号学习水平优于其他两种类型的符号

(表示物质结构的符号和表示物质变化的符号)学习,而且标准差小,学生学习水平分化很小。物质组成符号,如元素、核素、离子符号以及化学式等是最基本的化学符号,其他类型的符号是复合型或陈述型符号,信息量大,呈现方式多种多样,指代的化学知识深广度加大,这些都会影响学生的学习效果。

2. 学生对化学符号的辨识有一定的偏向

所谓化学符号的辨识是指学生对符号携带的外观信息以及直接指代的对象的确认。如对"Mg"这一符号,我们会辨识为:镁原子的化合价通常为+2价。

为了探查学生对各类化学符号的辨识情况,我们从辨识的全面性和正确性两个角度进行了统计,见表5-56。

表5-56 高中生各类化学符号的辨识水平得分率

类型	辨识	得分率(%)		
		Max	Min	M
物质组成符号	辨识的全面性	82.1	20.3	67.5
	辨识的准确性	80.1	20.5	64.4
物质结构符号	辨识的全面性	78.2	21.1	64.2
	辨识的准确性	77.7	19.0	61.7
物质变化符号	辨识的全面性	67.8	11.2	52.1
	辨识的准确性	68.0	9.6	50.8

表5-56表明,学生对各类符号的辨识都不够全面。诊断时设计了问卷第12(a)题"观察下列化学方程式:$C_6H_{12}O_6(s)+6O_2(g)\longrightarrow 6H_2O(l)+6CO_2(g)$;$\Delta_r H_m=-2804\ kJ/mol$,将你观察到的信息尽可能多地记录下来",为便于进一步加以分析,分析了学生描述的包括化学反应方程式类型、反应类型、反应物、生成物、各物质状态以及反应焓变等信息,分别统计了学生辨识上述各类信息的情况,将每个类型的辨识概率进行统计,结果如表5-57。

表5-57 热化学方程式中各信息类型的辨识情况

信息	方程式类型	反应类型	反应物	生成物	各物质状态	反应焓变
概率	72.5%	66.3%	44.0%	32.1%	18.9%	20.7%

表5-57数据显示,学生注意到"化学方程式类型""反应类型"的概率较高,概率最小的是"各物质状态"和"反应焓变"。这说明学生在辨识化学反应方程式时具有一定的偏向性。这种偏向性在其他类型的符号学习中同样存在。访谈结果表明,导致学生化学符号辨识偏向的原因:一是学生将符号信息辨识与问题解决的目的性结合起来,优先获取与问题解决有关的信息;二是与学生最初学习该化学符号时,教师着重强调的内容关系密切;三是与学生的观察品质有一定的关系。符号辨识的不全面性和偏向性会影响化学符号的学习水平,是值得引起重视的问题。

3. 学生对化学符号的理解浅尝辄止

所谓化学符号的理解是指学生对辨识得到的信息进行分析、比较、综合、推理。以获得对物质组成、结构或变化特点的认识。如对"$\begin{array}{c}H\\|\\H-C-H\\|\\H\end{array}$"这一符号,我们首先辨识为这是甲烷的结

构式,然后对"甲烷有 4 个单键、碳最外层有 4 个电子"等信息加以综合推理,得到"甲烷属于烷烃""甲烷性质比较稳定"等等的结论。

对高中生化学符号理解的情况进行了统计,发现学生对化学符号较多地止于辨识,进一步进行分析推理获得的理解信息只占总信息的 31.73%。通过访谈发现,影响学生符号理解的主要因素是学生对化学知识的掌握程度以及思维习惯。如对 $Fe(OH)_3 \rightleftharpoons Fe^{3+} + 3OH^-$,$K_{sp} = c(Fe^{3+}) \cdot c(OH^-)^3$ 这一化学方程式的理解,许多被试因为对化学平衡、电离平衡以及溶度积的内容掌握不牢固,或存在模糊认识,导致了学生对该化学反应方程式的理解水平下降,甚至产生错误。同时,如果学生不满足于表面的认识,善于分析、推理,则利于深层符号意义的获取。反之,没有这种思维习惯的学生,符号理解水平则下降。如访谈中有些被试仅仅满足于表面信息的获取,但当要求他进一步思考时,他又能加以推测,获取更多的理解信息。

4. 学生化学符号应用水平有待于提高

对高中生化学符号辨识、符号理解、符号应用三个维度的得分率进行统计,结果见图 5-24。由图可知,高中生符号应用水平得分率最低。

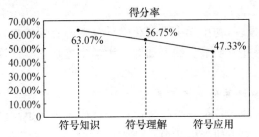

图 5-24 化学符号学习水平得分情况

对化学符号应用水平的探查,是从"用化学符号表示物质组成和结构的正确性"和"用化学符号表示物质变化的正确性"两方面展开的,我们对这两个层次的得分情况做了比较,如表 5-58 所示。

表 5-58 化学符号的应用水平探查结果

	探查角度	得分率/%	
符号的应用	用化学符号表示物质组成和结构的正确性	48.53	47.33
	用化学符号表示物质变化的正确性	46.13	

由表 5-58 可以看出,在应用化学符号"表示物质组成和结构"及"表示物质变化"两方面学生得分率都很低,尤其是在"用化学符号表示物质变化的正确性"方面,学生的水平有待提高。

学生化学符号应用能力较低的原因是多方面的。其中学生学习态度、化学知识的掌握、逻辑思维能力等都会对化学符号的应用产生影响。化学符号是学习化学的重要工具,学习化学符号的目的主要是解决问题和综合应用。知识达不到应用是毫无意义的。因此,学生化学符号应用能力是今后化学符号教学要重点关注的。

第十节 化学计算学习水平诊断

核心概念

◆化学计算　◆"定量化"能力水平　◆常见问题　◆教学策略

从"定性"到"定量"是化学学科发展的里程碑,是人们对化学物质及其变化的认识向纵深发展的结果。在化学学习中,随着学习进程的展开,必然要求学生从量的角度来描述和探究物质的结构、组成和变化。传统化学课程将"化学计算"作为一项基本技能,但从量的角度解决化学问题并非单纯的数学运算,也并非简单的方法、技巧等技能的操练,而是"有意识、有意义、有目的、有方法的认知和操作的共同体"[①]。学生依据化学基础知识,运用数学方法解决物质组成、结构、变化中"量"的问题的能力称为"定量化"能力。本节主要诊断中学生学习化学计算的能力水平。

一、中学化学计算学习诊断

初中化学教学实践中发现,初中学生学习化学计算普遍感到较难,虽然师生平时花费了大量的时间讲解和训练,但效果并不明显。钱海如对初中学生进行化学计算时经常出现的36项问题进行了系统的诊断。[②]

(一) 课程标准对化学计算的基本要求

《义务教育化学课程标准》指出,化学学科应通过具体化学知识和概念的学习,促进学生形成化学学科思想和基本观念,逐步使学生从单一的定性与定量、宏观与微观的物质认识过程,过渡到定性与定量相结合、宏观与微观相结合的物质认识过程。"课程内容"在有关一、二级主题中对化学计算都有明确的要求,具体见表 5-59 所示。

表 5-59 《义务教育化学课程标准》对化学计算的要求[③]

一级主题	二级主题	目标和标准
科学探究	发展科学探究能力	能独立地或与他人合作对观察和测量的结果进行记录,并运用图表等形式加以表述;能对事实与证据进行加工与整理,初步判断事实证据与假设之间的关系
身边的化学物质	水和常见的溶液	了解饱和溶液和溶解度的含义;能进行溶质质量分数的简单计算;认识溶质质量分数的含义,能配制一定溶质质量分数的溶液
物质构成的奥秘	物质组成的表示	利用相对原子质量、相对分子质量进行物质组成的简单计算;能看懂某些商品标签上标示的组成元素及其含量
物质的化学变化	质量守恒定律	认识质量守恒定律,能说明化学反应中的质量关系;能根据化学方程式进行简单的计算;认识定量研究对于化学科学发展的重大作用

---

① 杨玉琴.化学计算的学科本质及其教学[J].化学教学,2013(10):6-9.
② 钱海如.初中化学课程中化学计算的教学策略[J].2013(11):9-14.
③ 中华人民共和国教育部制定.义务教育化学课程标准(2011年版)[S].北京:北京师范大学出版社,2012:4.

化学计算是从量的方面来加深学生对化学概念和原理的理解,使他们进一步掌握物质的性质及其变化规律,培养他们分析问题和解决问题的能力。[①] 从表 5-59 可以看出,在有关主题中都有关于化学计算的表述,行为动词"简单计算"也已经列入"认知性学习目标的水平"中的高级水平。[②] 化学计算的教学承载着化学课程的两方面的功能:一是认识和确定物质的组成、结构;二是从定量的角度认识化学变化,揭示物质的性质及其变化规律。通过化学计算的教学,可以帮助学生理解化学学科的本质,提高学生的化学科学素养。

(二) 化学计算出现的常见问题诊断

化学计算题可以考查学生对化学知识的理解程度以及运用化学知识解决问题的能力,逐渐被各级测试的命题者看好和关注。近年来,有些地区中考化学计算题已打破了传统的单一计算形式,而是将计算"镶嵌"在真实的问题情境中,并且辅助一些商品标签、说明书、表格、图像等作为已知条件,增强了应用性,综合考查学生的理解和运用能力,对学生的学科素养、思维能力和学科间的融合能力要求增大,学生难免出错。现从五个方面,对学生经常出现的 36 项问题进行诊断分析。

1. 根据化学式的计算

主要包括计算物质的相对分子质量、物质中有关元素的质量比、物质中某一元素的质量分数、一定量的物质中某一元素的质量。实际考查时会出现混合物中有关元素的质量比、元素的质量分数的计算,也会出现逆向思维的应用,即根据物质中有关元素的质量比或质量分数来确定物质的化学式。学生在学习中经常出现的问题有以下 9 项(见表 5-60)。

表 5-60 根据化学式计算的常见问题

计算类型	常见问题	问题类型		
		A	B	C
计算相对分子质量	① 采用了各原子相对原子质量的乘积	√		
	② 带有多个原子团的化合物,原子团的个数被忽略	√		
	③ 结晶水合物中结晶水部分与前面的相对质量相乘	√		
计算元素的质量比	④ 将原子个数比与元素的质量比混淆	√		
	⑤ 未考虑化学式中同种元素的原子个数	√		
计算物质中某一元素的质量分数	⑤ 未考虑化学式中同种元素的原子个数	√		
	⑥ 将混合物直接当成纯净物,未考虑杂质		√	
计算元素的质量或物质的纯度	⑦ 对有关说明书中表示的元素含量和物质含量不清		√	
	⑧ 未将按照标准量计算的结果转换成实际量			√
确定物质的化学式	⑨ 元素质量比与原子个数比之间的转化不理解		√	

注:A—基本概念和原理,B—解题方法和思路,C—解题规范和反思(以下相同)。

2. 根据化学方程式的计算

一般是根据化学方程式由一种物质的质量求另一种物质的质量。实际考查时会出现已知的一种物质的质量是"隐含"的现象,需要学生进行初步计算、筛选、甄别,还会出现根据反应中物质的质量确定物质的组成等。学生在学习中经常出现的问题有以下 9 项(见表 5-61)。

---

① 王玲玲,毕华林.中学化学教材中计算题编写的思考[J].化学教学,2004(1):83-86.
② 中华人民共和国教育部制定.义务教育化学课程标准(2011 年版)[S].北京:北京师范大学出版社,2012:6.

表 5-61　根据化学方程式计算的常见问题

计算类型	常见问题	问题类型 A	问题类型 B	问题类型 C
根据化学方程式的计算	① 未正确书写化学式	√		
	② 化学方程式未配平	√		
	③ 计算相对质量时未考虑化学式前面的计量数	√		
	④ 将化学方程式中各物质的计量数比当成质量比	√		
	⑤ 所列的比例关系与已知物质、待求物质不对应		√	
	⑥ 对所提供的质量数据采用"拿来主义",不考虑该质量是否是对应于纯净物,或是否全部参加该化学反应,或是否全部是该化学反应中生成的		√	
	⑦ 生成物中带有杂质,未能将结果进行转换			√
	⑧ 直接将气体、溶液的体积当成质量代入			√
	⑨ 对提供的有关差量不能找出对应的比例关系		√	

3. 溶液中有关量的计算

主要包括计算溶液中溶质的质量分数、配制一定质量分数的溶液所需的溶质和溶剂、根据溶解度计算饱和溶液中溶质的质量分数、化学反应中溶质的质量分数。实际考查时会出现溶质未全部溶解、溶质中含有不溶解的杂质以及判断溶液是否饱和等问题。学生在学习中经常出现的问题有以下10项(见表5-62)。

表 5-62　溶液中有关量的计算的常见问题

计算类型	常见问题	问题类型 A	问题类型 B	问题类型 C
溶质、溶剂、沉淀的质量分数的计算	① 一定量物质放入一定量水中,未考虑所加物质是否全部溶解、与水反应、含有结晶水	√		
	② 两种溶液混合时,忽略溶质质量或溶液总质量相加	√		
	③ 加溶质将稀溶液增浓时,只考虑溶质质量的增加,未考虑溶液总质量的增加		√	
	④ 将溶液的体积直接相减			√
	⑤ 将等体积不同密度的溶液混合误认为等质量混合			√
	⑥ 应用固体的溶解度计算时,未考虑溶液是否饱和	√		
	⑦ 在"取样后再取样稀释"的问题中,误认为每次取样的溶液中溶质的质量不变(如,注射用青霉素试剂的多次稀释和衣服的多次漂洗问题)		√	
涉及化学反应的溶质的质量分数的计算	⑧ 未从体系守恒的角度分析,化学反应后所得溶液的总质量未减去生成的气体、沉淀和原有的不溶物		√	
	⑨ 直接用化学反应后生成的溶质和水的质量计算反应后所得溶液的总质量,未考虑原有参加反应的溶液中的水		√	
	⑩ 化学反应后所得溶液的溶质质量只考虑该反应中生成的,未考虑原有物质中含有的		√	

4. 综合实验中物质含量和组成的计算

主要包括根据实验数据计算混合物中某物质或元素的含量、确定物质的组成。实际考查时需要学生分析反应的规律,把握元素守恒,排除干扰因素,进行细致的推理和运算。学生在学习中经常出现的问题有以下 5 项(见表 5-63)。

表 5-63　综合实验中物质含量和组成的计算的常见问题

计算类型	常见问题	问题类型		
		A	B	C
物质或元素含量的测定、物质组成的测定	① 物质或元素的转化过程不理解,不会运用元素守恒思想进行分析		√	
	② 未能将具体数据与对应的物质或元素联系起来,或实验测定数据的差量的含义不清楚		√	
	③ 不会舍去异常数据和运用多次实验的平均值			√
	④ 实验中取样研究与所求结果的对应关系不清楚		√	
	⑤ 坐标图和表格中呈现的数值难以选择	√		

5. 计算中的一些共性问题

学生进行化学计算时,还出现一些共性的问题,主要包括以下 3 项(见表 5-64)。

表 5-64　计算中的一些共性问题

计算类型	常见问题	问题类型		
		A	B	C
共性的问题	① 计算过程不规范,不能分步骤解题,纯数学计算形式较多,导致无法自我反思检查			√
	② 对出现的物质的量的单位混淆不清,未能按要求进行有关单位的换算(如,kg、g、mg、L、mL、g · mL^{-1}、g · L^{-1}、mg · cm^{-3})			√
	③ 所求的答案未用正确的有效数字来表达			√

以上所列的问题类型中,"基本概念和原理"共 13 项,"解题方法和思路"共 14 项,"解题规范和反思"共 9 项,可以看出"基本概念和原理"和"解题方法和思路"是学生主要出现的问题,需要在教学中帮助学生准确理解概念和原理,领会解题方法和思路,制订并执行解题计划,"解题规范和反思"需要在巩固练习中对学生严格要求,培养学生自我反思和监控的能力。

(三)化学课程中化学计算的教学策略

初中学生学习化学计算需要一个循序渐进的过程,即由简单的化学式的计算走向实际情境中的化学式的计算,由简单的化学方程式的计算逐步走向运用元素守恒的计算,由掌握化学计算的规则、方法、技巧逐步走向获得解决问题的方式方法的认知策略,其难度与要求应该低于高中阶段,绝不能用过高的要求吓跑学生。教学中,我们可以采取以下策略。

1. 夯实概念原理的意义建构

化学概念和原理的知识是进行化学计算的基础,化学计算也能加深学生对概念原理的理解。初中化学教学中必须要夯实化学概念和原理的知识的意义建构,为学生在实际解题时,能够准确实现给定信息和目标之间的表述和转换提供必需的化学知识基础。

（1）化学用语的意义表述

化学学科有一套自己的"化学语言系统"——化学式、化学方程式、离子符号、微粒结构示意图等,这样的符号系统就是把化学变化从具体到抽象,有利于学生从微粒的角度、从本质的角度认识化学变化,从而建立系统地、定量地认识化学变化的方法。因此,化学用语的意义建构是学习化学计算的最基础的环节,是初中化学计算教学的起点。

第一,化学式的意义。化学式是通过实验测定并加以一定的规范,用来表示物质组成的式子,从量的角度来理解化学式的意义是化学计算的起点。教学中,我们要帮助学生从宏观和微观的角度理解化学式,并选择典型的代表物进行计算的范例教学,遵循由易到难,从简到繁,循序渐进地训练学生的解题思路方法,同时要规范计算的要求。

第二,化学方程式的意义。化学方程式是在学习质量守恒定律以后出现的,既反映了化学变化的本质特征,更体现了化学变化在量的方面的含义,是进行化学变化计算的核心。教学中,我们要借助例题,要求学生正确书写化学方程式,然后计算相对分子质量,最后是理解化学变化中物质质量的守恒、物质之间的质量比例关系和微粒数目比例关系。

第三,物质转化以及元素守恒的关系式的意义。在化学式和化学方程式熟练书写的前提下,要逐步培养学生在物质转化中围绕中心物质或中心元素建立守恒关系式,进一步培养学生的元素观、质量观、守恒观。例如,工业上电解 10 t 氧化铝最多可生产多少吨铝的问题中,根据电解过程中,氧化铝中的铝元素全部转化为单质铝,即铝元素守恒,建立关系式 $Al_2O_3 \sim 2Al$,进而可以快速得出答案。当然,也可以先求出氧化铝中的铝元素的质量分数,再得出答案。

（2）质量守恒的理论基础

质量守恒定律是《课程标准》中关于化学变化学习的一个重要内容,通过学习,学生可以实现由定性到定量认识化学变化的转变。在学习过程中,学生的主要疑惑在于:研究质量守恒定律时运用的是物质质量的加减关系,而根据化学方程式计算运用的是物质质量的比例关系。在教学中,教师要妥善帮助学生释疑,在以下三个方面做出努力。

第一,精准理解质量守恒定律。教学中要突出五点:① 适用的范围是化学变化而不是物理变化;② 质量守恒定律揭示的是物质质量守恒,物体的体积和物质的分子数不一定守恒;③ "参加反应的""反应后生成的"不是各物质质量的简单相加,而是指真正参与了反应的以及在反应中生成的那一部分质量,反应物中可能有一部分没有参与反应,生成物中可能有一部分是原来就有的;④ "反应前后各物质的总质量相等"是反应体系的守恒,应用时要注意:化学反应是否在密闭的环境下进行？是否将参加化学反应以及生成的物质全部列入质量统计的范围内？特别是有气体参与反应和有气体生成的化学反应;⑤ 质量守恒定律的本质原因是化学反应前后原子的种类没有改变,原子的数目没有增减,原子的质量没有变化。

第二,学会寻找质量比例关系。在进行化学方程式的计算教学时,要始终抓住元素守恒是质量守恒定律的核心,引导学生利用元素守恒从多角度寻找正确的质量比例关系,具体可从以下三个角度分层次来实施。

① 利用反应物之间、生成物之间、反应物和生成物之间的比例关系。例如,实验室用高锰酸钾制取氧气,可以设计以下计算问题:①已知消耗的高锰酸钾质量为 3.16 g。你可以求出哪些物质的质量？② 已知产生的氧气质量为 0.32 g。你可以求出哪些物质的质量？③ 已知反应前高

锰酸钾质量为 4.16 g,一段时间后剩余固体的质量为 3.84 g。你可以求出哪些物质的质量?这三个问题中,问题①培养学生建立反应物与生成物的质量比例关系,问题②培养学生建立生成物与生成物或反应物的质量比例关系,问题③培养学生首先利用反应体系的守恒,得出氧气质量,然后再建立多种质量比例关系。

② 利用分子与原子之间、原子与原子之间、元素与物质之间的比例关系。例如,已知乙醇(C_2H_5OH)在不完全燃烧的情况下,生成了 H_2O、CO_2 和 CO,实验测得生成物中碳元素质量为 7.2 g,则生成水的质量为_____。在这个问题中,本质上是利用化学反应中 C、H 元素的守恒,根据乙醇的化学式,可以得到 C、H 元素质量比的关系式 2C~6H,再根据 H 元素的守恒建立元素守恒关系 6H~$3H_2O$,于是得到关系式 2C~H_2O,就可以列出比例关系 24∶54=7.2 g∶$m(H_2O)$,则 $m(H_2O)$=16.2 g。

③ 利用有关差量与反应物或生成物之间的比例关系。例如,实验室用一定量锌和稀硫酸反应制取氢气,反应前后溶液的质量增加了 6.3 g,根据数据,你可以求出哪些物质的质量?该问题的化学反应为 $Zn+H_2SO_4$══$ZnSO_4+H_2\uparrow$,溶液的差量是 $Ar(Zn)-Mr(H_2)$=63,即溶液质量每增加 63 份,就有 65 份质量的 Zn 与 98 份质量的 H_2SO_4 反应,生成 161 份质量的 $ZnSO_4$ 和 2 份质量的 H_2,于是可得比例关系 $Ar(Zn)∶Mr(H_2SO_4)∶Mr(ZnSO_4)∶Mr(H_2)$∶63,进而可以求出相关物质的质量。

第三,认识"纯物质、真实量"的要求。化学计算所引用的数据必须符合"纯物质、真实量"的要求,"纯物质"指纯净物的质量,混合物的质量(如溶液)不能直接代入化学方程式计算;"真实量"指化学变化中实际参加反应的或实际生成的物质质量,要注意有反应物过量的情况、原先存在的某种生成物或生成物出现了损耗等因素的干扰,否则数据就是不真实的,计算就会出错。教学中,要引导学生分析题目中给出的物质用量,对于"足量""适量""过量""完全反应""恰好完全反应"等描述,要帮助学生作出理性分析和判断。

(3) 溶液组成的概念内涵

溶质的质量分数是初中化学中一个非常重要的概念,这部分计算题也是计算题的难点之一,需要我们在教学中帮助学生正确理解其内涵,解决好下列六个方面的问题。

第一,准确找到溶质质量以及溶液质量或溶剂质量。例如,10 g 某纯净物完全溶于 90 g 水中,所得溶液的溶质质量分数有三种情况:① 当该物质不含有结晶水时(如 NaCl),结果等于 10%;② 当该物质含有结晶水时(如 $CuSO_4·5H_2O$),结果小于 10%;③ 当该物质与水反应生成的新物质是溶质时(如 Na_2O、SO_3 等),结果大于 10%;另外,当该物质与水反应生成的新物质是溶质但不能全部溶解时(如 CaO),CaO 与水反应后生成的 $Ca(OH)_2$ 是溶质,它属于微溶物质,仅极少量溶于水中,结果远远小于 10%。

第二,溶液体积要换算成质量。溶质质量分数的关系式中的各种量都是以质量来表示的,不得以体积代替,遇到溶液的量是用体积来表示的,都要通过密度计算出溶液的质量。

第三,把握溶液稀释或浓缩的方法以及计算的原则。溶液稀释的主要方法有:① 加入溶剂;② 加入低浓度的同种溶质的溶液。溶液浓缩的主要方法有:① 蒸发;② 继续加入该溶质;③ 加入更浓的同种溶质的溶液。溶液稀释或浓缩应遵循的等量关系是:稀释或浓缩前溶质的质量=稀释或浓缩后溶质的质量。

第四,溶质质量分数的变化取决于溶质和溶液总量。教学中要帮助学生克服下列几种模糊认识：① 在向一定溶质质量分数的溶液中加入固体溶质时，往往只注意溶质质量的增加，而忽略了溶液质量的增加；② 将稀溶液的溶质质量分数增加一倍，错误地认为应蒸发掉溶剂量的一半，或认为只要将溶质的质量增加一倍即可；③ 将浓溶液加水稀释，如果要求溶质质量分数下降一半，错误地认为只要加入水且使水的质量是原溶剂质量的一倍即可（应为原溶液质量的一倍）；④ 忽视溶质溶解的限度，错误地将未溶解的溶质也计入溶质的质量中去计算溶质质量分数等。

第五，科学计算化学反应中溶液的质量。反应后所得到的溶液的质量有两种求解方法：一是溶液组成法，其中溶质一定是全部溶解的，溶剂水一般是原溶液的水和化学反应生成的水；二是质量守恒法，反应后溶液质量＝反应前各物质的质量总和－难溶性的物质质量－生成气体质量，这种方法使用起来较为快捷、方便。

第六，在溶液饱和的前提下建立固体的溶解度与溶质质量分数的关系。对于一定温度下的某物质的饱和溶液，其溶质的质量分数＝[溶解度/(100 g＋溶解度)]×100%，对于溶液的饱和状态不能确定时，不能直接使用这一公式运算。

2. 理顺定量实验的数据信息

定量实验的计算一般包括测定混合物中某物质或元素的含量、确定物质的组成。在定量实验中，通过实验测定了相关的数据，数据的呈现形式可以是图像或表格，解答这类问题时，必须依据化学反应原理，理顺相关数据所对应的化学物质（或某元素），并要对有关数据进行筛选和甄别，排除干扰因素。对于提供的化学图像，需要注意三个方面。一是坐标：图像中纵、横数轴对应的化学含义；二是关键点：图形中三个关键点的含义——起点、转折点、终点；三是趋势：图形的变化趋势或走向。对于提供的表格，要分析数据的规律，寻找有效数据。

3. 打通理科课程的关联思维

化学的发展离不开数学和物理，特别是在化学计算中离不开数学的影子，一些数学思维在化学计算教学中起到重要作用，但是有相当多的学生存在将数学和化学的学习截然分开的现象，他们学习了一定的数学思想和方法，如极端思维法、逆向思维法、十字交叉法、类比法等，并能解决一些比较复杂的数学问题，但在需要运用这些思想和方法解决化学问题时，却表现得滞后和吃力。因此，在初中化学计算教学中，要善于将数学、物理、化学课程联系起来，打通它们的关联思维。

（四）初中化学计算教学应注意的问题

当前化学计算教学中出现一些不良倾向，主要表现在计算难度增加、计算脱离了化学本身、计算的规范化令人担忧、大量机械重复的训练等，给学生学习带来了障碍，加重了学生学习的负担，不利于培养学生分析问题和解决问题的能力。因此，在初中化学课程中化学计算教学应注意以下问题。

1. 控制试题难度

《义务教育化学课程标准》在"评价建议"指出："编制联系实际的化学计算试题时，要根据'课程内容'控制试题难度，不要超越学生的知识基础。在义务教育阶段不宜出现下列类型的题目：① 反应物不纯与原料损耗并存的化学反应计算；② 需要进行反应物过量判断的化学反应计算；③ 几种反应并存的化学反应计算。"这就要求教师选编试题要符合《课程标准》的要求，符合学生的知识基础和认知规律，不能拔高要求。目前，不少教师在教学中编制的化学计算题偏难，没有照顾到大多数学生，导致许多学生面对化学计算时产生畏惧心理，从而选择了放弃，严重挫伤了学习积极性,可见计算题过难危害很大。

2. 体现化学功能

化学计算要让学生在化学实际问题的解决中逐渐提升计算能力。虽然化学计算应用了较多的数学计算的技巧和方法,但它是建立在化学的概念和原理的知识基础之上,离开了这个基础去进行化学计算,只能是徒劳的"数学计算",就失去了化学计算的应有的化学功能,也容易出现科学性错误。例如,合成氨的反应是可逆的,虽然初中没有涉及,教学中要防止出现"用 28 kg 氮气和 6 kg 氢气反应可以得到 34 kg 氨气"等不符合事实的计算。

3. 注重解题规范

化学计算的解题规范化比较重要,不能只关注结果是否正确,更要关注学生的计算过程是否严谨,是否符合化学学科的要求。平时的教学中,我们要对学生有严格的要求,并落实规范的训练和有针对性的纠错,培养学生在化学计算中的基本化学素养,为学生的后续学习奠定必要的基础。初中学生刚刚接触化学,我们为学生播种了解题规范,学生就会形成良好的学习习惯。

4. 引导自我反思

学生应答计算出错主要来源于知识结构中的缺陷,学习中的知识疏漏,对题目的字面表征以及问题解决的策略的缺失。因此,在进行化学计算教学中,要重视引导学生的自我纠错反思。反思一般包括对知识本身的反思、对解题策略和方法的反思。例如,根据化学方程式的计算的反思如下:这道题涉及的化学反应原理有哪些?写化学方程式应注意什么?已知量和未知量之间的关系如何?求解的过程中数据的使用有什么要求?这道题还有没有其他的解法?这道题的解法可以适应哪些类型的习题?解完这道题我学会了什么?在以后的计算中我应该注意什么?

化学计算的教学就是要在教学过程中"渗透"有关的解题方法思路等策略性知识,正确引导学生解决化学计算题。学生运用了这些策略性知识,就会逐步从化学的本质角度体验并认识解决化学计算题的方法,并在不同的情境中将所学的方法进行迁移运用,促进学生分析和解决问题能力的发展。这样的教学才是基于化学学科本质的教学。

二、化学"定量化"能力水平诊断

中学化学的"定量化"学习内容主要是以两个基本物理量——物质的量和质量为核心,结合基本概念原理和元素化合物知识而展开。从初中阶段以质量为核心到高中阶段以物质的量为核心,从核心概念到基础计算再到综合计算,遵循了从宏观到微观、从简单到复杂的认知过程,构建了从核心概念到基础计算再到综合计算的递进式体系。杨玉琴对化学"定量化"能力进行了水平构建,基于 Rasch 模型进行了测量工具的开发及优化、能力测量及数据分析。依据大样本测试数据,探讨了高中不同年级学生化学"定量化"能力的水平分布,分析了"定量化"能力的年级差异以及性别差异。[①]

(一)化学"定量化"能力水平的构建

理解化学概念的含义及化学原理、符号中所蕴涵的量的关系是解决定量化学问题的基础。纳赫利赫和希伯尔曼(Nakhleh & Silberma,1993)的研究表明如果学生想要恰当地处理定量化

---

① 杨玉琴.中学生化学"定量化"能力的测评研究[J].化学教学,2013(11):13-16.

学问题,那么他们必须理解摩尔的含义。① 科赫(Koch,1995)指出学生初学化学时在寻找抽象化学符号和描述化学过程之间的联系、分子式所提供的定量信息(比如计量关系)方面会遇到困难。学生首先必须彻底解决定量化学问题。② 多莉(Dori,2003)认为有关物质的量的化学计算问题可以从复杂性和转换水平两个维度来进行分类。转换次数越多,复杂性越大,学生解决化学计算问题时遇到的障碍就越多。③ "思想"是认识的高级阶段,是对事物本质的、高级抽象和概括的认识。化学学科思想方法是对化学事实、化学理论以及化学方法的本质认识,思想方法往往使得化学定量化问题的解决事半功倍。

因此,根据"由简单到复杂、由基础到综合、由具体到抽象"的"定量化"能力发展的规律,构建如下由低到高的4种水平。

水平1:认识概念或符号中所蕴涵的数量关系。如,认识化学方程式等符号中所蕴涵的质量关系;知道溶解度等概念中蕴涵的数量关系;知道物质的量等概念的计量含义等。

水平2:直接运用数量关系进行简单运算。如,根据化学式、化学方程式进行简单的运算;利用物质的量等概念间的相互关系进行换算等。

水平3:整合或转换数量关系进行综合运算。如,分析和处理图表数据或实验数据进行运算;对溶液中发生的化学反应进行运算等。

水平4:运用化学思想方法进行复杂运算。如,运用守恒法、差量法、关系式法等思想方法进行一些较为复杂的运算。

以上4个水平从认识数量关系到直接运用再到综合运用,最高水平为运用化学思想方法,复杂性及转换水平逐渐增加,思维及定量化要求逐步提高,水平的划分体现了化学学科学习的规律。

(二)化学"定量化"能力水平的诊断

依上述"定量化"能力的4个水平编制测量工具,运用Rasch模型分析测验结果④,修订和优化测量工具,并根据大样本测试结果分析高中生化学"定量化"能力现状以及发展规律等。

1. 诊断工具

以"定量化"能力的4个水平层次为理论依据,编制了相应的测量工具。第一轮试测结果经过Rasch模型检验之后,对某些项目进行了修改,项目总数未变,形成了第二轮试测的测验卷,其中Q1~Q8是选择题,Q9~Q13是建构反应题(建构反应题要求被试组织或建构一份答案,在考查学生的高层次能力上具有优势,建构反应题的答案有封闭性答案和开放性答案两种)。第二轮试测后再经Rasch模型检验修正后的测验卷可用于大样本测试。具体项目与能力水平的对应如表5-65所示。

---

① Nakhleh, M. B. Are Our Students Conceptual Thinkers or Algorithmic Problem Solvers? [J]. Journal of Chemical Education,1993,70(1):52-53.

② Koch, H. Simplifying Stoichiometry[J]. The Science Teacher, 1995(62):36-39.

③ Dori Y. J., Hameiri M. Multidimensional Analysis System for Quantitative Chemistry Problems:Symbol, Macro, Micro and Process Aspects[J]. Journal of Research in Science Teaching,2003, 40(3):278-302.

④ Bond, T. G. & C. M. Fox. Applying the Rasch Model:Fundamental Measurement in the Human Science(2nd)[M]. Mahwah, New Jersey:Lawrence Erlbaum Associates, 2012.

表 5-65　"定量化"能力测验项目与能力水平对应表

水平	项目
水平 1：认识概念或符号中所蕴涵的数量关系	Q1,Q2,Q3,Q4
水平 2：直接运用数量关系进行简单运算	Q5,Q6,Q7,Q8
水平 3：整合或转换数量关系进行综合运算	Q9,Q10,Q11
水平 4：运用化学思想方法进行复杂运算	Q12,Q13

对于选择题而言，每一道题中均包含 4 个选项，仅有 1 个正确选项。对于建构反应题而言，则采用等级评分。以下几例是对"定量化"能力测验卷中项目的简要分析说明。

【案例 12】 在 10℃时，KNO_3 的溶解度是 20 g，则此温度下的饱和溶液中，下列关系正确的是(　　)。

A. m(溶液)：m(溶质)＝4∶1　　　　B. m(溶质)：m(溶剂)＝1∶4

C. m(溶液)：m(溶剂)＝6∶5　　　　D. m(溶剂)：m(溶液)＝4∶5

[说明]　该题属于"水平 1：认识概念或符号中所蕴涵的数量关系"的考查内容，旨在考查学生是否知道溶解度概念中所蕴涵的溶质、溶剂以及饱和溶液三者之间的质量关系。

【案例 13】 目前国际上通用"测氮法"标定牛奶中蛋白质含量，蛋白质中含氮量平均为 16%，若不法分子在 1 袋某品牌奶粉中加了 1 g 三聚氰胺($C_3H_6N_6$)，相当于增加蛋白质约(　　)。

A. 4.2 g　　　　B. 3.2 g　　　　C. 0.7 g　　　　D. 1.6 g

[说明]　该题属于"水平 2：直接运用数量关系进行简单运算"能力的考查内容，旨在考查学生能否根据化学式进行化合物质量与其中所含元素质量的换算。

【案例 14】 在标准状况下，取甲、乙、丙各 30.0 mL 相同浓度的盐酸，然后分别慢慢加入组成相同的镁铝合金粉末，得到下表(表 5-66)中有关数据(假设反应前后溶液体积不发生变化)。

表 5-66

实验序号	甲	乙	丙
合金质量/mg	255	385	459
气体体积/mL	280	336	336

请计算合金中 Mg、Al 的物质的量之比。

[说明]　该题属于"水平 3：整合或转换数量关系进行综合运算"能力的考查内容，旨在考查学生能否根据图表所提供的实验数据、正确选择实验数据并根据化学方程式进行运算。

【案例 15】 硫代硫酸钠是一种用途广泛的化工产品，某厂技术人员设计了以下生产流程：

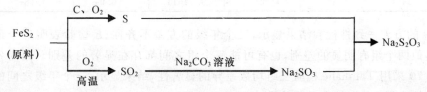

若由原料制 S 的转化率为 75%，制 SO_2 的转化率为 90%，SO_2 制 Na_2SO_3 的转化率为 95%，则用于制 S 和 Na_2SO_3 的原料的质量比为多少时，才能制得最多 $Na_2S_2O_3$(其他消耗不计)？

[说明]　该题属于"水平 4：运用化学思想方法进行复杂运算"能力的考查内容。题给信息

中从原料到产品经历了多步化学反应,若分步计算,则很烦琐。若运用关系式思想方法,根据多步反应中最初反应物和最终生成物之间量的关系,列出关系式进行相关运算,则将大大简化运算过程。

2. 诊断样本

本研究共进行了三轮测试,被试组成如表5-67所示。第一轮测试用于初步考查测验工具的质量,经 Rasch 模型检验分析后,对测验工具进行修改,再进行第二轮测试,根据第二轮测试结果的数据分析决定修改后的测验卷可用于大样本测试(第三轮)。因第一轮、第二轮测试主要用于考查、优化测验工具的质量,所用样本较小,没有选择高三年级被试。第三轮测试样本较大,采取分层抽样形式,选取了某省三所不同层次的高级中学作为样本来源学校,分别在高一、高二、高三年级随机抽取被试。

表 5-67 测试被试组成

测验	年级			其中		合计
	高一	高二	高三	男	女	
第一轮测试	52	56		66	42	108
第二轮测试	55	57		67	45	112
第三轮测试	204	254	247	449	256	705

3. 数据处理

运用 Bond & Foxsteps 1.0.0 分析测验工具的信、效度,将项目难度与学生能力转换成具有等距意义的 logit 分,再运用 SPSS 18.0 软件进行统计分析。因篇幅有限,结果分析部分只采用第三轮测试的数据。

(三)化学"定量化"能力水平诊断分析

1. 化学"定量化"能力的年级差异分析

(1)总体描述。表5-68是高中三个年级 Q 测验的描述性统计结果。高一、高二两个年级的极大值都是4.48,高一年级的全距最大,高三年级的全距最小。三个年级的平均分随年级的升高而上升。

表 5-68 三个年级 Q 测验描述性统计

Grade	N	均值	标准差	标准误	极小值	极大值	全距
G1	204	1.08	1.15339	0.08075	−2.29	4.48	6.77
G2	254	1.33	0.79779	0.05006	−1.29	4.48	5.77
G3	247	1.63	0.72473	0.04611	−0.64	4.18	4.82

表5-69的方差一致性检验结果显示,三个年级的方差不齐性;F检验表明三个组中至少有一个组和其他两个组有明显的差别,也有可能三个组之间都存在显著的差别。因为各组方差不齐性。表5-70采用 Tamhane 检验三组均数差异的显著性,结果显示,三个年级之间的相伴概率皆小于显著性水平0.05,具有显著差异。

表 5-69　Q 测验方差分析表

方差一致性检验		方差检验	
Levene Statistic	sig.	F	sig.
13.651	0.000	21.785	0.000

表 5-70　Q 测验三个年级平均数差异显著性检验结果（Tamhane 法）

(I)grade	(J)grade	均值差(I−J)	标准误	sig.
1	2	−0.25009*	0.09501	0.026
	3	−0.55416***	0.09299	0.000
2	1	0.25009*	0.09501	0.026
	3	−0.30407***	0.06806	0.000
3	1	0.55416***	0.09299	0.000
	2	0.30407***	0.06806	0.000

注：*** 表示 $p<0.001$，** 表示 $p<0.01$，* 表示 $p<0.05$

由以上统计分析可知，对于"定量化"能力而言，高一、高二、高三三个年级的水平依次升高，且有着显著性差异。

（2）在各个水平层次上的比较。将 Q 卷中每个水平所对应的各个项目的难度估计进行平均可得到每个水平的难度平均值，如表 5-71 所示，以此平均值作为判断学生"定量化"能力水平的依据。当学生的能力值低于 −1.41 时，则认为学生的"定量化"能力水平低于水平 1；当学生的能力值为 −1.41～−0.05 时，则位于水平 1；当学生的能力值为 −0.05～0.82 时，则位于水平 2；当学生的能力值为 0.82～1.67 时，则位于水平 3；当学生的能力值大于 1.67 时，则位于水平 4。

表 5-71　Q 卷各水平难度平均值

水平	项目及其难度	难度平均值
1	Q1(−2.27)；Q2(−1.03)；Q3(−0.73)；Q4(−1.59)	−1.41
2	Q5(0.31)；Q6(−1.07)；Q7(0.66)；Q8(−0.08)	−0.05
3	Q9(0.10)；Q10(0.98)；Q11(1.39)	0.82
4	Q12(1.28)；Q13(2.05)	1.67

本研究被试样本中高一、高二、高三三个年级学生 Q 卷的平均分分别为 1.08、1.33、1.63，结合表 5-72，可以认为高一、高二、高三三个年级学生的"定量化"能力的平均水平皆已达到层次 3（整合或转换数量关系进行综合运算）。三个年级在不同能力水平层次上的人数及比例如表 5-72 所示。

表 5-72　各年级学生不同层次 Q 能力水平人数及比例

水平	高一	高二	高三	合计
<水平1	4(2.0%)	1(0.4%)	0	5(0.7%)
水平1	15(7.4%)	3(1.2%)	1(0.4%)	19(2.7%)
水平2	65(31.9%)	58(22.8%)	18(7.3%)	141(20.0%)
水平3	75(36.8%)	125(48.2%)	130(52.6%)	330(46.8%)
水平4	45(22.1%)	67(26.4%)	98(39.7%)	210(29.8%)
合计	204(100.0%)	254(100.0%)	247(100.0%)	705(100.0%)

由表 5-72 可见,高一、高二年级中有极少数学生的"定量化"能力水平低于水平 1(认识概念或符号中所蕴涵的数量关系),每个年级中皆有位于水平 1 的学生,但所占比例很小,分别为 7.4%、1.2% 和 0.4%;高一、高二分别有 31.9%、22.8% 的学生位于水平 2(直接运用数量关系进行简单运算),高三学生中处于水平 2 的较少,为 7.3%;在水平 3 和水平 4 上高一、高二、高三三个年级所占的人数比例随年级升高逐步增加。

2. 化学"定量化"能力的性别差异分析

表 5-73 是中学生化学"定量化"能力性别差异的 T 检验结果。可知,在"定量化"能力上,男生的成绩稍高于女生。T 检验的结果表明,在 4 个测验上,男女两组的方差齐性,Q 测验的相伴概率为 0.069,略大于显著性水平 0.05,也就是说,男女生在化学"定量化"能力上略有差异,但差异性并不显著。

表 5-73　化学"定量化"能力性别差异 T 检验结果

测验	性别	N	M	F	Sig.	T	Sig.
Q	男	449	1.41	0.245	0.620	1.824	0.069
	女	256	1.28				

(四) 化学"定量化"能力水平诊断结论

研究对化学"定量化"能力进行了水平构建,基于 Rasch 模型开发和优化了测量工具,在三个年级实施了能力测量。结果表明,修订后的测量工具在多种数据指标上符合 Rasch 模型所规定的标准和结构,测量工具具有良好的信度和效度。根据大样本测试结果的数据分析发现,测量样本中的高中生表现出了较高的"定量化"能力,三个年级的学生都达到了水平 3,特别是高三年级学生已接近水平 4。随着年级的增加,学生的定量化能力逐步提高,且三个年级间存在显著性差异。每个年级在从低到高的 4 个水平上,都分布着一定的人数。男、女生之间的"定量化"能力略有差异,但差异性不显著。

值得思考的是,三个年级的学生在"定量化"能力上的差异主要表现在同一水平(水平 3)上,这说明在该水平上还存在着不同的亚层能力,应设计更多的项目深入、细致地考查不同的能力水平,以建立起更为精确的"定量化"能力评价的框架;另一方面,所开发的测量工具,总体上表现出良好的性能,但仍存在不足。如,有少数几个项目的单维性检验负荷值较大,项目水平与能力水平还不能完全对应;测量样本的来源还需更广泛等。这些方面的进一步改进将有助于"定量化"能力测评质量的提高。

本章思考题

1. 为什么说现代化学教师应从重教向重学转变？中学化学教师应从哪些方面来全面诊断学生的学习？

2. 中学化学学习方式有哪些？选择一所学校，调查学生运用化学学习方式的情况，并对调查结果进行诊断分析，提出改进化学学习方式的建议。

3. 影响化学学习的因素有哪些？根据你对一所学校（或一个班级）的诊断，试总结影响化学学习的各种因素及改进措施。

4. 下列材料来源于：牛拥、李广洲在《中学化学教学参考》(2004年第8期第12页)发表的《学优生与学困生陈述性知识结构化程度差异的探讨》一文。

学科或专门领域内的问题解决涉及大量专门知识的应用，这些专门知识是问题解决的基础。离开这些知识，就无法解决相关领域的问题。现代认知心理学根据知识的不同表征方式和作用，将知识分为陈述性知识、程序性知识和策略性知识。陈述性知识又称为描述性知识，主要说明事物"是什么"……

Joseph D. Novak (1984)认为概念图以科学命题的形式显示了概念之间的联系，它强调的是概念之间的层次结构和相互联系，因而能够反映被试陈述性知识的组织特征。在概念图中化学概念之间的横向连线越多，纵向连线越深，说明学生化学概念的掌握程度越好，头脑中的陈述性知识结构化程度越高……

根据对上述材料的理解，回答下列有关问题：

(1) 中学化学教材中的哪一类知识属于陈述性知识？

(2) "陈述性知识"的教学应该选择哪些教学方法？为什么？

(3) 试以中学某一知识为例，画出该知识的概念图。

(4) 试简述中学生化学学习困难产生的原因。

第六章 化学考试诊断例析

考试是中学化学教学中的一个重要环节,把考试应用于教与学诊断是教育考试的一项重要功能。考试质量的高低直接影响考试诊断的职能和作用,而考试后对学生解题和成绩的诊断和利用,对不断完善考试方法,诊断学生学业水平,监控区域教学质量,发现教与学中存在的问题,提高化学教学质量,都具有重要的作用。

第一节 化学诊断式考试的设计

核心概念

◆学业水平考试 ◆国际大型测评 ◆二段式诊断测验 ◆OLAP 技术

化学诊断式考试是以测量、监测和发现教与学"偏常"状况而开展的测评活动。在化学教学系统中,诊断式考试占有特殊重要的地位。在诊断式考试中解决诸如学习者学习难点、了解学习者集体或个人的学习特征,以及获得学习者认知过程等问题,为实现因材施教的个性化教学和提高学习质量提供支持与服务,同时支持教师根据诊断结果决策下一步的教学策略和教学活动进程。

一、化学学业水平考试设计

化学学业水平考试的主要目的之一是对学生经过一个阶段的化学课程学习后所达到的化学学科知识水平进行评价,并在此基础上,对班级、学校甚至一个区县的教学水平进行评价。化学学业水平考试诊断的主要目的是测查被评价者在评价内容上达到的水平,并指出其在评价内容上的问题及进一步努力的方向。班级、学校或区县学生学业水平的分布,以及学生学业方面存在的普遍问题,反映了班级任课教师、学校、区县的化学教学水平以及教学中可能存在的问题。发现这些问题是高中学业水平考试的重要目的,是学校校长、区县教育行政部门帮助学生改善学习行为,帮助教师改进教学行为的重要依据。因此,必须对班级、学校和区县学生的学业水平分布进行评价,对学生学业质量问题所反映出的教学方面的问题给予诊断和反馈。[①]

(一)评价内容

评价内容是指评价的指标。对高中化学学业水平考试而言,学生在高中阶段化学能力的发展及知识掌握的情况是反映学生化学学业水平的主要内容,评价内容毫无疑问应该是化学课程标准要求学生发展的学科能力和掌握的知识内容。问题是从哪些方面判断学生化学能力的发展

---

① 雷新勇.高中学业水平考试研究(三):学业评价和质量问题诊断[J].考试研究,2012(6):31-37.

状况,并诊断学业质量存在的问题。如高中学业水平考试是以证据为中心的考试(evidence-centered assessment),这些证据在考试设计阶段即以考试的测量目标及其行为目标或以认知类型及其认知要求的形式确定了,在考试开发阶段是围绕这些期望获得的证据进行考试开发,对试题的评分也是围绕着这些证据进行的。因此,在学业评价阶段,尤其是学业质量问题诊断中,必须以考试获得的证据为评价内容,并且以这些证据来表述评价结果。

(二) 评价要素

学业质量问题诊断需要确定诊断是以单个试题为单位,还是以题组或大题为单位;如果以题组为单位,还需确定如何组成题组。一般地,如果考试的题量较少,每道试题考查的认知技能和/或知识内容均不相同,可以考虑以试题为单位。反之,如果考试的题量较多,每种认知类型都有若干道试题进行考查,每个知识内容主题也有若干道试题,则可以以认知类型/次级认知子类型或知识内容主题为单位组合成题组。

(三) 评价技术

评价技术包含的内容较多,基本包括两大类:(1) 分类决策或等第划分的技术;(2) 学业质量问题诊断技术。等第划分一般应当按照近几十年来教育测量学发展起来的标准设置方法进行(Cizek,et al.,2007;雷新勇,2011)。对学生学业质量问题进行诊断,并在此基础上发现学校教学可能存在的问题,需要对考试数据作一系列的技术处理,这些处理技术是获取评价结果的关键。

高中化学学业质量诊断包括以下技术:(1) 将原始分数转换为量表分数,建立分数量表;(2) 建立量表分数与试题或题组的关联;(3) 确定考生化学认知能力或知识内容主题方面的优势和弱势;(4) 统计考生普遍存在的化学认知能力或知识内容主题学习方面存在的问题,发现班级、学校和区县在这些方面存在的问题。

(四) 评价结果

评价结果大概是学业评价中分歧最大的一个方面。需要呈现什么样的评价结果给考生、学校、区县教育行政部门,取决于以下诸多因素:(1) 考试结果及其可行性;(2) 学生、教师、校长对评价结果的可理解程度;(3) 社会对评价结果的可接受程度;(4) 评价技术方法的成熟程度;(5) 评价结果的误差。

基于这五个方面的考虑,在当前国内教育评价文化背景下,学业评价应当主要呈现两种评价结果:(1) 学生学业水平及其分布,包括班级、学校、区县学生学业水平分布。(2) 学生学业方面存在的问题;班级、学校甚至区县教学方面存在的问题。值得指出的是,美国教育评价中普遍将学生和学校学业增值情况作为重要的评价结果,国内有些考试机构也在仿效进行学业增值评价。

二、国际大型测评的评价设计

近年来,TIMSS、PISA、NAEP 这三个国际大型测评已经作为世界各国教育改进的重要参照。作为测评的重要组成部分,国际大型测评大科学领域的评价设计既具有共性又各具特色;其评价对象主要为 15~17 岁的学生,这也是我国中学化学教学对象的年龄段。本节以 TIMSS 2011、PISA 2006 和 PISA 2009、NAEP 2009 和 NAEP 2011 科学测评框架为主要研究对象,分析、比较国际大型测评中科学素养测评的设计特点、共性和差异,以期为我国中学化学教学诊断提供有意义的参照。[①]

(一) TIMSS、PISA 和 NAEP 的评价设计特点

从20世纪八九十年代起,国际科学教育改革的新趋向指向提高学生的科学素养,科学素养也成为TIMSS、PISA、NAEP共同的评价目标。但是,三大国际测评对于科学素养的界定并不完全相同,因此其评价设计各具特色。

1. TIMSS 科学评价设计的特点

TIMSS没有明确界定科学素养的含义。但是,从TIMSS 2011框架来看,TIMSS所评价的对象包括:科学内容和认知水平。

(1) 评价内容框架。现以TIMSS 2011的8年级科学测评为例,8年级的科学评价中,有20%的分值涉及化学学科。评价的内容包括:物质的分类和组成、物质的性质、化学变化。TIMSS在这三个领域的基础上,对相关内容进行了细化。

以"化学变化"为例,该测评内容被细化为:

① 从转化的角度区分一个或多个纯净物(反应物)生成其他纯净物(产物)的变化是物理变化还是化学变化;提供证据说明化学变化的发生是有现象的(如温度改变、产生气体、颜色改变、发光等)。

② 认识到化学变化的过程中质量守恒;认识到某些化学反应释放能量(如热能、光能),而另一些化学反应吸收能量;从吸热、放热的角度对熟悉的化学反应分类(如:燃烧、中和反应等)。

③ 认识到常见的氧化反应需要氧气(如燃烧、生锈);了解防火和金属防腐的重要性;可以对常见物质的可燃性以及易生锈、易变色的性质进行排序。

(2) 认知水平框架。TIMSS的认知水平包括认识(knowing)、应用(applying)、推理(reasoning),分别占8年级考查分值的35%、35%和30%。TIMSS将这三个认知水平进一步细化,如应用(applying)包括"比较"等6个水平(见表6-1)。

表6-1 TIMSS"应用"水平

序号	水平	细目
1	比较/对比/分类	识别或描述不同组别/类别有机物、材料或工艺;根据特定的特征和性质对个别物体、材料、有机体、工艺进行区分、分类或排序
2	运用模型	用图表或模型呈现对于科学概念、结构、联系、过程,或者生命系统或生物循环、物质系统或物质循环的理解(如食物链、电路、水循环、太阳系、原子结构)
3	建构联系	能够将基本生物的或物质科学的概念和其可观测或可推断出的性质、行为或物体、有机物、材料的用途的知识建构起联系
4	阐释信息	运用科学概念或原理阐释相关文本、表格或图中的信息
5	得出结论	识别或运用科学的概念、方程式,或分析得出定性或定量的结论,包括直接应用/呈现概念
6	解释	识别或界定对观察结果或自然现象的解释,呈现对基本科学概念、原理、定理或理论的理解

[①] 张莉娜. 国际大型测评的评价设计对我国中学化学教学评价的启示[J]. 化学教育,2013(10):83-87.

从上面的分析我们可以看出：TIMSS 的特色是有明确界定的内容和水平框架，并且分别按照内容和水平两个维度进行细化形成评价要点，之后据此命题。

2. PISA 科学评价设计的特点

（1）明确界定科学素养的内涵。PISA 2006 的考核重点是科学。PISA 2006 有明确的对于科学素养的界定：一个人的科学知识，和使用这些知识来识别问题、学习新知识、解释科学现象，基于证据得出与科学有关问题的结论，了解科学的特征——作为人类的知识和探究的一种形式，意识到科学和技术如何塑造物质、精神和文化环境，作为反思性的公民，愿意应用科学观点参与和科学有关的议题。

PISA 2006 围绕科学的三个方面设计测评：① 科学概念；② 科学过程/方法；③ 科学情境。PISA 2009 在此基础上，进一步细化了科学素养的内涵，包括四个维度：① 情境；② 知识；③ 能力；④ 态度。[①]

（2）依据对科学素养内涵的界定，多维细化形成评价要点。PISA 2009 对科学素养的内涵界定为四个维度，并据此分别细化形成评价要点。

① 情境。科学情境，指学生要认识到和科学与技术相关的生活情境。PISA 中的情境包括个人、社会、全球的，包括健康、资源、环境、灾害、科学与技术的新领域。

② 知识。PISA 指出学生要在科学知识的基础上理解自然世界。知识维度包括"科学知识"和"关于科学的知识"。"科学知识"按照物质系统、生命系统、地球和空间系统、技术系统进行细化。以物质系统为例，其下含物质结构、物质性质、化学变化、运动和力、能量及其转化、相互作用六个主题；在这六个主题下，就不再进一步细化；即知识的考查聚焦在大概念层面。"关于科学的知识"包括科学探究和科学解释两部分。

③ 能力。科学能力，包括：识别科学问题、解释科学现象、运用科学证据。上述三个方面的能力可以分别细化。"识别科学问题"可细化为：辨识可能作为科学研究的议题；确认科学信息检索时的关键词；辨识科学研究的重要特征。"解释科学现象"可细化为：在给定的问题中应用科学知识；科学地描述或诠释现象并且预测改变；确定适当的描述、解释与预测。"运用科学证据"可细化为：诠释科学证据并建立与结论的联系；确认结论背后的假设、证据与推理；反思科学与技术发展对社会的意义。

④ 态度。科学态度，指学生能够表示对科学有兴趣，支持科学探究，并意图采取负责任的行动，如保护自然资源和环境。

从上面的分析我们可以看出：PISA 的评价设计特色是包括情境、知识、能力和态度在内的多维评价，强调综合能力和实际应用；弱化狭义的内容和水平。

3. NAEP 科学评价设计的特点

和 TIMSS 一样，NAEP 没有在评价框架中明确界定科学素养的概念。从 NAEP 2009、NAEP 2011 科学评价框架来看，NAEP 用科学内容（science content）和科学实践（science practices）整合对科学素养的评价，用表现预期作为评价指标，界定了各个年级学生表现的应然水平。[②]

[①] OECD. PISA 2009 Assessment Framework-Key Competencies in Reading, Mathematics and Science.

[②] National Assessment Governing Board U. S. Department of Education. Science Framework for the 2011 National Assessment of Educational Progress.

（1）科学内容框架。科学内容包括物质科学、生命科学、地球与空间科学三大学科领域。在其下包括学科的内容主题和次级主题，它们是依次细化的关系。比如，物质科学包含物质、能量、运动三个内容主题。物质主题包括物质的性质、物质的变化两个二级主题；能量主题包括能量的形式、能量的转化和守恒两个二级主题；运动主题包括宏观层面的运动、影响运动的力两个二级主题。在二级主题之下，就不再进行概念的进一步拆解，而是以学生能够做什么的表达方式细化科学内容框架，形成各个年级的科学内容列表，如对物质性质的认识，4、8、12年级的学生应该达到相应水平(见表6-2)。

表6-2　4、8和12年级物质科学内容(摘录)

4年级	8年级	12年级
物质 物质的性质：物质物理性质的通性、固体、液体、气体物理性质的通性(4)；化学性质、物质的微粒性以及元素周期表(8)；亚原子粒子和原子结构的特点(12)		
P4.1：物质的性质、质量和体积，可用适当的工具测量	P8.1：运用物质由微粒构成、微粒不断运动的模型解释固体、液体和气体的性质	P12.1：从物质中原子、离子或分子的排布及这些微粒间引力大小的角度解释固体、液体和气体物理性质的差异

（2）科学实践框架。NAEP科学实践包括四个维度：识别科学原理、应用科学原理、应用科学调查和应用技术设计。科学实践细化为一系列含动词的描述，如应用科学原理细化为：① 解释观测的现象；② 预测观测的现象；③ 提供观察的实例，说明科学原理；④ 提出、分析及评价其他解释或预测。

（3）认知水平要求。NAEP界定了四个认知水平要求，"知道""知道怎样做""知道为什么""知道什么时候和在哪里应用知识"。

（4）用表现预期作为评价学生学习的指标。与TIMSS和PISA不同的地方在于，NAEP 2009明确提出了各年级在不同科学内容主题下的表现预期(performance expectations)。表现预期整合了科学内容、科学实践、认知水平要求，描述学生应该能够做的事情；NAEP将其作为评价学生学业水平的指标。例如，表6-3列述了12年级学生对"物质状态"这一科学内容在"识别科学原理""应用科学原理""应用科学调查""应用技术设计"四方面的表现预期。

表6-3　12年级"物质状态"表现预期的例子

识别科学原理	应用科学原理	应用科学调查	应用技术设计
解释为什么冰比液态水的分子间作用力强	应用分子排布和键的概念来解释为什么石墨很软，金刚石很硬，尽管它们都是由碳原子构成的	运用分子理论，解释三种不同液体加热后体积变化的实验结果	为尽可能准确地测量温度，同时考虑到用在装置中液体和固体的热性能以及结构的形状和尺寸，设计一个仪器

（5）评价学生的发展——学习进阶。与TIMSS和PISA不同的地方在于，NAEP 2009明确提出了学习进阶(learning progressions)的概念：学习进阶是一个对一系列概念的复杂推理方式的持续性学习序列。学习进阶在NAEP中主要表现为不同年级的学生在某一核心概念上的认识发展，如学生对"物质状态的认识发展从4年级到8年级、12年级是一个渐进的过程"(见表6-4)。

表 6-4 4、8 和 12 年级"物质状态"学习进阶(以"应用科学原理"为例)

4 年级	8 年级	12 年级
应用科学原理 推断状态的变化(比如凝固或熔化)影响识别物体,但不影响识别构成/组成物质的材料	应用科学原理 预测碘升华后的变化,在分子水平上预测升华过程中发生了什么	应用科学原理 应用分子排布和键的概念来解释为什么石墨很软,金刚石很硬,尽管它们都是由碳原子构成的

从上面的分析我们可以看出:NAEP 的评价设计特色是有内容和水平框架,最终整合为表现预期来表达学生学业水平应达到的程度;用学习进阶的方式表达从 4~12 年级的学生对于大概念的认识发展脉络。

(二) TIMSS、PISA 和 NAEP 的评价设计对我国学业水平考试设计的启示

1. 注重从多个维度对学生科学素养的评价

从国际大型测评各自的特点来看,TIMSS 的特色是有明确界定的内容和水平框架。PISA 的特色是多维评价,强调综合能力,强调应用;弱化狭义的内容和水平。NAEP 的特色是有内容、水平框架,最终整合为表现预期来表达学生学业水平应达到的程度;并且用学习进阶呈现 4~12 年级学生对于大概念的认识发展脉络。这些和三大测评的目的及其发展趋向相关。TIMSS 指向教学改进,略显出形成性评价的特点;PISA 评价科学素养,强调综合的能力;NAEP 和美国国家课程标准具有高度一致性,具有国家特色。无论何种类型的评价,都需要考虑并着意建构学生多个维度的发展:认知的、技能的;基于内容的、基于实践的等等。

2. 注重对真实情境下问题解决的评价

国际大型测评所评价的是科学素养,无论是否明确界定其内涵,从任何一个大型测评的纵断面来看,其对科学素养的评价都是不断发展的。PISA 明确界定了科学素养的概念;但 PISA 2006 和 PISA 2009 对科学素养的界定就有所区别。NAEP 自 2009 年起,也在以往几次测评框架的基础上进行了较大幅度的调整。这一方面和经济社会发展大趋势所带来的科学教育对学生科学素养发展的诉求密切相关,即强调应用和问题解决,另一方面也是基于对已有研究成果的整合。而当下,在评价领域,任何一个国际大型测评都不可避免地融入情境,或采取其他方式(非纸笔测验的方式,如 TIMSS)考查学生对真实问题的解决。

3. 注重对核心概念认识的评价

从国际大型测评新近研究的横断面来看,评价学生对大概念的认识已经成为三大测评的共性。TIMSS 评价学生对物质的分类和组成、物质的性质、化学变化这三个核心概念的认识;PISA 评价学生对物质结构、物质性质、化学变化的认识;NAEP 评价学生对物质(物质的性质、物质的变化)和能量的认识。从三大测评近年研究的纵断面来看,对核心概念应用的评价已经成为三大测评的共性。这也是为什么国际大型测评的试题看似灵活,却考查了学科领域最为核心的知识,而不是对细枝末节知识的记忆。

4. 注重对核心概念认识发展的评价

NAEP 2009 明确提出了学习进阶的概念,指出学生对核心概念/大概念的理解是渐进的,是可评价的。这一观点的提出源于近 10 年以美国为代表的关于学习进阶的系列研究。这一观点同样写入了新的美国国家课程文本。这意味着对于核心概念的认识发展是当前科学教育评价领

域考虑的问题,是需要关注的,要设计相应的评价。而对于学生核心概念认识发展的评价,恰恰是化学教育领域形成性评价要关注的内容。

三、化学学业水平考试一致性分析

普通高中学业水平考试是在教育部指导下由省级教育行政部门组织实施的国家考试,是依据普通高中课程标准实行的终结性考试,旨在全面反映高中学生在各学科所达到的学业水平。国家课程标准是教材编写、教学、评估和考试命题的依据。课程标准主要服务于评价,是国家对国家或地方的课程质量、学校教育质量、教师教育质量、学生学习质量进行评价的依据。学业水平考试与课程标准的一致性是指学业水平考试与课程标准的吻合程度。评价与课程标准的一致性,是评价课程改革整体效果的最重要手段。

选取高中化学必修内容,选择2012年海南省普通高中化学学业水平考试(即基础会考)试题进行研究分析。海南省普通高中基础会考是完成所考科目毕业水平学习的高中生和具有同等学力的考生参加的全省统一的普通高中学业水平考试,是对全省高中学业水平质量的监测。考生考试成绩将按10%折算加入高考总分,考试命题的依据是化学课程标准。考试目标是高中化学课程学习所要求达到的高中毕业的最基本的学习目标,在考查课程标准规定的核心知识的同时,关注情感态度与价值观的考查,注重知识获得的方法过程和知识应用,并鼓励学生质疑和创新,考查学生提出问题、分析问题和解决问题的能力。因此,我们从试卷所考查的知识、能力、情感态度与价值观三个维度同课程标准规定的目标进行一致性研究,从而分析高中化学学业水平考试与课程标准的一致性程度。[①]

(一)学业水平考试的知识领域与课程标准一致性分析

1. 内容标准的目标水平分析

认知性学习目标要求包含四级水平,分别用A、B、C、D进行划分:A. 知道、说出、识别、描述、举例、列举;B. 了解、认识、能表示、辨认、区分、比较;C. 理解、解释、说明、判断、预期、分类、归纳、概述;D. 应用、设计、评价、优选、使用、解决、检验、证明。界定课程标准某条内容标准的目标水平时,要根据该内容标准所含行为动词与认知性学习目标水平的一致性来具体确定。

2. 试题的选取与划分

选取高中化学必修内容,选择2012年海南省普通高中化学学业水平考试试题,对该套试题与课程标准的一致性进行分析(对于填空题,一个空确定为一题;计算题,一个问题为一题)。

试题的认知性学习目标水平的界定方法有两种:第一,若题中有行为动词,则直接选取其作为相应的目标水平层次;第二,若没有明显的行为动词,则分析该题考查内容,再确定其水平。

3. 知识内容与课程标准一致性分析

通过对课程标准要求和试卷的研究与划分(见表6-5),从知识种类、深度、广度和平衡性四个维度进行一致性分析。

---

① 许方,王后雄.高中化学学业水平考试与课程标准一致性分析[J].中学化学教学参考,2013(6):60-62.

表 6-5 2012 年海南省高中化学学业水平考试体现的知识

命中的目标	标准水平	对应试题	试题水平
1. 初步学会根据物质的组成和性质对物质进行分类。	C	1	A
2. 认识化学计量的基本单位——摩尔,能运用于相关的简单计算	B	2	B
		17(5)	B
3. 能根据实验目的选择实验仪器和药品	D	3	B
		4	B
		6	B
4. 通过实验了解氯、氮、硫、硅等非金属及其重要化合物的主要性质	B	8	A
		17(1)	A
		17(2)	B
		17(4)	C
5. 了解钠、铝、铁、铜等金属及其重要化合物的主要性质	B	5	B
6. 认识离子反应及其发生的条件	B	7	B
7. 根据实验事实了解氧化还原反应的本质是电子的转移	B	17(3)	B
8. 了解原子核外电子的排布规律	B	18(4)	B
9. 认识元素周期律,了解原子结构与元素性质的关系	B	18(1)	B
		18(3)	B
10. 认识化学键的含义,知道阴、阳离子间可以形成离子键,原子之间可以形成共价键	B	9	B
		18(2)	B
11. 运用模型了解碳的成键特征	B	10	B
12. 知道化学键的断裂和形成是化学反应中能量变化的主要原因	A	11	B
13. 认识化学反应有快慢之分,化学反应有一定的限度	B	12	B
		16	B
14. 知道乙醇、乙酸、糖类、油脂、蛋白质的组成和主要性质	A	13	A
		14	A
		15	A
共命中 14 条标准		合计 25 题	

(1) 知识种类的一致性。这是指学业水平考试规定的知识种类应该与课程标准规定的知识种类保持一致。两者的一致性,可以发挥学业水平考试对学校教学的导向作用,引导学校按照课程标准规定的内容领域组织教学活动。由表 6-5 可知,该试卷命中的 14 条内容标准,均在课程标准要求的知识范围内。因此可以判断,该学业水平考试的知识种类与课程标准的规定是一致的。

(2) 知识深度的一致性。这是指试卷考查的知识深度水平与课程标准的目标水平吻合程度。由表 6-6 可知,试题中符合知识深度水平的为 72%,大部分的试题符合课程标准的要求,因此该试卷符合知识深度水平的一致性。

表 6-6　学业水平考试与课程标准知识深度一致性

与目标对照深度水平		
低于	符合	高于
4 个(16%)	18 个(72%)	3 个(12%)

（3）知识广度的一致性。这是指试题是否覆盖了课程标准的主体范围。高中化学课程标准的必修内容中共有 35 条标准,该试卷命中了 14 条,占 40%,因此该试卷与课程标准在知识广度的一致性上有所欠缺,知识的覆盖面略有不足。

（4）知识分布的平衡性。这是指试题在各项具体目标间分布的均匀程度,用平衡性指数来描述,计算公式为:

$$平衡性指数 = 1 - \frac{\left(\sum\left|\frac{1}{O} - \frac{I_k}{H}\right|\right)}{2} \qquad (公式 6-1)$$

式中,O 为内容标准中被命中的目标总数,I_k 为击中目标的试题数,H 为命中该内容标准的试题总数。

当试题与内容标准所要求的各个目标全部对应时,平衡性指数达到最大值 1,即知识分布平衡性达到完全一致。知识分布平衡性标准可接受水平的指标是:确定平衡性指数 0.7 为判定知识分布平衡一致性标准的可接受水平。若平衡性指数介于 0.6~0.7 之间算勉强符合。在本研究中,$O=14$、$H=25$,代入公式可得:平衡性指数$=0.503$,小于 0.6。从试题内容上看,该主题的考查内容主要集中在某几条标准,而其他内容标准涉及较少,甚至没有涉及,可见该试卷知识分布的平衡性较差。

（二）学业水平考试考查的能力领域与课程标准一致性分析

关于高中化学的能力目标,课程标准要求学生"获得有关化学实验的基本技能,学习实验研究的方法,能设计并完成一些化学实验"。"学习科学探究的基本方法,提高科学探究能力。学会运用观察、实验、查阅资料等多种手段获取信息,并运用比较、分类、归纳、概括等方法对信息进行加工。"如表 6-7 所示,在该试卷中体现出了对学生观察、推理、判断、分析综合能力的考查,如第 17 题推断题,就很好地考查了学生推理分析的能力。所以该试卷基本符合了能力考查与课程标准一致性的要求。

表 6-7　2012 年海南省高中化学学业水平考试体现的能力目标

题号	内容摘要	能力考查意图
3	选出不能加热的仪器	考查能恰当地使用化学仪器的实验能力
10	根据球棍模型写出结构简式	考查对原子、分子、化学键等微观结构的思维能力
11	化学反应能量的变化	考查通过对图形的观察,获取相关知识的能力
16	根据实验过程确定实验目的	考查实验探究解决问题的能力
17	氮循环的过程推断产物	通过对图形的观察,获取相关信息,并进行分析和逻辑推理的能力
18	元素周期表,原子结构和性质	考查通过对图形的观察,获取相关知识的能力

第六章 化学考试诊断例析

(三) 学业水平考试考查的情意领域与课程标准一致性分析

关于高中化学的情感态度与价值观目标,课程标准要求学生"有将化学知识应用于生产生活实践的意识,能够对与化学有关的社会和生活问题做出合理的判断,关注与化学有关的社会热点问题,逐步形成可持续发展的思想。树立辩证唯物主义的世界观,养成务实求真、勇于创新、积极实践的科学态度,崇尚科学,反对迷信"。从本试卷来看,在必修内容部分,对于学生情感态度与价值观的考查体现得不多,且大多隐含在题中,具体情况如表6-8所示。

表6-8 2012年海南省高中化学学业水平考试体现的情感态度与价值观目标

题号	内容摘要	试题体现的情感态度与价值观
8	太阳能电池的主要材料	体现了化学知识在生产生活实践中的应用,鼓励学生关注与化学有关的社会热点问题
17(2)	氮循环	体现了化学知识对自然现象的解释,对与化学有关的生活问题做出合理的判断
17(5)	汽车尾气的治理	体现了化学知识在生产生活实践中的应用,鼓励学生关注与化学有关的社会热点问题及可持续发展的思想

(四) 高中化学学业水平考试诊断的结论与反思

以上分析仅涵盖了高中化学必修内容,不能完全代表整套试卷的内容,但是从对研究的分析来看,2012年海南省普通高中化学学业水平考试与课程标准在知识、能力和情感态度与价值观的一致性上总体满足要求。通过这一诊断分析,我们也反思了一些问题。

1. 试题编码的不确定性

想要对试题对应的目标水平进行准确定位,需要以扎实的教育目标分类知识为基础,准确掌握不同认知水平的行为动词包含的确切含义。定位需要丰富的教学实践经验,清楚在具体的学习过程与评价实践中,学生的实际表现是什么样的,对于知识点的归属和定位,不同的人可能会有不同的看法,因此该编码只是主观的判断。

2. 分析方法的局限性

对于学业成就评价与课程标准的一致性分析,我国还未形成自己的模式,主要是借鉴国外的模式。研究中的分析方法综合借鉴了该领域已有的研究成果,并加以整合归纳。但是,这种分析方法依然是不完善的,还需要通过理论与实践的指导,不断加以改进。

3. 现行课程标准的缺陷性

通过以上分析也发现了现行课程标准的一些缺陷。首先,课程标准对考生最低和最高要求的规定不够明确,目标本身没有层次性,要求所有学生经过学习达到相同的程度,这无法成为不同心智发展水平学生的学习目标。其次,课程标准的目标过于笼统,行为动词描述较模糊,很难被学生和教师有效地理解,也难以作为考试评价命题的依据。

4. 评价目标的不完整性

通过对该试卷的分析,可以看到,虽然试题对知识要求基本符合,在能力和情感态度与价值观上也有所体现,但对于课程标准的要求仍有所欠缺。海南省基础会考的要求指出,在考查课程标准规定的核心知识的同时,关注对情感态度与价值观的考查,注重知识获得的方法过程和知识应用,并鼓励学生质疑和创新,考查学生提出问题、分析问题和解决问题的能力。而对比试卷来看,在这些方面还有所欠缺,尤其是在情感态度与价值观方面。

四、中学化学学业质量水平诊断

运用中学化学学业考试成绩的统计,可以诊断一个班级、一个学校甚至一个区县的化学教学是否可能存在问题,主要依据一个班级、学校或区县学生在化学学习方面是否存在共同的问题,若普遍存在某一方面的问题,则在考试结果上应该有所显示,即该方面的得分率或达标率会偏低。因此,通过统计班级、学校甚至区县学生在化学认知能力、知识内容主题方面的达标率,可以反推班级、学校、区县学生化学学习方面存在的问题,从而推测化学教学可能存在的问题。

建立中学化学学业质量问题诊断系统需要考虑的主要要素包括诊断对象、诊断内容、诊断要素、诊断技术和诊断结果。确定了诊断对象、内容、要素后,需要采取适当的技术方法获得期望的结果。在这之中,对考生的化学学业问题诊断技术最为重要。其方法是将原始分数转换为量表分数,再建立试题或题目与量表分数的关联,实现对班级、学校、区县化学教学问题的诊断。题组可以按照考查的化学能力组合,也可按照考查的知识内容主题组合。

如图 6-1 所示为某校 2013 届高中化学学业水平考试质量诊断图。试卷中试题根据考查的知识内容主题合并成题组,可以方便地看出该校学生知识内容主题学习的强项和弱项。

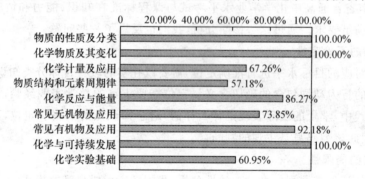

图 6-1 某校 2013 届高中化学学业水平考试质量诊断图

在化学学业质量诊断中,按照试题考查知识所属的内容主题,将试题组合成题组。由图 6-1 可见,高中化学学业水平考试考查的 9 个内容主题中,该校学生在 7 个内容主题上的达标率均超过 67%,而"物质结构和元素周期律"和"化学实验基础"两个内容主题上,该校学生达标率明显偏低,尤其是"物质结构和元素周期律"部分,该校学生达标率明显偏低,表明该校在这两个内容主题的教学方面可能存在薄弱环节,需要相关部门研究原因,对教学作出适当调整。

五、二段式诊断测验的设计

概念转变是一种基于现代认知心理学、建构主义学习理论和现代科学哲学的科学教学新模式。传统的化学教学(包括复习教学)不够重视学生的前概念(尤其是迷思概念),导致学生学习了一段时间后,脑中的错误概念仍然根深蒂固。这是因为学生花了相当多的时间与精力构建了自己的朴素理论,他们无论在感情上还是理智上都离不开它们。学生头脑中的迷思概念含有自己对科学概念先入为主的想法,学生依赖它们来认识概念,因此学生对这些迷思概念常常深信不疑,使其具有稳固性。已有研究表明,探查学生已有的认知结构,了解其认知特色以便在教学上予以合适的协助以实现概念转变,是教师改进科学教学的一个方向,是科学教育研究领域中的一项重要课题。[①]

二段式诊断法是诊断学生迷思概念的有效方法之一。所谓二段式,指的是试题第一段检验学生对概念理解的正确性,第二段则探究学生之所以持此种理解的理由。已有研究者利用此法进行了学生迷思概念的诊断工作,但对于如何编制二段式测验题目、如何施测和分析测验结果的报道比较少。本研究以包含众多抽象概念、学生易产生误解的"化学平衡"为测试内容,借鉴国内外相关研究成果,在成都市某高中高三年级2个理科班(共118人)进行实验,重点探讨如何编制二段式测验题目并利用其诊断高三化学复习中学生在"化学平衡"知识范围内存在的迷思概念。[②]

(一) 二段式诊断测验的类型与试题编制

1. 二段式诊断测验的类型

二段式诊断测验旨在诊断学生的迷思概念,深入探测学生的认知结构,考查学生对概念的真实想法。根据二段式诊断测验二段题型的不同可以将其进行分类,一般来说有如下3类。

【案例1】 把氢氧化钙固体放入蒸馏水中,一定时间后达到如下平衡:$Ca(OH)_2(s) \rightleftharpoons Ca^{2+} + 2OH^-$。平衡后加入哪类物质可以减少$Ca(OH)_2$固体的物质的量?你的理由是什么?

【案例2】 将a mol NO_2充入一密闭容器中,充分反应达到平衡后,将容器的体积缩小一半,NO_2的转化率变化趋势是( )。

(1) 变大　　　　(2) 变小　　　　(3) 不变　　　　(4) 无法确定

理由:_____。

【案例3】 在反应$2CrO_4^{2-}(aq,黄色) + 2H^+(aq) \rightleftharpoons Cr_2O_7^{2-}(aq,橙色) + H_2O(l)$达到平衡时,测得50 mL该溶液中$CrO_4^{2-}(aq)$和$Cr_2O_7^{2-}(aq)$的浓度均为0.5 mol/L,在这一反应体系中加入10滴5 mol/L的NaOH溶液后,溶液颜色将如何变化( )。

(1) 黄色加深　　(2) 橙色加深　　(3) 不变色　　(4) 无法确定

理由:(a) 加入少量的NaOH溶液,平衡体系中各微粒浓度基本不变,平衡不移动,溶液的颜色不变化。

(b) 加入NaOH与溶液中H^+反应,H^+浓度减少,平衡向左移动,体积基本不变时,CrO_4^{2-}浓度增大,溶液黄色加深。

(c) 加入少量NaOH溶液,溶液体积增大,Q值大于化学平衡常数,平衡向左移动,但CrO_4^{2-}浓度变化无法确定。

(d) 加入少量NaOH溶液,溶液体积略增大,平衡向右移动,$Cr_2O_7^{2-}$浓度增加,溶液橙色

---

① 蔡铁权,姜旭英,胡玫.概念转变的科学教学[M].北京:教育科学出版社,2009:37.
② 邓阳,王后雄.利用二段式测验诊断高三化学复习中学生的迷思概念[J].化学教育,2010(12):48-51.

加深。

案例1属于二段皆为主观题类,这类二段式测验题主观性强,可有效避免学生单纯靠猜测得到正确答案,但是问答形式会造成学生作答困难且不便于教师进行后续分析;案例2属于第一段为客观题,第二段为主观题类,这类二段式测验题兼具主客观性,但仍有因学生主观回答所带来的问题;案例3属于二段皆为客观题类,简称二段式选择测验试题。这样的设计可以避免学生在书写理由时产生的主观困难,同时兼顾了访谈法质性和测量法量性的特点,并且学生填写时间短,更便于后期教师做详细的分析。考虑到二段式测验不存在甄别、考核等目标,旨在诊断问题解决思维过程,因此,二段式选择测验试题往往受到研究者的青睐。

案例研讨 6-1

若在【案例3】平衡体系中"加入 10 滴 5 mol/L NaOH 溶液"改成:(1) 加入 10 滴 5 mol/L H_2SO_4 溶液;(2) 加入 50 mL 0.5 mol/L KCl 溶液;(3) 加入 50 mL 0.5 mol/L $K_2Cr_2O_7$ 溶液,平衡如何移动?溶液颜色如何变化?

2. 二段式诊断选择测验试题编制

切尔哥斯特(D. F. Treagust)提出了二段式选择测验试题的编制程序,其流程如表 6-9 所示。

参考切尔哥斯特提出的编制程序,针对"化学平衡"这一主题进行了适合高三化学复习阶段的二段式选择测验题的编制工作。

(1) 确定诊断测验的内容

① 确定考查知识的内容和范围。根据化学教科书"化学平衡"的章节内容和相关文献报道,确定与"化学平衡"有关的内容和范围作为命题依据,其中包括化学平衡的概念(包括适用对象、特征、动态平衡的判断);等效平衡;化学平衡移动原理。

表 6-9 切尔哥斯特提出的二段式选择测验试题的编制程序

第一步:界定内容	第二步:获得学生迷思概念的信息	第三步:发展二段式选择测验试题
(1) 确定考查知识的内容和范围 (2) 发展概念图 (3) 检查命题内容和概念图的信度和效度	(4) 查阅文献 (5) 进行非结构性访谈了解学生的概念认知 (6) 由学生的回馈形成理由选项	(7) 编制二段式选择测验试题初稿 (8) 设计双向细目表 (9) 不断地完善

② 构思概念图。整理主题"化学平衡"包括的主要概念,并用这些概念构建概念图,以体现并确定研究主题概念间的相关性和研究主题内容的延伸程度,提高命题的信度和效度,如图 6-2 所示。

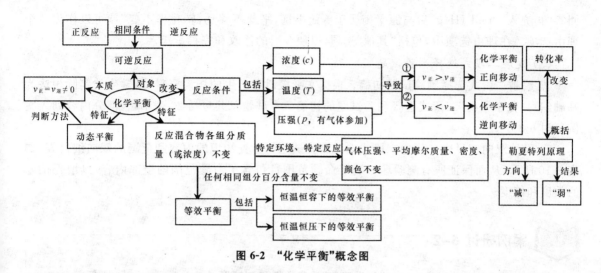

图 6-2 "化学平衡"概念图

③ 检查命题内容和概念图的信度和效度。与学科专家、同行化学教师讨论，检查概念图是否包含了考查知识的全部内容，并检查其叙述是否正确、科学、完整。

(2) 获得学生迷思概念的信息

④ 查阅文献。通过文献检索，查找相关的与高三学生复习"化学平衡"有关的研究结果，收集学生在复习前可能具备的迷思概念。例如，刘瑞东研究表明，学生对"化学平衡"中的动态平衡的判断；浓度、温度、压强(体积)等对化学平衡的影响；浓度、温度、压强(体积)等对化学平衡反应速率的影响；盐类对溶解平衡的影响和惰性气体对化学平衡的影响等存在大量的迷思概念。

⑤ 非结构性访谈了解学生的概念认知。非结构性访谈对访谈的内容与计划没有严格规定，可以依据现场实际情况进行访谈，具有弹性大、随意性大等特点。访谈内容应该包括概念图中每一个概念及概念与概念之间的关系。本研究使用非结构性访谈的形式对被试班级的 11 名学生进行抽样访谈，并录音记录。以下是部分访谈片段：

师：对于反应 $2HI(g) \rightleftharpoons H_2(g) + I_2(g)$，你能说说它有什么特点吗？

生：可逆反应，反应前后气体分子数不变。

师：如果恒温恒容下充入 a mol HI 气体达到平衡后，再加入 a mol HI 气体，你认为平衡体系会有哪些变化？

生：恒温恒容？……平衡应该不会移动吧？

师：为什么呢？

生：……恒温恒容只要反应物的物质的量之比与原平衡相同，两平衡等效，何况此处是加的与原来相等的量，所以平衡不会移动。

师：那按你的意思可以认为 HI 的转化率也不会变？

生：是的，因为平衡没有移动。

由以上谈话片段可以看出，该生没有很好地将化学平衡的移动、等效平衡和反应物的转化率这三个概念区分开来，认为只要是等效平衡，平衡就不移动；如果平衡移动，反应物的转化率就会发生变化。

⑥ 由学生的回馈形成理由选项。整理访谈资料，了解受访谈学生在"化学平衡"问题上的迷思概念，并进行归类、排序，作为二段式选择测验试题第二段"理由"的选项。例如，上例中学生的

回答"再充入 a mol HI(g)后与原平衡属于等效平衡,平衡不移动,转化率不变"就可以作为一个理由选项。在理由选项中,包括"其他"选项,以便今后的修改和完善工作。

(3) 发展二段式选择测验试题

⑦ 编制二段式选择测验试题初稿。根据文献探讨和学生的访谈资料,以学生的实际想法为基础编写"化学平衡"二段式选择测验试题的初稿。本试题总共包括20个小题,部分内容列入案例研讨 6-2 中。

⑧ 设计双向细目表。建立二段式选择测验试题与考查知识的内容和范围的双向细目表,如表 6-10 所示,从而保证所有测验题目属于命题范围且包含了命题范围的全部内容,以增强试题的效度和信度。

案例研讨 6-2

"化学平衡"二段式选择测验题

测试说明:本测验的目的是了解您对于"化学平衡"的迷思概念,与您的个人成绩无关,请放心作答。

答题说明:每个题目都是单项选择题,请把答案填在相应括号内,如果没有您认为正确的选项,请在"其他"栏内填写您的理由。谢谢合作!

……

6. 一定温度下,向容积固定不变的密闭容器中充入 a mol HI(g),发生反应 $2HI(g) \rightleftharpoons H_2(g) + I_2(g)$,达到平衡后,再向容器中充入 a mol HI(g),此时 HI 的转化率与之前相比( )。

(1) 升高　　　(2) 降低　　　(3) 不变　　　(4) 无法确定

理由:(a) 增加 HI(g) 的浓度,平衡向正反应方向移动,使得 HI 转化率升高;

(b) 再充入 a mol HI(g) 后体系压强增大,但压强对该平衡无影响,平衡不移动,转化率不变;

(c) 根据转化率判断规律,增加某种反应物的浓度,该反应物转化率降低;

(d) 再充入 a mol HI(g) 后平衡正向移动,新平衡与原平衡等效,转化率不变;

(e) 根据勒夏特列原理,充入 a mol HI(g) 后平衡向减弱这种改变的方向移动,使得 HI 转化率升高;

(f) 再充入 a mol HI(g) 后与原平衡属于等效平衡,平衡不移动,转化率不变;

(g) 其他_____。

……

表 6-10 "化学平衡"二段式选择测验试题与考查知识的内容和范围双向细目表

题号	命题知识								
	化学平衡研究对象	化学平衡的本质、特征	动态平衡	等效平衡	浓度对化学平衡的影响	温度对化学平衡的影响	压强对化学平衡的影响	转化率	勒夏特列原理
……									
6				√	√		√	√	√
……									

⑨ 不断地完善。

(二) 二段式诊断测验的施测与诊断结果分析

1. 二段式诊断测验的施测

施测之前先抽样进行适当的预测工作并进一步修改完善。此工作主要包括检查学生是否能够理解题意,抽样测验结果与教师预测结果是否一致等,这样能够确保测验的信度和效度都比较高,且测量出来的结果能够反映出高三学生对于"化学平衡"存在的迷思概念。

施测时应该给学生充足的时间保证其能够完成所有题目,使得整个测试的"有效率"较高,尽量避免学生漏答。同时,在保证学生独立完成的情况下尽量给学生一个轻松的氛围,使其真正地动脑思考来完成题目,以保证测验的准确性。

2. 二段式诊断测验的测验结果分析

彼得森(R. F. Peterson)和切尔哥斯特(D. F. Treagust)认为,只有学生对某道题目选择内容知识的部分(即第一段的内容选答)和理由部分(即第二段的迷思概念选答)都正确,才表示出学生确实对该题持有正确的概念,否则就有可能存在迷思概念。由于第一段和第二段都有若干个选项,因此学生作答时可能有多种答案组合。选答正确组合所占人数的百分比即代表学生了解该题中正确概念的程度;其他组合方式的选答人数若占全部人数的20%以上,则表示该题项是一种具有代表性的迷思概念。

在本次研究中,根据两个被试班级学生的作答情况作了分析表格。以第 6 题为例,分析如表 6-11 所示。

表 6-11 第 6 题答题情况分析表

	第一段选项	(3)			(1)		(2)	合计
T6	第二段选项	(d)	(b)	(f)	(a)	(e)	(c)	
	选答人数	47	34	26	6	2	3	118
	选答百分数(%)	39.8%	28.8%	22.0%	5.1%	1.7%	2.6%	100%

注:表中有底纹处为正确选项。

从表 6-11 分析可以看出,两个理科班中,第 6 题第一段题目选对的人数占总测试人数的 90.6%(39.8%+28.8%+22.0%)。如果仅仅看第一段测试结果,这个数字是比较可观的,说明大多数学生知道再充入 a mol HI(g)后 HI 的转化率与之前相比不变。但是,学生对 HI 的转化率不变理由的判断,结果并不乐观。只有 39.8% 的学生能够既知道 HI 的转化率不变,又知道得出这个结论的原因,即对概念有正确的理解。更多的学生只知其然,而不知其所以然,存在着一定的迷思概念。如果不揭示这些迷思概念,教师往往会被学生的作答情况所蒙蔽,会认为学生在第 6 题所涉及的问题上基本不存在问题,这对于高三有效复习来讲是不利的。通过分析第 6 题的各个选项组合以及选择该组合的比例,可以得出被试班级存在的主要迷思概念如表 6-12 所示。

表 6-12　第 6 题揭示的迷思概念和比例

迷思概念	迷思比例
1. 把浓度对化学平衡的影响误看成压强对化学平衡的影响	28.8%
2. 片面地认为只要是等效平衡,平衡就不移动	22.0%
3. 单纯地认为平衡正向移动会导致反应物的转化率升高	5.1%
4. 将增加反应物浓度导致转化率变化的规律误用	2.6%
5. 单纯地使用勒夏特列原理判断反应物转化率的变化情况	1.7%

前文已述,选答百分数大于 20% 则表示该题项是一种具有代表性的迷思概念,由表 6-12 可以看出,第 6 题(3)(b)和(3)(f)选项是两类具有代表性的迷思概念。分析这两类主要的迷思概念,可以看出,被试班级学生不能够结合具体实例分析影响化学平衡的条件究竟是浓度还是压强,不能够准确地区分等效平衡和平衡移动这两个概念,不能够准确理解影响反应物转化率的相关因素究竟是什么。虽然学生主观臆断了转化率的改变趋势,但是不能够深刻理解平衡移动的过程,若该题这样考查:"一定温度下,向容积固定不变的密闭容器中充入 a mol HI(g),发生反应 $2HI(g) \rightleftharpoons H_2(g) + I_2(g)$,达到平衡后,再向容器中充入 a mol HI(g),此时化学平衡_____。(选填'正向移动''逆向移动'或'不移动')",大多数学生就很难选择正确答案。因此,区分浓度和压强对化学平衡的影响、准确理解等效平衡规律应该成为高三复习的重点内容之一。对于其他比例不高的迷思概念,虽然低于 20%,但仍说明有学生存在着相应的迷思概念,教师应该有针对性地个别辅导。

(三) 二段式诊断测验法用于诊断的优势

二段式诊断测验法对于诊断学生的迷思概念有着重要的意义和作用,它体现了建构主义教学观念,肯定了教学是建立在学生已有认知基础之上的现代教学观。运用二段式诊断测验法能够帮助教师更好地进行中学化学教学,其优点主要体现在:① 帮助教师摸清学生的迷思概念,有针对性地实施查漏补缺,可摆脱"广撒网、低成效"的教学方式;② 便于教师针对学生的迷思概念编写教学资料,使得教学材料更有针对性,更有价值;③ 便于教师针对学生的迷思概念选择适当的教学策略,进而顺利地实施概念转变。

当然,二段式测验法诸如命题环节耗时间、对诊断结果的准确性、效度、信度分析等,都是今后值得深入研究的方向。另外,国内外研究者提出的关于如何诊断学生迷思概念的方法还有很多,本节提出的二段式诊断测验法只是其中的一种,它集质性、量化于一体,使得测验结果更科学、合理。当然,针对不同的教学实际情况将不同的测量方法兼及并用,会更为有效。

六、基于 OLAP 技术的诊断考试设计

在诊断考试技术方面,王陆、李亚文提出了一个基于联基分析技术用于考试及教学诊断模型。[①] 面向数据仓库的联机分析技术(On-Line Analytical Processing, OLAP)是一种基于多维数据模型的数据分析和挖掘工具,它使用数据的领域背景知识,允许在不同的抽象层提供数据,

---

① 王陆,李亚文.基于 OLAP 技术的教学诊断与评价模型[J].计算机工程,2003(5):49-50.

并且可以在各种粒度上进行多维数据分析,从而可以使教师和学生在不同级别观察数据,获得知识。① 由于学习者的学习特征数据涉及学生、知识点、时间和技能等多个维度,构成了一个多维数据模型,并具有显式的概念层次,因此,使用 OLAP 技术进行数据分析和挖掘,可从数据立方体的不同数据透视图中,在每一个粒度级和所有维上实现交互查询和交互数据分析,并获得可视化分析结果。

(一) 数据仓库的数据诊断考试模型

创建数据仓库,首先需要建立一种简明的、面向主题的多维数据库模式,以便于进行联机数据分析。图 6-3 是为化学考试诊断而建立的星型多维数据模型。它由四个维度:学生、知识点、时间和认知技能目标组成。其中中心事实表包括四个关键字和一个度量 Score。

星型模型由从中心点出发的射线组成,其中每一条射线代表一个维度上的概念分层,即一个将低层概念映射到高层概念的序列。概念分层上的每个"抽象级"称为一个脚印,代表诸如上卷、下钻等 OLAP 操作可用的粒度。在星型模式中,每个维只用一个表表示,每个表包含一组属性。一个维表中的属性可能形成一个层次(全序)或格(偏序)。

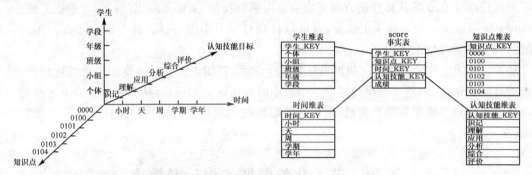

图 6-3　星型模型的学生学习特征数据仓库

(二) 基于 OLAP 技术的考试诊断模型

数据仓库是构成教学诊断与评价模型的基础。要实现基于 OLAP 技术的考试诊断模型还需要由 OLAP 服务器和前端工具等组成部分与数据仓库一起构成三层体系结构。具体见图 6-4 所示。

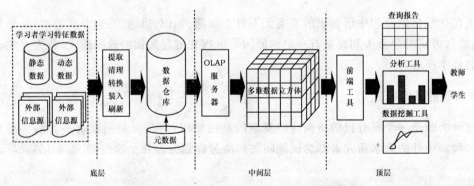

图 6-4　基于 OLAP 技术的考试诊断模型结构

---

① Chapelle O., Haffner P., Vapnik V. SVMS for Histogram Based Image Classification, IEEE Tromsaction on Neural Networks, 1999-09.

图 6-4 中的底层数据仓库由网间连接程序从操作数据库和外部数据源中提取数据,经过清理、变换、集成和装入等操作建成。数据仓库可以采用关系模型,但通常都是多维数据形式。网间程序允许客户程序产生 SQL 代码,在服务器端执行,一般包括 ODBC、OLE 和 JDBC 等。在数据仓库中元数据是定义仓库对象的数据。

图 6-4 所示的中间层由关系型 OLAP(ROLAP)模型,即扩充的关系 DBMS 构成,支持将多维数据上的操作映射为标准关系操作。其顶层是前端工具,包括查询报告、分析工具,以及数据挖掘工具等。

(三)化学诊断考试的工作原理

OLAP 技术主要由上卷(roll-up)、下钻(drill-down)、切片(slice)、切块(dice)和转轴(pivot)等操作组成。这些操作使得我们可以从数据立方体的不同数据透视网中,在每一个粒度级和所有维度上实现交互查询和数据分析,从而实现对化学学习者特征数据的诊断。例如:

(1)诊断学生的学习难点。可以在图 6-3 的多维数据立方体上,通过切块操作获得某位学生在不同知识点上认知技能水平与所使用学习时间的子立方体,并可通过该子立方体的数据,进一步了解这位学生在 6 项认知技能方面更容易掌握哪种技能,从而诊断出他的学习难点是什么。

(2)学习质量评价。按学生维度,就可以得到对学习小组、班级,甚至整个年级在不同认知技能指标上的学习情况评价。

(3)了解学生的学习路径。如果先针对某个学生,以知识点和时间维度两个维度切片,然后再按照时间下钻,我们就可以得到这个学生每小时经历时的知识点,从而获得他的学习路径。如果将这个路径送往教学策略推理机,则教学策略推理机就可以依据这个路径决策下一步的教学活动。[①]

第二节 化学解题失误诊断模式

核心概念

◆问题解决　◆解题模式　◆诊断模式　◆相对难度　◆绝对难度

学生在化学解题过程中所做出的答案无不打上审题、知识、思维、心理方面的烙印,学生解题"一做就错",考试时严重失利总是有一定的原因。欲探究解题失误的诊断模式,首先必须建立化学解题的基本模式。[②]

一、化学解题的基本模式

问题解决既是一个具有目的指向性的复杂的高级思维过程,又是问题解决者的一系列外在行为的过程。中外的众多研究者都尝试把问题解决过程划分为几个阶段(见表 6-13)。

[①] 王陆,冯红.探讨基于教学过程的 ITS 系统模型[J].计算机工程,2000(5):64-65.
[②] 王后雄.化学解题失误诊断模式的研究[J].化学教育,2005(2):39-40.

表 6-13 问题解决的不同阶段

代表人物	内容
华莱士(Wallace)	准备→孕育→明朗→验证(四阶段)
奥苏贝尔(Ausubel)和鲁宾逊(Robinson)	呈现问题情景命题→明确问题的目标与已知条件→填补空隙过程→解决后的检验
布朗斯福特(Bransford)和斯特恩(Stein)	问题识别→问题表征→策略选择→策略应用→结果评价
卢家楣等	表征问题→设计方案→执行方案→评价结果

表 6-13 可以从问题解决理论中将其共性之处概括为：表征问题、设计方案、策略选择与应用、验证与评价。

化学试题千变万化，千差万别，解法不一。虽然解题没有一成不变的方法模式，却可应用问题解决理论建立解题的基本模式。

化学解题＝题示信息(X)＋基础知识(Y)＋科学思维(Z)＋心理素质(W)
　　　　　（表征问题）　　（设计方案）　　（策略运用）　　（验证与评价）

这种解题的模式也是一种思维模式。它强调解题应按一定的基本步骤，其中最不可缺少以下四个步骤。

(1) 认真阅读，挖掘题示信息

认真审题，明确条件和要求，挖掘题示和信息，弄清要解决的问题。明确问题起始状况与目标状况、问题已知与求解才能确定如何解决问题。有些关键题示往往成为解题的突破口。

(2) 灵活组合，运用基础知识

弄清题意后，在明确化学含义的基础上，需选择、调用贮存在大脑中的基础知识块，使之分解、迁移、转换、重组。化学基础知识的融会贯通、组合运用是解决化学问题的基础。

(3) 科学思维，形成解题思路

选择和运用策略，找出已知项与未知项在质或量方面的内在联系；找出突破口，并抓准解题的关键环节；广开思路，使隐蔽的关系项变明显，最终形成正确的解题思路，并灵活选择合适的方法将题解出。

(4) 检验答案，提高心理素质

化学解题，存在多种多样的心理障碍，这些障碍直接或间接地影响了化学解题思路的形成和答案的正确性，因而要提高心理素质，调整心态，监控解题过程，注重检验和评价答案的合理性，发挥自身潜能。

解题后着重检查以下几项内容：一要检查答案是否符合题意；二要检查是否有写错或算错之处，是否答得完整；三要检查是否按要求答题；四要检查有无答漏的题。必须力争做到答题内容以及标点、符号、文字、名词、术语、图表都要准确无误。

以上四个步骤是解题思维的四个基本步骤。从某种意义上讲，它也是一种能力模式，反映了解决化学问题的基本能力要求，所以我们称"题示信息＋基础知识＋科学思维＋心理素质"为解题能力的公式。

二、化学解题失误诊断模式

学生正确解答化学问题的条件具有多维性：一维条件即 X(或 Y、或 Z、或 W)条件，二维条件

即 XY(或 YZ,或 WX……)条件,三维条件即 XYZ(或 YZW,或 XZW……)条件,四维条件即 $XYZW$。考查一般化学问题可知,解答化学问题只需一维条件的情形极少,绝大多数问题需要具备三维或四维条件才能正确解答。这表明化学解题条件具有多维性特征。

经过多年研究,获取了学生在考试中解题失误的一些典型信息,探明失误原因,建立了化学解题失误诊断模式(见表6-14)。

表6-14 化学解题失误诊断模式

错因	诊断内容说明
审题性失误(X)	审题时急于求成,草率马虎,不注意题目中关键的字、词、句,误解题意,答非所问。对题示和信息挖掘不够,或处理信息出现误解
知识性失误(Y)	基础知识欠缺;知识停留在"课本知识"的圈子里,不能升华为有效知识;知识之间联靠不上;综合运用知识的能力差
思维性失误(Z)	没有掌握解题所必备的思路方法或技巧,类推错误,缺乏联想,不能做到举一反三、触类旁通。有的尽管不是思维性失误,因解题走了弯路,犯策略性失误
心理性失误(W)	怯场心理,干扰过多;"暗示"作用的干扰;过于自信,盲目冲动;答完题后,不重视对题目进行检查;不按要求答题,导致不必要的错误出现

三、化学解题失误分类诊断

诊断解题错误的内容可以涉及:(1)学生在哪些问题上出错了;(2)学生掌握知识所处的目标层次(识记、理解、应用、分析综合、探究);(3)学生解题错误的症结(审题方面、知识方面、思维方面、心理方面)等。现用具体实例拟从审题、知识、思维、心理四个方面对学生考试失误进行剖析和诊断(见表6-15)。

表6-15 化学解题失误分类诊断案例

试题及错误答案	错因诊断	点评
【案例4】 写出含8个质子、10个中子的原子的化学元素符号:氧或O	题目要求答出同位素的"化学元素符号"而不是元素名称、元素符号。答案为 $^{18}_{8}O$	审题不慎,答非所问
【案例5】 下列反应适用于实验室制备氧气的是(A)。 ① 高锰酸钾热分解 $2KMnO_4 \xrightarrow{\triangle} K_2MnO_4 + MnO_2 + O_2\uparrow$ ② 过氧化钠与二氧化碳反应 $2Na_2O_2 + 2CO_2 == Na_2CO_3 + O_2$ ③ 过氧化氢催化分解 $2H_2O_2 \xrightarrow{MnO_2} 2H_2O + O_2\uparrow$ ④ 次氯酸见光分解 $2HClO \xrightarrow{光} 2HCl + O_2\uparrow$ A. 只有① B. ①和② C. ①和③ D. ①③④	有的初中教材只介绍可用 $KClO_3$(MnO_2做催化剂)、$KMnO_4$ 热分解做实验室制备氧气的试剂,没有介绍用双氧水溶液和 MnO_2(作催化剂)制取 O_2 的方法也适用于实验室制氧气,就认为③不适用于实验室制备氧气,导致错选A。适用于实验室制备气体的原则是制取容易、装置简便、生成气体的纯度较高。根据这一原则可判断①和③适用。答案为C	知识肤浅、片面

(续表)

试题及错误答案	错因诊断	点评
【案例6】 试分析反应： $Na+KCl \underset{850℃}{\rightleftharpoons} NaCl+K$ 向哪个方向进行，说明理由。 答：向逆反应方向进行。因K的金属活泼性强于Na。	受在初中阶段学习的金属活动顺序的束缚，形成了思维定式，机械照搬金属置换反应规律。正确思路：从平衡移动原理出发，进行分析。 因K的沸点比Na低，在该温度下K气化脱离反应体系，促进反应正反应方向进行。这是工业上生产金属钾的原理	思维定式，负向迁移
【案例7】 在体积为V L的密闭容器中加入a mol NO和b mol O_2。反应后容器内氮原子数和氧原子数之比为(C)。 A. $\dfrac{a}{b}$ B. $\dfrac{a}{2b}$ C. $\dfrac{a}{a+2b}$ D. $\dfrac{a}{2(a+b)}$	由于计算因素的心理干扰。34%的学生照题意思路，先考虑过量的问题，再计算两种原子数之比。简捷方法：由质量守恒定律，反应前后原子的个数与种类不变，直接按反应前两种原子数目计算，由原子的物质的量之比等于原子个数之比可得$n(N):n(O)=a:(a+2b)$。答案为C	心理干扰，先入为主，策略性错误

值得说明的是，化学解题涉及的题示信息、基础知识、科学思维及心理素质往往是交织在一起的，因此，构建解题诊断模式具有一定的模糊性和复杂性。对 X、Y、Z、W 的内在含义的微观要素也尚得进一步揭示和探讨。

四、化学解题失误诊断案例

对学生在解题中的失误诊断应包含以下要素：读题与审题、命题立意、解题思路、标准答案、应答分析、错因诊断。现以2011年全国课标卷第26题为例说明诊断的过程。

【案例8】 0.80 g $CuSO_4 \cdot 5H_2O$ 样品受热脱水过程的热重曲线（样品质量随温度变化的曲线）如图6-5所示。

请回答下列问题：

(1) 试确定200 ℃时固体物质的化学式＿＿＿＿＿（要求写出推断过程）；

(2) 取270 ℃所得样品，于570 ℃灼烧得到的主要产物是黑色粉末和一种氧化性气体，该反应的化学方程式为＿＿＿＿＿＿。把该黑色粉末溶解于稀硫酸中，经浓缩、冷却，有晶体析出，该晶体的化学式为＿＿＿＿＿，其存在的最高温度是＿＿＿＿；

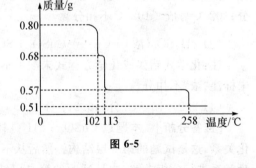

图6-5

(3) 上述氧化性气体与水反应生成一种化合物，该化合物的浓溶液与Cu在加热时发生反应的化学方程式为＿＿＿＿＿；

(4) 在0.10 mol·L^{-1}硫酸铜溶液中加入氢氧化钠稀溶液充分搅拌，有浅蓝色氢氧化铜沉淀生成，当溶液的pH=8时，$c(Cu^{2+})=$＿＿＿＿＿ mol·L^{-1} {$K_{sp}[Cu(OH)_2]=2.2\times10^{-20}$}。若在0.1 mol·$L^{-1}$硫酸铜溶液中通入过量$H_2S$气体，使$Cu^{2+}$完全沉淀为CuS,此时溶液中的

H^+ 浓度是_____ $mol \cdot L^{-1}$。

[命题立意] 本题考查硫酸铜晶体受热分解时的有关计算、实验评价、有关 K_{sp} 的计算,考查考生读图能力及思维的严密性。

[解题思路] (1) 读图可知,200℃时样品的质量是 $0.57\,g$,故判断失去水 $(0.80-0.57)\,g$,设此时固体是 $CuSO_4 \cdot (5-n)H_2O$,则可写出分解方程式 $CuSO_4 \cdot 5H_2O == CuSO_4 \cdot (5-n)H_2O + nH_2O$,根据该方程式列关系式可求得 $n=4$;(2) 若晶体完全失水即变为硫酸铜,则硫酸铜的质量是 $0.80 \times 160/250 = 0.512\,g$,故根据图中的数据可知当温度在 258℃时,硫酸铜晶体已经完全失去了结晶水;故在 570℃时应该是硫酸铜受热分解,根据得到的黑色粉末能溶于稀硫酸可知是氧化铜,故氧化性的气体是 SO_3;氧化铜与稀硫酸反应生成 $CuSO_4$ 溶液,经浓缩、冷却后析出的晶体是 $CuSO_4 \cdot 5H_2O$,根据图像可知,该晶体在 102℃后开始分解失去结晶水;(3) SO_3 与水反应生成硫酸,浓硫酸与铜在加热时发生反应;(4) $pH=8$ 时,$c(OH^-)=10^{-6}\,mol \cdot L^{-1}$,又因 $K_{sp}=c(Cu^{2+}) \cdot c^2(OH^-)$,故 $c(Cu^{2+})=K_{sp}/c^2(OH^-)$,代入数据得 $c(Cu^{2+})=2.2 \times 10^{-8}\,mol \cdot L^{-1}$;因为 $Cu^{2+}+H_2S==CuS\downarrow+2H^+$,溶液中的硫酸铜是 $0.1\,mol \cdot L^{-1}$,故可判断此时溶液中的氢离子浓度是 $0.2\,mol \cdot L^{-1}$。

[标准答案]

(1) $CuSO_4 \cdot 5H_2O \xrightarrow{\triangle} CuSO_4 \cdot (5-n)H_2O + nH_2O$

   250   18n

   0.80 g   0.80 g − 0.57 g = 0.23 g $n=4$

200 ℃时该固体物质的化学式为 $CuSO_4 \cdot H_2O$(3分)

注:过程正确2分,结论正确1分。

(2) $CuSO_4 \xrightarrow{570℃} CuO + SO_3\uparrow$(2分); $CuSO_4 \cdot 5H_2O$(1分);102 ℃(2分)

注:化学式错误不得分;未注明 570 ℃扣 1分;把"=="写成"—→"不扣分;未写"↑"不扣分;102 ℃写成≤102 ℃不扣分。

(3) $2H_2SO_4$(浓)$+Cu \xrightarrow{\triangle} CuSO_4 + SO_2\uparrow + 2H_2O$(2分)

注:化学式错误或化学方程式未配平不得分;把"=="写成"—→"不扣分;未写"↑"不扣分;未标注"浓"不扣分。

(4) 2.2×10^{-8}(2分);0.2(2分)

[应答分析] 本题以 $CuSO_4 \cdot 5H_2O$ 样品的热重曲线图为载体,描述不同温度下的质量变化关系,这是试题的第一层结构。然后从不同角度设计了层次相异的 3 个问题,需要学生依据数量关系进行分析求解,这是试题的第二层结构。为了解决这些问题,至少从判断、选择提取、理解、整合、重组这几个方向考查学生运用信息的能力和水平。

为了调查学生解答案例 8 第(1)小题时数据采集的情况,抽查 20000 份江西两考区学生试卷。经分析发现,学生主要以下列四种方法解读、使用题给信息,其中 1.2% 的学生还作出了个性化的解答。

第一种方法,全面利用题给数据。把 4 个质量数据分成 3 个区域,相互比较,发现水的质量之比是 2∶2∶1,然后辨析 2∶2∶1 的物理意义,得出正确答案。

第二种方法,利用关键数据进行运算,直接发现计算结果所具有的意义。

如，$0.8:250=0.57:(16+x)$，解之得 $x=18$，故 200℃时为 $CuSO_4 \cdot H_2O$。

抓住信息中最关键最有效的数据，结合已有知识解决问题，这是本题设计的意图。

第三种方法，收集"部分信息"进行比较，用试错法对运算结果推理分析，摸索着寻找，直至问题得以解决。如，先求出质量为 0.51 g 时的意义，得出此时是完全失水的硫酸铜；然后推知 0.57 g 是含部分水的硫酸铜。再分别求出 $n(CuSO_4 \cdot 5H_2O)$、或 $n(CuSO_4)$ 和 $n(H_2O)$，偶然发现 1:1 的关系，从而得出正确答案。

第四种方法，先假设是某物质，然后选择数据，验证自己的猜想。比如，观察到曲线有 4 个平台，推断 200℃时没有全部失去水。进行假设：假如失去 4 个水，则是 $CuSO_4 \cdot H_2O$；或失去 3 个水，则是 $CuSO_4 \cdot 2H_2O$；或失去 2 个水，则是 $CuSO_4 \cdot 3H_2O$，依此类推。然后进行逐一验算，得出正确结论。这种用假设验证的方法，对于解决复杂程度不高的问题还是有效的，从学生试卷解答的长度可以判断，其耗时相对较长。

纵观上面四种选择数据的方法，结合抽查的试卷详情，可以推理出两种相关性。

① 数据本身作为证据的直接性或间接性因素与结论存在高相关或低相关的联系。比如，选择 0.57 g 与 0.8 g 相结合运算的考生，有 70% 能得到正确结论；而使用 0.51 g 与 0.8 g 运算的考生，85% 只能得出部分结论，而不能最终做出答案。

② 学生思维水平的高低与数据选择、运算的效果性存在正相关性。思维水平高（理综Ⅱ卷高于 125 分）的学生 68% 会选择相关程度高的数据组；反之，55% 会选择相关程度偏低的数据组。

[(2)(3)(4)问应答分析略。]

[**错因诊断**]　(1)、(2)问共 8 分，平均分 2.43 分，难度为 0.3；40% 的考生为 0 分，然而，第 (2) 小题 5 分中，有 3 分是直接来源于观察图形而无须任何换算。考生出现 40% 的 0 分这种情形，主要与教学中没有着力培养学生的独立思考能力有关，在课堂上没有给予每个学生独立思考的时间与机会。教师讲解过多、练习过多，则使学生的思维固化与平庸化。学生课堂上集体回答过多、个别学生包办回答过多、学习依赖教师过多，则使大多数学生思维同化、模式僵化而无创见。不但没有给学生提供独立思考的机会，而且也缺乏促使学生独立思考的方法。在探究教学中，为了体现"互动"，往往用小组讨论的方法，取消了个人独立思考的环节。或者为了体现教学效果，又往往用少数优秀学生的思维，剥夺了中下学生思考的机会。[①]

[(3)(4)问错因诊断略。]

五、化学解题难度诊断分析

试题难度反映试题的难易程度。表达试题的难易程度的数量化指标叫做难度系数，简称难度。试题的难度通常有相对难度和绝对难度两种表示方法，教育测量中的难度一般指相对难度。

（一）化学试题的相对难度

试题相对难度的计算通常有下面两种方法。

---

① 张秀球.2011年高考理科综合能力测试（全国课标卷）化学试卷考情报告[J].化学教学，2011(9).

1. 用通过率计算相对难度(P_x)

$$P_x = \frac{R}{N} \qquad (公式6-2)$$

式中,R 为答对该题的人数,N 为参加测验的总人数。

2. 用试题得分的平均值计算相对难度(P_x)

$$P_x = \frac{\overline{X}}{W} \qquad (公式6-3)$$

式中,$\overline{X}$ 为该题的平均得分,W 为该题的满分。

(二) 化学试题的绝对难度

化学试题的题型种类繁多,且试题考查的知识、思维、能力层次千差万别,但我们可以根据人的认知结构、科学方法论、化学解题的思维模式及心态因素,归纳出正确解答化学问题的四要素,即:题示信息＋基础知识＋科学思维＋心理素质。从某种意义上讲,它是一种科学解题和命题的模式。学生在解题过程中的失误或由此产生解答试题的难度由这四项因素决定,这四项因素即为构成试题绝对难度的四要素。可以依据构成试题四项子难度要素综合评定该题的绝对难度(P_J):

$$P_J = \boxed{}\ \boxed{}\ \boxed{}\ \boxed{} \qquad (公式6-4)$$
$$\quad \sum P_a \ \sum P_b \ \sum P_c \ \sum P_d$$

式中,$\sum P_a$ 为开发题示信息的难度,$\sum P_b$ 为解题所需基础知识的难度,$\sum P_c$ 为思维方式形成的难度,$\sum P_d$ 为心态干扰产生的难度。

1. 题示信息难度构成要素

题示信息难度是指阅读、挖掘题示信息(题干条件、数据、量值和范围、新信息的开发、试题长度和条件关联的复杂程度,以及关联的隐蔽程度)难易程度。它直接反映了从新信息中获取新知识和审题的难易程度。

$$\sum P_a = q_{a1} + q_{a2} + q_{a3} \qquad (公式6-5)$$

q_{a1} ——题示繁简的难度 $\begin{cases} 直接、直观型(1)^* \\ 图表转换、间接型(2) \\ 复杂隐蔽型(3) \end{cases}$

q_{a2} ——求解问题的难度 $\begin{cases} 直接提出求解问题(1) \\ 转换后明确求解问题(2) \\ 探索性求解问题(3) \end{cases}$

q_{a3} ——开发信息的难度 $\begin{cases} 新信息量较少,且能直接运用(1) \\ 新信息和已有知识相结合才能运用(2) \\ 新信息在分析、评价基础上才能运用(3) \end{cases}$

(* 括号中为赋予的子难度系数值)

2. 基础知识难度构成要素

基础知识难度是指解答试题所必须具备的知识的难度。它反映了基础知识本身的难度、知识的层次(课本知识、延伸知识、综合型知识等)、知识点数对学生的适应和接受的难易程度。

$$\sum P_b = q_{b1} + q_{b2} + q_{b3} \qquad (公式6-6)$$

q_{b1}——知识层次的难度 $\begin{cases} 简单知识(1) \\ 理解知识(2) \\ 综合应用知识(3) \end{cases}$

q_{b2}——形成知识的难度 $\begin{cases} 直接源于课本知识(1) \\ 引申、拓展知识(2) \\ 多点知识联结(综合型)知识(3) \end{cases}$

q_{b3}——知识点数的难度 $\begin{cases} 解题包容的知识量少(1) \\ 解题包容的知识量多(2) \\ 解题包容了信息迁移知识(3) \end{cases}$

3. 思维方式难度构成要素

思维方式难度是指解答试题所需的思维能力的高低水平。它体现了试题潜在的考核应试者思维能力的功能。

$$\sum P_c = q_{c1} + q_{c2} + q_{c3} \qquad (公式6-7)$$

q_{c1}——思维层次的难度 $\begin{cases} 观察、复述、再现、辨认能力(1) \\ 分解、迁移、转换、重组的应用能力(2) \\ 推理和想象、论证和评价、抽象和创造能力(3) \end{cases}$

q_{c2}——思维方式的难度 $\begin{cases} 常规思维方式(1) \\ 非常规思维方式(2) \\ 解法巧、思维陌生度高(3) \end{cases}$

q_{c3}——思维跨度的难度 $\begin{cases} 推理量、运算量小(1) \\ 推理量、运算量较大(2) \\ 运算量大、问题空间的屏蔽作用大(3) \end{cases}$

非常规思维方式指形象思维(相对于逻辑思维)、收敛思维(相对于发散思维)、横向思维(相对于纵向思维)、求异思维(相对于求同思维)、逆向思维(相对于正向思维)、非定式思维(相对于定式思维)等。由此引入非常规解题方法,如极端假设法、反证法、讨论法、数学方法借用等。

4. 心理干扰难度构成要素

心理干扰难度是指试题所设情境的陌生度、题目长短、"暗示"作用、多余条件、心理屏蔽作用、定式作用等诱发学生产生的心态干扰形成的难度。它反映了心理素质对学生解题的影响。

$$\sum P_d = q_{d1} + q_{d2} + q_{d3} \qquad (公式6-8)$$

q_{d1}——试题情境的难度 $\begin{cases} 题目所述知识、题型熟悉(1) \\ 题目所述问题情境新颖(2) \\ 题目所述为全新问题情境(3) \end{cases}$

q_{d2}——心理干扰的难度 $\begin{cases} 已知与未知直接对应,无干扰因素(1) \\ 陷阱数较多,存在心态干扰因素(2) \\ 陷阱数多,心态干扰因素显著(3) \end{cases}$

$$q_{d3}\text{——题型猜答的难度}\begin{cases}\text{选择题(1)}\\\text{填空题或简答题(2)}\\\text{计算题或开放题(3)}\end{cases}$$

心理干扰因素是指:"暗示"作用的消极影响,题目冗长引起心理焦虑及心理抑制作用,心理定式的影响,多余条件的干扰,条件不足的干扰等。

对 P_a、P_b、P_c、P_d 取极大值和极小值,则可求得绝对难度值: 3 3 3 3 ,绝对难度值较小,说明题目容易,学生解题障碍较少;当 P_J 为 9 9 9 9 时,绝对难度值较大,说明题目较难,学生解题障碍较大。现以下题为例说明试题绝对难度的计算方法。

【案例 9】 AgF 易溶于水,AgCl、AgBr、AgI 都具有感光性,在光照下容易发生分解。现将 5 mL Ag^+ 浓度为 0.1 mol·L^{-1} 的溶液与等物质的量的碱金属盐混合,恰好完全反应。待卤化物沉淀后过滤,并在 200 W 灯泡下烘干,得到固体物质 1.297×10^{-2} g。

(1) 试分析溶液中析出的沉淀是不是卤化银。

(2) 通过计算,确定溶液中析出的沉淀物的相对分子质量是_____,它的化学式是_____。

从绝对难度构成要素分析,案例 9 的绝对难度的计算应从科学解题模式及子难度要素分析入手(见表 6-16)。

表 6-16 化学试题绝对难度要素分析

题号	科学解题模式	子难度要素分析
第(1)小题	① 依题意,可能生成的卤化银沉淀的物质的量为 $n(AgX)=5\times10^{-3}\text{ L}\times0.1\text{ mol}\cdot L^{-1}=5\times10^{-4}\text{ mol}$ ② 依题示信息,在光照烘干时,卤化银分解为单质银: $2AgX \xrightarrow{\text{光}} 2Ag+X_2$ ③ 计算生成单质银的质量为 $m(Ag)=5\times10^{-4}\text{ mol}\times108\text{ g}\cdot\text{mol}^{-1}=5.4\times10^{-2}\text{ g}$ ④ 实际固体物质质量为 1.297×10^{-2} g,所以沉淀不是卤化银	直觉判断。 运用题示信息。 反推说明:AgX 的感光性及 200 W 灯泡烘干属干扰信息。 反证(证伪)方法,解法新巧,思维跨度大
第(2)小题	① 由于沉淀不是卤化银,故所得沉淀必为碱金属的卤化物。 ② 推知所取可溶性银盐必为 AgF。 ③ 设产生沉淀为 MF(M 为碱金属),由 AgF~MF 得: $n(MF)=n(Ag^+)=5\times10^{-4}\text{ mol}$ ④ $M(MF)=\dfrac{m(MF)}{n(MF)}=\dfrac{1.297\times10^{-2}\text{ g}}{5\times10^{-4}\text{ g}\cdot\text{mol}}=25.94\text{ g}\cdot\text{mol}^{-1}$ 故 MF 的相对分子质量为 25.94。 ⑤ 碱金属 M 的相对原子质量为 $25.94-19=6.94$,可确定 M 为金属锂(Li)。 所以沉淀的化学式为 LiF	承上推理:问题空间屏蔽作用大。 运用题示信息。 常规关系式计算。 逆向思维:化学式→相对分子质量→摩尔质量。 试题及结果为全新的问题情境。 试题具有开放性特征

注:第(1)问的答案是第(2)问的解题依据,呈现出多点知识联结,跳跃大。

据上表分析可知,$q_{a_1}=q_{a_2}=q_{b_1}=q_{b_2}=q_{c_1}=q_{c_2}=2$,$q_{a_2}=q_{b_3}=q_{c_1}=q_{c_3}=q_{d_1}=q_{d_2}=q_{d_3}=3$,代入各子难度计算式得 $P_J=$ 7 7 8 9 。说明题目难度大,解题障碍多。我们曾对上面的示例的相对

难度进行了测试,抽样结果 $P_x=0.41$。此外,我们还对部分地区的调考题进行 P_J 与 P_x 相关性分析。研究表明,学生未见过的新颖的试题均显示出较高的相关性。这说明化学试题的绝对难度的构成要素具有一定的信度。

(三) 化学试题绝对难度的作用

化学试题的绝对难度是指,从解答要求的角度,试题测试考生的知识、技能和能力等心理特性的深浅程度或高低程度。绝对难度具有如下基本特点:① 试题的绝对难度是试题自身固有的一种属性,与考生的程度、状态无关,也与测试环境等外界因素无关。② 决定试题的绝对难度大小的诸因素,都存在于试题的内部。③ 目前绝对难度还无法准确量化。对单独一个题目,绝对难度无明确的意义,在对比两道题时才有意义。④ 关于试题绝对难度大小的判断,一般离不开人(判断者),这使得绝对难度的客观性受到挑战。与相对难度不同,绝对难度主要有以下优点。

(1) 从形成难度的过程来看,绝对难度因从学生解题障碍入手构成子难度的各项要素,因而绝对难度具有对学生进行诊断性评价、障碍性预测及适应性评价等功能。而相对难度是对应试者测量后统计而获得的一种试题难易度的定量结果,它偏重于试题的区分度、信度的评价,并以此评价命题的质量。

(2) 从影响难度的因素来看,绝对难度不受时空、学生层次等因素的影响,试题一旦确定,绝对难度就已确定。相对难度不仅取决于编制水平,还与被测学生的具体情况有关,一个本来很容易的题目,可能会因学生由于某种原因没有学习过有关知识而变难;而一个很难的题目,也可能学生考前做过有关练习而变易。对被测总体中的某一部分学生来说是很难的题目,可能对另一部分学生来说是容易的题目,因而相对难度即使对同一道试题也会因被测对象的变化而变化。

值得说明的是:化学试题涉及的题示信息、基础知识、科学思维及心理因素往往是交织在一起的,因此构成试题难度的要素也是多方面的。此外,四个子难度要素的赋值尚待进一步研究,教师的认识水平不同,对"构成要素"的理解会出现偏差,构成试题难度值的微观要素也尚待进一步揭示和探讨。

第三节 化学解题审题性诊断

核心概念

◆审题 ◆信息挖掘 ◆多重信息 ◆信息迁移

审题是解题的第一步,是问题解决的一个中心环节。审题是学生对题目的说明、条件、要求、求解等信息所达到的全部认识状态。审题其实是问题的表征,问题表征是问题解决者在头脑中以某种理解来呈现问题,使问题的任务领域转化为问题空间。审题有水平的高低之分,低水平是指逐字逐句读懂描述问题的每一个信息,高水平是指在表层理解的基础上,能从题目中挖掘隐含条件,进一步把问题的每一个信息综合成条件、目标统一的心理表征。

审题不够仔细导致过失性失分的现象,在考试中屡见不鲜,这显然不能简单地归结为"粗心大意",而是由于习惯不好造成的。读题不仔细、考虑不周到、审题不严谨是造成过失性失分的主要原因。在平时的学习、训练中,应该有意识地培养学生良好的解题习惯,优化、提高审题能力。

一、关键信息，粗心失误

解题时，首先应注意题目中的关键字词，这些关键字词所揭示的信息往往对做出判断产生截然不同的影响，如："正确"还是"错误"、"一定"还是"可能"、"名称"还是"符号"、"分子式"还是"结构式"（或电子式等）、"化学方程式"还是"离子方程式"、"少量"还是"过量"等。

【**案例 10**】 下列离子组一定能大量共存的是（　　）。

A. 甲基橙呈黄色的溶液中：I^-、Cl^-、NO_3^-、Na^+

B. 石蕊呈蓝色的溶液中：Na^+、AlO_2^-、NO_3^-、HCO_3^-

C. 含大量 Al^{3+} 的溶液中：K^+、Na^+、NO_3^-、ClO^-

D. 含大量 OH^- 的溶液中：CO_3^{2-}、Cl^-、F^-、K^+

[**误解**] 本题考查离子共存问题。选项 A，使甲基橙呈黄色的溶液的 pH 大于 4.4，当溶液的 pH 在 4.4~7 之间时，表现强氧化性，能够将 I^- 氧化为 I_2，A 错；选项 B，使石蕊呈蓝色的溶液的 pH 大于 8，溶液呈碱性，OH^- 能和 HCO_3^- 反应，B 错；选项 C，在含大量 Al^{3+} 的溶液中，溶液呈酸性，其中的 H^+ 能和 ClO^- 结合成 HClO，排除 C。答案 D。

[**诊断**] 本题考查在给定条件下离子组能否共存的问题，要注意题干中的关键字及选项中的条件的应用，如题干中的"一定"，选项中"甲基橙呈黄色"等，如果只分析选项中的离子组能否共存，而不考虑题干的限制条件就容易做出错误判断。

二、隐蔽信息，定式干扰

信息迁移一般分功能性信息迁移和隐蔽性信息迁移两种，前者是将信息与已学的知识高度结合在一起，形成新的知识迁移到题设情境中去解决问题，这在有机框图推断题中很常见；后者信息在题中没有明确提出，而是将信息隐含在条件中（文字、图表、选项、数据等），需要去发现、甄别。

【**案例 11**】 利尿酸在奥运会上被禁用，其结构简式如图 6-6 所示。下列叙述正确的是（　　）。

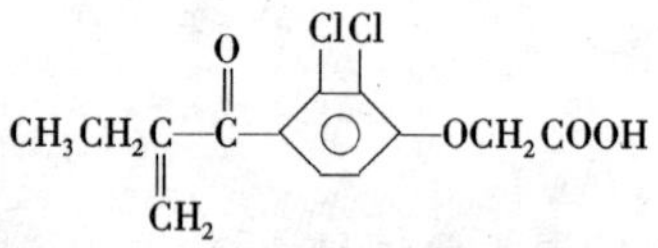

图 6-6 利尿酸结构简式

A. 利尿酸衍生物利尿酸甲酯的分子式是 $C_{14}H_{14}Cl_2O_4$

B. 利尿酸分子内处于同一平面的原子不超过 10 个

C. 1 mol 利尿酸能与 7 mol H_2 发生加成反应

D. 利尿酸能与 0.1 mol/L $FeCl_3$ 溶液发生显色反应

[**误解**] 选项 A，利尿酸的分子式是 $C_{13}H_{12}Cl_2O$，但利尿酸甲酯的分子式是 $C_{14}H_{14}Cl_2O_4$，A 正确；选项 B，根据苯分子的结构可知，利尿酸分子内处于同一平面的原子至少有 12 个，B 错；选项 C，1 mol 利尿酸只能与 5 mol H_2 发生加成反应，C 错；选项 D，利尿酸分子中不含酚羟基，D 错。答案：A。

[诊断] 本题是典型地将信息隐藏在选项中的题目,有不少学生受定式思维的影响而没有注意到隐蔽信息,而是直接根据平时的解题经验将利尿酸的分子式写出来——$C_{13}H_{12}Cl_2O_4$,首先便将 A 这个正确答案排除了,导致使自己陷入困境,企图在后面三个错误选项中去寻找正确答案,可以想象这是多么令人困惑的事情。

三、信息之间,无法转换

任何概念都不可能孤立存在,知识往往形成系统,各种变化之间相互联系、互为因果。因此,审题时应善于把握它们之间固有的、内在的联系,恰当地进行信息间的转换与传递,如此常能使思路豁然开朗,给人以"山重水复疑无路,柳暗花明又一村"的感觉。

【案例 12】 把 8 g 氧化铜放入试管里先通入氢气流,再加热试管,当固体残留物为 7 g 时,参加反应的氧化铜是多少克?

[误解] 解答此题时,绝大多数学生通常采用的方法是通过氢气还原氧化铜的化学反应方程式求解。然而,这种受定式思维的局限所采用的方法可以说是出手不高,事实上的解题过程较为烦琐。

[诊断] 认真剖析反应过程及反应前后固态物质在质量上的"差值"便可发现,正是氧化铜的失氧造成了残留物较反应物质量的减少(8 g - 7 g = 1 g),而这一数值正是参加反应的氧化铜中氧元素的质量。据此,容易利用分子式推算参与反应的氧化铜的质量为:$\frac{80}{16} \times 1 = 5(g)$ 很清楚,揭示氧化铜失氧在机理、数值上与残留物较反应物减重这一内在联系后,必然会导致解题方法的根本变革。换言之,这种方法上的新颖性和独特性是由思维的灵活多变,以及善于对有关信息进行适当的转换而引发的。毫无疑问,对初中学生进行这一能力的培训既是必要的,也是可行的。

四、多余数据,盲目运用

题目所提供的数据有的在解题时并无用处,有的在一定条件下方可使用,也有的数据因可用可不用而呈现出较强的选择性。对于解题者而言,这些数据与其说是详尽的,不如说是留有回旋余地的。因此,对题中所设数据应取分析评价态度,切忌盲目代入数据进行计算。

【案例 13】 氯酸钾中氧元素质量分数为 39.2%,高锰酸钾含氧百分率为 40.5%,取等质量的氯酸钾和高锰酸钾分别用来制取氧气,则所得氧气的质量是(　　)。

A. 氯酸钾多于高锰酸钾　　　　　　B. 高锰酸钾多于氯酸钾
C. 一样多　　　　　　　　　　　　D. 无法判断

[误解] 诊断测验表明,有 17.2% 的学生直接根据题目中氧元素质量分数确定答案为 B。能否直接通过含氧质量分数求出分解后制得的氧气是有条件的。由于氯酸钾分解时氧元素全部由化合态转变为游离态,而高锰酸钾分解时只有部分氧元素进行这样的转化。因此,前者可以由化学式确定生成氧气的质量而后者只能利用化学反应方程式求解生成氧气的质量。

[诊断] 有些数据的应用是有先决条件的。这也说明,对于数据的分析将决定其取舍,进而决定对不同方法的选择。正确答案为 A。

五、审题肤浅,思路烦琐

有的化学试题可由不同的解题路径求得最终结果,有的路径可能比较繁杂,耗时颇多,而有的解题路径则化繁为简,能为学生节省大量的解题时间。如果学生不能从审题中揭示试题潜在的解题依据,则可能犯策略性错误。

【案例 14】 试管中装有 20 mL 的 NO,倒立于盛满水的水槽中(水中滴有石蕊),然后间歇而又缓慢地向试管中通过 18 mL 的 O_2,下面①至⑥是实验最终状态的描述:

① 试管充满了水;② 试管内气体呈红棕色;③ 试管内气体无色;④ 试管内液体无色;⑤ 把试管提出水面后看到试管口呈红棕色;⑥ 把试管提出水面后看到试管口无色。其中描述正确的是(　　)。

　　A. ①⑥　　　　　B. ③④⑥　　　　　C. ②⑤　　　　　D. ③⑥

[误解] 此题审题主要是解释性阅读。需解释这几个问题:① 从题目的前后叙述中,知道实验是"在相同状态下"进行,又"水中滴有石蕊",则遇酸变红;② NO、O_2、H_2O 相遇有反应:$2NO+O_2 = 2NO_2$,$3NO_2+H_2O = 2HNO_3+NO$,从而判断气体体积、反应物过剩或适量。有些学生运用两个反应方程式多次判断过量、计算,花费时间较多,犯了策略性错误。

[诊断] 本题重点是发现其中关系,解题依据是 $4NO+3O_2+2H_2O = 4HNO_3$,解释性阅读通过边读边想,边完善思路,题意就一目了然了。根据思路确定答案 D 是正确的。

六、陌生信息,无法突破

从心理上讲,学生在考试中容易接受的是熟悉的题型、情景和信息,一旦遇到新的题型、情景和信息,容易造成心理上的"怯场"。一旦产生这种心理状态,会造成学生无法发掘潜在信息,难以找到解题突破口。

【案例 15】 氢化钠是一种白色的离子晶体,其中钠为 +1 价。NaH 与水反应放出氢气,下列叙述中,正确的是(　　)。

　　A. NaH 在水中显酸性
　　B. NaH 中氢离子的电子层排布与氦原子不同
　　C. NaH 中氢离子半径比锂离子半径大
　　D. NaH 中氢离子可被还原成氢气

[误解] 离子晶体 NaH 虽然对考生来说是一个全新的信息,但是只要把握住了 H^- 这一关键性的潜在信息,将它纳入已有的知识体系之中,本题的判断并不难。由 $NaH+H_2O = NaOH+H_2↑$ 可知,答案为 C。

[诊断] 有部分考生不能给予正确解答的主要原因可能有两个:第一,由于没见到过这种化合物,产生了"怯场"心理,这种心理状态一旦产生,立即对进一步依据新信息思考问题形成了障碍;第二,不能从外显的信息发现潜在的信息,因而不能正确地完成推断过程。

七、多重信息,无法迁移

对于试题中涉及的多个新信息,审题的关键是把"未知"与"已知"、陌生的"信息迁移题"与熟悉的"传统题"联系起来,实现从"已知"向"未知"迁移,"未知"向"已知"靠拢,才能化难为易、化生为熟,实现知识与信息的正向迁移。否则,会造成审题心理屏障,形成解题迁移障碍。

【案例 16】 BGO 是我国研制的一种闪烁晶体材料,曾用于诺贝尔奖获得者丁肇中的著名实验,它是锗酸铋的简称。已知:① 在 BGO 中,锗处于其最高价态;② 在 BGO 中,铋的价态与铋跟氯形成某种共价氯化物时所呈的价态相同,在此氯化物中铋具有最外层 8 电子稳定结构;③ BGO 可看做是由锗和铋两种元素的氧化物所形成的复杂氧化物,且在 BGO 晶体的化学式

中,这两种氧化物所含的总质量相同。请填空:

(1) 锗和铋的元素符号分别是_____和_____。

(2) BGO晶体的化学式是_____。

(3) BGO晶体中所含铋氧化物的化学式是_____。

[误解] 这是一道给予新信息的迁移试题,所推断材料的化学式(锗酸铋)曾用于诺贝尔奖获得者丁肇中的著名实验,可以说知识起点高。考生初看试题似乎无从下手,怎样把两种金属氧化物合在一起形成新的化合物BGO呢?此时,考生必须学会根据自己贮备的相关知识,提出如下问题:① 过去见过这类问题吗? ② 该题涉及哪些基本概念、基础理论?涉及哪些化合物的性质? ③ 过去的哪种解题方式与此相关?可以运用吗?等等。可形成下面的解题思路:

(1) BGO简称为锗酸铋,它是由锗和铋两种氧化物构成,如何确定这两种氧化物呢?

(2) 依据元素周期相关知识及题给条件,如何确定锗的氧化物和铋的氧化物的化学式呢?

(3) 锗为ⅣA族元素,且处于最高价态,则其氧化物为GeO_2。铋为ⅤA族元素,且铋的价态与铋跟氯形成某种共价化合物时所呈的价态相同,在此氯化物中,铋具有最外层8电子稳定结构,故可推知铋为+3价,其氧化物为Bi_2O_3。

(4) 在BGO晶体的化学式中,锗和铋两种氧化物所含氧的总质量相同,即两种氧化物中所含氧原子的个数应该相等,所以有如下化学式:$3GeO_2 \cdot 2Bi_2O_3$,即为BGO的化学式。

[诊断] 依据上述由简单到复杂,一步步地分析,题中的正确答案就显现出来了。其正确答案为:(1) Ge、Bi;(2) $3GeO_2 \cdot 2Bi_2O_3$ 或 $Bi_4(GeO_4)_3$;(3) Bi_2O_3。

这样的审题方法,问题和求解目标明确,将学生陌生的"信息迁移题"转化为熟悉的"传统题",再结合所学相关知识,从而构建出解决问题的方法。

第四节　化学解题知识性诊断

核心概念

◆基础知识　◆课本知识　◆有效知识　◆知识迁移

现代认知心理学认为,知识储备及认知结构影响问题解决,认知结构即个体原有的观念的全部内容和组织,奥苏贝尔认为认知结构的三个变量(可利用性、可辨别性、稳定和清晰性)是影响问题解决的重要因素。高考命题专家曾指出:"考生必须依据试题给出的信息或新知识,结合已学的基础知识,根据具体情况,创造性地运用发散思维,全面思考问题,才能正确地解决问题。"基础知识决定了思维的内容。然而,因知识方面的问题引起解题失误的原因是多方面的,有的是学生基础知识不扎实;有的是学生对知识的认识层次较浅;也有的是学生知识停留在"课本知识"的圈子里,不能升华为有效知识;有的是学生对知识的理解缺乏系统性,知识之间联靠不上,导致综合运用化学基础知识的能力差,以致出现有"知识"没"思路"的解题障碍。

一、知识模糊,概念不清

化学基础知识是解题的基础和必要条件,有些学生由于基础知识掌握不牢,混淆相近概念

（迷思概念），当然就不可能得出正确的答案。

【案例 17】 NH_4Cl 溶于重水中，反应生成的一水合氨和水合氢离子均正确的是(　　)。

A. $NH_2D \cdot H_2O$ 和 D_3O^+ B. $NH_3 \cdot D_2O$ 和 HD_2O^+

C. $NH_3 \cdot HDO$ 和 D_3O^+ D. $NH_2D \cdot HDO$ 和 H_2DO^+

[误解] 认为 $NH_4^+ + D_2O \rightleftharpoons NH_3 \cdot D_2O + H^+$，$H^+$ 与 D_2O 结合形成 HD_2O^+，选 B。

[诊断] 错因：对 NH_4Cl 溶于水后发生水解反应的实质的认识模糊。正确思路：水解实质是与 D_2O 电离出来的 OD^- 结合成一水合氨。即 $D_2O \rightleftharpoons D^+ + OD^-$，$OD^- + NH_4^+ \rightleftharpoons NH_3 \cdot HDO$；$D^+$ 与 D_2O 结合形成 D_3O^+，故应选 C。

二、基础不实，联靠不上

化学基础知识是解题不可缺少的"支撑点"，渗透在每道试题中，有时相互联系，交织融合，有时变换角度，灵活设问。不少学生虽然能孤立地复述某些化学知识，但知识之间联靠不上，实际应用时解题思路常常受阻。

【案例 18】 将苯分子中的一个碳原子换成氮原子，得到一稳定的有机化合物，其相对分子质量为_____。

[误解] (1) 将 C_6H_6 中的 1 个碳原子换成氮原子 C_5NH_6，得到有机物的相对分子质量为 80。(2) 碳为 4 价，氮为 5 价，故得到的有机物分子式为 C_5NH_7，相对分子质量为 81。

[诊断] 错因：(1) 忽视了 N 与 C 原子化合价的差异，机械替换；(2) 没有抓住该有机物中 N 应为 3 价(与 H 相连的氮如 NH_3)而不应为 5 价。正确思路：与 C 不同，N 显 3 价，替换 1 个 C 原子后即要去掉 1 个 H 原子，得到产物的结构式为 ，相对分子质量为 79。

三、挖掘不透，难化能力

有些学生不能说知识没有掌握，教材也看了多遍，可就是找不到解题的突破口。究其原因，多是由于对知识的理解停留于教材字面，对知识的深度和广度挖掘不透，使所学的知识不活，知识难以转化为能力。

【案例 19】 有下列几种结构的有机物 ① $CH_2OH(CHOH)_4CHO$、② CH_3CH_2OH、③ $CH_2=CH-CH_2OH$、④ $CH_2=CH-COOCH_3$、⑤ $CH_2=CH-COOH$ 中，能发生加成反应，酯化反应，又能发生氧化反应的是(　　)。

A. ③④⑤   B. ①③⑤   C. ②④   D. ①③

[误解] (1) 认为 C=C 才能发生加成反应，选答 A；(2) 认为只有—CHO 和—CH_2OH 才能发生氧化反应，选答 D。

[诊断] 错因：对有机物发生加成反应、氧化反应的理解停留在教材的字面上，对其规律挖掘不透。正确思路：能发生加成反应的有机物有：① 含 C=C 的有机物；② 含 C≡C 的有机物；③ 含苯环的有机物；④ 含—CHO 的有机物；⑤ 含 $-\overset{O}{\underset{\|}{C}}-$（酮类）的有机物等。能发生氧化反应的有机物有烯烃类(C=C)、炔烃类(C≡C)、醛类、酚类、苯的同系物。综上所述，答案为 B。

【案例20】 G、Q、X、Y、Z均为含氯的含氧化合物,不知其化学式,但知它在一定条件下具有如下的转化关系(未配平):

① G $\longrightarrow$ Q+NaCl
② Q+H$_2$O $\xrightarrow{\text{电解}}$ X+H$_2$
③ Y+NaOH $\longrightarrow$ G+Q+H$_2$O
④ Z+NaOH $\longrightarrow$ Q+X+H$_2$O

这五种化合物中氯的化合价由低到高的顺序为(　　)。

A. Q、G、Z、Y、X 　　　　B. G、Y、Q、Z、X
C. G、Y、Z、Q、X 　　　　D. Z、Y、G、Y、Q

[误解] 试图找到具体物质的化学式,行不通时就胡乱猜测。

[诊断] 错因:把解题思路"定格"在寻找具体物质的化学式上,由具体物质如Cl$_2$、NaClO、NaClO$_3$、NaClO$_4$等判断各物质中氯的化合价,这是学生常用的一种解题途径,若找不到具体的物质,这条途径就被中止了。正确思路:对于任何一个氧化还原反应,各元素的化合价的升降数相等,对于①,G→NaCl,氯元素的化合价降低,则G→Q,必有氯的化合价升高,即氯的化合价G<Q;对于②,同理,H$_2$O→H$_2$,氢的化合价降低,则Q→X,必然氯的化合价升高,即氯的化合价Q<X;③、④属自身氧化还原反应。结合①、②结论,可确定正确答案为B。由此可见,形成正确的解题思路过程也是一个将知识转化为能力的过程。

四、因循守旧,负向迁移

已学知识对新学知识既可产生积极的促进作用,也可产生消极的干扰作用,前者叫"正迁移",后者叫"负迁移"。在化学考试中,旧知识、旧的解题方法以至答案对解题往往产生"定式"干扰。从解题暴露出的问题来看,以概念性错误尤为普遍,概念性错误又以知识间的相互混淆最为严重。一般来说,容易混淆的知识之间,虽然本质方面并不相同或不完全相同,但有其共同之点,这就是心理学所说的"共同因素",是产生知识负迁移的前提。

【案例21】 ① 锌和稀硫酸反应;② 甲烷热分解;③ 电解稀硫酸;④ 赤热的炭与水蒸气反应。上述反应适用于实验室制氢气的是(　　)。

A. 只有① 　　B. ①② 　　C. ①③ 　　D. ①②④

[误解] 由初中所学知识,判断答案为A。

[诊断] 错因:受初中教材用锌和稀硫酸反应制氢气的束缚,形成了思维定式,旧知识发生了负迁移。正确思路:电解稀硫酸的反应为:2H$_2$O $\xrightarrow{\text{电解}}$ 2H$_2$↑+O$_2$↑,这在实验室里是能完成的。答案为C。

【案例22】 25℃时,pH=7的(NH$_4$)$_2$SO$_4$与NH$_3$·H$_2$O的混合溶液中,c(NH$_4^+$)与c(SO$_4^{2-}$)之比(　　)。

A. 等于2:1 　　B. 大于2:1 　　C. 小于2:1 　　D. 无法判断

[误解] NH$_3$·H$_2$O电离产生,故c(NH$_4^+$):c(SO$_4^{2-}$)>2:1,选B。

[诊断] 错因:不少学生认为NH$_3$·H$_2$O过量,溶液呈碱性,继而推断出c(NH$_4^+$)与c(SO$_4^{2-}$)之比大于2:1。正确思路:打破旧知识的束缚,抓住问题的本质,因为混合溶液的pH=7,故c(H$^+$)=c(OH$^-$);由电荷守恒原理有关系式:c(H$^+$)+c(NH$_4^+$)=c(OH$^-$)+2c(SO$_4^{2-}$),所以c(NH$_4^+$)=2c(SO$_4^{2-}$)。答案为A。

【案例23】 某气体发生装置如图6-7所示,选择适合该装置制取的气体代号并写出相应的反应物。

① Cl_2　　② O_2　　③ NO_2　　④CO_2　　⑤ SO_2　　⑥ HCl

气体代号						
反应物组合						

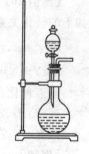

图 6-7

[误解] 受教材实验室制取气体的定式,只选③、⑤、⑥。

[诊断] 多数学生在解答此题时,漏选了①、②、④,造成漏选的原因就是思维定式。漏选①,是把思维定式在非加热不可上。漏选②,是把思维定式在反应物状态上。漏选④,往往是把思维定式在仪器种类上。

正确答案为:

气体代号	①	②	③	④	⑤	⑥
反应物组合	$KMnO_4$ 浓盐酸	Na_2O_2 H_2O	Cu 浓硝酸	$CaCO_3$ 盐酸	Na_2SO_3 H_2SO_4	NaCl 浓 H_2SO_4

由于自身积累的直接或间接的经验对思维的制约与限制,使思维陷入一种消极的、既得的模式,这就是思维定式。它过分强调记忆、练习、再现的聚敛性思考。而发散思维则是积极和开放的、应用和联想的思维过程。多数人在否定思维定式的同时,认为思维的发散在人们的认知过程中更重要。然而,越来越多的事实证明,思维定式并不是思维过程进入思维的死角,思维发散了不是思维过程的终点,思维定式与发散同样重要。在化学学习中,应善于从思维的定式中发散开来,实现定式向发散的转化,并能在发散的思维中收敛形成定式,使思维的结果具有收敛性。

五、运用规律,以偏概全

学习化学,要学会总结,善于揭示化学规律的本质,以加深理解,便于记忆。但是,化学规律与其他任何规律一样,有绝对规律,也有一般性的相对规律,即规律性的结论常有例外或不适用的情况。忽视了化学规律的特殊性,就易犯以偏概全的错误,解答出错也就在所难免了。

【案例24】 下列叙述中正确的是(　　)。

A. 构成分子晶体的粒子一定含有共价键　　B. 失电子难的原子,其得电子一定容易

C. 两种不同的酸溶液混合,溶液一定呈酸性　　D. 离子晶体也可以完全由非金属元素构成

[误解] (1) 认为 Cl_2、CO_2、H_2SO_4、CH_3COOH 等分子晶体中含有共价键,选 A;

(2) 认为 F、O、Cl、Br 等原子失电子难,得电子容易,选 B;

(3) 认为 H_2SO_4 与 HCl、HNO_3 与 H_2SO_4 等混合,溶液呈酸性,选 C;

(4) 认为 NaCl、CaF_2、Na_2SO_4、Al_2O_3 等离子晶体由金属和非金属元素构成,不选 D。

[诊断] 只注重规律的共性,忽视了规律的个性。正确思路:既把握规律共性,又抓规律的个性,防止运用化学规律以偏概全。对于 A、B,例外的有 He、Ne 等稀有元素的单质不含共价键,元素的原子既不易失去电子,也不易得到电子;对于 C,例外的有 $2H_2S + H_2SO_4 \rightleftharpoons 3S\downarrow + 3H_2O$ 等;对于 D,NH_4Cl、NH_4NO_3 等符合题意。故本题答案为 D。

六、课本知识,不能拓展

考试命题与答题点的关系可以说是"题在书外,理在书内"。有的学生缺少对课本知识拓展的"再学习"习惯,不能适应考查知识再生力的新问题。

【案例 25】 已知 Cl_2、$Al_2(SO_4)_3$、CaC_2、C_2H_5Br、CH_3COOCH_3 等物质均能与水发生反应,反应中各物质和水分别解离成两部分,然后两两重新组合形成新物质。下列五种物质,常温下很容易与水反应:

$$BrCl \quad CH_3-\overset{O}{\underset{\|}{C}}-Cl \quad SiCl_4 \quad Mg_3N_2 \quad CH_3-\overset{O}{\underset{\|}{C}}-O-\overset{O}{\underset{\|}{C}}-CH_3$$

试问:(1) 在后面所给的五种物质与水反应的产物中,属于最高价氧化物对应的水化物的是_____,属于无氧酸的是_____。

(2) 分别将 0.01 mol 的这五种物质放入 0.1 L 水中反应,结果使溶液的 pH 接近 3 的原物质是_____。

[误解] (1) 由 $Cl_2+H_2O =\!=\!= HCl+HClO$ 错推出 $BrCl+H_2O =\!=\!= HBr+HClO$;(2) 不能拓展出某些物质与水反应的本质规律而加以运用。正确思路:由已知(熟悉)物质与水反应及题示信息,拓展出一类物质与水反应的规律并运用。

规律:$A-B+aH-OH \longrightarrow A(OH)_a + H_aB$

应用:$BrCl+H-OH =\!=\!= HBrO+HCl$(BrCl 中 Br 显 +1 价,Cl 显 −1 价)

$CH_3CO-Cl+H-OH \longrightarrow CH_3COOH+HCl$

$SiCl_4+4H-OH =\!=\!= Si(OH)_4\downarrow+4HCl$

$Mg_3N_2+6H-OH =\!=\!= 3Mg(OH)_2\downarrow+2NH_3\uparrow$

$(CH_3CO)_2O+H-OH \longrightarrow 2CH_3COOH$

当这些物质的浓度均为 0.1 mol/L 时,BrCl 和 CH_3COCl 溶于水,$c(H^+)=0.1$ mol/L;$SiCl_4$ 溶于水 $c(H^+)=0.4$ mol/L;Mg_3N_2 溶于水,生成的氨溶液呈碱性;只有 $(CH_3CO)_2O$ 溶于水生成弱酸(浓度为 0.2 mol/L),其 $c(H^+)$ 较小。

答案:(1) $Si(OH)_4$ 和 $Mg(OH)_2$;HCl。(2) $(CH_3CO)_2O$。

七、题示信息,生搬硬套

信息加工能力对学生自学能力和思维能力提出了较高的要求,"信息"为对文字、图形、直接和间接获得的各种感性和理性认识,"加工"包括信息的寻找、选择、整理、储存、重组、应用、预测、评价等。大量的实例表明,对一些复杂的化学问题而言,常规的解题程序往往难以奏效,而简约、类比、引申、转换、评价等信息加工策略有助于化学问题的解决。在考试中,有些学生习惯于生搬硬套题目所给信息,遇到有些深层次的信息迁移题常会步入误区。

【案例 26】 $NaBH_4$ 作为还原剂,在有机化学中有极广泛的用途。

(1) $NaBH_4$ 极易溶解于水并与水反应产生 H_2,反应后硼以 BO_2^- 形式存在,写出反应的离子方程式_____。

(2) 溶液的酸性越强,$NaBH_4$ 与水的反应的速率越_____(填"快"或"慢")。

(3) $NaBH_4$ 可使许多金属离子还原为金属原子,例如可使含有金离子废液中的 Au^{3+} 还原,其反应的离子方程式为_____。

[误解] 不能将题示信息结合教材中已有知识产生"顿悟",对第(2)题和第(3)题只能放弃作罢。

[诊断] 正确思路:(1)根据题给信息,不难推知水是氧化剂,沿着这条思路不难写出离子方程式 $BH_4^- + 2H_2O = BO_2^- + 4H_2\uparrow$;(2)因为 $NaBH_4$ 与水反应的实质是 H^- 与 H^+ 反应,因此溶液的酸性越强,$c(H^+)$ 越大,反应速率越快,且生成弱电解质 HBO_2 使反应更易向右进行;(3)由(1)、(2)分析知,在中性或酸性溶液中,与 H_2O 能剧烈反应而消耗,为了抑制与水反应,促使与 Au^{3+} 反应,显而易见,只有在碱性条件下进行,即

$$8Au^{3+} + 3BH_4^- + 24OH^- = 8Au + 3BO_2^- + 18H_2O$$

对于信息迁移题,我们归纳出以下一些解题思路模型(表 6-17)。

表 6-17 信息迁移题解题思维模型

思路	适用范围	解题关键
回归	用已有知识、方法可解的题	找好新知识或新问题在已有知识或方法中的"落脚点"
延伸	用已有知识、方法纵向延伸可解的题	找准已有知识或方法向新知识或问题发展的"生长点"
类推	横向相似,可将已有知识或新信息进行横向迁移而解答的题	找到横向类比迁移的"参照点"
换向	常规思路难解的题	多向思维;善于发现新颖独特的"突破点"

八、双基不实,综合力差

有些试题并不难,但得分率却很低,暴露出有一部分学生没有扎实地学好基础知识与基本技能,导致知识的结合力、综合力很差。

【案例 27】 工业上从铝土矿(含氧化铝、氧化铁等)制取铝的流程如下(见图 6-8):

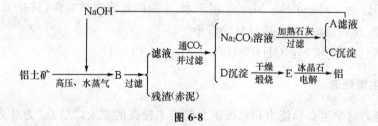

图 6-8

经分析生产原料(铝土矿)和提取 Al_2O_3 后的残渣(赤泥)的部分成分见表 6-18(以氧化物表示),且已知铝土矿中的 Fe_2O_3 全部转入赤泥。

表 6-18 提取 Al_2O_3 后残渣的部分成分

	Al_2O_3	Fe_2O_3	Na_2O(由 NaOH 折算成 Na_2O)
铝土矿	55%	16%	0
赤泥	15%	48%	8%

① 生产中每消耗 1 t 铝土矿将产生_____t 赤泥。

② 试计算每炼出 1 t 铝,理论上需要多少吨铝土矿?应补充多少吨 NaOH?(保留 2 位小数)

[误解] (1) 设需要铝土矿质量为 x,误认为铝土矿中的 Al_2O_3 全部转化为 Al,列关系式:$x \cdot 55\% = \frac{102 \text{ t}}{54}$,$x = 3.43$ t。(2) 把赤泥的质量当成铝土矿的质量,列关系式:$(55\% - 15\%)x = \frac{102 \text{ t}}{54}$,$x = 4.72$ t。(3) 误认为与 Al_2O_3 反应的 NaOH 的量即为补充的 NaOH 的量,根据关系式 $2Al \sim Al_2O_3 \sim 2NaOH$,解得 NaOH 质量为 1.48 t。

[诊断] 错因:(1) 忽视了部分 Al_2O_3 进入赤泥中;(2) 赤泥的质量不等于铝土矿物的质量;(3) 若 NaOH 不进入赤泥中,根据 Na^+ 质量守恒的关系,则 A 滤液中 NaOH 的质量应等于参加反应的 NaOH 的质量,此时不需要补充 NaOH。依题意,赤泥中有 NaOH(损耗的部分),即为需要补充的 NaOH。正确解法:① 据网络图,铝土矿中 Fe_2O_3 的质量等于赤泥中 Fe_2O_3 质量。设每消耗 1 t 铝土矿将产生赤泥的质量为 x。$1 \text{ t} \times 16\% = x \cdot 48\%$,解得 $x = (1/3)$ t。② 设每炼出 1 t 铝消耗铝土矿的质量为 y。依①的结果,同时生成赤泥的质量为 $y/3$。要冶炼 1 t 铝,由计算知需消耗 $\frac{102 \text{ t}}{54} Al_2O_3$。据网络图有关系式:

铝土矿中 Al_2O_3 的量 = 用于冶炼的 Al_2O_3 的量 + 赤泥 Al_2O_3 的量

∴ $y \times 55\% = \frac{102 \text{ t}}{54} + \frac{y}{3} \times 15\%$,$y = 3.78$ t。

由关系式 $Na_2O \sim 2NaOH$,补充 NaOH 质量 = 赤泥中 NaOH 质量 = $3.78 \text{ t} \times 1/3 \times 8\% \times 80/62 = 0.13$ t。

第五节 化学解题思维性诊断

核心概念

◆解题思维 ◆思维能力 ◆机械类比 ◆思维定式 ◆逆向思维

化学解题需要一定的思维程序和方法,经过反复思考才能完成。认知心理学研究者普遍认为算法和启发法是最主要的两大类解决问题的策略。化学考试中,学生在思维能力方面的障碍和缺陷是多方面的,譬如,有的学生能将概念、规律的内容背得滚瓜烂熟,却不会运用;有些学生只能对着例题照猫画虎,而不能独立地解决一般问题,不善于从各个角度用多种方法思考问题,并且在遇到问题时无所适从;更有些学生将化学"数学化",对化学公式的意义和应用范围不甚理解。此外,学生升入高中后,从物质的量的学习到原子结构、化学平衡、电解质溶液、各族元素及有机化学的各个学习阶段,普遍地有一种不适应感,学习的积极性屡遭挫折。凡此种种,除了教材的难度、学生的基础、智力的差别等原因以外,恐怕还跟学生在各个阶段的学习时只注重化学知识的接收,而忽视思维能力训练不无关系。

要提高解决化学问题的能力,要求具有扎实的"双基"无疑是十分重要的,因为它决定了思维的内容。但必须重视选择恰当的思维形式,因化学试题的解题分析过程,是运用基本概念和理论对题目所述内容进行归纳和演绎,是发散思维和收敛思维、直觉思维和逻辑思维、正向思维和逆向思维等思维加工的过程,如不注意对思维过程进行分析与研究,不克服思维过程中的各类障碍,就难以提高思维能力,会导致解题时漏洞百出。解题分析中常见的思维性失误主要有以下几个方面。

一、机械类比,结论或然

某些客观事实之间既有相似的一面,又有差异的一面。相似的一面是类比的客观基础,而差异的一面则对类比起限制作用,类比方法推断的结论很可能正是两个对象的差异点而导致错误。所以,类比方法的推论带有或然性。如果在解题过程中无视两类对象共同的本质属性,只是罗列一些看起来相同的现象或一般属性就去类比,必然陷入机械类比的错误之中。

【案例 28】 下列离子方程或化学方程式正确的是( )。

A. SO_2 气体缓慢地通入 Na_2O_2 粉末中:$2Na_2O_2+2SO_2 == 2Na_2SO_3+O_2$

B. $Fe(OH)_3$ 中加入氢碘酸溶液:$Fe(OH)_3+3H^+ == Fe^{3+}+3H_2O$

C. $Fe(NO_3)_2$ 中加入盐酸:$3Fe^{2+}+4H^++NO_3^- == 3Fe^{3+}+NO\uparrow+2H_2O$

D. 在 $Mg(HCO_3)_2$ 溶液中加入过量的苛性钠溶液:$Mg^{2+}+2HCO_3^-+2OH^- == MgCO_3\downarrow+CO_3^{2-}+2H_2O$

[误解] 用熟悉的物质之间的反应机械类比,确定答案为 A、B、D。

[诊断] 机械类比而导致错误。正确思路:Na_2SO_3 具有较强的还原性,同时被 O_2 氧化,故 A 应为:$Na_2O_2+SO_2 == Na_2SO_4$;I^- 具有较强的还原性,它与 Fe^{3+} 发生氧化还原反应,故 B 应为:$2Fe(OH)_3+6H^++2I^- == 2Fe^{2+}+I_2+6H_2O$;$Mg(OH)_2$ 的溶解度比 $MgCO_3$ 小,故 D 应为:$Mg^{2+}+2HCO_3^-+4OH^- == Mg(OH)_2\downarrow+2CO_3^{2-}+2H_2O$;$Fe(NO_3)_2+HCl$ 可由 $FeCl_2+HNO_3$ 类推,故 C 为正确答案。

【案例 29】 从含 Cu_2S 的铜矿石中冶炼铜有多种方法,其中一种是:① 先将矿石通空气高温焙烧,生成两种氧化物;② 将焙烧过的矿石加上比它质量约少一半的未经焙烧过的矿石,混合均匀后隔绝空气再进行高温煅烧,结果得到金属铜和一种有刺激性气味的气体。写出上述反应的化学方程式:①_____;②_____。

[误解] 认为 Cu_2S 与 FeS_2 类似,由 $4FeS_2+11O_2 \xrightarrow{高温} 2Fe_2O_3+8SO_2$ 类推得到:

① $Cu_2S+2O_2 \xrightarrow{高温} 2CuO+SO_2$;② $2CuO+Cu_2S \xrightarrow{高温} 4Cu+SO_2\uparrow$。

[诊断] ① 忽视了生成产物 CuO 和 Fe_2O_3 的热稳定性的差异,高温下 Fe_2O_3 不分解;CuO 发生分解生成 Cu_2O:$4CuO \xrightarrow{高温} 2Cu_2O+O_2\uparrow$。② 无视题目在"量"上的暗示"约少一半"。该题的设计思想是假设学生并不知道高温下 Cu_2O 稳定这一知识,必须从反应物的"量"上分析判断反应的化学方程式。正确思路:由误解的化学方程式②可知 CuO 和 Cu_2S 等质量反应,与题意相矛盾,错误的根源只可能为反应①的产物不是 CuO,那么这种氧化物只能是 Cu_2O。答案为:

① $2Cu_2S+3O_2 \xrightarrow{高温} 2Cu_2O+2SO_2$;② $2Cu_2O+Cu_2S \xrightarrow{高温} 6Cu+SO_2\uparrow$。

二、思维不精,误入圈套

思维的过程包括感知、理解、巩固和应用等基本环节。对信息的加工思维步骤包括吸收、排除、检索、调用、校正(修正)等批判性思维。缺乏思维的批判性、思维的敏捷性,解题辨别真伪、是非的能力就差。考试命题者常有意设置"圈套"或"陷阱",在解题时,思维不精明的学生,难以明辨是非曲直,沿袭常规思维方式或机械地套用常用的解法,很容易"上当受骗",造成错答。

【案例 30】 有 X、Y、Z、W 四种金属。已知:$X(OH)_3$ 的碱性大于 $Y(OH)_3$ 的碱性;X^{3+} 可使 Z 氧化;W 可与热水反应产生 H_2;X 不能与热水反应;把 X 的金属片插入稀 H_2SO_4,让金属丝 Z 与 X 接触,则 X 的溶解速率加快。这四种金属活动性强弱的关系一定是( )。

    A. X>Y   B. Z>Y   C. W>Z   D. Z>X

[误解] (1) 依据 $X(OH)_3$ 的碱性大于 $Y(OH)_3$ 的碱性,判断金属的活动性:X>Y,误选 A。(2) 依据 X^{3+} 可使 Z 氧化,判断金属活动性:Z>X,误选 D。(3) 由(1)、(2)错误结果推理出 Z>Y,错选 B。

[诊断] (1) 由金属的氢氧化物的碱性判断金属活动性的前提条件是:主族元素的最高价氧化物对应的水化物碱性越强,则金属的活动性越强,题示条件缺少这种前提,结论就不可靠。(2) 证伪反例:$2Fe^{3+}+Cu = 2Fe^{2+}+Cu^{2+}$,不能由此判断金属的活动性 Cu>Fe。正确思路:由 W、X 与水反应情况可判断金属活动性 W>X;由 X、Z 形成的原电池推知金属活动性 X>Z;综合起来 W>Z。故答案为 C。

【案例 31】 浅绿色的 $Fe(NO_3)_2$ 溶液中,存在如下水解平衡:

$$Fe^{2+}+2H_2O \rightleftharpoons Fe(OH)_2+2H^+$$

若在此溶液中加入盐酸后,溶液颜色的变化及原因是_____。

[误解] (1) 加入盐酸后,溶液中 $c(H^+)$ 增大,水解平衡向左移动,$c(Fe^{2+})$ 增大,溶液由浅绿色变为绿色(加深)。(2) 加入盐酸后,尽管溶液中 $c(H^+)$ 增大,平衡左移,但溶液的体积增大比 Fe^{2+} 的量增大得多,故 $c(Fe^{2+})$ 减小,溶液颜色变浅。

[诊断] 由于命题者有意设置"水解平衡"这一障碍,批判思维能力差的学生思维受"水解平衡"负诱导,难辨解决问题的主要矛盾,导致答题恰好落入命题者设置的"圈套"之中。正确思路:抓住主要矛盾,用否定的方法探究问题,从反面或侧面提出自己的见解。答:颜色变棕黄,原因是在 H^+ 存在的条件下,HNO_3 能将 Fe^{2+} 氧化成 Fe^{3+}。

三、思维紊乱,表达疏漏

回答化学问题(简答题、填空题等),要组织表达的内容,抓住问题的要害,安排好表达顺序,做到答题结构严谨,层次分明。有些学生在回答化学问题时叙述粗简,说明不充分,究其原因,主要是由于思维能力差,思维紊乱,文字表达能力欠佳,条理不清。

【案例 32】 一定温度下,在 Na_2CO_3 饱和溶液中通 CO_2 后有 $NaHCO_3$ 晶体析出,除了 $NaHCO_3$ 溶解度小于 Na_2CO_3 这个主要原因外,还有什么原因?_____。

[误解] (1) 认为生成的 $NaHCO_3$ 水解程度小于 Na_2CO_3 水解程度,回答的焦点不能指向问题的实质。(2) 认为 $CO_2+H_2O = H_2CO_3$,减少了溶剂的量,没有抓住减少溶剂的主要因素。

[诊断] 不能从"有利于晶体析出的因素"(初中知识)出发形成表述思路。正确思路：在一定温度下，下列三个方面的改变均有利于晶体的析出：① 减少溶解度(本题已给出)；② 减少溶剂的质量；③ 增加溶质的质量。结合反应原理 $Na_2CO_3 + CO_2 + H_2O = 2NaHCO_3$，很容易形成正确的表达思路：一方面因水参加反应，溶剂量减少；另一方面，反应后生成的溶质使原溶液中溶质的质量增加，均有利于晶体析出。

【案例 33】 稀硫酸与锌片反应时，若加入可溶性的固体醋酸铜[$(CH_3COO)_2Cu$]，将产生两种影响氢气生成速率的因素。其一是_____；其二是_____。

[误解] (1) 认为锌与铜盐发生置换反应，锌的量减少，反应速率减慢。(2) 表述时虽有合理成分，但均未点出关键，表述疏漏。

[诊断] 思维的有序性和文字表述能力差。正确思路：学会从题给信息和迁移的知识中分析主要矛盾，抓关键问题。答案为：锌与铜盐溶液反应置换出铜，形成 Zn-Cu 原电池，加快反应速率；CH_3COO^- 与 H^+ 结合成难电离的 CH_3COOH，溶液中 $c(H^+)$ 减小，反应速率减慢。

四、思维粗疏，片面肤浅

学生解题时，常对那些与结论(要求)有直接联系的，能提供解题途径的显现条件特别重视，而对其他与结论、"要求"具有间接、隐蔽关系的条件，却会随着解题过程的"得出"而被忽视。因此，学生很难完整地把握题设条件，特别是隐含条件。

【案例 34】 在 10.0 ℃和 2×10^5 Pa 的条件下，反应 $aA(g) \rightleftharpoons dD(g) + eE(g)$ 建立平衡后，再逐步增大体系的压强(温度维持不变)。表 6-19 列出了不同压强下反应建立平衡时物质 D 的浓度。

表 6-19

压强/Pa	2×10^5	5×10^5	1×10^6
D 的浓度/mol·L^{-1}	0.085	0.20	0.44

根据表中数据，回答下列问题：

(1) 压强从 2×10^5 Pa 增加到 5×10^5 Pa 时，平衡向_____(填"正"或"逆")反应方向移动，理由是_____；

(2) 压强从 5×10^5 Pa 增加到 1×10^6 Pa 时，平衡向_____(填"正"或"逆")反应方向移动，理由是_____；平衡之所以向该方向移动，是由于_____。

[误解] 有 72% 的学生能根据勒沙特列原理判断、说明第(1)问，但有近 37.5% 的学生无法解释第(2)问变化的事实。究其原因，主要是由于学生忽视了在温度一定时，增大压强可能会导致气体液化这一"隐含"知识。

[诊断] 正确答案为：(1) 逆；D 的浓度增大的倍数(2.35 倍)小于压强增大的倍数(2.5 倍)；(2) 正；D 的浓度增大的倍数(2.2 倍)大于压强增大的倍数(2 倍)。在该温度下，压强大于 1×10^6 Pa 时，A 物质仍为气态，而 D 与 E 物质至少有一种变成了液态。

【案例 35】 有一瓶混有少量铜粉的氯化铁固体，怎样把它们分离出来？

[误解] 有 35.2% 的学生的答案为：混合物加蒸馏水，铜不溶解，氯化铁溶于水，然后过滤，

铜粉分离出来,再把滤液加热蒸发掉水分,即可得氯化铁固体。

[诊断] 事实上,学生忽略了两个主要隐含条件:(1) Cu 与 $FeCl_3$ 在水溶液中发生氧化还原反应,生成 Cu^{2+} 和 Fe^{2+};(2) 将 $FeCl_3$ 溶液蒸干得不到 $FeCl_3$ 晶体,因 Fe^{3+} 易水解,受热水解加剧,$FeCl_3 + 3H_2O \xrightleftharpoons{\triangle} Fe(OH)_3 + 3HCl\uparrow$,若继续加热,$Fe(OH)_3$ 会分解,最后得 $Fe(OH)_3$ 和 Fe_2O_3 混合粉末。

教学中必须注意学生正确、完整地理解和把握题设条件,特别是能使隐含条件显现。隐含条件巧妙地隐藏在题目中间,解题时若疏漏了这些条件就会导致失误。教学中要注意培养学生认真细致审题及解后反思的良好习惯,要有意识地将从学生作业中搜集到的因忽视隐含条件导致的差错,适时向全体学生公布,让学生讨论,找出问题所在,并自行纠正错误;进而学会认真审题,寻找"隐点",化"隐"为显,从可疑处入手,充分挖掘与解题指向关系密切的各种隐含信息;同时对挖掘出的各种隐含信息去粗取精,化繁为简,从而提高学生识别隐含条件的能力。

五、潜在假设,主观臆断

有些学生在解题时,由于受一般规律和解题愿望的影响,常常潜意识地将潜在假设强加入解题思维过程中而铸成大错。

【案例 36】 将 0.1 mol 下列物质置于 1 L 水中,充分搅拌后,溶液中阴离子数最多的是(　　)。
A. KCl　　　　B. $Mg(OH)_2$　　　　C. Na_2CO_3　　　　D. $MgSO_4$

[误解] 测试结果表明,有近 41.5% 的学生错选 B。其原因是误认为 0.1 mol 的 $Mg(OH)_2$ 在 1 L 的水中完全电离,不考虑水的电离,阴离子为 0.2 mol,其他各项中阴离子均小于 0.2 mol,故选 B。

[诊断] 不考虑水的电离,A 项中阴离子为 0.1 mol;B 项中 $Mg(OH)_2$ 难溶于水,故电离出的 OH^- 远小于 0.1 mol;D 项中为 0.1 mol;而在 C 项中为 0.1 mol,但在水中要水解,即 $CO_3^{2-} + H_2O \rightleftharpoons HCO_3^- + OH^-$,从水解反应看出水解后阴离子数增加,大于 0.1 mol,故选 C。

[评注] 本题还可改造为一道难度更大的试题,即判断四种溶液中阴离子数由多到少的顺序。D 中由于 $Mg^{2+} + 2H_2O \rightleftharpoons Mg(OH)_2 + 2H^+$ 发生,破坏了水的电离平衡,溶液中 OH^- 减少,因而考虑水的电离时,D 中阴离子数比 A 中少,答案为 C>A>D>B。测试结果显示,该题通过率仅 45%。

【案例 37】 有甲、乙两学生做了如下实验:甲学生在制得的氢氧化镁沉淀中加入浓的氯化铵溶液,结果沉淀完全溶解;乙学生在制得的氢氧化镁沉淀中加入浓的 CH_3COONH_4 溶液,结果沉淀也完全溶解。试用有关理论解释上述实验现象。

[误解] 调查显示,有 48.2% 的学生受到潜在假设"$Mg(OH)_2$ 易溶于酸中"的影响,错答为:由于水解显酸性,H^+ 与 OH^- 结合生成 H_2O 而使 $c(OH^-)$ 减少,使 $Mg(OH)_2(s) \rightleftharpoons Mg^{2+} + 2OH^-$ 溶解平衡向右移动,故 $Mg(OH)_2$ 沉淀溶解。那么,醋酸铵水解呈中性,怎样解释 $Mg(OH)_2$ 溶解的事实?事实上,此处问题的关键不在于 H^+ 与 OH^- 的结合,而在于 NH_4^+ 与 OH^- 结合成 $NH_3 \cdot H_2O$ 而使 $c(OH^-)$ 减少,使溶解平衡向右移动,故 $Mg(OH)_2$ 沉淀溶解。

[诊断] 解题时要克服学生存在潜在假设的思维倾向,教学中引导学生分析题目时,应对可能作出的潜在假设给予特别注意,不失时机地提醒学生不要依从旧经验和主观臆断想当然地构

建题设条件,要潜移默化地培养学生养成言必有理,推必有据的习惯。

六、错误类比,定式束缚

思维定式就是在已有知识和经验的基础上,用某种固定的思维方式去考虑问题,表现出思维的一种倾向性,它是人们解决问题的基础和出发点。学生解题通常是按照自己掌握的知识和习惯的思维方式去考虑问题的,就常规解题而言这是行之有效的。然而,思维定式既有积极作用也存在消极影响,由于学生的思维能力在一定时间内具有局限性和倾向性,考虑问题容易出现"思维固定化"和"思维单向化"的现象,从而导致解题失误。

【案例38】 IBr的化学性质与卤素单质相似,能与大多数金属反应生成金属卤化物,和某些非金属反应生成相应卤化物,跟水反应的化学方程式为:$IBr + H_2O = HIO + HBr$,则下列关于IBr的叙述正确的是(   )。

A. 固态溴化碘晶体是分子晶体
B. 和NaOH溶液反应时生成NaBr和NaIO
C. IBr分子中存在非极性共价键
D. 与水反应,IBr既是氧化剂,又是还原剂

[误解] 学生答题时,错误地将IBr与卤素单质和水的反应视为等同,而错选D(占25%);有的学生错误地将IBr分子中化学键与卤素单质分子中化学键视为等同,而错选C(占10.1%)。

[诊断] IBr为两种不同的非金属元素形成的化合物,故分子中化学键为极性共价键。IBr与水反应,反应前后I、Br及H、O的化合价均不变,IBr既不是氧化剂,也不是还原剂,答案为A、B。

【案例39】 怎样除去苯中混入的少量苯酚?简述操作步骤,写出有关的化学方程式。

[误解] 学生在学习无机化学部分时,对用沉淀法除杂质较熟悉,但要除去有机物中杂质时,就错误地类比沉淀法(占35.2%),在混合物中加入浓溴水,产生白色沉淀三溴苯酚,然后过滤除去沉淀,滤液便是纯苯。实际上三溴苯酚和溴均易溶于苯中,过滤是不行的。根据苯酚呈弱酸性,可用碱将其转化为溶于水的离子化合物,从而与苯分离开。答案为:加入NaOH溶液,振荡,分液,上层为苯。

[诊断] 要克服思维定式的消极影响,应从加强反例教学入手,加强基本解题方法的训练,改变学生按固定思维模式思考问题的习惯;加强发散思维的培养,适当采用一题多解、一题多变、多题一解等方式。让学生从不同角度多层面地考虑问题,探求最佳解题方法,拓展思维的深度和广度。

七、派生不力,难寻蹊径

派生机智,是分析问题时将某一概念或原理通过推理、想象、比较等思维方法,派生出新的概念或新原理的思维灵活性。派生机智不强的学生,很难揭示知识间的"隐含""变通"关系,难寻解决问题的路径。

【案例40】 25℃时,将0.1 mol/L的NaOH溶液逐滴滴入0.1 mol/L的CH_3COOH溶液中,当滴加至溶液的$c(Na^+) = c(CH_3COO^-)$时,溶液的pH(   )。

A. 大于7   B. 小于7   C. 等于7   D. 不能肯定

[误解] 认为恰好完全反应时生成CH_3COONa,因为CH_3COO^-水解而使$c(Na^+) > c(CH_3COO^-)$,若要$c(Na^+) = c(CH_3COO^-)$必须使醋酸过量,故溶液呈酸性,误答B。

[诊断] 错因:不能从电解质溶液呈电中性的概念派生出"电荷守恒原理",误用定性判断解决定量问题。正解思路:根据电荷守恒原理:

$$c(\text{Na}^+)+c(\text{H}^+)=c(\text{CH}_3\text{COO}^-)+c(\text{OH}^-),$$

当 $c(\text{Na}^+)=c(\text{CH}_3\text{COO}^-)$ 时,$c(\text{H}^+)=c(\text{OH}^-)$,故答案为 C。

【案例 41】 $\text{Na}_2\text{C}_2\text{O}_4$ 能被高锰酸钾氧化生成二氧化碳。实验测知每生成 1120 mL(标准状况)二氧化碳需消耗 100 mL 0.1 mol/L 的高锰酸钾溶液,则反应后锰元素的化合价为( )。

A. +6   B. +4   C. +2   D. 无法确定

[误解] 试图通过化学方程式去确定答案,因方程式配平问题的复杂性只能放弃或乱猜。

[诊断] 正确思路:运用氧化还原反应得失电子守恒解题。设反应后锰元素的化合价为 $+a$ 价,则有:氧化剂 $\text{MnO}_4^- \xrightarrow{+(7-a)\text{e}^-} \text{Mn}^{a+}$,还原 $\text{C}_2\text{O}_4^{2-} \xrightarrow{-2\text{e}^-} 2\text{CO}_2$,根据得失电子数相等:

$$0.1 \text{ mol/L} \times 0.1 \text{ L} \times (7-a) = \frac{1.12 \text{ L}}{22.4 \text{ L/mol}} \times 1,$$

解得 $a=2$,故答案为 C。

此外,在原电池、电解等问题的计算中,可以派生出在相同的时间内,通过原电池(电解池)的正、负极(阴、阳极)电子数相等这一规律;根据化学反应中质量守恒定律派生出"元素守恒"等守恒法解题依据。

八、转换不灵,无法变通

转换机智是指在确定解题思路时,当用某一种思维方法(如正向、逆向、纵向、横向、直接、间接等)受阻时,能迅速转换为另一种有效思维方法的思维灵活性。学生一旦缺乏转换机智,常会导致思路不畅或方法单一、僵化等"病症"。

【案例 42】 由两种有机物组成的混合物,在一定的温度和压强下完全气化为气体。在相同的温度和压强下,只要混合气体体积一定,那么无论混合物以何种比例混合,它在完全燃烧时所消耗的氧气体积也一定。符合这种情况的可能是( )。

A. 甲烷(CH_4)和乙酸($C_2H_4O_2$)   B. 乙醛(C_2H_4O)和甲醇(CH_4O)
C. 丙醛(C_3H_6O)和甘油($C_3H_8O_3$)   D. 丙酮(C_3H_6O)和丙二醇($C_3H_8O_2$)

[误解] (1)由有关物质燃烧的化学方程式的化学计量数确定答案,耗时费力。(2)配平 A 组中两种物质的燃烧方程式后,即确定答案 A,漏选 D。

[诊断] 转换思维方式:不写化学方程式能否确定耗氧量?正确思路:将分子式改写,对于 A,$C_2H_4O_2 \Longrightarrow CH_4 \cdot CO_2 \cdots$;对于 D,$C_3H_8O_2 \Longrightarrow C_3H_6O \cdot H_2O$。对于题中的各组有机物,转换为:等物质的量 X 和 $X \cdot (CO_2)_n$ 或 $X \cdot (H_2O)_n$,它们完全燃烧时消耗 O_2 的量相等,很快就能确定答案为 A、D。

【案例 43】 在等温、等容条件下,有气体反应 $2A(g)+2B(g) \Longleftrightarrow C(g)+3D(g)$,现分别从两条途径建立平衡:Ⅰ. A、B 的起始浓度均为 2 mol/L。Ⅱ. C、D 的起始浓度分别为 2 mol/L 和 6 mol/L。下列叙述正确的是( )。

A. Ⅰ、Ⅱ两途径达到平衡时,体系内混合气各组分质量分数相同
B. Ⅰ、Ⅱ两途径达到平衡时,体系内混合气各组分质量分数不同
C. 达平衡时,Ⅰ途径的反应速率 v_A 等于 Ⅱ途径的反应速率 v_A'

D. 达平衡后,第Ⅰ途径混合气密度为第Ⅱ途径混合气密度的 1/2

[误解] 认为Ⅰ、Ⅱ两条途径的量不相当,即不是等效平衡,难以确定答案。

[诊断] 正确思路:运用转换机智,根据等效平衡,C、D 起始浓度分别为 2 mol/L 和 6 mol/L,"相当于"A、B 起始浓度分别为 4 mol/L 和 4 mol/L。途径Ⅱ相当于途径Ⅰ加压至体积缩小为原来的 1/2,加压时平衡不移动,各组成成分的质量分数不变,各组分浓度增大,反应速率增大,混合气的密度增大 1 倍。故答案为 A、D。

九、化学问题,难以抽象

有些学生,就纯化学问题而言,不能说知识脱节,然而要求将化学问题抽象成为数学问题,利用数学工具解决化学问题,就暴露出抽象思维能力差,遇到化学计算不知所措。

【案例 44】 录像用的高性能磁带的磁粉,主要材料之一是由三种元素组成的化学式为 $Co_xFe_{3-x}O_{3+x}$ 的化合物。已知氧为 -2 价,钴(Co)和铁可能呈现 $+2$ 价或 $+3$ 价,且上述化合物每种元素都只有一种化合价,则 x 值为_____,铁的化合价为_____,钴的化合价为_____。

[误解] 认为该题有三个未知量(x、钴的化合价、铁的化合价),采用逐一试猜,因逐一尝试的复杂性而放弃作答。

[诊断] 本题有三个未知量,只能根据化合价规则建立一个方程式,一个方程式解三个未知数,必然想到要建立不定方程,因此首先需要将化学问题抽象成数学问题。正确思路:设计化合物中钴的化合价为 a 价,铁的化合价为 b 价,根据化合物中各元素的化合价代数和为零,可建立方程式:

$$ax + b(3-x) - 2(3+x) = 0,$$

整理得: $x = (3b-6)/(b+2-a)$。

依题意 b 只能取 2 或 3,当 $b=2$ 时,$a=0$,无意义。

∴ b 只能取 3,此时 $x = 3/(5-a)$,仅当 $a=2$ 时,$x=1$(整数)有意义。故答案为:x 为 2,铁的化合价为 $+3$,钴的化合价为 $+2$。

【案例 45】 化合物 CO、HCOOH 和 CHO—COOH(乙醛酸)分别燃烧时,消耗的 O_2 和生成的 CO_2 的体积比都是 1:2,后两者的分子式可以分别看成是 $(CO)(H_2O)$ 和 $(CO)_2(H_2O)$,也就是说,只要分子式符合 $[(CO)_n(H_2O)_m]$(n 和 m 均为正整数)的各种有机物,它们燃烧时消耗的 O_2 和生成 CO_2 的体积比总是 1:2。

现有一些只含 C、H、O 三种元素的有机物,它们燃烧时消耗的 O_2 和生成的 CO_2 的体积比是 3:4。

A. 这些有机物中,相对分子质量最小的化合物分子式是_____。

B. 某两种碳原子数相同的上述有机物,若它们的相对分子质量分别为 a 和 b($a<b$),则 $b-a$ 必定是_____(填入数字)的整数倍。

C. 在这些有机物中有一种化合物,它含有两个羧基,取 0.2625 g 该化合物恰好能跟 25.00 ml 0.1000 mol/L NaOH 溶液完全中和,由此可以计算得知该化合物的相对分子质量应是_____,并可推导出它的分子式应是_____。

[误解]　测试表明,有 48.3%的学生无法将题示信息迁移,将化学问题抽象为数学问题。

[诊断]　本题给出的信息是用数学方法(根据有机物耗氧和生成 CO_2 的体积比)确定有机物的组成,属于含有计算因素的分析推理题。

首先要分析信息:有机物燃烧耗氧和生成 CO_2 的体积比为 1∶2 时,其通式可以表示为 $[(CO)_n(H_2O)_m]$,需推导出 n 和 m 的值。由题设可见只有 $2CO+O_2\longrightarrow 2CO_2$,燃烧耗氧与生成 CO_2 体积比为 1∶2。但 CO_2 不是有机物,还要加上 H_2O 不耗氧,又能形成烃的含氧衍生物,如甲酸 HCOOH 可表示为 $[CO·H_2O]$($n=1,m=1$),乙醛酸 $\underset{\underset{CHO}{|}}{COOH}$ 可表示为 $[(CO)_2(H_2O)]$,可见找出最小残留基团 CO 是解决问题的关键。

将上述推算过程迁移到试题的情景,燃烧耗氧与生成 CO_2 体积比为 3∶4,即(　　)$+3O_2\longrightarrow 4CO_2$,未知基团应该是 C_4O_2 或简约为 $(C_2O)_n$,再加 $(H_2O)_m$。都能符合 3∶4。

设问 A,有机物中相对分子质量最小只能是 $n=1,m=1$(m、n 都不能等于 0,否则就不是有机物)的 $C_2H_2O_2$(乙二醛结构式为 OHC—CHO),合理。

设问 B,指定两个有机物碳原子数相同,即 n 不变,只能变 m(保持 3∶4 的条件),$\Delta m\geqslant 1$,而水(H_2O)相对分子质量为 18,因此($b-a$)一定是 18 的整数倍。

设问 C,首先求此二元酸的相对分子质量,设为 x。

$$[(CO_2)_n·(H_2O)_m] \sim 2NaOH$$
$$x \quad\quad\quad\quad\quad\quad 2\ mol$$
$$0.2625\ g \quad\quad 0.1000\ mol/L\times 0.025\ L$$

$x=210$。

由此得 $40n+180m=210$,不定方程需讨论求解。(1) 化合物有 2 个羧基,至少含 2 个碳,分子式将是 $C_2H_2O_4$[即 $\underset{\underset{COOH}{|}}{COOH}$],不符合通式 $(C_2O)_n(H_2O)_m$,不合理。(2) 设 $n=2$,$(C_2O)_2$ 的相对分子质量为 80,$210-80=130$,余数不是 18 的整数倍(由设问 B 扩展式迁移至此),也不合理。(3) 设 $n=3$,$(C_2O)_3$ 的相对分子质量为 120,则由 $210-120=90$,余数为 18 的整数倍,$m=5$,即 $(C_2O)_3·(H_2O)_5$ 或归纳为 $C_6H_{10}O_8$ 是合理的。还可推导出其中之一的结构式:

$$\text{HOOC—CH—CH—CH—CH—COOH}$$
$$\quad\quad\quad\ \ |\quad\ \ |\quad\ \ |\quad\ \ |$$
$$\quad\quad\quad\ \text{OH\ \ OH\ \ OH\ \ OH}$$

答案　A. $C_2H_2O_2$　　B. 18　　C. 210;$C_6H_{10}O_8$

[说明]　本题是一种新型的信息迁移题,给予的信息不是知识点,而是一种用数学思维结合化学知识解决特殊化学问题的方法,现场学习领会并迁移解决新问题。尤其在设问 C 时,解题中还要扩展式运用前一题的结论,解不定方程要结合有机化学知识讨论。此类试题不是为全体学生设置的,而是为选拔重点高校的学生所设置,因此宜作例题分析,不宜直接作练习或测试题用。

十、逆向思维,障碍重重

逆向思维也称反向思维,指思维者在思维过程中打破常规,逆转思路,向相反方向去思考问题的一种思维方式。在化学解题过程中,学生习惯于沿着问题解决的正方向去思考问题并寻求解决办法。其实,对于某些问题,尤其是一些特殊问题,从结论往回推,倒过来思考,从求解回到已知条件,反过去想或许会使问题简单化。有的学生能适应熟知的正向思维的问题,遇到变换条件与结论的逆向思维问题,思维障碍迭出。

【案例 46】 在一定体积的 18 mol/L 的浓硫酸中加入过量铜片,并加热,被还原的硫酸为 0.9 mol,则浓硫酸的实际体积( )。

　　A. 等于 50 mL　　　　B. 大于 50 mL　　　　C. 等于 100 mL　　　　D. 大于 100 mL

[误解]　由 $Cu + 2H_2SO_4(浓) \xrightarrow{\triangle} CuSO_4 + SO_2\uparrow + 2H_2O$ 知,2 mol H_2SO_4 参加反应,则有 1 mol H_2SO_4 被还原,故 0.9 mol H_2SO_4 被还原时参加反应的 H_2SO_4 为 1.8 mol。答案为 C。

[诊断]　本题是由"过量的铜与 100 mL 浓度为 18 mol/L 的浓硫酸反应,被还原的硫酸为_____mol,其理由是_____"变换过来的,将原题的结论作条件,将已知作待求量,设置逆向思维问题。正确思路:根据化学方程式,被还原的硫酸为 0.9 mol,参加反应的硫酸为 1.8 mol,但随着反应的进行,浓硫酸会逐渐变稀,而稀硫酸不与铜发生反应,故实际取用的硫酸应多于 1.8 mol,因而 H_2SO_4 溶液体积要大于 100 mL。答案为 D。

【案例 47】 当_____和_____在溶液中以任意量反应时,可以用以下离子方程式表示:$Ca^{2+} + HCO_3^- + OH^- = CaCO_3\downarrow + H_2O$。

[误解]　按正向思维方式,根据离子方程式参加反应的离子种类,判断反应物为 $Ca(HCO_3)_2$ 和 NaOH 或 $Ca(OH)_2$ 和 $NaHCO_3$。

[诊断]　当 NaOH 溶液足量时,$Ca(HCO_3)_2$ 和 NaOH 反应的离子方程式应为 $Ca^{2+} + 2HCO_3^- + 2OH^- = CaCO_3\downarrow + CO_3^{2-} + 2H_2O$,与题意不符。当 $NaHCO_3$ 溶液足量时,$Ca(OH)_2$ 和 $NaHCO_3$ 反应的离子方程式为 $Ca^{2+} + 2OH^- + 2HCO_3^- = CaCO_3\downarrow + CO_3^{2-} + 2H_2O$,也与题意不符。本题的正向思维题是:写出 $Ca(HCO_3)_2$ 和 $Ca(OH)_2$ 溶液反应的离子方程式。变换试题的条件和结论后即变为"案例 47",显然这是一道逆向思维命题,将原题的未知和已知互换,诱导逆向发散思维,增加了试题的思维层次。正确思路:将离子方程式各项化学计量数乘以 2,可将反应物离子 $2Ca^{2+} + 2HCO_3^- + 2OH^-$ 变通为 $Ca^{2+} + 2HCO_3^- + Ca^{2+} + 2OH^-$,进一步变通为 $Ca(HCO_3)_2 + Ca(OH)_2$。答案为 $Ca(HCO_3)_2$ 和 $Ca(OH)_2$。

逆向思维方法不仅是科学研究的基本方法,也是分析和解决化学问题的重要方法。

十一、以"量"掩"质",方法片面

有些题目出现了不少数据,似需定量计算,问题的本质被一些表面现象所掩盖,但解决问题的关键还是在定性分析上。对这类题目若只算不想,以"量"掩"质",解题就难免失误。

【案例 48】 常温下,下列物质中,含离子数目最多的是( )。

　　A. 20 mL 0.2 mol/L 的 NaAc 溶液　　　　B. 20 mL 0.6 mol/L 的 HAc 溶液
　　C. 20 mL 0.2 mol/L 的 $BaCl_2$ 溶液　　　　D. 30 mL 0.1 mol/L 的 $AlCl_3$ 溶液

[误解]　① 单凭计算各物质的量,B 中物质的量最大,选 B。② 注意到 HAc 为弱酸,电离出的离子数较少,凭计算知 C、D 中离子数一样多,且大于 A、B 两选项,选 C、D。

[诊断]　将定性和定量相结合的问题单纯从定量角度分析,思想方法片面。正确思路:D 中的 Al^{3+} 能发生水解:$Al^{3+} + 3H_2O \rightleftharpoons Al(OH)_3 + 3H^+$,由水解方程式可以判断水解后离子数增

加,D 中的离子数多于 C,故应选 D。

【案例 49】 下列标有横线的物质可以完全溶解的是(　　)。

A. 1 mol <u>Zn</u> 与含 1 mol H_2SO_4 稀 H_2SO_4 共热

B. 1 mol <u>Cu</u> 与含 2 mol H_2SO_4 浓 H_2SO_4 共热

C. 1 mol <u>Cu</u> 与含 4 mol HNO_3 浓 HNO_3 共热

D. 1 mol <u>MnO_2</u> 与含 4 mol HCl 浓盐酸共热

[误解] 诊断测验结果显示有 34% 的学生认为四个选项都应该选择。这些学生的思路是：根据化学方程式,标有横线的四种物质均恰好与酸反应完全。他们都把思维聚焦在物质的"量"上,忽视了随着反应的进行,B、C、D 中的浓酸均逐渐变为稀酸,而稀 H_2SO_4 不能氧化铜;稀盐酸不与 MnO_2 反应;稀 HNO_3 与铜发生下列反应：$3Cu+8HNO_3 \xrightarrow{\triangle} 3Cu(NO_3)_2+2NO\uparrow+4H_2O$,由反应可判断稀 HNO_3 过量,铜可全部溶解。故本题答案应选 A、C。

[诊断] 对于相关信息,不少学生习惯从表面的"量"上去寻找其相同处、相似处,而不注意从本质上去比较事物之间的差异。虽然知识之间存在着许多相似处,但差异性、特殊性依然存在,一味注重共性,本质被表面现象掩盖,以"量"掩"质",类推失误难免。

十二、以"质"代"量",迷恋经验

当遇到两道相似的题目时,多数学生习惯于从题目涉及的物质、物质之间的相互关系着手解题,运用"求同"方法进行类推。然而题目之间有变异、有新境,尤其存在着量变引起质变的可能性,若仍固守以"质"类推,必然导致解题失误。

【案例 50】 F_2 是氧化性最强的非金属单质。在加热条件下,物质的量相等的 F_2 跟烧碱完全反应,生成 NaF、H_2O 和另一种气体,该气体是下列气体中的(　　)。

A. H_2　　　　B. HF　　　　C. OF_2　　　　D. O_2

[误解] 据有关物质的化学性质,有：$2F_2+2H_2O==4HF+O_2$,$HF+NaOH==NaF+H_2O$,与题意"生成 NaF、H_2O 和另一种气体"相吻合,答案为 D。

[诊断] 以质代量,迷恋经验,错误类推。其实本题题意是在"加热条件下",并非是在水溶液中进行的反应,从反应物量上讲,F_2 和 NaOH 是按"物质的量相等完全反应",按前述解法得总的方程式：$2F_2+4NaOH==4NaF+O_2+2H_2O$,显然与题意不符。正确思路：根据反应物"量"的关系及氧化还原反应得失电子守恒关系,不难确定气体产物为 OF_2。有关反应为：$2F_2+2NaOH==2NaF+OF_2+H_2O$,从"量"和"质"上均符合题意,故答案为 C。

第六节　化学解题心理性诊断

核心概念

◆心理因素　◆心理障碍　◆先入为主　◆心理抑制　◆盲目冲动

元认知监控并非是一个独立的过程,问题解决的所有环节都必须依赖元认知的有效监控。元认知依据原有知识对问题解决过程的每一环节的结果进行确定,并控制问题解决的整个流程,

检验并评估解题过程及答案的合理性。学生在考试中能否取得好成绩,除了取决于基础知识是否扎实,解题方法是否得当外,不能忽略心理因素的影响。实践证明,学生学习化学和解题,存在着多种多样的心理障碍,这些障碍直接或间接地影响了化学成绩。教师应教育学生充分重视、认识和消除各种心理障碍,则必能事半功倍地提高化学成绩。例如,有些学生基础比较扎实,头脑也还灵活,但在考试中往往得不到高分。究其原因,有的是缺乏动力支配,信心不足,会做的题也出错;有的经常看错题目;有的计算粗心,漏填单位;有的是焦虑程度过高,连平时掌握的最基本的东西临场也忘记了;有的元认知水平不高,就连明显的解题过程错误和答案错误也无法识别,甚至在解题中出现前后自相矛盾的结论时仍浑然不觉。这些都与学生的心理因素有关。学生如能在平时训练中,逐步认识和消除这方面的影响,对于在考场上充分发挥自身的潜力,考出最佳水平,无疑是有帮助的。

一、缺乏动力,水平低下

在考试时,学生要发挥正常水平,除了需具备一定的基础知识和思维能力以外,大多数场合下,还涉及非物质的、精神的和信念的动力支配。同样一道试题,对同一个学生来说,可能因考试的重要性的不同使学生在考试动力上表现出显著差异,或者因学生对解题有无信心,会使答案结果差别很大。同样一套试卷,当某学生缺乏考试动力,且信心不足时,可能考出一个较差的成绩;当该生有较强的考试动机,且对考试充满信心,该生可能会发挥得相当出色。人们常说的"有了取胜的决心就等于成功了一半"是有道理的,这就是心理学的"预则立,不预则废"对考试动力的作用的最好诠释。

【案例51】 填写下列空白:
(1) 写出表示含有 8 个质子、10 个中子的原子的化学符号:_____。
(2) 周期表中位于第 8 纵行的铁元素属于第_____族。
(3) 周期表中最活泼的非金属元素位于第_____纵行。
(4) 所含元素超过 18 种的周期是第_____、_____周期。

[误解] 对某中学高一年级中等生测试显示:有 45.3% 的学生将第(1)题错答为 O;有 52.5% 的学生将第(4)题错答成 4、5 或 5、6。

[诊断] 教师对上述中等生群体施加一定的压力:"做对了的学生,可到学校课外活动室打球或下棋",结果在刚才错答第(1)、(4)题的学生中,竟有 60% 左右的学生纠正了错误,获得了正确答案:(1) $^{18}_{8}O$;(4) 6、7。由此看来,学生在训练和考试中的表现,有些是知识和能力的问题,而有些则是刺激、信心及态度的问题。

二、暗示作用,心理干扰

暗示,是用隐含、间接的方式对人的心理和行为产生积极或消极的影响。学生在心理紧张、情绪旺盛的考试环境里,对题目的暗示特别敏感。对暗示的敏感有其积极的一面,如挖掘题目隐含条件,由暗示产生联想和从大脑中提取与暗示有关的信息,进而设想解题思路。但是,若命题者有意利用暗示在题中设置"陷阱",那么,对正常的解题思路便产生干扰。所以,解题时要注意对思维的监控和批判,防止因暗示作用的干扰而出错。

【案例52】 已知Na_2CO_3在水溶液中存在水解平衡：$Na_2CO_3+H_2O \rightleftharpoons NaOH+NaHCO_3$。加热蒸干溶液，得到的固体是（　　）。

  A. Na_2CO_3 B. $NaHCO_3$和$NaOH$ C. $NaOH$ D. Na_2CO_3和$NaOH$

  [误解]　认为加热会促进水解平衡，选B。

  [诊断]　受"暗示"作用的干扰，未抓住主要矛盾：加热，水分蒸发，平衡向左移动。正确思路：一方面，加热，平衡向吸热反应方向移动，促进了水解进行；另一方面，加热，水分蒸发，平衡向左移动，抑制了水解的进行。前者是次要矛盾，后者是主要矛盾。答案为A。

【案例53】 在一定条件下，$RO_3^{n-}+6H^++6I^-=R^-+3I_2+3H_2O$

  (1) RO_3^{n-}中R的化合价是_____；

  (2) R元素原子的最外层的电子数是_____。

  [误解]　认为RO_3^{n-}中R的化合价为+5价就是该元素的最高正价，从而判断R元素的原子最外层电子数为5。

  [诊断]　错因：推断出RO_3^{n-}中R的化合价为+5价，即受RO_3^{n-}（与NO_3^-类似）暗示作用的干扰。正确思路：(1) 由反应前后电荷守恒计算得$n=1$，故R的化合价为+5。(2) 确定原子价电子数的关键信息是R^-离子，而不是RO_3^{n-}，根据R^-可知，R元素原子得1个电子最外层达到8个电子稳定结构，所以R元素的原子最外层的电子数为7。或根据R可呈+5、-1价，判断R一定为卤素元素，故R元素的原子最外层的电子数为7。

三、多余条件，误触暗礁

  有一类试题中，命题者故意虚设一些解题时并不需要的多余信息，无关信息的干扰与设陷，使解题者难以准确把握问题的关键，导致误入歧途。面对此类题目，首先要大刀阔斧地削去可能屏蔽思维的一些枝节内容，在认识结构中清晰地呈现出问题的主干，使复杂的表述简明化，明确问题的始态（已知条件）、终点（待求结论）和节点（可能遇到的障碍）。

【案例54】 在500 mL 1.0 mol/L的$CuSO_4$溶液中，阳极为100 g铜片，阴极为100 g锌片，通电一段时间后，立即取出电极，测得锌片质量增加到106.4 g，此时剩余溶液中$CuSO_4$的物质的量浓度为（　　）。

  A. 0.25 mol/L   B. 0.8 mol/L   C. 1.0 mol/L   D. 1.2 mol/L

  [误解]　认为析出0.1 mol Cu，溶液中Cu^{2+}减少0.1 mol，所以剩余溶液

$$c(CuSO_4)=(0.5-0.1)/0.5=0.8(mol/L)，$$

答案为B。

  [诊断]　阳极：$Cu-2e^-=Cu^{2+}$，阴极：$Cu^{2+}+2e^-=Cu$，实质是电镀装置，电镀过程中溶质的量不变，故选C。题中500 mL、100 g、106.4 g等均属虚设数据。

  可见，试题中提供的信息不一定都是解题所必需的，要学会对信息进行思维加工，去伪存真。在心理上要有排除多余条件的意识，善于发现"暗礁"，以防"触礁事故"。

四、刻意求同，陷于定式

  平时训练某一类型的题目，有些学生特别注意其答案特点，当在考试中出现了与此题目类似的问题时，有些学生常常把训练题的答案"迁移"到考试题目的答案中，而命题中隐含的细微差别

就很少考虑。如果考试实际要求并不是这样,或者命题者正是出于这种目的而设置障碍的话,那么,定式的消极作用便产生了。下面一组题目的结果就能很好地证实这种定式影响。

【案例55】 (1) 异丙苯[⌬—CH(CH₃)₂]分子中苯环上一氯取代物的同分异构体的数目有( )。

  A. 3种   B. 4种   C. 5种   D. 6种

(2) 异丙苯[⌬—CH(CH₃)₂]分子的一氯取代物的同分异构体的数目有( )。

  A. 3种   B. 4种   C. 5种   D. 6种

(3) 异丙基环己烷[⌬—CH₃(CH₃)₂]分子的一氯取代物的同分异构体的数目有( )。

  A. 3种   B. 4种   C. 5种   D. 6种

[误解] 隔日测试"求同心理的定式负迁移对学生答题影响"实测数据如下:题(1)有72%的学生能正确回答A;隔日,测试题(2)仅有48.5%的学生正确选择C,尚有24.4%受前日解题定式影响错选A;评讲题(2)后,隔日测试题(3),结果显示,有30%的学生受题(2)定式的影响误选C,有8.9%的学生受题(1)定式的影响误选A。

[诊断] 考试中,学生的高度焦虑能产生强烈和顽固的思维定式,这种定式对求同心理感受特别强,而限制了学生"同中求异",因此对题目中细微的变化难以觉察,以至第(2)小题去掉"苯环上"的限制,第(3)小题由(2)小题 ⌬—CH(CH₃)₂ 分子"偷换"为 ⌬—CH₃(CH₃)₂ 分子,而使在连接异丙基的环碳原子上有一个可被取代的氢原子的差异,都因思维定式而放松了警惕。而且,形成定式时间距考试时间越短,这种作用越显著。从容易熟练的角度讲有其积极一面,即对同一类型题目,能沿着模型化的思路,驾轻就熟地解答。

在考试中,人的思维定式在解决问题中起限制作用,主要表现在:(1) 它限制着形成假设的范围,平时训练模式化的问题可能使学生难于用一种新的方法去理解和思考命题的实际问题,因而限制了自己的创造性。(2) 在回答试题时有一种寻找某种线索的倾向,如果这种线索不存在,那么这种定式就可以引起负迁移的效果。有一种错误的做法是,教师(或学生本人)教会学生如何在考试时寻找试题中的线索,例如从一次或几次测验中,或在平时摸索的经验中"发现",多数判断正误题中常常是"错"的多于"正确"的;凡包含"一切""总都""肯定不"等字眼的选项,大多数是错的,而使用"很少""有时""可能""一般""多数"等字眼的不确定性选择,则大多数是"对"的而不是"错"的;一个长的判断正误选择多半是"对"的而不是"错"的;一个组合式选择题,正确的答案往往是各个选项中重现率最多的;等等。当这些定式起作用时,如果考试中判别正误题的"对"和"错"是随机安排,或随机安排"对""错"题的长短和关键字眼,甚至按线索来做完全相反的安排,那么,这些学生在测验中的成绩肯定会降低。实践证明:形成定式时考试时间间距越近,这种作用越是显著。

五、取整观念,消极影响

不少学生在解题中如果解析得到的答案正巧是整数、或计算过程可约简,对其结果的可信度常常深信不疑;而当答案是分数,特别是计算过程繁,所得结果是一个无限不循环小数,即使解题过程无误,还是一再检查,很不放心。我们姑且把这种心理状态叫做"取整观"吧。这种"取整观"导致学生忽视了做完题目后对答案进行必要检查,常常扰乱了正常的思维和对答案的检验步骤。

【案例 56】 天然的和绝大部分人工制备的晶体都存在各种缺陷,例如在某种氧化镍晶体中就存在如图 6-9 所示的缺陷:一个 Ni^{2+} 空缺,另有两个 Ni^{2+} 被两个 Ni^{3+} 所取代。某氧化镍晶体仍呈电中性,但化合物中 Ni 和 O 的比值却发生了变化。某氧化镍样品经科学家测定,晶体中 Ni^{3+} 与 Ni^{2+} 的离子数之比为 6∶91,求该氧化镍的化学式。

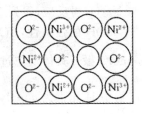

图 6-9

[误解] 在高中年级测试表明,有近 27.5% 的学生做出答案:$Ni_{97}O_{100}$ 或 $Ni_{0.97}O$,但由于"取整观"的影响,却给出 NiO 错误答案。

[诊断] 设氧化镍化学式为 Ni_xO_y,晶体中含 60 个 Ni^{3+},91a 个 Ni^{2+},则 $x=97a$。
根据电中性:$6a×3+91a×2=y×2$,$y=100a$。
亦即,$x∶y=97∶100$,故氧化镍化学式为 $Ni_{97}O_{100}$ 或 $Ni_{0.97}O$。

六、问题空间,心理屏蔽

一般来说,解决问题是从已知条件出发,经过一步步的中间状态,最后达到目标。这里的中间状态,也称"问题空间"。心理学研究表明,探索有两种策略:一是算法式;二是直觉式(又叫巧取式)。算法式是按部就班地推理、计算、尝试解答。算法式"保险系数"大,但较费时。直觉式是根据已有的经验和知识,机智地巧选一种方法。直觉式解题速度较快,但容易出差错。它要求学生凭借直觉思维在短暂时间内迅速地把所需知识和经验从整个知识和经验的背景中检索出来和重新组合。如果不能正确运用上述策略,突破"问题空间",就会形成心理屏蔽。

【案例 57】 5 mL $c(Ag^+)$ 为 0.1 mol/L 的某溶液,加入等物质的量的某种碱金属盐,待卤化物完全沉淀后,经过滤、干燥,称得质量为 0.013 g,则此沉淀是( )。

A. LiF   B. LiCl   C. AgF   D. AgCl

[误解] 看到"Ag^+"和"卤化物",很容易错选 AgCl。

[诊断] 5 mL 0.1 mol/L Ag^+ 溶液中能得到 AgCl 的质量为 0.072 g>0.013 g,显然该沉淀不是卤化银,沉淀物的摩尔质量为 $\dfrac{0.0013\ g}{5×10^{-3}\ L×0.1\ mol/L}=26\ g/mol$,沉淀物只能是氟化物,必定是碱金属的氟化物。该碱金属元素相对原子质量为 26-19=7,沉淀物是 LiF。

超越和突破要有深厚的知识基础,灵活的思维品质。掌握的知识越多,越容易产生新的见解。

【案例 58】 将 $NaHCO_3$ 和 Na_2O_2 固体混合物置于密闭容器中加热至 250 ℃,使其充分反应,最后测得残余固体由两种物质组成,分别为 a mol 和 b mol,且 a>b。

(1) 求原固体混合物中 $NaHCO_3$ 和 Na_2O_2 的物质的量。
(2) 求最后气态生成物中各物质的量。

[误解] 有近 28.5% 的学生按部就班地写化学方程式、分析、讨论、计算,因过程复杂,最后得出的为错误结论。

[诊断] 运用守恒法跨越化学方程式,可以简捷解题。$NaHCO_3$ 分解得到的 CO_2 和 H_2O

与 Na_2O_2 再反应,得到 Na_2CO_3 和 NaOH 及 O_2。$a>b$,意味着 Na_2O_2 完全反应,没有剩余。由于 NaOH 的强碱性,CO_2 不可能逃逸,应全部转变为 Na_2CO_3,原 $NaHCO_3$ 的物质的量即为 a mol。撇开具体反应过程进行推进:从钠离子的量来看,原 Na_2O_2 的物质的量为 $\frac{a+b}{2}$ mol。反应物中 H 元素为 a mol,生成 NaOH 的物质的量为 b mol,产物中还应有 H_2O 为 $\frac{a+b}{2}$ mol。根据原有 O 元素的物质的量算出产物中尚有 O_2 为 $\frac{a+b}{2}$ mol。

七、先入为主,产生干扰

"先入为主"的干扰主要表现为旧知识的"成见"产生对新问题理解上的干扰,这一心理障碍的形式既有定式负迁移的影响,也有思维肤浅的影响。

【案例 59】 "铝能与酸反应生成铝盐,也能跟碱反应生成偏铝酸盐,所以铝是既具有金属性又具有非金属的两性单质。"分析这句话,答案应是(   )。

A. 结论正确,前句错误　　　　　　B. 结论错误,前句正确
C. 结论正确,前句正确　　　　　　D. 结论错误,前句错误

[误解] 测试表明,有近 45.1% 的学生认为答案 C 是正确的。

[诊断] 铝的两性表现在化合态的铝——氧化铝和氢氧化铝分别是两性氧化物和两性氢氧化物。而游离态的铝却只有典型的金属性,在它与酸、碱溶液反应时都是失去电子而表现出金属性。

显然,上述错误判断是学生对"两性"旧知识的"成见",产生对新问题"先入为主"的干扰。正确答案应为 B。

八、草率粗心,盲目冲动

不少考生对于稍有难度的题目,先是苦苦思索,一旦解题思路有了眉目,便奋笔疾书,很少考虑在这条解题路径上是否还应绕过一些障碍,避开一些陷阱,是否注意到问题情境中的隐蔽因素等,冲动难免出错。

运用系统工程的观点来分析一下学生临场智力发挥情况,可用图 6-10 表示。

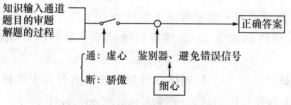

图 6-10　问题解析鉴别系统示意图

现代控制系统为了避免输入错误信号,有人专门设计了鉴别系统,以保证输入信号的正确性,避免发生事故。学生临场要虚心,在考试过程中要处处细心。考生走进考场就要树立信心,这有利于考生心理上保持轻松的状态,但考生在考场上过分自信也是不可取的。因为过分自信往往伴随放松"警惕",易于误入"圈套";过分自信也易于解题粗枝大叶,且忽略对答案作必要的复核。

【案例60】 甲、乙两个电解池均以 Pt 为电极,且互相串联,甲池盛有 $AgNO_3$ 溶液,乙池盛有一定量的某盐溶液。通电一段时间后,测得甲池中电极质量增加 2.16 g,乙池中电极上析出 0.24 g 金属,则乙池中溶质可能是(　　)。

A. $CuSO_4$　　　　B. $Mg(NO_3)_2$　　　　C. $Al(NO_3)_3$　　　　D. Na_2SO_4

[误解] 甲池阴极电极反应为:

$$Ag^+ + e^- =\!=\!= Ag, \quad n(e^-) = n(Ag) = \frac{2.16\ g}{108\ g \cdot mol^{-1}} = 0.02\ mol,$$

故乙池中电子转移的物质的量为 0.02 mol。

乙池阴极电极反应式为:

$$M^{n+} + ne^- = M(设 M 的相对原子质量为 a),$$

根据甲、乙两池电子转移的物质的量相等,则 $\dfrac{n\ mol}{0.02\ mol} = \dfrac{a\ g}{0.24\ g}$,得:

$$a = 12n \begin{cases} 当\ n=1\ 时,a=12,无此金属 \\ 当\ n=2\ 时,a=24,Mg\ 符合 \\ 当\ n=3\ 时,a=36,无此金属 \end{cases}$$

故答案为 B。

[诊断] 不少学生由于过分自信,加之形成思路的过程中"思维畅通",上述推理、演算顺理成章,得到的答案恰好"吻合",很少有学生对此答案有怀疑,因而不再深入判断答案的合理性,正好误入了命题者的"圈套"。在给定的 B、C、D 三个选项中,因溶液中离子得电子能力为 $H^+ > Al^{3+} > Mg^{2+} > Na^+$,故电解 Al^{3+}、Mg^{2+}、Na^+ 的水溶液时,不可能在阴极上析出金属单质。本题无须计算,答案为 A。

由此可知,学生若时刻注意克服粗心草率、任性鲁莽、盲目冲动的不良心理,能有助于参加考试时的临场智力发挥,减少失误,提高成绩。

九、优柔寡断,坐失良机

优柔寡断也是影响考试成绩的心理因素之一。有些考生由于平时考试多次失利,缺乏自信心,当遇到较难的问题时,即使已有了初步思考,仍然犹豫不决,不能果断地按已形成的思路作答,甚至放弃,这些考生的成绩肯定会降低。这种"习得性无助"是学生学习和考试的严重障碍,"习得性无助"是美国著名心理学家塞里格曼·谢尔顿(Knnon M. Sheldon)提出来的,是指人和动物经历了接连不断的挫折与失败后,面临问题时产生的无能为力或自暴自弃的心理状态与行为。在化学教学中"习得性无助"主要表现为学生自我怀疑、自我否定、自我设限,进而变得自暴自弃、不思进取、悲观绝望。

【案例61】 现代建筑的门窗框架,常用电解加工成古铜色的硬铝制造。硬铝是(　　)。

A. 表面有氧化铝膜的纯铝　　　　　　B. Al—Mg 合金
C. Al、Cu、Mg、Mn、Si 合金　　　　D. Mg—Si 合金

[误解] 此题属"理解"层次目标的题目,硬铝的组成对多数学生来说不一定记住了,但由题给定的硬铝的颜色和学生已知 Cu、Al、Al_2O_3、Mg、Mn、Si 的颜色比较可推测或猜想答案为 C,因仅 C 中含有铜。有些考生只能在这个答案上徘徊,迟迟不敢下笔作答,甚至极个别学生干脆放弃答题。

[诊断] 四选一的选择题被猜对的机会只占25%,而且对每个考生的猜对机会都是均等的。从某种意义上说,应该允许学生猜题,不要一味地反对猜题。正确的猜想也是学生应具备的一种能力,它可以鼓励学生在解题时遇到不懂或无法把握答案正确性时大胆去猜,教师对学生猜错了的题可以进行评讲,这也是一种学习。反之,如果学生一味优柔寡断,就只能浪费时间,坐失良机。作为教师,不仅要敏锐地发现这部分群体,还要及时找出问题的所在,对症下药,通过实例帮助学生树立自信心。

十、过度焦虑,心理抑制

人们常说在考试中的怯场,就是考试时的焦虑。考生的焦虑直接影响考生的成绩。一般而言,适度的焦虑是正常的,对考试有一种刺激和内驱力,它会使学生兴奋,注意力集中,加快反应速度,对考试成绩产生积极的影响。若焦虑程度过低,甚至于一点也没有,学生对待考试采取满不在乎、极不认真的态度,则考试成绩会降低。反之,假如学生焦虑过度,则会分散自己的注意力,使思维变得迟缓、狭窄,甚至产生思维"真空",解题时心理障碍增加,应试能力显著下降,甚至于连平时已经牢固掌握的知识一时都记不起来(即临场遗忘)。

研究表明,考试时产生过度的焦虑主要原因是:能力低,抱负水准过高,求胜心切,缺乏自信,情绪不稳,初次参加考试,对考试程序不熟悉,考题时限严格,试题编排不当,考试结果对考生关系重大,考生所受的压力很大等。

【案例62】 一种常用的电池是锂电池(锂是一种碱金属元素,其相对原子质量为7),由于它的比容量(单位质量电极材料所能转换的电量)特别大而广泛应用于心脏起搏器,一般使用时间可长达10年。它的负极用金属锂制成,电池总反应可表示为:

$$Li + MnO_2 \longrightarrow LiMnO_2$$

(1)锂电池比容量特别大的原因是_____。

(2)锂电池中的电解质溶液需用非水溶剂配制,为什么这种电池不能用电解质的水溶液?请用化学方程式表示其原因:_____。

[误解] (1)回答为"金属锂为活泼的金属"或"锂的原子半径很小"等;(2)不能根据钠和水反应的化学方程式类推出锂和水反应的化学方程式。

[诊断] 遇到平时很少接触的题目,应该稳定情绪,防止过度焦虑产生心理抑制。本题正确答案为:(1)锂的摩尔质量小。(2) $2Li + 2H_2O = 2LiOH + H_2\uparrow$。

了解了焦虑的产生及其影响因素,有助于正确处理好考试焦虑的问题。下面几点建议对避免过度焦虑的产生以及紧张状态产生心理抑制是有益处的:一是平时打好基础,提高能力,有了能力就能"艺高胆大",不会怯场。二是考前注意休息好,并使精神放松,防止"开夜车"使身体疲惫,切莫为某些细节问题烦恼。三是尽早着手安排用于复习的时间,制定好时间表,有计划地进行复习,用数个小的单位时间比用一个大的单位时间进行复习效率要高得多,这样就不会在最后的时刻产生懊恼或紧张的情绪了。四是重视心理训练和"实战"训练,用模拟考试进行复习是可行的,通过模拟考试熟悉考试程序。五是树立信心,进考场后要有这样的信念:我已全力以赴地进行全面、系统的复习和准备,考试一定能获得成功。最后,在考试中遇到难题或遇到有些知识、方法临场遗忘时,应学会暂时放开,转换先回答别的问题,并进行自我暗示,相信过一会儿会把问题答出来。同时还应注意把握答题顺序,从易到难,合理安排考试时间。

本章思考题

1. 化学学业水平考试是如何设计的,国际大型测评对我国学业水平考试的设计有哪些借鉴意义?如何发挥化学学业水平考试的诊断功能?

2. 什么叫二段式诊断测验?它具有哪些优点?试举一例说明如何设计二段式诊断测验试题。

3. 学生正确解答化学试题应具备哪些要素,学生在化学解题中的失误一般从哪些方面诊断?

4. 什么叫化学试题的绝对难度,一般可以从哪些方面去预估一道化学试题的绝对难度?研究绝对难度有何意义?

5. 某化学教师在一次化学测验中设计了下列试题,并对部分学生的解题结果进行了统计。

[试题] $Mg(OH)_2$ 沉淀能溶于 NH_4Cl 溶液的原因是_____。

[考试结果] 有 39.4% 的学生提交的错误答案是:NH_4Cl 水解呈酸性,$NH_4^+ + H_2O \rightleftharpoons NH_3 \cdot H_2O + H^+$,$H^+$ 与 $Mg(OH)_2$ 发生中和反应而使沉淀溶解:$2H^+ + Mg(OH)_2 = Mg^{2+} + 2H_2O$。

试根据以上信息,回答下列问题:

(1) 你认为正确的答案是:_____。

(2) 试对学生解题错误形成的原因进行分析和诊断。

(3) 如果这部分学生总认为自己的答案没有错,请你设计一个实验来证明学生的答案是错误的。

第七章　化学教学诊断研究

化学教学诊断研究已成为化学教学研究的生长点,更是促进教学实践不断走向有效的"助推剂",教学诊断研究也是教师成长为专家型教师的必由之路。基础教育课程改革与实践为化学教学诊断展现了丰富的研究课题和向教学诊断的深度广度进军的广阔舞台。

第一节　化学教学诊断研究的过程及内容

核心概念

◆教育科学研究　◆诊断过程　◆诊断计划　◆行动研究

教育科学研究是人们有目的、有计划、有系统地采用严格科学的方法研究教育科学的知识体系,认识教育现象,探索与发现教育与人的全面发展,教育与社会进步的客观规律,深化教育改革,提高教育质量的创造性活动。[①] 化学教学诊断研究是人们从客观存在的化学教学事实出发,采取科学的诊断方法,对有关化学教学"偏常"问题进行测查和分析,从而矫正教学行为,促进化学教学发展的科学研究活动。

一、化学教学诊断研究的过程

一个完整的化学教学诊断研究课题,一般包含以下几个基本环节。

(一)确定诊断课题

化学教学诊断研究课题主要来自四个方面:① 化学教学实践中需要解决的问题;② 化学教学理论系统中存在的问题;③ 从各种文献资料中发现的课题;④ 从课程与教学改革的新情况中发现的课题。

选择诊断研究课题的过程,是一个观察、收集资料和创造性的思维过程。一般应该遵循下列基本原则。

(1)价值性原则。教学诊断研究选题的"价值"准则,是指诊断研究课题能为教学改革和教学发展服务,这是选题的方向性问题。价值准则包括两个方面,即应用价值与理论价值。

(2)创新性原则。即所选课题要有一定的独创性和新颖性,是别人没有研究过的;或者是虽有人提出,但还没有解决或没有完全解决而有待深入研究的;或是可以采取其他方法或不同视角进行研究的。

(3)可行性原则。即选题时要考虑各种主客观条件,通过努力可以达到,使自己的课题有开

[①] 杨丽珠.教育科学研究方法[M].大连:辽宁师范大学出版社,1995:10.

展的可能性。

(4) 实践性原则。主要指教师的诊断课题要从化学教学的实践中去寻找,并结合教学工作迫切需要解决的问题进行研究。实践性是化学教学诊断研究的最本质的特征。

(5) 准确性原则。教学诊断研究选题要准确,是指选题的概念及表述要准确,选题也不能太笼统,研究的方向、解决的问题要明确,选题中每一个概念的内涵和外延都应该十分准确,不能模棱两可。

(二) 查阅相关文献

查阅文献包括以下几个过程:首先,是对文献资料的检索,就是将众多的文献按一定的规律排列、储存起来,并查找出符合研究课题的文献的过程;其次,对文献的初步加工,就是对检索的文献进行筛选、鉴别和阅读的过程;再次,对文献的分析研究,就是对事实、数据进行定量和定性分析的过程。

(三) 提出诊断假设

对于已有研究中存在的众多问题,虽然确立了本人的研究方向和研究主题,但限于个人的时间和精力,不可能对所有问题进行研究,即使是对某一个问题开展研究,也不可能涉及方方面面或各个环节,因此,研究者还必须对所确立的研究课题进行细化,也就是提出自己的研究假设。

案例研讨 7-1

"高中生有机化学问题解决思维策略训练"诊断假设

通过文献综述发现,研究者确定了目前化学教育领域少见的实证研究——化学问题解决能力培养的诊断研究。但限于时间和精力只对高中生有机化学问题解决能力进行研究,而影响高中生有机化学问题解决能力的因素有很多,研究者又只是选择对不同学校的高中生进行相关的思维策略训练,于是可进行如下假设:(1) 有意识与无意识对高中生进行有机化学问题解决思维策略训练,高中生的有机化学问题解决能力变化存在差异;(2) 对不同层次学校的高中生进行有机化学问题解决思维策略训练,高中生的有机化学问题解决能力变化存在差异。在随后的研究中,研究者主要就是检验其差异的显著性。

由此可见,从文献中发现问题到确定研究内容,再到提出研究假设的过程,是一个逐步缩小研究范围、明确研究视角的过程,也是一个逐步修改、调整研究主题的过程。

一般来说,研究假设就是研究的中心,整个课题的研究将围绕此中心来搜集信息、验证假设。因此,研究假设是否明确具体、科学合理,直接影响研究的质量和效率。

值得注意的是,研究假设应具有一定的理论依据,且表达要科学、具体、恰当,不能模糊,也不能出现"具有显著差异"或"不具有显著差异"等结论性语气,但并非所有的研究都一定要提出研究假设。

(四) 设计诊断方案

研究方案包括诊断对象、诊断材料、实验设计及变量分析、诊断步骤与方法、数据统计方法等项目。

1. 诊断对象

它是教育科研中的研究样本,因而必须具有一定的代表性,其属性、特质及其变化应该反映研究的主题。在研究方案中要详细说明样本的选择理由、方法、样本的组成、结构等相关要素。

2. 诊断材料

包括已有的其他现成的材料、自编的材料或其他仪器设备等,对于问卷等材料,要具体交代问卷的组成、结构、性质以及信度和效度等指标,对于仪器设备,要明确说明品牌、型号、厂家以及必要的操作等,详细内容可附后。

3. 实验设计及变量分析

这是实证研究方案中必须予以说明的项目,其中特别是对于变量的分析与控制等处理,直接影响所收集数据的价值和研究的质量。

(1) 因变量

因变量是研究的主题和中心要素,在描述因变量时,既要说明其抽象的定义,又要说明其相应的衡量指标,对于无法考查或没有相应工具测量的因变量,是无法开展相应的量化研究的。

(2) 自变量

通常是研究过程中研究者人为操纵的、对因变量有着重要影响的变量,有时可以将人口学变量(如学生所在学校类别)、机体变量(如性别、年级、学业成绩)当做自变量来看待。在实验设计中,对自变量的描述,不仅要有抽象的定义,而且还要有操作定义,或者说自变量及其水平的人为操作方法。

例如自变量 A 为教学方法,其抽象定义是教师在教学过程中所使用的教学程序、师生活动方式,其中有两个水平,水平 $A1$ 为实验探究式教学,水平 $A2$ 为讲授式教学,那么就必须明确说明这两种教学方法的具体操作形式,以便于他人明确知晓,并可按照所说明的操作要领进行具体操纵。

(3) 控制变量

一般来说,影响因变量的因素有很多,那么除自变量以外的其他因素,都属于控制变量,例如影响教师的教学效果的因素有教师的能力和水平、教学方法、教学手段等,如果教学方法是自变量,那么其他均为控制变量。

在研究方案的设计中,研究者必须对于控制变量进行详细分析,并对其处理方法予以说明(例如通过设置对照班予以抵消或恒定,通过设置"单盲"或"双盲"予以消除等),以便于研究过程的正确实施,以确保研究过程的客观性、科学性和准确性。

4. 诊断步骤与方法

诊断步骤是按照研究的先后时间顺序或逻辑顺序描述具体实施过程的项目,在此项目中,必须详细说明每一步是做什么,运用说明材料或工具,对哪些对象实施了哪些操作,如何操作的。例如,为了比较优生和中等生解决化学问题的思维过程的差异,选择一套自编的中等难度的化学问题(6道题目)为材料,在一个自然教学班随机抽取 10 名学生,要求他们自言自语地进行解题,诊断者在学生旁边记录解题思维过程(口语报告分析法)……在诊断方案的设计中,诊断方法的描述只有与实施步骤结合起来,才能让人明白研究路线与意图,否则就会让人无法理解,或者只能说诊断者本人还不太清楚。

5. 数据统计方法

数据统计方法是研究者对所收集到的研究数据等信息的处理方式。在研究设计中，通常只要大致说明数据的处理工具即可，具体的统计分析方法和操作应当待研究数据出来后，在研究报告中详细交代。

案例研讨 7-2

"样例学习"对"烷烃的命名"学习迁移的影响实验设计

实验目的：探讨"样例学习"的训练方式对"烷烃的命名"学习迁移的影响。（样例学习是指学习者通过研究具有详细解答步骤的事例或例题等样例，从中归纳出隐含的抽象知识并用来解决问题的认知过程。）

实验设计：实验组与控制组的训练任务和迁移任务相同，实验组采用"样例学习"的方式进行训练，控制组则进行常规练习，具体见表7-1。[1]

表7-1　样例学习对烷烃的命名学习迁移的影响的实验设计

组别	训练任务	训练方式	迁移任务	迁移效果测量
实验组	在介绍烷烃命名的一般规则及步骤的基础上，分析6道烷烃命名的题目，每一道题中均隐含着命名规则中需要着重注意或容易出错的要点	训练任务以样例的方式呈现，包括3道已经标好碳原子数、标示起点并正确书写命名的例题和3道相似习题，提示学生注意研究样例	进行有烷烃命名的测验，主要包括近迁移6题（与训练材料相似的对化学式进行命名）和远迁移2题（要求学生根据烷烃的命名写出化学式）	从多个角度对测验题目进行细化记分，如主链位置是否正确、起点和支链位置是否正确、数字和汉字之间是否用一短线隔开、不同取代基的位置排列和合并是否正确等
控制组		学习6道与实验组完全相同的题目，题目以练习的方式呈现，不做任何提示		

在上述实验设计的基础上，对测验成绩的均分、标准差等进行比较，衡量迁移效果，可以诊断不同训练方式对学习迁移的影响。

（五）实施诊断计划

这是研究工作的主体阶段。诊断者采用调查、实验、观察或其他不同的方法和手段进行诊断的实践活动，从中发现问题和搜集相关资料。在搜集资料过程中，要进行记录、分类、整理。在整个研究过程中，要不断记录诊断中需要运用的资料以及自己对具体资料的分析意见和结果。对资料进行分类并使之系统化，可以使积累的资料便于系统保存，以在分析问题、概括结论、撰写论文时可以方便地将资料找出来；整理资料是对资料加以核对、考证，淘汰一些不必要和不真实的资料。对某些零乱的数据资料可以进行统计加工，使资料隐含的规律一目了然。[2]

（六）得出诊断结论

在对教学诊断过程中搜集的大量资料进行归纳、统计、分析、综合的基础上，进行去粗取精，

---

[1] 王祖浩,等.化学教育心理学[M].南宁:广西教育出版社,2007:96-97.
[2] 王克勤.化学教学论[M].北京:科学出版社,2006:305.

去伪存真,由此及彼,由表及里的思维加工,进行科学抽象,揭示出事物的规律,概括出结论。要把定量分析和定性分析结合起来。概括得出的结论还需要到教学实践中加以检验,反复校正,才能得出符合实际的正确结论。

(七)撰写诊断论文

教学诊断研究的结果用论文或研究报告的形式表达出来,有助于教学诊断研究成果的交流和推广。

案例研讨 7-3

行动研究的早期探讨者勒温(Kurt Lewin)指出,行动研究是将科学研究者与实际工作者的智慧和能力结合起来解决某一实际问题的一种方法。他认为,行动研究课题来自实际工作者的需要,研究在实际工作中进行。试讨论行动研究对化学教学诊断有什么意义。

二、化学教学诊断研究的内容

从整个教学研究系统来说,无论从教学实践中选择课题,还是从教学理论体系中选题都是需要的。一般来说,来源于教学实践的课题,明显地具有现实意义,而来源于教学理论体系的课题,明显地具有理论上的意义,但两者的区别又不是绝对的。事实上,许多来自实践的课题的解决能够丰富有关教学理论,促进理论的发展,而来源于理论体系的课题,虽然有时不一定直接推动教学实践活动,但对教学实践活动具有指导作用,并最终为教学实践活动服务。

化学教学诊断研究的首要环节就是确定诊断课题,它决定诊断的价值和意义。化学教学诊断体系复杂,内容丰富,新课程改革与教学实践需要诊断的问题繁多,这给化学教学诊断研究提供了广阔的研究空间。根据化学教学诊断所涉及的内容初步进行划分,大致可以确定以下几个方面的基本内容。

(一)化学课程标准与教材诊断研究

主要有:(1)国内外化学课程标准的比较研究;(2)国内外化学教科书比较研究;(3)国内不同版本教科书的编写特点诊断;(4)化学教科书内容的广度、深度和难度诊断;(5)化学教科书的知识结构体系诊断;(6)化学教科书知识内容衔接的诊断研究;(7)化学与其他学科相互关系的诊断研究等。

(二)化学课程教学设计诊断研究

主要有:(1)新课程化学教学设计案例诊断;(2)化学教学目标与教学重难点确定原则的研究;(3)面向学习者的化学教学设计诊断研究;(4)化学教学设计中宏观与微观设计诊断研究;(5)化学教学中STS教育内容呈现形式诊断研究;(6)化学教学内容组织的基本形式和策略诊断研究;(7)化学课堂练习的设计诊断研究;(8)追求"有效性"的化学教学设计诊断研究;(9)初中生化学前概念及其相异构想诊断研究等。

(三)化学教学模式与方法诊断研究

主要有:(1)新课程化学教学模式构建诊断研究;(2)新课程化学教学方法诊断研究;(3)新

课程化学有效教学策略诊断研究;(4)化学探究式教学现状诊断研究;(5)化学教学中师生合作互动的诊断研究;(6)化学教学活动中情境创设诊断研究;(7)化学课堂教学中"问题"有效性诊断研究;(8)化学教学实施中指导学生学习的方法和策略诊断研究;(9)初中生化学作业批改方式对其学习成绩影响的实证研究;(10)专家—新手化学教师课堂注意选择性特点的诊断等。

（四）化学学习问题诊断研究

主要有:(1)中学生化学学习心理与学习行为调查诊断;(2)中学生化学学习兴趣培养的实验研究;(3)化学学习方式与学习效果的诊断研究;(4)化学学困生学习困难因素分析及对策研究;(5)中学生自主学习习惯与能力培养研究;(6)化学问题解决策略诊断研究;(7)初中化学科学探究思维水平诊断研究;(8)学优生与学困生解决有机化学计算思维水平差异研究;(9)中学生学习化学元认知障碍测查与分析;(10)中学生"同分异构体"问题表征水平的诊断研究;(11)高一学生化学问题解决中元认知能力的诊断研究;(12)中学生化学问题解决的表征差异及其诊断;(13)概念表征形式对初中生化学概念学习效果影响的诊断研究;(14)高中生有机化学问题解决思维策略训练的诊断研究;(15)学优生与学困生化学实验设计问题解决差异的诊断研究;(16)专家与新手解决同分异构体问题时的表征差异诊断;(17)中学生化学科学探究能力水平差异的诊断;(18)元学习策略训练对高中生化学问题解决能力影响的诊断研究;(19)高中生化学学习难点认识的性别差异研究;(20)高中生化学问题解决中的性别差异研究;(21)中学生化学概念图使用中的差异诊断研究;(22)初中男女生化学学习差异的诊断及对策;(23)中学生化学学习动机的诊断研究;(24)学困生解决化学计算问题的障碍诊断;(25)高中生类比推理对元素化合物知识学习的影响研究;(26)样例表征内容对化学问题解决类比迁移过程的诊断等。

（五）化学实验及教学诊断研究

主要有:(1)新课程化学教科书实验结构体系诊断研究;(2)化学教科书中实验改进问题诊断研究;(3)高中生化学实验探究能力水平的测查与诊断;(4)中学化学实验教学模式与实验能力相关影响的诊断研究;(5)化学实验教学中学生心理活动的诊断研究;(6)化学实验能力水平诊断研究;(7)不同年级化学实验内容的编组诊断研究;(8)中学化学实验操作技能测查及诊断;(9)Web Quest模式在化学实验教学中的应用诊断;(10)微型化学实验诊断;(11)实验教学中学生创新能力的培养诊断;(12)中学生化学科学探究能力水平诊断;(13)PBL教学法在有机化学实验教学中的诊断;(14)Origin软件处理化学实验数据准确度诊断;(15)化学实验教学情景诊断;(16)高中生解决化学实验问题的心理过程及其影响因素诊断;(17)新课程必修化学实验教材与课标的吻合度诊断;(18)化学实验教学问题诊断等。

（六）现代化教学技术手段诊断研究

主要有:(1)计算机辅助教学对化学学习成绩的影响实证研究;(2)化学多媒体CAI的应用评价诊断研究;(3)手持技术对学生三重表征水平影响研究;(4)基于Web Quest的建构探究学习模式对学业成绩影响的诊断研究;(5)发展现代化学技术的认识问题诊断;(6)现代教学技术中化学教师的角色诊断;(7)多媒体教学技术下化学课堂教学的诊断等。

（七）化学教学中其他问题诊断研究

主要有:(1)化学教师素质结构与专业发展诊断研究;(2)新手型与专家型化学教师教学效能感调查诊断研究;(3)化学教学中科学方法教育诊断研究;(4)中学化学题型解题策略诊断研究;(5)国内外高考化学试题难度诊断;(6)校本课程开发水平与教师专业化发展的诊断研究;

（7）新手—熟手—专家型化学教师心理特征的诊断等。

第二节 化学教学诊断研究的基本方法

核心概念

◆诊断方法　◆解题思维　◆诊断性测验　◆"法蒂玛法则"　◆两段式测验

化学教学诊断的方法有多种，由于教学诊断的错综复杂，一个诊断任务可以综合运用几种方法，配合进行研究，但是某一项诊断又有它特定的任务和研究对象。所以，在诊断工作中往往是根据诊断的特点、任务和对象，采用起主导作用的某一种方法，配合运用其他的方法。

一、化学教学诊断研究的常用方法

下面介绍化学教学诊断研究中较为常见及实用的几种主要研究方法。

（一）观察法

观察法是诊断者有目的、有计划地对处于自然状态下的诊断对象进行考查，从而获得经验事实的一种方法。在化学教学诊断中，观察法是一种较为基本和常用的诊断方法。

1. 观察法的意义

（1）可以比较客观地认识与研究被观察者，较好地排除主观因素或由于遗忘、疏漏等原因造成的失误。（2）可以获得对诊断对象的大量、真实和客观的了解，为诊断者进一步认识教育现象之间的内在联系和本质属性打下一个坚实的基础。

2. 观察法的不足

（1）由于在观察时，诊断者原则上不能支配和控制观察对象，因而往往很难判断事情的因果关系。（2）取样小，观察的资料不易系统。

3. 观察法的运用

确定观察的目的、对象、内容与中心，列出观察提纲，准备观察手段，做好观察记录。主要的记录方法有叙述性、描述性、频数表记录法、等级量表记录法、音像记录法等。例如，要观察学生化学课堂行为，可制定"学生化学课堂行为记录表"（见表7-2）。

观察中要注意选择最适当的观察位置，要善于辨别重要的和无关重要的因素，要善于抓住引起各种现象的原因，要密切注意观察范围内各种活动引起的反应，要注意在注重观察一贯性的东西时不忽略偶然的或例外的东西，对同一事物在类似情境或不同情境下要进行反复多次观察，必要时借助摄像机、录音机等进行观察。

案例研讨 7-4

表 7-2　学生化学课堂行为记录表

学校_____　年级_____　班_____　课题_____　教师_____　学生姓名_____

学生课堂行为													
学习行为	出现次序	持续时间	出现次序	持续时间	出现次序	持续时间	非学习行为	出现次序	持续时间	出现次序	持续时间	出现次序	持续时间
听讲							与临座讲话						
举手回答问题							看别的书						
举手提出问题							做小动作						
到讲台前示范							看别人或别处						
做课堂练习							擅自离开座位						
做操作实验							和别人打闹						

注：出现次序以1、2、3等序数字表示。

记录者_____　日期_____

对较复杂的观察任务宜分小组进行。小组进行观察必须有明确的分工，每人有规定的观察中心，同时也要注意全面情况。小组应采用统一的标准、记录表格和速写符号，以便事后核对和综合。

（二）访谈法

访谈法是一种口头调查方法，即诊断者通过访问调查对象，与调查对象进行交谈，收集诊断所需要的资料。

1. 访谈法的意义

（1）可使诊断者根据得到的反馈，及时对问题的答案进行核实并仔细斟酌，以问题的相互补充和相互支持来证实、更正或否认前面的回答。（2）有利于诊断者发现一些事前未曾料到的关系、影响和制约因素。（3）有利于诊断者灵活应变，如果问题提出了而所要求的资料并未得到，可以再提另一些问题。（4）有利于诊断者凭借自己的机敏和高度注意，通过对被访者的题外话、意见、轶事、态度以至使用的手势的推理、分析得到想要的资料。访谈法的优点就是适用于小样本的、个别化的、具体事实的深度研究。

2. 访谈法的不足

样本小，需要大量的人力、物力和时间，而且很难控制被试受主试的影响。

以选修3《物质结构与性质》模块"原子核外电子运动状态"为例，本内容属于概念教学，旨在通过学习物质结构的有关概念发展学生认识，促进学生概念发展与转变，为此，教师要从心理分析层面关注学生的前科学概念和原有认识，针对学生原有认识的缺陷确定教学目标，并组织相应的教学活动与任务。

案例研讨 7-5

学生"原子核外电子运动状态"的已有认识的访谈分析

经过必修模块化学2的学习,学生对核外电子的运动特点是怎样认识的?以下为教师在进行"物质结构与性质"选修模块主题1教学前,对学生的访谈结果整理。

问题(1):怎样认识氢原子核外的一个电子的运动状态?

大多数学生认为氢原子核有且只有一条明确的轨道,电子在轨道上高速运动。有少部分学生能用电子云来描述氢原子核外电子的运动特点。

问题(2):对于有多个电子的原子,它的多个电子在核外是怎样运动的?请以碳原子为例,描述你的认识,也可以用图画出你的理解。

大多数学生认为,碳原子核外电子在明确的轨道上分层运动,第一电子层上有两个电子,第二电子层上有四个电子在高速运动。也就是说,学生对原子轨道的认识基本停留在卢瑟福模型和玻尔轨道模型之间。少部分学生能用电子云来描述氢原子电子的运动特点,但不能解释多个电子的原子的电子运动特点。这与学生以往只以氢原子为例学习电子云有关,学生对核外电子的运动特点的认识不深刻,停留在记忆而非理解的水平,仍用宏观物质的运动特点理解微观的电子运动特点。

(摘自:王磊.化学教学研究与案例[M].北京:高等教育出版社,2006:146-147.)

对学生已有认识的诊断,其目的在于了解学生对概念已有认识的共同水平,明确课堂教学的起点及其与教学目标的差距,决定教学情境的设计和问题任务的设计。

(三)问卷法

问卷法是一种用书面形式收集资料的方法,研究者将调查项目编制成问卷或表式,请有关人员填写,然后收回整理、统计和研究。

1. 问卷法的优点

简便、省时,调查面宽,能收集大样本信息,使调查结果具有一定代表性;由于可以不署名,能使调查对象放松情绪,丢掉思想负担,反映出真实情况。

2. 问卷法的不足

题量大可能会造成被调查者不合作性的应付,收集资料容易表面化,不能深入了解问题。

调查问卷的设计要使被试者明确测试目的和意义,所提的要求应简明、合理,学生花费时间不宜过长,不能对学生产生不必要的心理负担,并尽可能减少与研究目的无关的影响因素。我们选取高二学生为主要研究对象。以高二学年第二学期一般学生知识技能目标,选编2道化学计算题。化学计算问题解决是一个复杂的心理过程,问题表征和策略选取是化学计算问题解决中联系紧密的两个环节,它们之间的关系及其对解题能力的影响值得我们认真研究。为了使调查方便和有效,在对部分重点中学和一般中学的学生进行初步试测的基础上,给出了每道试题的"一般思路"或"一种常见思路",并用"解题思路框图"的形式将所设计的这种思路较为详细地表示出来。以2道诊断测验及其解题的一般思路构成了诊断"高中学生化学综合计算解题思维障碍"调查问卷的基本内容。

案例研讨 7-6

高中学生化学综合计算解题思维障碍诊断调查问卷

学校_____ 年级_____ 姓名_____ 性别_____

亲爱的同学：

解化学计算题是学习化学的重要组成部分,为了探索解化学题的最佳方法和一般规律,请你做 2 道题,看能否从中发现你解化学题的特点、长处和不足,以利于今后更好地学习化学。殷切希望得到你的合作与支持。做题时,请你做到以下几点：

(1) 请尽可能快地完成试题,并记录每道题所花费的时间。我把时间写在黑板上,请你在开始做题时抬头看一下黑板,记下起始时间,解完这道题后,再记下完成时间。

(2) 请尽量写下自己的全部解题思路,类似于平时解题打草稿的过程,请写清具体步骤。

(3) 这不是测验,主要是调查你的解题思路,请不要有任何顾忌,做对做错都没有关系,只要能够说明解题思路即可。

谢谢你的合作!

现在请开始做题,并计时。

[诊断题 1] 答题起始时间_____,完成时间_____。

某化工厂每小时生产 98%(质量分数)硫酸 at,为使硫充分燃烧,且在下一步催化氧化时不再补充空气,要求燃烧后的混合气体中含氧气的体积分数为 $b\%$。若空气中氧气的体积分数为 21%,且不考虑各生产阶段的物料损失,则

(1) 该厂每小时消耗标准状况下空气的体积为_____ m^3。

(2) 为满足题设要求,$b\%$ 的下限等于_____。(请写出详细步骤)

[诊断题 2] 答题起始时间_____,完成时间_____。

相对分子质量为 300 以下的某脂肪酸 1.0 g 与 2.7 g 碘完全加成,也可被 0.2 g KOH 中和,由此计算该脂肪酸的准确相对分子质量。

解题思路诊断调查问卷

学校_____ 年级_____ 姓名_____ 性别_____

亲爱的同学：

你已经按时完成了 2 道计算题,非常感谢你的合作!

下面列出了每道题的一种解题思路,不一定是最佳思路,是帮助你回忆自己的解题思路用的。

请回答：

(1) 你的思路和列出的思路是否相同?_____(相同、不同)

如不相同,请将不同处在图上标出或说明。

(2) 在解题过程中耗时最多的那个步骤前标上"△"。

(3) 请写出造成解题困难的主要原因。

再次感谢你的热情支持!

[诊断题 1] (略)

[诊断题2]

(1) 解题一般思路(见图 7-1):

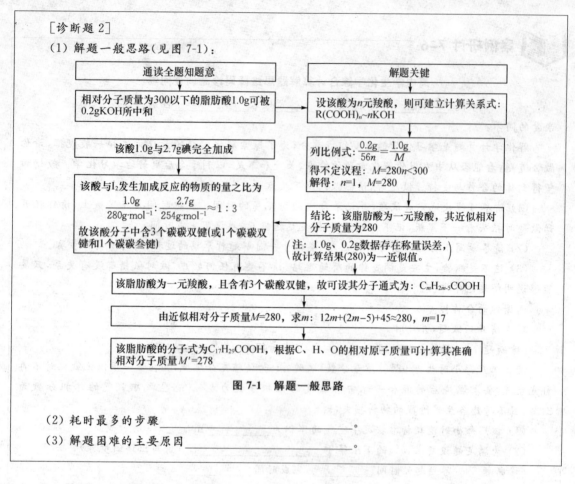

图 7-1　解题一般思路

(2) 耗时最多的步骤_____。
(3) 解题困难的主要原因_____。

以诊断题 2 测试结果为例,统计包括下列两项结果。

1. 解题所需时间(分)(见表 7-3)及其人数分布(见图 7-2)。

表 7-3　解题所需时间

时间/min	8～10	10～12	12～14	14～16	16～18	18～20	20～22	22～24	24～26	26～28	28～30
人数/个	2	3	5	7	12	23	17	8	5	2	3

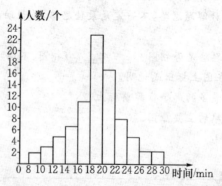

图 7-2　解题所需时间及其分数分布图

解答结果正确的学生共 34 人,正确率为 39.5%。

2. 学生在解题过程中的典型行为表现及解题思路(根据学生答卷统计、归纳)见表 7-4。

表 7-4 学生在解题过程中的典型行为表现及解题思路

序号	学生的解题行为	出现次数
1	科学思维:近似相对分子质量→确定碳碳双键数(结合羧酸元数)→分子通式→分子式→准确相对分子质量,基本符合此思路	23
2	求出该酸的近似相对分子质量和羧酸为几元酸时耗时最多	15
3	解得 $M=280$,即认为是该羧酸的准确相对分子质量	14
4	假设该酸为一元羧酸,确定 $M=280$(合理),假设该酸为二元羧酸,确定 $M=560$(舍去),确定为一元酸和近似相对分子质量	9
5	审题困难,找不到解题的突破口或因其他原因没有做出来	8
6	确定羧酸与碱反应的计算关系式耗时最多	7
7	思路混乱,完全错误	5
8	尝试—探索计算费时较长	3
9	由羧酸与碘的加成反应确定碳碳双键数最困难	3
10	其他方法解出来	2

解题思路 1:已知条件→确定几元酸及近似 M→确定碳碳双键数→分子通式→分子式→准确 M。

解题思路 2:尝试讨论法→确定几元酸及近似 M→(后同上)。

解题思路 3:根据脂酸酸与碘加成条件→尝试碳碳双键只能为 1、2、3→用羧酸与碱反应关系筛选→确定为一元酸、3 个碳碳双键、近似相对分子质量→分子通式→分子式→准确 M。

思路 1 使用较普遍。解题思维障碍("瓶颈")主要是思维混乱,难寻切入点,对近似相对分子质量及有效数据理解上的片面性。

[诊断结果讨论]

(1) 学生解题所需时间是表征学生解题能力的重要指标。学生在诊断题 2 上所需解题时间的人数分布接近正态分布,这一结果是很有意义的。在班级教学的情况下,学生按学习成绩高低的人数分布一般也是正态分布。这并非是偶然的巧合,而可以看做是对同一事物——学生的化学学业成就的两种不同的表征方法。但是,与用考试分数代表的学生学习成绩相比,学生解题时间可能更直接、更可靠地表征了学生的化学学业成就。有经验的化学教师都认为,化学基础知识越扎实,应用知识解决问题能力越强的学生,解决化学问题所需的时间就越短。这种"经验式"的认识在本诊断研究的结果中得到了比较满意的证实。通过统计分析和问卷后的座谈及个别交流,我们发现,学生的化学学习成绩与其所需的解题时间之间存在着较明显的正相关,即化学成绩好的学生,解题所需的时间短;反之,化学学习成绩差的学生,解题所需的时间长。

(2) 学生的化学基础知识是影响学生解决化学问题能力的重要因素。研究发现,学生解决化学问题的思路选择和所需时间与学生对相关化学知识的掌握水平密切相关。学生在解题过程中出现的"瓶颈"问题,在相当大的程度上是由于未能较好地掌握相关的化学知识造成的。如表 7-4"学生的解题行为"序号 2、6、9 中所显示的"瓶颈"是由于未能掌握好有机物的基本计算——中和反应、加成反应有关量的关系等基础知识。基础好的学生能够正确地选择解题思路,所需要的解题时间较短;而基础薄弱的学生则表现为在选择解题思路时比较困难、犹豫不决,较盲目地出现"尝试—错误"思维模式,显然所需要的解题时间也较多。

(3) 学生的审题能力和计算能力对学生解题过程的影响。审题是指通过阅读试题明确解决问题的方向和要求,把握试题所给出的已知条件,并初步判断问题目标与已知条件之间的关系或联系,为选择或确定解题思路提供依据。调查表明,有15%左右的学生表现出审题困难,即在开始阅读试题与动手解题之间耗费了大量时间。诊断题2本身文字内容不多,有的学生读了多遍,就是找不到解题突破口,造成"有知识,没思路"的"思维真空"状况。审题能力是与观察能力、分析综合能力、逻辑思维能力等一般能力密切相关的一种综合能力,因而学生审题能力对解题过程的影响是十分复杂的。为了培养和提高学生的审题能力,除了要注意培养与审题能力有关的一般能力之外,还要在平时教学中加强审题训练,有针对性地解决学生在审题过程中出现的典型问题。

计算能力是指学生在通过化学计算解决问题时所表现出的能力。当化学问题与数学运算有关时,计算能力常常成为一些学生能否解题的关键。诊断结果显示,约有29%的学生在求解表中序号为2、6、8的问题时,计算耗时最长。

(4) 学生在解决化学计算问题中的障碍有时包括多重因素。由学生解题正确率不高以及解题过程中出现的实际"瓶颈"可推知,原因在相当大的程度上是未能较好地体会科学探究过程,对实验误差及有效数据处理缺乏科学认识。掌握化学基础知识是解决化学问题的基本前提,但对于隐含实验因素的计算题,仅靠基础知识还不够,缺乏科学探究能力同样不能解决化学问题。诊断结果同时给我们一种启示,科学探究既是学习的方式,又是学习的内容和目标,对科学探究学习的评价,应侧重考查学生在探究活动中的实际表现,诊断结果从一个侧面印证了我们化学教学中培养学生科学探究能力是薄弱环节。

(5) 诊断结果的其他方面的推论。以往一些师生认为,计算题的难度由题目的长短及数学运算的繁简决定。从诊断题2看,题目文字很少,且数学运算也不烦琐,但相当多的学生感到困难。从调查结果看,该题难度主要是思维容量大、问题空间"屏蔽"作用和考查学生不很熟悉的科学探究能力。由此可见,题目冗长会对某些试题理解、分析造成困难,但题目文字简短也可能包容思维容量大、空间跨度大构成问题的难度。这就是说,长题并不一定难,短题并不一定易。在本研究的实施过程中,我们着重考查、了解学生在解决化学问题的过程中所存在的问题及其原因,同时发现,有些学生在解题过程中表现出一定的思维的独创性、新颖性和敏捷性等特点,这是十分可贵的,也是很值得引起注意和加以研究的。

(四) 出声思维法

出声思维法(talk-aloud Protocol,简称TAP)是一种在科学研究中收集数据的方法。出声思维法是由英国TBM的克莱顿·刘易斯研发的一种可用性测试法,其直接目的是获取问题解决者的口语记录,按一定程序对其进行分析,然后据此揭示被试心理活动的过程及其规律。它要求被试在完成指定任务时把自己的思想、行动和感觉用语言表述出来,具体要求测试中的诊断者要客观记录被诊断者所说的每一句话,不要试图解释行动和言辞以免干扰被试的思路。被试的声音测试常常用音频和视频产品录制,以便回放研究。

出声思维法(又称"口语报告法")常用于判断学生认知过程、识别学生知识表征、诊断学生思维障碍、分析学生问题解决策略差异等,目的是通过外显的测量方法揭示学生思维过程和行为表现,诊断学生学习能力和水平。出声思维法主要使用录音笔、学生纸面书写等形式进行记录。它常常与诊断性测验配合使用。

案例研讨 7-7

【案例 1】 在化学反应 $2Al+2NaOH+2H_2O=\!=\!=2NaAlO_2+3H_2\uparrow$ 中,2 mol Al 参加反应,氧化剂是（ ）。

　　A. 2 mol NaOH　　B. 2 mol H_2O　　C. 6 mol H_2O　　D. 2 mol NaOH 和 2 mol H_2O

学生解决此问题的口语报告摘录：

[学生甲] 单从化学方程式看,Al 元素化合价升高,Al 是还原剂,2 mol Al 参加反应,失去 6 mol 电子,2 mol NaOH 和 2 mol H_2O 中 6 mol H→3 mol H_2,得到 6 mol 电子,故氧化剂是 2 mol NaOH 和 2 mol H_2O。答案为 D。

[学生乙] 其实这个反应的实质是分两步进行的：

第一步：$2Al+6H_2O=\!=\!=2Al(OH)_3+3H_2\uparrow$（$H_2O$ 作氧化剂）

第二步：$2Al(OH)_3+2NaOH=\!=\!=2NaAlO_2+4H_2O$（NaOH 作碱性介质）

这两步反应进行叠加,才能得到题中的总反应式。反应的实质是 Al 被 H_2O 所氧化,NaOH 只是充当介质的作用。因此氧化剂是 H_2O,2 mol Al 参加反应,氧化剂为 6 mol H_2O。答案为 C。

[学生丙] ……

[诊断] 学生根据化学反应方程式判断氧化剂、还原剂,如果只是单纯根据有关概念去判断,而不抓住反应的本质（隐含的知识）,可能产生负迁移。出声思维法能帮助教师准确探明负迁移产生机理,有利于消除产生负迁移障碍。

（五）作品分析法

作品分析法是对诊断对象的各种作品（如教师的教学设计、板书设计、作业设计、教学反思,学生的练习、作业、训练、实验报告、考试试卷、错题本等）进行分析研究,发现其中存在的问题,进而准确诊断其教与学过程偏常的原因。对于教师来讲,可以通过批改学生作业、日常训练、实验报告及考试解题过程,诊断学生的学习成效,还可通过对学生学习笔记、错题本等诊断学生学习方法和反思能力。

案例研讨 7-8

高中生化学错题管理现状的调查与诊断

错误本身就是一种学习资源,而且是为学习者量身定做的资源。在国外各领域的研究中,越来越重视错误的价值。研究认为,利用错题不仅可以培养学生良好的思维品质和坚强的意志品质,更重要的是能够加深学生对知识的理解和端正教师对待学生错误的态度等优势。德国已经开始尝试利用错误例子作为教学资源并进行规模性研究。例如,埃里克·迈里丝（Erica Melis）教授很注重错误案例的教育功能,指出错误案例的正确运用会激发学生的元认知,并且还可以引起学生自我解释、反思、探究、批判性的思考。重视错误的目的是为了最终不犯错。国外最近的研究表明,学习者重新看待错误,将错误视为获得情绪和认知处理策略的一个机会,积极施行错误管理训练比避免犯错误训练更能提高成绩和自我效能感。

王星乔等根据刘儒德的《中学生错题管理策略调查问卷》改编为《中学生化学错题管理调查问卷》作为研究工具。该问卷共30个项目,涉及四个部分:① 错题管理观念(8个项目),包括错题观念、错题管理观念和错题管理意识;② 错题管理态度(7个项目),包括对错题的态度和对错题进行管理的态度;③ 错题管理行为(9个项目),包括错题收集、分析、整理和反思等行为;④ 错题管理策略(6个项目),包括错题收集、分析、整理、反思、再学习等。本研究采用5点Likert量表形式,1表示"完全不符合",5表示"完全符合",分别记分为"1""2""3""4""5"。反向性题目在记分时已经转换。①

问卷施测后,采用SPSS 13.0统计软件处理和分析数据,从化学错题管理的四个维度——错题管理观念、错题管理态度、错题管理行为、错题管理策略调查的基本情况见表7-5。(从性别、年级、学业成绩等方面诊断数据略)

表 7-5 化学错题管理量表测量结果的描述性统计

被试		观念	态度	行为	策略
总体	平均值	3.608	3.900	2.995	2.700
	标准差	0.453	0.420	0.570	0.597

(1) 从学生总体的化学错题管理情况数据可以得出哪些结论?

(2) 试说明如何在本研究的基础上运用"作品分析法"以丰富和深化错题管理诊断的成果。

(六) 实验法

教育实验法就是为了解决某一教育问题,根据一定的教育理论或设想,组织有计划的教育实践并对实践效果进行分析,从而得出有关实验因子与实验结果之间因果关系的科学结论。它的主要特点就是能对事物的影响因子加以适当控制,排除无关因素的干扰,突出所要研究的因子,从而比较准确地探索出事物间的因果关系。教育实验法作为教育科学研究中可以揭示事物或现象之间因果关系的方法,在教育研究中起着极其重要的作用。

教育实验是在自然教育状态下施加一定的教育因子,用于探索和检验不同课程、教材和不同教学方法、教学手段所产生结果的教育教学实验。实验法的一般程序包括设计、操作和总结三个阶段。例如,要说明迁移是否发生,常用的办法是采用等组实验设计。实验前要把被试分为能力相等的两组——实验组与控制组,实验组与控制组的被试的相关水平和能力应当尽可能一致,然后根据实验目的,选择恰当的实验内容。

---

① 王星乔, 等. 高中生化学错题管理现状的调查与思考[J]. 教育理论与实践, 2009(11):42-44.

案例研讨 7-9

"原子核的组成"对"同位素"内容的学习是否产生迁移的诊断研究①

实验目的:探讨"原子核的组成"对"同位素"内容的学习是否有迁移效果。

实验设计:该实验中,"原子核的组成"为训练任务,"同位素"为迁移任务(具体见表 7-6)。实验中的因变量可以是规定时间内被试在迁移测验题上的得分错误率,或者是完成规定任务所需的时间多少。

表 7-6　同位素学习迁移实验设计

顺向计划	实验组	学习"原子核的组成"		学习"同位素"
	控制组	休息		学习"同位素"
逆向计划	实验组	学习"同位素"	学习"原子核的组成"	再学习"同位素"
	控制组	学习"同位素"	休息或从事无关课题	再学习"同位素"

如要研究顺向迁移,则在实验前需对两组学生做关于"同位素"概念理解和运用方面的起始测验(测验结果为 E_0,C_0,它们应当近似相等)。然后让实验组学习"原子核的组成"而控制组休息,两组在学习"同位素"之后进行最终测验(测验结果为 E,C)。此时迁移量的计算可以采用公式 7-1,即把实验组与控制组在迁移任务中的原始得分做比较。

$$T = E - C \qquad \text{(公式 7-1)}$$

如结果是实验组成绩优于控制组($E-C>0$),就表明"原子核的组成"的学习对"同位素"的学习产生了正迁移的效果;如控制组成绩优于实验组($E-C<0$),则表明产生了负迁移;如两组成绩无显著差别($E-C=0$),就说明没有发生迁移。

如果要研究逆向迁移,则如表 7-6 所示,先让两组都学习"同位素",并参照结果分成等质的两组;然后让实验组学习"原子核的组成",同时控制组休息或从事无关课题,以避免复习;最后两组重新对"同位素"进行再学习,并通过最终测验以比较其成绩。迁移量的计算与顺向研究相同。这种将实验组完成迁移任务的成绩(正确率或作业时间)与控制组完成迁移任务的成绩相减,得到一个绝对数值的方法,是最简单的计算迁移量的方法。

"迁移率"(rate of transfer)在迁移实验测量中经常被使用,该概念是由西格勒和安德森提出的。他们将其定义为"实际发生的迁移量占可能提高总量的比率"。迁移率 T 计算如公式 7-2:

$$T = (LNS - LC)/(LS - LC) \times 100\% \qquad \text{(公式 7-2)}$$

其中 LC 表示控制组被试第一次完成迁移任务的成绩,LNS 表示实验组被试在接受任务后第一次完成迁移任务的成绩,LS 表示控制组被试第二次完成迁移任务的成绩。这样计算可以得到迁移效果的百分比,结果在 $-100\% \sim 100\%$ 之间。

(七)诊断性测验

诊断性测验是指在新学年、新学期、新课程开始或者教师接手新年级时,为了了解、掌握学生

---

① 王祖浩,等.化学教育心理学[M].南宁:广西教育出版社,2007:95-96.

对于即将学习的新内容具有的预备知识和认知能力状况,为分班、分组或制订教学计划提供依据而进行的考试。通过诊断性测验,教师可以了解学生的知识基础和能力水平,为教学设计奠定基础。

这种测验的内容主要是与新授课有关的过去所学的基本知识和技能、相关学科的知识及学习能力等相关。测试学习能力可选用信息迁移题。例如,确定高一年级化学课教学标高,或为进行分层分班教学,可设计如下预测性诊断测验。[①]

案例研计 7-10

【案例 2】 上海天原化工厂以食盐、水为主要原料生产多种化工产品。
(1)以食盐和水为反应物,经过电解获得氯气、氢气和氢氧化钠。该反应的化学方程式是_____。
(2)将氯气溶于水时,有一部分氯气与水发生以下反应:
$$Cl_2 + H_2O \rightleftharpoons HClO(次氯酸) + HCl$$
试写出氯气通入消石灰水溶液中发生反应的化学方程式:_____。

【案例 3】 硅酸盐是构成地壳岩石的主要成分。化学上常用二氧化硅和氧化物的形式表示其组成。例如,镁橄榄石(Mg_2SiO_4)常以 $2MgO \cdot SiO_2$ 表示。依照上法表示下列硅酸盐的组成:

高岭石　$Al_2(Si_2O_5)(OH)_4$ _____;
钙沸石　$Ca(Al_2Si_3O_{10}) \cdot 3H_2O$ _____;
滑石　$Mg_3(SiO_{10})(OH)_2$ _____。

上述两道诊断题主要测试学生化学用语、常用元素化合价、根据化合价书写化学式、化学方程式的书写、中和反应等知识与技能掌握的状况,以及自学能力(如案例 3)和思维能力(如案例 2、3 的水平程度)。

(八)统计分析法

统计分析法就是对通过观察、调查、实验和诊断性测验所搜集的数据进行整理、计算、分析解释和统计检验的原理和方法。教育统计分析法则是统计分析的原理在化学教学诊断中的具体运用。利用已有的统计分析工具,如 EXCELE、SPSS、EVIEWS 等工具对调查的数据、测试的成绩进行整理、归类。运用统计分析方法对数据进行科学处理并做出定量分析,以说明结果,做出结论,这是当前诊断学研究方法的发展趋势之一,是进行诊断学研究的重要工具和方法。教育统计主要有描述统计、推断统计和教育实验设计三类。例如,化学平衡是中学化学教和学的难点之一,因此关于化学平衡的前概念诊断也吸引了诸多研究者的关注。

[①] 王后雄.化学教学中诊断性测验的种类及应用[J].中学化学教学参考,2002(8-9):45-48.

案例研讨 7-11

化学平衡前概念的诊断研究

国外学者曾就未曾学习过化学平衡相关内容的学生对"化学平衡"的直觉反应,发现学生把日常生活中的平衡与化学平衡等同起来,有的学生使用"钟摆"模型解释化学平衡,学生普遍存在相异构想。1995 年,海克林(Hackling)和加内特(Garnett)在一次纸笔测验中,要求学生回答与可逆反应有关的 26 个问题,主要涉及平衡建立的条件、化学平衡状态的特征以及条件变化对平衡的影响。[①] 学生的回答情况如表 7-7 所示。

表 7-7 学生对化学平衡的错误概念统计表

错误概念	百分数(%)
反应物和产物的浓度之间存在着一个简单的代数关系	60
反应物和产物各是一个可以独立控制的物理实体	15
化学平衡不是一个动态的过程	17
增加反应物的浓度则逆反应的反应速率降低	33
升高放热反应的温度则正反应速率降低	38
体积减小则逆反应速率降低	53
当增加反应物的浓度达到新的平衡后,正、逆反应的反应速率与起始平衡状态时的反应速率一致	40
当升高反应体系的温度达到新的平衡后,正、逆反应的反应速率与起始平衡状态时的反应速率一致	32
当减少反应体系的体积达到新的平衡后,正、逆反应的反应速率与起始平衡状态时的反应速率一致	43
温度降低会建立新的平衡,但平衡常数没有发生变化	37
体积减小会建立新的平衡,平衡常数变大	23
催化剂能提高正反应的速率,但不能提高逆反应的速率	40

在实际诊断中,由于诊断目的、研究对象不同,对所采集到的资料、数据,要采用正确的统计方法进行处理,只有这样才能达到预期目的。

诊断可采用的方法很多,诊断方法在本质上也是科研方法,因此,在诊断时要多学习和运用科研方法。每种方法都有其本身的优点和不足,在诊断时要根据具体情况来选用研究方法。

二、化学教学诊断方法的应用案例

化学教学诊断是一项复杂的系统工程,根据诊断的目的和对象,有时要运用多种诊断方法才能取得理想的效果。"法蒂玛法则"是加拿大学者发现的在化学课程学习中普遍存在的一种具有

---

① Garnett P. J., Hackling M. W. Students alternative conceptions in chemistry: A review of the research and implications for teaching and learning[J]. Studies in Science Education, 1995,25(21):69-96.

肤浅性、工具性、依赖性、应试性的教育现象。为了诊断我国中学生化学学习中"法蒂玛法则",利用相似情境变换诊断法、二段式测验诊断法、概念图诊断法、"过程—思路"诊断法、VOSTS 诊断法可以有效诊断化学课程学习中"法蒂玛法则"存在状况和程度,并以此探查其产生的原因。研究表明,我国中学生化学课程学习中普遍存在"法蒂玛法则",既有世界各国共同的特性,也存在不少独有的现象和问题。[①]

（一）化学课程学习中"法蒂玛法则"的内容和特征

加拿大学者蓝森（Larson）在对高中生化学学习方式进行研究时发现有一类学生只要按照一定的学习法则去操作,就可以在短时间内即便没有参与学习过程,也能顺利通过测验。这种法则被蓝森命名为"法蒂玛法则"。在 1995 年美国教育研究协会的年度会议论文集里,蓝森详细地表述了"法蒂玛法则"的具体内容。[②]

1. 成功学习科学课程的"法蒂玛法则"：
※ 不阅读教科书
※ 不在意任何一节或一章最后的问题中没有涉及的信息
※ 查阅图片、表格和黑体字
※ 一旦答不上来就寻求老师的帮助
※ 如果问题是按照本章陈述顺序提出的,不需要为了节省时间将同组同伴分开找答案

2. 顺利通过化学考试的"法蒂玛法则"：
※ 不要为了通过考试阅读整章教科书
※ 按照以下程序进行：a. 回答问题前先浏览黑体字和标题；b. 回答这个问题；c. 通过考试
※ 在考试之前的几天每天像这样花一点时间做,这样你就不会在考试的几天里压力过度

在蓝森之后,更多的加拿大学者关注到"法蒂玛法则"是一类普遍存在于中学化学乃至科学学习中的一种学习方式,并且他们从不同角度对"法蒂玛法则"进行了研究。艾特怀特（Atwater）认为"法蒂玛法则"包括各种（消极）应付的学习机制,如在学习中不仔细阅读教科书内容而仅仅记忆醒目的标题或词句就可以方便地应付考试,在课堂上或者保持沉默,或者巧妙地附和、讨好教师,或者推卸责任、逃避学习等。[③] 托宾（Tobin）等则认为在"法蒂玛法则"的指导下,有些科学教师的教学目的是强调对事实和解题程序的机械记忆以便获得为测验和考试成功所需要的"正确答案"或者"标准答案"。同时,一些教师和学生以为自己在学习中运用"法蒂玛法则"时,就是在进行有意义的学习。[④]

综合国内外的研究,可以得出化学课程教育中的"法蒂玛法则"具有以下几个化学学习特征。

[①] 王后雄,邓阳.化学课程学习中"法蒂玛法则"的诊断及成因分析[J].教育科学研究,2012(9):61-67.
[②] Larson, J. O. Fatima's rules and other elements of an unintended chemistry curriculum[J]. Proceedings of the annual meeting of American Educational Research Association. San Francisco:1995.
[③] Atwater, M. M. Social constructivism: infusion into the multicultural science education research agenda[J]. Journal of Research in Science Teaching,1996(33):821-837.
[④] Tobin, K. & McRobbie, C. Beliefs about the nature of science and the enacted science curriculum[J]. Science and Education,1997(6): 355-371.

(1) 肤浅性。肤浅性主要体现在化学课程的学习方法和内容上。首先,"法蒂玛法则"将化学学习方法定位在对教科书关键词、句、图、表、问题的查找和机械记忆上,而非深入理解化学知识的科学本质。其次,通过这种学习法则学到的化学知识通常是经过选择、简化处理后的肤浅内容,学生对重要的化学概念、原理的理解有偏差,往往是迷思概念、迷思原理和"纸上技能"。

(2) 工具性。"法蒂玛法则"被看做是一种在化学课程学习中学生得心应手的学习工具,包含了诸如"浏览黑体字……""浏览题目中关键词"等具体实施步骤。这些步骤凸显出化学学习过程的程序化、可操作化,化学学习方法逐渐异化为学习技巧。

(3) 依赖性。"法蒂玛法则"倡导学习要依赖于教科书、教辅资料、教师和同伴。这种依赖性突出地表现两个方面:一是在遇到问题时,不独立思考、不讨论交流,寄希望于别人的直接帮助;二是在参与学习活动时,要么保持沉默,要么巧言附和,要么推卸责任,要么逃避学习,往往是"只动耳""不动脑、不动手"。

(4) 应付性。"法蒂玛法则"是一种简单的、速成的学习方式,其目的是应付考试。因此,学生认为学习化学概念、事实,记忆化学解题程序是应付化学考试的手段。只有运用"法蒂玛法则"通过考试,学习才能成为学生心目中短时间内完成的一项有意义的事。

由于"法蒂玛法则"存在消极的化学学习特征,必然对化学教学质量产生影响。根据约翰·斯通的研究,从宏观、微观、符号三种水平上理解化学知识,是体现化学学科特点的有效学习方式。[①] 化学学科的特点决定了这三种水平应充分结合,忽视任何一种水平,都会影响到学生对化学知识的理解。学生新概念的形成是一个漫长的过程,而填鸭式、速成式的学习无助于它的形成与完善。因此,利用"法蒂玛法则"学习的学生,充其量只能记忆部分化学概念和原理,学生难以正确地认识化学本质并建立化学概念之间的联系,难以灵活运用各种方法活学活用地分析和解决问题。

(二) 化学课程学习中"法蒂玛法则"的诊断方法

传统的化学教学诊断是基于经验分析范式,它将诊断教学情况的指标仅仅定位在标准分数上。当学生依靠"法蒂玛法则"通过考试后,"高分"便掩盖了学生的学习障碍,这不仅造成教学诊断失真,效度降低、信度降低、功能降低,而且影响教师合理安排教学、选择合适的教学策略和方法。因此,必须克服和排除化学课程学习中大量存在的"法蒂玛法则"对教学诊断的干扰,开发有效的方法来诊断"法蒂玛法则"的存在及其程度。

1. 相似情境变换诊断法

由于学生先前习得的知识、经验、情境、习惯都可能形成其认知的固定倾向,影响其后来的分析、判断,产生思维定式。因此,在教学诊断时如果这类学生遇到相似情境,往往会通过情境再现完成诊断试题,这势必会造成诊断失效。但是,如果教师将情境变换,运用"法蒂玛法则"学习的学生便束手无策。

例如,在学习"化学平衡"内容后,利用案例 4 进行诊断测验时,学生做出正确解答的人数百分比约占 96%,因为这是一道根据初中教材中演示实验改编的一道诊断试题。

---

① A. H. Johnstone. The development of chemistry teaching: A changing response to changing demand[J]. Journal of Chemical Education, 1993(9): 701-705.

【案例4】 在空气中燃烧硫产生蓝色火焰,在氧气中燃烧等量的硫则产生明亮的蓝紫色火焰,其原因是_____。

但是,如果将此题情境进行变换,案例5的测试结果则出乎人们的意料。

【案例5】 在空气中燃烧硫产生蓝色火焰和少量白烟,在氧气中燃烧等量的硫有明亮的蓝紫色火焰,也有少量白烟。后者产生白烟的量比前_____("更多"、"更少"、"相等"),其原因是_____。

[诊断分析] 在案例4中约96%学生能根据浓度对反应速率的影响正确回答:氧气中O_2的浓度比空气中O_2浓度大,硫在氧气中反应速率快,故燃烧更剧烈。案例5的诊断结果显示,有近40%的学生答案是:更多,在氧气中O_2的浓度比空气中的大,增大O_2的浓度可使平衡$2SO_2+O_2 \rightleftharpoons 2SO_3$向右移动,故在氧气中生成的$SO_3$的量(浓度)较大,白烟更多。进一步访谈表明,错答学生的思维是定式在教材中习题及答案上。[教材习题]工业生产硫酸时,用空气来氧化SO_2生成SO_3:$2SO_2+O_2 \xrightleftharpoons[]{400℃\sim500℃} 2SO_3$,$\Delta H<0$,为什么在生产上要用过量的空气?此题[答案]增大反应物(O_2)的浓度,平衡向右移动,可以提高SO_2的转化率和SO_3的产量。

案例5的正确答案是:更少,$S+O_2 \rightleftharpoons SO_2$,$2SO_2+O_2 \rightleftharpoons 2SO_3$均为放热反应,硫在纯氧中燃烧,反应速率快,单位时间内放出热量多,温度高,温度高不利于平衡向着生成SO_3(白烟)的方向进行,故SO_3的量较少。显然,就本题而言,温度对平衡移动的影响是矛盾的主要方面,氧气的浓度对平衡的影响是矛盾的次要方面,抓住了矛盾的主要方面就抓住了问题解决的本质。进一步问卷调查显示,得出这一错误结果,有约90%的学生的解题思维是受案例4中情境(包括教材习题)的负迁移引起的。可见,相似情境变换法可以有效地帮助教师判断出由于学生思维定式和情境错误迁移而造成的诊断误差,判断"法蒂玛法则"的存在。

2. 二段式测验诊断法

二段式测验诊断法,是指诊断试题由第一段(诊断学生对化学"双基"理解的正确性)和第二段(诊断学生之所以持此种理解的理由)组成。在实施诊断时,学生可能依靠"法蒂玛法则"答对第一段试题,但是,由于第二段涉及"理由"一项,学生即使猜对第一段答案,也不一定能正确完成第二段的作答。因此,二段式测验诊断法可以准确揭示学生的思维过程,避免诊断效度偏失。

例如,教师利用案例6进行教学诊断,可能出现诊断偏差。

【案例6】 把锌片和铁片放在盛有稀盐水和酚酞试液的混合溶液的玻璃皿中(如图7-3),经过一段时间后,首先观察到溶液变红的区域是(　　)。

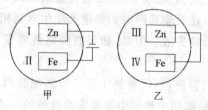

图7-3

A. Ⅰ和Ⅲ附近　　B. Ⅰ和Ⅳ附近　　C. Ⅱ和Ⅲ附近　　D. Ⅱ和Ⅳ附近

测试表明,有 78.3%的学生选择正确答案 B。通过试后访谈了解到其中约一半的学生是记住了教科书中"铜锌原电池"的电极方程式:负极(Ⅲ):$Zn-2e^-=Zn^{2+}$;正极(Ⅳ):$2H^++2e^-=H_2\uparrow$,并将此应用于此题得出结论:"由于正极附近氢离子得到电子,破坏水的电离平衡,故Ⅳ附近 $c(OH^-)>c(H^+)$ 而成碱性,酚酞变红"。而本题的正确思路却是:"正极(Ⅳ):$O_2+2H_2O+4e^-=4OH^-$,故Ⅳ附近 $c(OH^-)>c(H^+)$ 而成碱性,酚酞变红"。因此,案例 6 不能很好地诊断出学生对此问题的理解。

当把案例 6 改成二段式测验案例 7 之后,此题的正确率只有 37.1%。这个真实的数据才有效地反映了有多少学生是真正掌握了这部分知识,又有多少是运用"法蒂玛法则"答题,教学诊断的效度真正地提高了。

【案例 7】 把锌片和铁片放在盛有稀盐水和酚酞试液的混合溶液的玻璃皿中(如图 7-3),经过一段时间后:

(1) 甲图首先观察到溶液变红的区域是_____,理由:_____;

(2) 乙图首先观察到溶液变红的区域是_____,理由:_____。

3. 概念图诊断法

概念图诊断法是将学生依据概念图的绘制步骤绘制的概念图与专家(教师)的概念图相比较,找出异同,从而诊断学生对概念及其相互之间的关系的认识情况和认知结构的方法。因此,学生必须对概念及其相互之间的关系有较清晰地掌握才能够准确、全面地完成概念图,这是凭借"法蒂玛法则"做不到的。

概念图诊断法主要通过分析学生绘制的概念图的内容效度(即概念图中概念的准确性)和概念图的精细化程度(即概念图中概念和连接词的数量)进行的。[①] 例如,某学生制作的"化学平衡"概念图如图 7-4 所示,某专家(教师)制作的"化学平衡"概念图如第六章图 6-2 所示。

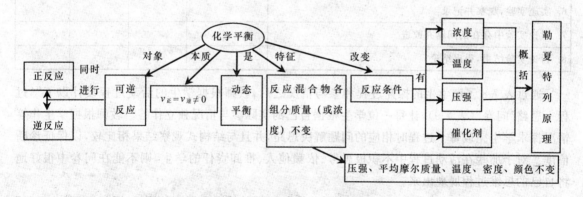

图 7-4 某学生制作的"化学平衡"概念图

对比这两张概念图,可以诊断出该生对于"化学平衡"这一领域概念和概念间存在的主要认知问题有:

(1) 内容效度方面:概念理解有差错。例如将影响化学反应速率的因素之一"催化剂"错误

---

① 蔡铁权,姜旭英,胡玫.概念转变的科学教学[M].北京:教育科学出版社,2009:110-111.

地列入影响化学平衡的条件之中。

(2) 精细化程度方面:一是基本概念不全面。例如"等效平衡""转化率"等概念没有在概念图中反映出来;二是概念之间的联系缺失或有差错。例如,在化学平衡状态,气体的压强、平均摩尔质量不变是针对反应前后气体分子数发生改变的反应而言,而学生没有标明;又如,可逆反应的标准不只是正、逆反应同时发生,还应该保证"同条件发生"。

4. "过程—思路"诊断法

"过程—思路"诊断法是针对学习过程开发的一种诊断方法。它主要包括两个具体步骤:一是教师在学生进行学习活动时利用自编观察行为核对表实施结构式观察,记录学生的学习行为;二是在学生完成学习活动之后,让其独立完成"过程—思路"问卷。最后,教师通过分析这两方面所得的信息资料,判断出哪些学生在学习过程中运用了"法蒂玛法则"。

以"探究 Fe^{2+} 和 Fe^{3+} 的相互转化"为例。在学生进行小组活动时,教师以观察者的身份参与学生活动,并完成一份用来核对学生重要行为是否呈现的行为核对表(该表由教师在活动前根据活动预设的必要步骤编制,如表 7-8 所示)。

表 7-8 "探究 Fe^{2+} 和 Fe^{3+} 的相互转化"结构性观察行为核对表

观察主题		学生实施过程	参与人数	完成时间	未参与者
1. 讨论,提出如何实现 Fe^{2+} 和 Fe^{3+} 相互转化的假设					
设计实验 1	2. 讨论常见的氧化剂有哪些				
	3. 讨论并设计氧化 Fe^{2+} 并检验 Fe^{3+} 的方法				
设计实验 2	4. 讨论常见的还原剂有哪些				
	5. 讨论并设计氧化 Fe^{3+} 并检验 Fe^{2+} 的方法				
6. 实施实验,观察并记录					
7. 讨论实验中存在的问题并改进					
8. 讨论实验结果,得出结论					

通过表 7-8 了解学生的探究过程和参与情况之后,教师根据学生的活动过程设计以下"'过程—思路'问卷"(表 7-9),让每一位学生根据自己的实际参与情况独立作答。教师根据学生作答情况探求学生完成每个过程时相应的问题解决思路,并且与结构式观察结果相比较,以保证诊断信度。对于那些在活动过程中不积极思考、依赖他人、推卸责任的学生,则不能在问卷中很好地将自己的思维过程展现出来。

通过结构性观察,教师可以了解组内学生参与活动的情况和遇到的困难;通过"过程—思路"问卷,教师能够了解学生在活动中是否进行独立思考。因此,"过程—思路"诊断法能帮助教师准确甄别出在活动中主动参与学习和被动参与学习的学生。

案例研讨 7-12

化学探究学习"过程—思路"问卷

亲爱的同学：

你好！你已完成"探究 Fe^{2+} 和 Fe^{3+} 的相互转化"这一课题的探究活动。表 7-9 左边栏给出了你所在小组实施探究的过程，请你在右边栏填写设计每一步操作过程的思路。

表 7-9　化学探究学习"过程—思路"问卷表

过程	思路
① 提出假设：Fe^{2+} 具有还原性，可以被氧化成 Fe^{3+}；Fe^{3+} 具有氧化性，可以被还原成 Fe^{2+}。	根据氧化还原反应原理，一般_____物质有还原性，_____物质有氧化性。
② 设计实验1：取少量 $FeCl_2$ 溶液，滴加几滴 H_2O_2 溶液，再向溶液中滴加几滴 KSCN 溶液，观察溶液是否变血红色。	(1) 选择 H_2O_2 的原因是_____； (2) 为什么要加入 KSCN 溶液？_____。
③ 设计实验2：取少量 $FeCl_3$ 固体于一试管，用已煮沸除去 O_2 的蒸馏水溶解，滴加几滴 KSCN 溶液后迅速加入少量铁粉，盖上试管塞，观察溶液的血红色是否褪去。	(1) 选择铁粉的原因是_____； (2) 为什么要用煮沸的水？_____； (3) 为什么要加入 KSCN 溶液？_____。
④ 实施实验	你选择的实验仪器有_____。
⑤ 观察现象并记录	你记录的实验现象是_____。
⑥ 验证假设并得出结论	你得出的结论是_____。

5. VOSTS 诊断法

VOSTS 是加拿大科学课程专家埃肯海德（Aikenhead）等开发并完善的一种有效评价学生科学素养的工具。它由若干道与学生科学素养息息相关的多项选择测验题组成，能够站在 STS 教育的角度帮助教师准确地了解学生在科学学习过程中所表现出来的批判性思维能力、创造力、科学精神、科学态度和科学价值观[①]。而运用"法蒂玛法则"学习的学生，往往只能记忆或再现简单的化学知识，不能很好地发展学习化学的兴趣，养成探究精神，陶冶科学情操，将化学知识用于生产生活实践。因此利用 VOSTS 可以作为诊断"法蒂玛法则"的工具之一。

例如，教师针对"化学反应与能量"这一内容，可以通过确定 STS 教育的论题、收集和归纳经验性资料、预测等过程编制一系列 VOSTS 诊断工具。案例 8 是其中的一个典型例子：

【案例8】　对于"废电池污染环境"这一论题，你认为应该：

A. 含汞电池应该被无汞电池代替，含汞电池必须集中回收

B. 有人做了以下论证：建设一个废电池回收处理厂，需要投资 1000 多万元人民币，而且还要每年至少回收 4000 多吨废旧电池，工厂才能运转起来。因此废电池不宜集中回收处理

C. 如果把大量的废电池集中到一个地方，加上处理不善，则有可能引起局部地区的汞污染

---

① 贾晓慧.利用 VOSTS 评价,消除生物学学习中的"法蒂玛"现象[J].生物学杂志,2006(1).

因此废电池不宜集中回收处理

    D. 应该积极开发新型环保电池

    大样本测试结果表明，学生的选择有近80％集中在A和D两个选项。通过试后访谈了解到，由于在教科书中明确强调了含汞废旧电池的危害性和回收的必要性，所以学生倾向于排除与之对立的选项。但是，学生化学问题的解决能力不应仅仅是记忆教科书中解决方案的能力，还应该学会全面考虑诸如资金、地域、管理、项目周转等相关要素，应该对问题的解决方案进行可行性分析与思考。因此，从学生对这个题目的回答上可以看出大部分学生没有对化学实践问题做过多的调研、思考与讨论，只是单纯依靠"法蒂玛法则"去记忆知识、去再现、去生搬硬套。

（三）化学课程学习中"法蒂玛法则"的诊断

    通过对中学化学课程教育中"法蒂玛法则"的存在及其程度诊断可以得出，"法蒂玛法则"确实广泛存在于我国中学生化学课程学习中，而且其程度要比加拿大厚重得多。因此，必须揭示"法蒂玛法则"产生的原因，从根本上克服并排除化学课程学习中大量存在的"法蒂玛法则"。

1. 学科的特征取向

    化学学科具有理论知识抽象、知识点多且分散、三重表征之间转换困难、各种问题之间的区分点不易把握、事实的普遍性中存在特殊性等特征。这些有别于其他学科的特征使得学生的认知过程面临着一个化学现象后面跟着一大堆化学符号，以及用这些符号和文字所做的大量解释和结论的局面。因此，学生的记忆负荷过重、思维强度较大、理解微观表征和符号表征较难，这些因素都造成了学生的化学学习困难。

    然而，目前化学课程的课时少、知识点多、考试偏难、"注入式"教学主导化学课堂。基于学生化学学习困难的因素和现实的压力，教师和学生为了在有限的时间里简化化学学习方式、提高学习和考试的效率，难免会催生出一些机械记忆的方法、速成的结论、半成品的解题规律、精心提炼的学习法则等。在"成功、高效"的学习背景之下，学生难免会认为，自己深入理解课程内容、掌握学习方法费时费力，效率不高。如果依靠"法蒂玛法则"去学习，学习所耗时间和力气自然要少得多。这种化学学科的共性，是世界各国化学学习中"法蒂玛法则"的共同趋向。

2. 需要和诱因的异化

    "法蒂玛法则"这种肤浅的学习行为，与学生学习动机的缺乏有着密切的联系。学习动机理论认为，学习动机的产生有其固有的内在条件（需要）和外在条件（诱因）。当我们考查化学课程学习中"法蒂玛法则"的具体内容时会发现，学生学习化学的需要从"要求了解和理解的需要、要求掌握知识的需要、系统地阐述问题并解决问题的需要、个体因自己的学习而产生的胜任能力或工作能力从而赢得相应地位的需要"异化为"通过考试"或者"附和、讨好教师"的需要，这种与本质需要相互背离的需要是简单的、短期的、消极的，带来的严重后果是学习动机的减弱。

    另外，引起动机的外在条件——诱因，也逐渐由"学生的自我表扬、学生的学习期望、学生对化学学科的兴趣"异化为"高分"——一种不稳定的、可以凭借"法蒂玛法则"直接获得的诱因。一旦学生经历了"法蒂玛法则"的学习过程，这种学习方式便会成为习惯，当学生获取"高分"后，学习动机便逐渐减弱直至丧失。综上，需要和诱因的异化导致学生化学学习动机的逐渐缺失，促成了世界各国化学学习中"法蒂玛法则"的大量存在。

3. 教学条件的局限

    与发达国家相比，我国中学化学教学条件相对较差是造成中国式"法蒂玛法则"独有现象的原因。首先,学校实验条件有限。化学实验不仅仅是帮助学生洞察自然界的窗口,也是化学学习和科学探究的基本方式之一。但是,由于目前各类学校实验开出率偏低,"黑板实验"常常代替"演示实验""学生实验",造成化学实验的认识论、方法论和教学论功能逐渐丧失。其次,多媒体技术应用稀少。多媒体技术呈现的多种互相联系的表征,可以帮助学生构建符号、微观结构、化学现象和分子间的相互作用,描述和解释化学过程,深入理解化学知识。但是,调查表明,在化学新课程教学中,能经常将多媒体技术应用到化学教学中的教师仅约为 4.6%。这就导致微观、抽象的知识无法用动态的多媒体去降低学习难度,化学教学过程不能很好地结合宏观、微观和符号表征水平,致使学生长时记忆中的信息分散零乱,理解微观和符号水平有困难,难以在不同表征水平之间进行转换,不能系统、全面、深刻地理解化学知识。

另外,其他一些化学教学资源匮乏、配置不合理、利用不充分。例如,模型、图表等教学用具不足,调查、参观、讨论、咨询等学习方式没有很好运用到教学之中,学生真正接触生产、生活实际较少。这些问题最终导致学生视野狭窄,思路窄化,解决实际问题能力较弱。

4. 功利心态的误导

课时少、竞争激烈,造成我国化学教学中功利主义盛行。教师为了获取较高的升学率、平均分,为了让学生给自己争面子,不惜一味地要求学生用成绩来回报自己的付出,不惜让速成式的知识教学方式在学校大行其道,不惜造成学生对知识的不求甚解。这种功利主义思想,迫使教师简单地强调化学的符号水平而不重视化学宏观和微观水平,不去将宏观、微观和符号水平有效结合。在教师潜移默化的影响下,学生不会系统地、全面地分析化学本质和理解化学原理,更不能形成化学思维,只能靠表层记忆去应付化学课程学习。

更严重的是,在我国的中学化学教学中,部分追求功利的学校和教师为了获取较高的评价和认同感,直接将机械的学习法则异化为教学内容,实施大规模的应试教育技巧性训练。尤其是高中阶段,为了迎接高考,教师不断地去摸索一套套学习技巧和学习捷径,并且试图开发出通用的解题策略将所有类型题目转换为技能性题目,将分析与解决问题的能力转换为识别问题、再现情境、运用技巧的技能。这种功利化教学现象,滋生了我国化学学习中"法蒂玛法则"的出现。

5. 评价方式的单一

对于教学评价主要存在着两种行为:一是观察学生表现或收集学习信息资料,二是对观察结果或各种信息资料做出解释或价值判断。在我国的基础教育中,人们往往将两种行为不加区分。例如,通过考试收集学生成绩数据这一行为应该属于"观察行为"(评定),但是,教师往往直接通过收集考试分数进行"价值判断"(评价)。这样简单地将二者等同而不加以区分,很容易将评价手段和评价目的本末倒置。另外,就"观察行为"(评定)这一手段来讲,各类学校、教育部门也往往因为追求量化、标准化、客观性、公平性的"标准化测验"而重视于收集量化的信息(例如考试分数),却忽略了质性信息的收集,造成"标准分数"成为唯一的甄别和评价指标。

这种单一的评价方式不仅使得教师获取的反映教学质量、学生学习过程与结果、学生科学素养发展状况的信息存在局限性,造成教学价值取向出现偏差。因此,现行评价方式的单一是造成我国独特的化学教学"法蒂玛法则"的正强化的动因。

综上所述,学科的特征取向、需要和诱因的异化、教学条件的局限、功利心态的误导、评价方式的单一这五个主要因素催生了我国中学化学课程中"法蒂玛法则"的产生,而这种肤浅的、工具化的、依赖性的、应试的教育现象是我国教育"高分低能"的重要原因之一。对此,需要在形成正确学习动机、发展科学探究能力、提高化学教学条件、有效运用模型和多媒体技术、倡导评价方式多元化等方面探索许多教学策略。这些问题都需要深入研究,但不管怎样,国外关于这一课题的研究成果为我国化学教育研究提供了新的视角和有益的启示。

本章思考题

1. 试说明中学化学教学诊断常用有哪些研究方法,它们各自有哪些优缺点?

2. 就你所了解的某校中学化学教学现状,选定一个中学化学教学诊断研究的课题,试拟定一个课题研究计划。

3. 某教师拟以下面三个化学教学诊断的研究课题中某一项作为一个学期教研计划,试根据选题的类型确定可供选择的诊断研究方法。

(1) 初中(或高中)阶段化学学习成绩分化的诊断

(2) 高中生化学学习管理的现状调查与诊断

(3) 中学师生化学学习难点认同度测查及诊断分析

4. 某教师为诊断学优生、学中生、学困生解决"有机框图推断题"解题思维过程的差异,并以此提出提高解决"有机框图推断题"的有效思维策略,试回答:

(1) 请根据选题提出诊断假设,并设计出本选题的诊断研究方案。

(2) 为什么对难度较大或较小的试题解答思维过程分析没有太多的意义。

5. 对12名来自城市和14名来自农村的高一年级学生进行化学探究能力水平测试,其成绩如下表,请选用合适方法分析高一城乡学生的科学探究能力水平是否有差异。

编号	1	2	3	4	5	6	7	8	9	10	11	12	13	14
城市学生	4.75	6.4	2.62	3.44	6.5	5.2	5.6	3.8	4.3	5.78	3.76	4.15		
农村学生	2.38	2.6	2.1	1.8	1.9	3.65	2.3	3.8	4.6	4.85	5.8	4.25	4.22	3.84

6. 从化学教育期刊中选择一篇教学诊断论文,分析它的类型、结构和研究方法的特点,写一篇1000字左右的评语。

参考文献

[1] 〔美〕G. H. 鲍尔,E. R. 希尔加德. 学习论——学习活动的规律探索[M]. 邵瑞珍,皮连生,等译. 上海:上海教育出版社,1990.

[2] 皮连生. 智育心理学[M]. 北京:人民教育出版社,2001.

[3] 施良方. 学习论——学习心理学的理论与原理[M]. 北京:人民教育出版社,2000.

[4] 〔美〕罗伯特·斯莱文. 教育心理学[M]. 姚梅林,等译. 北京:人民邮电出版社,2004.

[5] 〔美〕迈克尔·古里安,等. 男孩女孩学习的差异[M]. 张喆,等译. 北京:华龄出版社,2003.

[6] 〔英〕R. 赖丁,S. 雷纳. 认知风格与学习策略——理解学习和行为中的风格差异[M]. 庞维国,译. 上海:华东师范大学出版社,2003.

[7] 郅庭瑾. 教会学生思维[M]. 北京:教育科学出版社,2001.

[8] 〔美〕斯腾伯格,〔美〕史渥林. 思维教学[M]. 赵海燕,译. 北京:中国轻工业出版社,2008.

[9] 〔美〕司马贺. 人类的认知——思维的信息加工理论[M]. 荆其诚,张厚粲,译. 北京:科学出版社,1986.

[10] 〔美〕Anderson, L. W. A Taxonomy for Learning Teaching and Assessing[J]. A Revision of Bloom's Taxonomy of Educational Objectives, Longn an New York, 2001.

[11] Anastasi, A. Psychological Testing [M]. 5th edition. New York:Collier Macmillan, 1982.

[12] Biggs J. B. , Collis K. F. Evaluating the Quality of Learning The SOLO Taxonomy[M]. New York:Acdemic Press, 1982.

[13] Brown, F. G. Principles of Educational and Psychological Testing (ed 3)[M]. New York, Holt, Rinehart Winston, 2001.

[14] 〔美〕Lewis R. Aiken. 心理测量与评估[M]. 张厚粲,黎坚,译. 北京:北京师范大学出版社,2006.

[15] 〔美〕N. E. 格朗兰德. 教学测量与评价[M]. 郑军,郭玉英,等译. 石家庄:河北教育出版社,1991.

[16] 〔美〕R. L. 桑代克,E. P. 哈根. 心理与教育的测量和评价[M]. 叶佩华,邹有华,刘蔚成,主译. 北京:人民教育出版社,1985.

[17] 〔美〕拉尔夫·泰勒. 课程与教学的基本原理[M]. 施良方,译. 北京:人民教育出版社,1997.

[18] 〔美〕詹姆斯·波帕姆. 教师课堂教学评价指南[M]. 第5版. 王本陆,赵婧,译. 重庆:重庆大学出版社,2010.

[19] 钟启泉. 现代教学论发展[M]. 北京:教育科学出版社,1992.

[20] 杜文久. 心理与教育统计测量[M]. 重庆:西南师范大学出版社,2007.

[21] 胡中锋. 教育测量与评价[M]. 第二版. 广州:广东高等教育出版社,2006.

[22] 雷新勇. 大规模教育考试:命题与评价[M]. 上海:华东师范大学出版社,2006.

[23] 王斌华. 发展性教师评价制度[M]. 上海:华东师范大学出版社,1998.

[24] 王景英. 教育评价理论与实践[M]. 长春:东北师范大学出版社,2002.

[25] 张庆林. 元认知的发展与主体性发展[M]. 重庆:西南师范大学出版社,1997.

[26] 朱智贤,林崇德. 思维发展心理学[M]. 北京:北京师范大学出版社,2002.

[27] R. M. 加涅. 学习的条件和教学论[M]. 皮连生,等译. 上海:华东师范大学出版社,1999.

[28] 吴文侃. 比较教学论[M]. 北京:人民教育出版社,2000.

[29] 沈德立. 高效率学习的心理学研究[M]. 北京:教育科学出版社,2006.
[30] 刘宣文. 学校发展性辅导[M]. 北京:人民教育出版社,2004.
[31] 吴庆麟,等. 认知教学心理学[M]. 上海:上海科学技术出版社,2000.
[32] 陈琦,刘儒德. 当代教育心理学[M]. 北京:北京师范大学出版社,2007.
[33] 中华人民共和国教育部制定. 全日制义务教育化学课程标准(2011版)[S]. 北京:北京师范大学出版社,2012.
[34] 中华人民共和国教育部制定. 普通高中化学课程标准(实验)[S]. 北京:人民教育出版社,2003.
[35] 刘知新. 化学教学论[M]. 第三版. 北京:高等教育出版社,2004.
[36] 刘知新,王祖浩. 化学教学系统论[M]. 南宁:广西教育出版社,1996.
[37] 王祖浩,等. 化学教育心理学[M]. 南宁:广西教育出版社,2007.
[38] 王祖浩,张天若. 化学问题设计与问题解决[M]. 北京:高等教育出版社,2003.
[39] 高剑南,王祖浩. 化学教育展望[M]. 上海:华东师范大学出版社,2001.
[40] 郑长龙. 化学课程与教学论[M]. 长春:东北师范大学出版社,2005.
[41] 王磊. 化学比较教育[M]. 南宁:广西出版社,2006.
[42] 毕华林,等. 化学新教材开发与使用[M]. 北京:高等教育出版社,2003.
[43] 何少华,毕华林. 化学课程论[M]. 南宁:广西教育出版社,1996.
[44] 阎立泽,等. 化学教学论[M]. 北京:科学出版社,2004.
[45] 王克勤. 化学教学论[M]. 北京:科学出版社,2006.
[46] 周青,等. 化学教育测量与评价[M]. 第二版. 北京:科学出版社,2011.
[47] 黄甫全,王本陆. 现代教学论学程[M]. 北京:教育科学出版社,2003.
[48] 施良方. 课程理论:课程的基础、原理与问题[M]. 北京:教育科学出版社,1996.
[49] 钟启泉,裴新宁. 化学课程与教学论[M]. 杭州:浙江教育出版社,2003.
[50] 杨承印. 化学教学设计与技能实践[M]. 北京:科学出版社,2007.
[51] 毕华林,刘冰. 化学探究学习论[M]. 济南:山东教育出版社,2004.
[52] 蔡亚萍. 中学化学实验设计与教学论[M]. 杭州:浙江教育出版社,2005.
[53] 吴鑫德. 化学教育心理学[M]. 北京:化学工业出版社,2011.
[54] 王后雄. 高中化学新课程教学案例研究[M]. 北京:高等教育出版社,2008.
[55] 王后雄. 化学教学诊断学[M]. 武汉:华中师范大学出版社,2003.

(期刊文献、学位论文文献略)